主墩单臂钢围堰下沉

主墩承台施工

端横梁及主拱肋段施工

主拱肋钢混结合段安装

主跨钢纵、横安装

主跨主拱肋合龙段吊装

安装吊杆

吊杆张拉

主跨主、副拱肋安装

全桥全景

飞燕式蝴蝶形系杆拱桥设计与施工

——鹰潭市余信贵大桥技术总结

陈梦成　彭跃辉　钟栋材　等　著

人民交通出版社股份有限公司

北　京

内 容 提 要

本书系统介绍了鹰潭市余信贵大桥的设计、计算、施工、科学研究及施工监控等,内容包括主桥上部和下部结构设计、主桥下部和上部结构施工、关键受力部位科学研究和主桥施工监控。结合主桥设计和施工,阐述了结构受力分析计算原理、方法及结果,并详细介绍了关键受力部位的科学研究过程和结论。

本书适合从事公路桥梁及其他结构设计与施工工作的技术人员参考使用,亦可供大专院校桥梁工程以及其他相关专业的师生参考使用。

图书在版编目(CIP)数据

飞燕式蝴蝶形系杆拱桥设计与施工——鹰潭市余信贵大桥技术总结 / 陈梦成等著. — 北京 : 人民交通出版社股份有限公司, 2019.12

ISBN 978-7-114-16272-5

Ⅰ. ①飞… Ⅱ. ①陈… Ⅲ. ①钢管混凝土拱桥—桥梁设计②钢管混凝土拱桥—桥梁施工 Ⅳ. ①U448.22

中国版本图书馆 CIP 数据核字(2020)第 009919 号

书　　名:飞燕式蝴蝶形系杆拱桥设计与施工——鹰潭市余信贵大桥技术总结
著 作 者:陈梦成　彭跃辉　钟栋材　等
责任编辑:潘艳霞
责任校对:赵媛媛
责任印制:刘高彤
出版发行:人民交通出版社股份有限公司
地　　址:(100011)北京市朝阳区安定门外外馆斜街 3 号
网　　址:http://www.ccpcl.com.cn
销售电话:(010)59757973
总 经 销:人民交通出版社股份有限公司发行部
经　　销:各地新华书店
印　　刷:北京虎彩文化传播有限公司
开　　本:787×1092　1/16
印　　张:18.5
插　　页:2
字　　数:438 千
版　　次:2019 年 12 月　第 1 版
印　　次:2019 年 12 月　第 1 次印刷
书　　号:ISBN 978-7-114-16272-5
定　　价:90.00 元

本书编委会

前言
Foreword

鹰潭市位于江西省东北部，信江中下游。面向珠江、长江、闽南三个“三角洲”，是内陆连接东南沿海的重要通道之一。市区围绕“四区合一、一体两翼、一江两岸”的大框架展开建设。

信江新区是鹰潭市中心城区重点建设的六大片区之一，新区规划以行政办公、商贸、休闲度假、文教卫生、知识研创、生态居住等功能为主导，着力打造鹰潭城市新形象。中童镇位于鹰潭市西郊、余江县东北部，距鹰潭市区5km，距余江县城25km。中童镇紧抓发展机遇，在镇区206国道以东，鹰西大道以西打造鹰潭国际商贸物流园，建构大交通、大市场、大物流的发展格局，以完善城市商贸物流功能、搭建重大商贸物流平台为抓手，构建鹰潭的现代商贸物流新城，进一步开启鹰潭新经济时代。鹰潭市余信贵大桥工程的建设正是余信贵快速通道上重要的建设环节，直接打通信江新区与中童镇国际商贸物流园区的交通道路联系，加快两地人力、物资流通速度。

余信贵大桥工程由主桥飞燕式蝴蝶形系杆拱和两岸引桥组成，全长1.06km，其中跨江大桥长度约660m，东西两侧互通立交及接线长约230m。由于该桥区地质及水文条件较复杂，河床覆盖层薄，又受上游水闸的影响，该桥的建设难度大，必须解决设计、施工及管理维护等特殊技术问题。多个深水基础的施工技术和蝴蝶形主副拱肋架设、大体积混凝土开裂及裂缝控制问题，成桥后通航船撞桥的防护问题，构造及受力复杂的主拱肋钢混结合段锚固区理论分析、试验研究和设计及施工控制技术等构成本桥科研的技术关键点和难点。

鹰潭市余信贵大桥的建设凝聚了设计、施工、监理、科研、管理等方面专家、建桥技术人员、施工人员等的智慧，积累了很多有价值的技术经验。为系统地总结和介绍这些宝贵的经验，丰富桥梁技术宝库，以供日后类似桥梁建设借鉴，并为维修养护提供基础数据，特编写出版本书。

全书共有五章，第一章工程项目建设管理，由中铁上海设计院集团有限公司彭跃辉、詹刚毅等编写；第二章节段模型试验研究与成桥荷载试验，由华东交通大学陈梦成、谢力、程海根等编写；第三章余信贵大桥设计，由中铁上海设计院集团有限公司李涛、杨功勤、邬歆、李文文等编写；第四章余信贵大桥施工技术，由中铁二十四局集团有限公司钟栋材、喻文杰、冯龙等编写；第五章主桥施工监控，由华东交通大学程海根、郑尚敏、李建等编写，同时，感谢华东交通大学研究生杨超、胡聪、胡康、姜勇、刘宇根等为本书所做的工作。全书由华东交通大学主持，中铁上海设计院集团有限公司、中铁二十四局集团有限公司等单位共同参与编写。

限于编者水平和时间紧迫，本书内容难免有错误和不妥之处，恳请读者指正。

作者

2019 年 10 月

目录

Contents

第一章　工程项目建设管理

第一节　工程项目概况

一、工程项目背景

鹰潭市余信贵大桥工程全长1061.55m，由主线桥、西互通立交桥、东引道三个主要部分组成。道路按城市主干路标准设计，为双向六车道，设计行车速度为50km/h（匝道及辅道设计行车速度为30km/h）。

鹰潭市余信贵大桥工程作为余信贵大道的跨江重要节点，直接连通余江区与信江新区，加快了两地人、物流通速度，使区域交通更加便捷，由于项目修建，将节约燃油消耗量总计约11284万L，具有极高的经济效益。项目的建成加快了余江、鹰潭、贵溪一体化的进程，促进了全域鹰潭格局的形成；实现了鹰潭市“十三五”规划中15min城市圈布局要求，使得高铁北站真正惠及三地，将鹰潭全市融入了全国高铁经济圈中，具有极高的社会效益。

二、桥址自然环境条件

（一）气象特征

桥位区属于亚热带温暖湿润季风温和气候，四季分明，霜期较短，阳光充足，雨水充沛，四季冷暖变化较大，降水区域分配不均。气候特点：春季阴雨连绵，冷热交替频繁；夏季先涝后旱，温度较高，酷热难耐；秋季天高气爽，风和日丽，温和宜人；冬季多冷少寒，雨雪频繁。每年四月开始进入汛期，6月是降水集中的时候，此季汛期与伏秋期交汇，容易发生暴雨洪涝等自然灾害。

桥位区段历年平均降雨量1881.8mm，年最大降雨量为2768.2mm（1998年），年最小降雨量为1255.0mm（1978年），年平均降雨日数为215天（1985年），最少为135天（1978年）。历年平均气温为18.7℃，7月最热，平均气温为29.7℃，最高气温为41.0℃（1991年7月23日），一月最冷，平均气温为5.8℃，极端最低气温为-10.4℃（1991年12月29日）。桥位区主导风向为东风、东北风。

桥位区在冬季会出现冰霜冻的问题，且夏季很可能会遭到暴雨洪涝等自然灾害的影响，6月降雨量大，对桥梁工程建设影响较大。

（二）水文

1. 河势条件

大桥跨越信江。信江是江西省五大水系之一，同时是鄱阳湖五大水系之一。

信江发源于浙赣边缘的玉山仙霞岭，途经鹰潭市贵溪、月湖、余江，呈东西流向，U形，属于季节性很强的河流，常年有水。

2. 水位

在2013年9月10日勘察期间，测得河水水位高程为24.15m左右。鹰潭市位于信江中下游，是洪水灾害的重灾区。洪水史料记载，1878年洪水水位最大为35.7m(吴淞高程)。

3. 桥位

桥位处于信江下游，航道规划等级为Ⅲ-(3)航道，桥轴线与信江大致正交，桥位处的河流为东西走向，河床四季流水，350～400m宽，河床高低相差较大，南岸为信江一级阶地，地势平坦开阔，地面高程32～40m，桥位北侧为洼地，地面高程26～27.5m植被发育。根据水利部门水文计算结论，余信贵大桥桥址处水文计算成果如表1-1所示。

桥位水文 表1-1

设计洪水频率	1/100
最高水位(m)	32.91
最高通航水位(m)	31.54

三、桥址工程地质

(一)河床地质

桥位处河床内覆盖的粗砂砾层与河水直接联系，为强透水层。夏埠岸广泛分布卵石层，卵石含量多，粒径大，虽混有粗砾砂，但泥质少见，且与河水联系紧密，为强～极强透水层，其渗透系数为100～150m/d。圆砾层，卵石含量占30%，粒径2～4cm，混有粗砂砾及泥质，其渗透系数为50～100m/d。桥位处的地下水及河水对混凝土结构及钢筋混凝土结构中的钢筋和钢结构均无任何腐蚀性侵蚀。

(二)地质构造

桥位区的地质条件及钻探表明，鹰潭市处于赣东北的扬子准地台与赣中南加盟东褶皱系的交接地带上。在构造部位上，位于信江凹陷西缘，凹陷中沉积了巨厚的陆相红色碎屑岩。信江凹陷大致作东西向延展，南北边界都受深大断裂控制。工作区距两侧边界较近，位于北东东向(萍乡—广丰)、北西向(瑞昌—余干—鹰潭)及北东向(安远—南城—鹰潭)三组深大断裂的交汇地带。这些深大断裂，形成时代早，对盆地的边界、基底影响较大，但对区内后期沉积的巨厚层红砂岩的影响不大，地层倾角平缓，节理裂隙也不发育，尤其是在第四系地层，未发现新构造运动的痕迹。由此看来，本区自燕山运动以来，构造作用不强。但从地貌上看，桥位区附近鹰潭岸边位基岩裸露，河界边缘常见有矮小的冲刷陡坎，说明本区地壳仍在缓慢地上升之中。

(三)地层岩性

根据勘测资料揭示，桥址区域内表层为第四系全新统人工填土(Q_4^{ml})杂填土，覆盖层为第四系全新统冲洪积层(Q_4^{al+pl})粉质黏土、淤泥质黏土、粉砂、中砂、粗砂、砾砂、圆砾,下伏基岩为白垩系上统(K_{2z})砂岩。桥址区的岩土层按其成因分类自上而下详细叙述如下。

1.第四系全新统人工填土(Q_4^{ml})

杂填土:杂色,松散,稍湿~湿,主要由黏性土、砂、碎石及建筑垃圾等组成,为新近填土。该层仅分布于A匝道ZAK3、ZAK4号钻孔,B匝道ZBK1、ZBK2、ZBK4号钻孔,C匝道ZCK1~ZCK3号钻孔,D匝道ZDK1~ZDK3号钻孔,E匝道ZEK1~ZEK8号钻孔,F匝道ZFK1~ZFK8号钻孔,及东西两侧引桥的ZK0-1、ZK0-2、ZK1-1、ZK1-2、ZK2-1、ZK2-2、ZK3-1、Z3-2、ZK4-1、ZK4-2、ZK5-1、ZK5-2、ZK6-1、ZK6-2、ZK7-1、ZK7-2、ZK16-1、ZK16-2、ZK17-1、ZK17-2、ZK18-1、ZK19-1、ZK19-2、ZK20-1、ZK20-2、ZK21-1、ZK21-2、ZK22-1、ZK22-2、ZK23-2号钻孔。揭露层厚0.50~9.20m,层面高程25.27~33.84m。

2.第四系全新统冲洪积层(Q_4^{al+pl})

(1)粉质黏土:灰褐色、褐黄色、褐红色,可塑-硬塑,主要成分为粉、黏粒,土质较均匀,黏性、韧性中等,局部夹少量角砾。该层除河道内水上钻孔未揭露外,其余钻孔均有揭露。揭露层厚0.90~12.30m,层面埋深0~9.20m,层面高程21.27~33.28m。

(2)淤泥质黏土:灰色,软塑,以黏粉粒为主,黏性好,手捏有滑感,含有机质,少量异味,土质均一。该层仅分布于ZK15-1、ZK16-1、ZK16-2号钻孔,层厚2.40~4.50m,层面埋深3.20~6.60m,层面高程19.92~23.35m。

(3)粉砂:灰褐色、褐黄色,松散-稍密,湿-饱和,成分以石英颗粒为主,粒径为0.075mm的颗粒占90%,其余以黏粉粒胶结。该层仅分布于ZBK2、ZBK3、ZDK3、ZK7-2、ZK8-2、ZK12-1、ZK12-2、ZK13-2、ZK15-1、ZK15-2、ZK18-2、ZK19-1、ZK19-2、ZK20-1、ZK20-2、ZK21-1、ZK21-2、ZK22-1、ZK22-2、ZK23-1、ZK23-2、ZK24-1、ZK24-2、ZK25-1、ZK25-2钻孔。揭露层厚0.60~10.10m,层面埋深0.00~12.70m,层面高程13.45~26.83m。

(4)中砂:浅黄色,稍密,饱和,成分以石英颗粒为主,粒径在0.25~0.5mm的颗粒约占65%,2~20mm颗粒约占10%,颗粒呈棱角状,磨圆度差,余以黏性土充填。该层仅分布于ZK1-2、ZK4-1、ZK4-2、ZK5-2、ZK6-1、ZK8-1、ZK9-1、ZK11-1、ZK12-2、ZK12-4、ZK13-1、ZK14-1、ZK14-2、ZK22-1号钻孔。揭露层厚0.50~3.40m,层面埋深3.80~13.80m,层面高程10.35~22.74m。

(5)粗砂:褐黄色,稍密,饱和,成分以石英颗粒、硅质岩为主,粒径在0.5~2mm的颗粒占总质量的85%,2~20mm的颗粒占15%,颗粒呈次圆状,磨圆度较差。该层仅分布于ZBK4、ZCK1、ZFK3、ZK5-1、ZK6-2、ZK7-2、ZK21-1、ZK24-1号钻孔。揭露层厚0.80~5.00m,层面埋深2.00~15.40m,层面高程11.93~23.40m。

(6)砾砂:浅灰色,褐黄色,中密,潮湿—饱和,成分以石英、硅质岩颗粒为主,粒径在0.5~2mm的颗粒占总质量的50%~60%,粒径大于2mm的颗粒约占总质量的30%,颗粒呈次圆棱状,磨圆度一般,其余以黏粉粒为主。该层仅分布于ZAK1、ZAK2、ZBK1、ZBK2、ZCK1~ZCK3、ZDK1、ZDK2、ZEK2、ZFK3、ZFK6、ZK0-2、ZK1-2、ZK2-2、ZK3-1、ZK3-2、ZK4-1、ZK4-2、ZK5-1、ZK6-2、ZK7-1、ZK8-1、ZK8-2、ZK9-1、ZK10-1、ZK11-2、ZK11-3、ZK13-2、ZK14-1、ZK21-1、ZK25-2号钻孔。揭露层厚0.50~8.60m,层面埋深3.10~14.00m,层面高程12.84~23.47m。

(7)圆砾:黄褐、灰褐色,中密,很湿-饱和,主要由石英、硅质岩颗粒、长石颗粒等组成。磨圆度较好,呈次圆状,级配良好,颗粒粒径2~20mm的质量约占55%,20%~60%约占15%~25%,余以杂砂及黏性土充填。该层仅分布于ZAK3、ZAK4、ZBK2、ZBK3、ZCK1、ZDK3、ZEK1~ZEK3、ZEK5、ZFK1~ZFK5、ZFK7、ZK0-1、ZK0-2、ZK1-1、ZK2-1、ZK2-2、ZK5-2、ZK6-1、ZK7-1、ZK7-2、ZK9-2、ZK10-2、ZK11-4、ZK11-5、ZK12-1~ZK12-5、ZK13-1、ZK3-2、ZK14-2、ZK21-1、ZK22-1、ZK24-1、ZK25-2号钻孔。揭露层厚0.90~10.10m,层面埋深3.00~17.60m,层面高程9.24~23.47m。

3. 白垩系上统(K_2^z)

(1)砂岩:全风化,灰白、红褐、紫红色,稍湿。属白垩世上统沉积岩,由原岩强烈风化而成,多已风化成砂土状,岩心多呈土夹砂状,手捏易散,遇水易成散砂状。该层仅分布于ZK0-2、ZK6-2、ZK12-5号钻孔。揭露层厚1.00~1.90m,层面埋深9.50~11.80m,层面高程12.42~18.92m。

(2)砂岩:强风化,红褐色、局部为灰白色,原岩结构清晰,砂状结构,块状构造,泥质胶结,岩芯多呈块状,少量短柱状,手掰可断,浸水易软化,岩性属极软岩,岩体基本质量等级Ⅴ级。强风化砂岩具有可软化性及开挖后进一步风化的特性,不具膨胀性和崩解性。该层全桥址大部分钻孔均有分布,厚度0.50~6.40m,层面埋深4.00~20.20m,层面高程7.24~29.78m。

(3)砂岩:中风化,红褐、紫红色,属白垩世上统砂岩,砂状结构,块状构造,主要由长石、石英经泥铁质胶结形成,属软岩,岩体完整程度为较完整,岩芯呈柱状,少量呈长柱状,锤击声闷,岩体基本质量等级Ⅳ级。中风化砂岩具有可软化性及开挖后进一步风化的特性,不具膨胀性和崩解性。该层全桥址钻孔均有分布,厚度1.00~21.10m,层面埋深2.70~26.80m,层面高程5.35~29.08m。

(4)砂岩:微风化,红褐、青灰色,属白垩世上统砂岩,砂状结构,块状构造,主要由长石、石英经泥铁质胶结形成,属软岩,岩体完整程度为完整,岩芯呈长柱状,少量呈柱状,锤击声闷,岩体基本质量等级Ⅳ级。微风化砂岩具有可软化性及开挖后进一步风化的特性,不具膨胀性和崩解性。该层全桥址钻孔均有分布,厚度3.40~21.60m,层面埋深9.50~39.30m,层面高程-15.15~20.64m。

四、工程概况

(一)大桥主要工程技术标准

道路等级:主线为城市主干路,匝道(或辅道)城市次干路。

设计速度:主线采用50km/h,匝道(或辅道)30km/h。

桥面纵坡:最大5.5%。

桥面横坡:双向2%(人行道为内侧1%)。

道路荷载标准:BZZ-100kN。

桥梁荷载等级:汽车,城-A级;人群,3.5kPa。

设计风速:按百年一遇控制设计,$v_{10}=23.9$m/s,地表类别为B类。

地震烈度:按7度设防。

设计洪水频率:1/100。

通航标准:主通航孔(双向通航)为Ⅲ-(3),通航净宽110m,通航净高10m。

船舶撞击力:按内河三级航道等级、船舶t级DWT1000t考虑,横向撞击力取800kN,纵向撞击力取650kN。

设计基准周期:100年。

设计安全等级:一级,结构重要性系数为1.1。

环境类别:Ⅰ类环境。

交通饱和设计年限:20年。

(二)大桥总体布局

余信贵大桥共分主桥、西侧引桥、东侧引桥3个部分,各部分里程及跨度如下:主桥起于K0+005.00,止于K1+071.000,包括跨度组成为48m+168m+48m飞燕式钢箱系杆拱桥,下部结构采用承台接群桩基础;西侧引桥跨度为5×30m+(40+46+40)m+2×46m预应力混凝土现浇连续梁;东侧引桥起于K1+080.5,止于K1+165,跨度组成为4×46m+4×30m+4×30m预应力混凝土现浇连续梁,下部结构采用承台接群桩基础。余信贵大桥总体布置如图1-1所示。

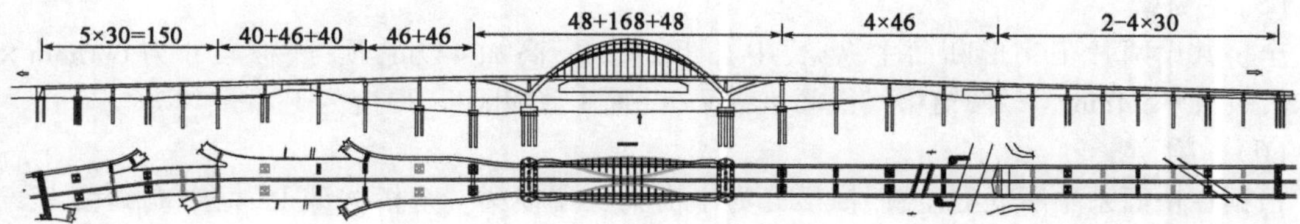

图1-1 余信贵大桥总体布置示意图(尺寸单位:m)

1.主桥

本桥结构形式为48m+168m+48m中承式系杆拱桥,计算跨径168m。主跨拱肋系统由主拱肋、副拱肋、主副拱肋之间的横向连杆以及拱顶横撑等构件组成。主拱跨径168m,外倾12°,立面矢高48m,矢跨比1/3.5。副拱肋轴线为空间曲线,跨径130m,立面矢高20.742m,矢跨比1/6.268。主副拱肋之间的横向连杆采用圆钢管,间距6m。拱桥主梁为钢-混凝土结合梁,两侧钢主纵梁中心间距29.9m,钢横梁间距6m,混凝土桥面板厚度26cm。拱桥吊杆间距6m,吊杆上端通过吊耳与主拱肋相连,下端锚固于钢横梁。边拱、主拱肋(混凝土段)与边跨混凝土箱形主梁形成边跨三角区。

(1)主跨主拱肋

主拱肋跨中130m段为钢结构,两侧各19m段为钢筋混凝土结构。主拱钢结构段材料为Q345qD,主拱肋采用矩形截面,宽2.2m,高3.4m,腹板及顶板厚度为20~40mm。主拱肋纵向加劲肋采用钢板加劲,顶、底板纵向加劲肋间距440mm,腹板纵向加劲肋间距400mm,加劲肋高度170~300mm,板厚14~20mm。横向加劲肋与拱轴线垂直,板厚12mm。吊杆处设横隔板,横隔板厚24mm。主拱混凝土段材料为C55混凝土,拱肋采用矩形截面,宽3.0m,高4.2~4.7m。钢拱肋与混凝土拱肋在结合部通过预应力精轧螺纹钢筋、普通钢筋、钢板及混凝土连接。

(2)主跨副拱肋

副拱肋采用方形截面,边长1.5m。由于副拱肋轴线为空间曲线,副拱肋为空间弯扭构件。副拱肋面板厚度16～20mm,副拱肋纵向加劲肋为钢板加劲,间距500mm,高度170～220mm,板厚为12～18mm。横向加劲肋除在主拱肋与副拱肋交汇段与相应位置主拱肋横隔板方向相同外,其余段均与拱轴线垂直,板厚12mm。副拱肋与横向撑杆连续处设横隔板,横隔板厚度20mm。副拱肋在交汇区截面逐步缩减,直至与主拱完全交汇。

(3)主跨拱肋间联系构件

主、副拱肋之间连杆采用圆钢管,直径600～1000mm,壁厚20～28mm。连杆在拱肋连接位置设置预留段。副拱之间在跨中位置设5道横撑,横撑为900mm×900mm正方形截面,壁厚40mm。左、右幅主拱肋在距离拱脚约10m处(混凝土拱肋段)设置拱肋间横梁。

(4)主跨主梁

拱桥主梁为等截面钢-混凝土结合梁结构,全高3.3m,全宽33.5m。结合梁钢梁材质为Q345qD,为主纵梁、中横梁、端横梁、小纵梁组成的双主梁梁格体系。除端横梁为闭口箱梁外,其余钢梁均为工字形截面梁。其中,纵梁每6m一个节段,每间隔6m设置一道横梁,每两道横梁之间设置2道主纵梁和9道小纵梁。

(5)主纵梁

全桥共设两片工字形断面主纵梁,中心距29.9m,高2.447m,顶、底板尺寸为600mm×26mm,腹板厚24mm。每两道中横梁间主纵梁,设置3道横隔板,厚度为12mm。

(6)横梁

根据在桥面系中所处的位置,横梁分为中横梁及端横梁。全桥共计19根中横梁、2根端横梁。

中横梁顺桥向间距6m,跨中梁高3m,梁顶设置2%双向横坡,梁底水平,采用工字形断面,顶、底板尺寸为600mm×(20～25)mm,腹板厚16mm。横梁在吊杆锚固位置,预设锚固套管。

端横梁采用箱形断面,宽3.82～6.88m,跨中梁高3m,梁顶设置2%双向横坡,梁底水平。顶板厚25mm,底板厚28mm,腹板厚16～32mm。端横梁跨中侧与吊杆相连,另侧通过牛腿置于拱肋间混凝土横梁上。横梁在吊杆锚固位置,预设锚固套管。

(7)小纵梁

横断面上设置9道小纵梁。小纵梁采用工字形断面,顶板尺寸为500mm×20mm,底板为800mm×20mm,腹板为960mm×14mm。

(8)主跨桥面板

桥面板采用分块预制、板间现浇湿接缝连接的方式。横向分为10块预制板,共11道现浇缝,预制桥面板厚260mm,采用C50混凝土。预制板基本尺寸为5500mm×2800mm。预制桥面板必须存放6个月后方可安装,以减少混凝土收缩、徐变对结合梁带来的不利影响。现浇湿接缝厚260mm,采用C50微膨胀混凝土。

(9)主跨剪力钉

桥面板通过剪力钉与钢主纵梁、横梁、小纵梁顶板进行连接。剪力钉采用ϕ22mm圆头焊

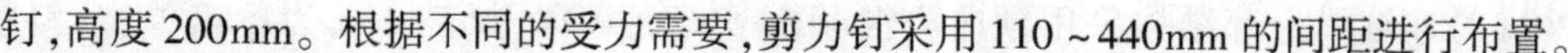

钉,高度200mm。根据不同的受力需要,剪力钉采用110～440mm的间距进行布置。

(10)主跨吊杆

梁拱间布设吊杆,间距6m。全桥共21对吊杆。采用钢绞线整束挤压锚具吊杆,吊杆规格为:两侧(靠近拱脚)各三对短吊杆为37根直径15.24mm的钢绞线,其余吊杆为25根直径15.24mm的钢绞线。吊杆上端通过吊耳与主拱连接,下端设张拉端,挤压锚。

(11)边跨拱肋

边拱为变截面预应力混凝土拱肋,采用C55混凝土,除拱脚及拱肋与主梁交接段为实心截面外,其余位置均为箱形截面,截面宽度2.8～4.0m,截面高度3.1～4.2m,顶、板厚度80cm,腹板厚度50cm。拱肋间设置一道横梁,横梁截面为矩形,高度3m,宽度1.6m。

(12)边跨主梁

边跨主梁采用C55预应力混凝土箱梁,箱梁宽度28.3～37.0m。箱梁标准宽度28.3m,单箱五室,挑臂1.2m,桥梁中心线位置箱梁截面高度3.0m,箱梁顶设人字形横坡,横坡2.0%,箱梁底水平,横坡由箱梁梁高变化形成。箱梁顶板厚度25cm,底板厚度22cm,腹板厚度跨中段箱梁50cm,支点处为70cm。

(13)系杆

全桥系杆由三部分构成:全桥通长系杆(8索15-55),主跨短系杆(4索15-27),边跨短系杆(4索15-55),均为夹片式钢绞线全防腐型可换可调系杆。主跨拱脚的水平推力由全桥通长系杆和主跨短系杆共同平衡,并以通长系杆为主。通长系杆两端张拉,锚固于主桥联端横梁与边拱肋交接位置附近。系杆在主跨结合梁段,在钢横梁上预留孔洞穿过,在边跨混凝土箱梁段,在箱梁箱室内穿过,无平弯,竖向线形与路线纵坡一致。

主跨短系杆两端张拉,两端均锚固于主拱肋混凝土段上。系杆设于主跨钢横梁上部,无平弯,锚固处局部竖弯,其余部分竖向线形与路线纵坡一致。

边跨短系杆采用单端张拉。一端锚固于主桥联端横梁与边拱肋交接位置附近(张拉端),另一端锚固于主拱肋混凝土段上(固定端)。系杆从边跨箱梁箱室内穿过,设置平弯,竖向线形与路线纵坡一致。

(14)桥墩与基础

主桥主墩采用钢筋混凝土矩形桥墩,C40混凝土,桥墩高度均为11.16m,截面尺寸接承台处为27.0m×7.0m,起拱点处为25.85m×6.2m。桥墩采用尖端形承台,横桥向40m,顺桥向14m,高4.5m,采用C35混凝土,承台底设3.0m厚C25水下封底混凝土。单个桥墩采用20根直径2.2m的群桩基础,设计为嵌岩桩,桩基长度30m,桩基材料为C30钢筋混凝土。

主桥过渡墩每个墩位采用两个分离的桥墩墩身、承台及桩基,由整体盖梁相连。桥墩为钢筋混凝土花瓶形,墩身高度20.3～24.5m,墩身基本截面4.8m×2.0m,采用C35混凝土;桥墩承台平面尺寸7.5m×7.5m,高2.8m,采用C35混凝土,承台底设1.5m厚C25水下封底混凝土。每个墩位采用8根直径1.8m的群桩基础,设计为嵌岩桩,桩基长度30m,桩基材料为C30钢筋混凝土。

2.引桥结构

西侧引桥为5×30m+(40+46+40)m+2×46m预应力混凝土现浇连续梁,东侧引桥为4×46m+4×30m+4×30m预应力混凝土现浇连续梁,下部结构采用承台接群桩基础。

(1)30m 跨连续梁上部结构采用预应力混凝土等截面箱梁,梁高 2m,为单箱单室,斜腹板,采用双向预应力体系。箱梁纵向和横向采用高强度低松弛钢绞线。左右幅均采用支架现浇施工,翼缘板留后浇带,左右幅形成整体。其下部结构采用双柱桥墩。

(2)40m+46m+40m 跨连续梁上部结构采用预应力混凝土等截面箱梁,梁高 2.6m,为单箱双室(局部变宽处单箱三室),斜腹板,采用双向预应力体系。箱梁纵向和横向采用高强度低松弛钢绞线。左右幅均采用支架现浇施工,翼缘板留后浇带,左右幅形成整体。其下部结构采用双柱桥墩。

(3)46m 跨连续梁上部结构采用预应力混凝土等截面箱梁,梁高 2.6m,为单箱双室(局部变宽处单箱三室),斜腹板采用双向预应力体系。箱梁纵向和横向采用高强度低松弛钢绞线。左右幅均采用支架现浇施工,翼缘板留后浇带,左右幅形成整体。其下部结构采用双柱桥墩。

(4)附属结构

桥面铺装全桥采用 4cm 厚细粒式沥青混凝土 +5cm 厚中粒式沥青混凝土 + 防水层 +8cm 厚 C50 混凝土铺装层。

西引桥双幅共 8 道伸缩缝:在 0 号桥台设置 2 道 80 型伸缩缝;5、8 号桥墩设置 6 道 120 型伸缩缝。

东引桥双幅共 6 道伸缩缝:17 号桥墩设置 2 道 160 型伸缩缝;21 号桥墩设置 2 道 120 型伸缩缝;在桥台处共设置 2 道 80 型伸缩缝。

桥面人行道板为预制钢筋混凝土板,上铺 2.5cm 厚花岗岩 +2.5cm 厚水泥砂浆。

3. 匝道

(1)A 匝道采用普通钢筋混凝土结构,全桥采用(19.514m +2×20m) +4×20m +4×20m 钢筋混凝土连续箱梁,桥梁全长为 224.514m。箱室采用的是单箱单室,梁高均采用 160cm,均采用 C50 混凝土。为了与主线桥梁高平齐,在端横梁位置进行了加高,加高后梁高为 2.0m。箱梁腹板采用斜腹板,桥梁第一联和第二联跨中顶板厚为 26cm,底板厚为 23cm,第三联跨中顶板厚为 25cm,底板厚为 22cm。跨中腹板厚均为 45cm,渐变加厚后为 60cm,渐变段长为 250cm,箱梁两侧悬臂均为 2.5m,悬臂端部厚度 20cm,悬臂根部厚度 45cm。箱梁中横梁均为 180cm,端横梁均为 120cm。桥墩采用花瓶式实体墩,基础采用桩基接承台。

(2)B 匝道全桥采用 4×20m +3×20m +3×20m 钢筋混凝土连续箱梁,桥梁全长为 202.5m。本匝道均位于 R =48m 圆曲线或缓和曲线上。在 B10 号桥墩处,为与主线桥齐平,在 B10 号桥墩处端横梁位置进行了加高,加高后梁高为 2.6m。本桥加宽后桥面宽均为 10m,箱梁底板宽均为 4.38m。箱梁第三联第三跨与主线桥第三跨对接处断开,断开后通过 D40 型伸缩缝进行连接,在对接处的翼缘板宽有渐变,设计中按保持翼缘板斜率不变方式进行调整。桥面横坡为 2% 单坡。

箱梁腹板采用斜腹板,桥梁第一联 ~ 第三联跨中顶板厚为 25cm,底板厚为 22cm,跨中腹板厚均为 45cm,渐变加厚后为 60cm,渐变段长为 250cm,箱梁两侧悬臂均为 2.5m,悬臂端部厚度 20cm,悬臂根部厚度 45cm。箱梁中横梁均为 180cm,端横梁均 120cm。桥墩采用花瓶式实体墩,基础采用桩基接承台。

(3)C 匝道全桥采用 4×20m +3×23m +3×20m 钢筋混凝土连续箱梁,桥梁全长为 214m。本桥梁均位于圆曲线或缓和曲线上,桥梁横坡设有超高渐变,在 C10 号桥墩处,为与主线桥齐平，在C10号桥墩处端横梁位置进行了加高，加高后梁高为2.0m。本桥桥面宽11.2～11.5m渐变加宽，箱梁加宽方式通过调整箱室宽而翼缘板宽不变进行调整。箱梁第三联第三跨与主线桥第二联对接处断开，断开后通过D40型伸缩缝连接，在对接处的翼缘板宽有渐变，设计中按保持翼缘板斜率不变方式进行调整。桥面横坡均为2%～-2%单坡，人行道为向内侧方向1%横坡。

箱梁腹板采用斜腹板，桥梁第一联～第三联跨中顶板厚为26cm，底板厚为23cm，跨中腹板厚均为45cm，渐变加厚后为60cm，渐变段长为250cm。箱梁两侧悬臂均为2.4m，悬臂端部厚度20cm，悬臂根部厚度45cm。箱梁中横梁均为180cm，端横梁均120cm。桥墩采用花瓶式实体墩，基础采用桩基接承台。

(4)D匝道全桥采用3×20m+3×20m+3×20m钢筋混凝土连续箱梁，桥梁全长为185m。桥梁均位于$R=48$m圆曲线或缓和曲线上。在D0号桥墩处，为与主线桥齐平，在D0号桥墩处端横梁位置进行了加高，加高后梁高为2.6m。本桥加宽后桥面宽均为10m，箱梁底板宽均为4.38m，桥面横坡为2%单坡。箱梁腹板采用斜腹板，桥梁第一联～第三联跨中顶板厚为25cm，底板厚为22cm，跨中腹板厚均为45cm，渐变加厚后为60cm，渐变段长为250cm。箱梁两侧悬臂均为2.4m，悬臂端部厚度20cm，悬臂根部厚度45cm。箱梁中横梁均为180cm，端横梁均120cm。桥墩采用花瓶式实体墩，基础采用桩基接承台。

(5)E匝道全桥采用4×20m+4×20m+3×20m+3×20m钢筋混凝土连续箱梁，桥梁全长为281m。桥梁位于$R=75$m圆曲线或缓和曲线上及直线段上。在E14号桥墩处，为与主线桥齐平，在E14号桥墩处端横梁位置进行了加高，加高后梁高为2.6m。桥梁桥面宽10.5～11.45m渐变加宽，箱梁加宽方式通过调整箱室宽而翼缘板宽不变进行。箱梁第四联第三跨与主线桥第三联对接处断开，断开后通过D40型伸缩缝连接，在对接处的翼缘板宽有渐变，设计中按保持翼缘板斜率不变方式进行调整。桥面横坡均为2%单坡，人行道为方向1%横坡。

箱梁腹板采用斜腹板，桥梁第一联～第四联跨中顶板厚为26cm，底板厚为23cm，跨中腹板厚为45cm，渐变加厚后为60cm，渐变段长为250cm。箱梁第一联～第三联两侧悬臂均为2.5m，悬臂端部厚度20cm，悬臂根部厚度45cm。箱梁第四联左侧悬臂为2.4m，悬臂端部厚度20cm，右侧悬臂均为2.65m，悬臂端部厚度17.4cm，悬臂根部厚度均为45cm。箱梁中横梁均为180cm，端横梁为120cm。第一联采用柱式墩，第二联～第四联桥墩采用花瓶式实体墩。

(6)F匝道全桥采用3×20m+3×20m+4×20m+4×20m钢筋混凝土连续箱梁，桥梁全长为281m。桥梁位于$R=50$m圆曲线或缓和曲线上及直线段上。在F0号桥墩处，为与主线桥齐平，在F0号桥墩处端横梁位置进行了加高，加高后梁高为2.6m。桥梁桥面宽10.5～11.75m渐变加宽，箱梁加宽方式通过调整箱室宽而翼缘板宽不变进行。箱梁第一联第一跨与主线桥第三联对接处断开，断开后通过D40型伸缩缝连接，在对接处的翼缘板宽有渐变，设计中按保持翼缘板斜率不变方式进行调整。桥面横坡均为2%单坡，人行道为方向1%横坡。

箱梁腹板采用斜腹板，桥梁第一联～第四联跨中顶板厚为26cm，底板厚为23cm，跨中腹板厚为45cm，渐变加厚后为60cm，渐变段长为250cm。箱梁第二联～第四联及第一联第三跨两侧悬臂均为2.5m，悬臂端部厚度20cm，悬臂根部厚度45cm。箱梁第一联第一、二跨左侧悬臂为2.4m，悬臂端部厚度20cm，右侧悬臂为2.65m，悬臂端部厚度17.4cm，悬臂根部厚度均为45cm。箱梁中横梁均为180cm，端横梁为120cm。第一联～第三联桥墩采用花瓶式实体墩,第四联桥墩采用柱式墩。

(7)附属结构。

桥面人行道板为预制钢筋混凝土板,上铺2.5cm厚花岗岩+2.5cm厚水泥砂浆;桥面铺装全桥采用4cm厚细粒式沥青混凝土+5cm厚中粒式沥青混凝土+防水层+8cm厚C50混凝土铺装层。A~F匝道桥共设80型伸缩缝21道,D40型伸缩缝共5道,120型伸缩缝共6道。B、D匝道桥两侧各设置一道防撞墙,A、C、E、F匝道桥左侧设置防撞墙,右侧设置人行道,人行道外侧设不锈钢栏杆。

(三)交通工程

余信贵大桥交通工程设计在信江两岸既有道路网络系统的基础上,结合当地总体规划从系统的实用性、可靠性、技术经济、标准化等多角度选择最优方案。设计内容包括交通标志、交通标线、视线诱导设施、防撞护栏及交通监控系统。

(四)科研与创新

余信贵大桥在建设中遇到了许多技术问题,建设单位组织科研单位、高校、设计单位及施工单位的科研力量进行了多项科学试验与专题研究,为验证余信贵大桥的设计理论、方法、参数,优化大桥设计方案,指导大桥施工提供了科学依据、技术支持与保障。开展的科研与创新工作如下:

(1)大型深水单壁钢围堰技术设计与施工工艺研究;

(2)外倾式大体积拱肋施工技术研究;

(3)钢箱拱肋与混凝土拱肋连接处三维结构分析与比例模型试验;

(4)主跨三角区空间结构分析与光弹试验研究;

(5)主桥施工过程的控制与监测;

(6)大型门式起重机安装架设钢箱拱肋设计与施工工艺研究;

(7)叠合桥面、桥面铺装材料和施工工艺研究;

(8)桥梁加载试验研究。

第二节　工程建设管理

一、余信贵大桥管理理念及管理目标

1.管理理念

本项目参加各方共同的管理理念是:致力于“以人为本,诚信守法;和谐自然,建造精品”的管理理念,集中体现参加方的管理思想、管理原则、管理艺术、管理目标。

2.管理目标

设置质量审核目标,争创优质工程;在符合安全要求、保证工期的情况下,严把质量关,争创精品工程,使设计、施工、科研严谨规范;对关键性的阶段,实行目标管理。

二、项目管理内容及管理制度

1. 勘察设计管理

设计质量是工程质量及创优的前提，也是工程质量的灵魂。为此，余信贵大桥建设单位把设计单位作为质量保证体系中的一个重要环节，充分发挥设计单位结构计算的专长、智力资源优势及其对余信贵大桥质量控制的指导作用，同时加强对设计质量的管理，重点做好以下工作：

(1)按工程建设程序由具有相应资质的审图单位进行全面审核，对全桥关键工程技术项目(钢-混凝土拱肋结合段、桥面叠合梁、空间拱肋吊装等)还邀请国内相关专家进行专题讨论。

(2)组织设计单位参加各种关键施工技术论证会、技术难题解决会、重大质量问题处置会及其他相关的质量管理活动，充分发挥设计对工程质量的指导作用，为施工单位提出的重大施工技术方案把关。

(3)及时完善施工图设计，与施工单位一起解决施工中出现的有关设计方面的问题。

(4)要求设计代表参加建设单位或委托监理单位组织的标前答疑会、技术交底、质量检查验收、专题协调、现场有关签证及有关专题研讨，经常深入施工现场，主动积极做好设计后的服务工作。

2. 质量控制工作的监理管理

监理是建设单位委托的工程“三大控制”的实施者，其中，抓好工程质量是监理工作的核心，在工程建设质量管理体系中起控制的作用。对监理质量控制工作的管理主要通过以下几个方面展开：

(1)通过监理规划、监理实施细则，明确监理人员的职责、规范监理工作方法和程序，并以此监督、检查监理工作。

(2)督促、检查监理单位做好合同段报审的实施性施工组织设计和重大施工技术方案的监理审批工作，把好工程质量第一关。

(3)督促、检查监理单位对工程施工做好事先、事中、事后的质量控制工作，把好工程开关、施工过程的质量控制关、工程完工后的质量验收关。要求做到：开工前要完成设计交底、图纸会审、施工组织审查、测量放样复测等。材料要在进场前验收和复检，未达到要求的不准使用。隐蔽工程未验收或验收不合格的不准隐蔽，不容许进入下道工序施工。每道工序合格后才能进入下道工序施工。对需要旁站的关键部位、关键工序，按事先制订的旁站监理方案的内容、方法、程序认真做好旁站监理工作。

三、工程计量与支付

计量与支付是本项目施工管理的关键环节，直接关系到工程造价的高低，是业主和承包人的焦点和核心问题，对加快承包人资金周转、维护业主利益均有十分重要的意义。余信贵大桥作为鹰潭市重点工程，工期要求相当严格，因此，合理、科学的计量和及时的支付是施工进度、工程质量的重要保证。

余信贵大桥计量支付工作严格履行合同,做到每一子目的计量均有依据。由于工程计量的目的是通过测量来核实和确定实际完成的工作数量和价值,计量结果是支付的基本依据,是至关重要的工作,因此要求负责计量的造价工程师须有极强的责任心,对任何分部工程都要精确计量,并要及时建立造价动态台账,掌握工程量和付款信息,及时编制支付进度图,做好支付的前期工作。

1. 主要计量依据

(1)工作量清单及说明。

(2)合同设计图纸。

(3)合同条件(通用、专用)。

(4)技术规范。

(5)工程变更令及修订的工程量清单。

(6)有关计量的补充协议。

2. 计量程序

(1)承包人按进度计划要求提出计量申请(含交工证书、质量检验表及有关自检资料、计量申请表等)。

(2)驻地监理工程师初审计量资料,如发现问题或资料不足应退还承包人或暂不计量。

(3)总监办专业造价师审核,签发中期支付证书并上报业主。

(4)建设单位造价师审定,审批中期支付证书后进行支付。

3. 计量主要文件

计量主要文件包括:中间计量表、每项工程开工申请批复单、有关的自检资料、质量检验表及其评定意见、工程变更令、中间交工证书等。

4. 计量原则与要求

在每个工程开工建设前,由建设项目办组织监理、施工单位有关计量人员进行技术交底,明确各方职责,并要求在执行计量支付过程中满足下列原则和要求:

(1)对象要明确。只对本合同标价的工程量清单中各工程项目进行计量与支付。

(2)工作性质明确。严格按合同中约定的计量规则及工程量清单计量规则执行,超出合同以外的工程项目不得进行计量与支付。

(3)必须满足计量支付条件,即工程质量检查达到要求,各种资料齐全且办理中间交工证书后才能办理计量。

(4)计量支付不能解除承包人的任何质量义务,工程质量实施终身责任制。

(5)每期中间计量可对前面任一期中间计量进行修正、完善。

四、本章小节

余信贵大桥建设工期短、速度快、质量高,是综合运用科学管理指导大桥建设的必然结果。在整个工程建设管理中,以下几点值得以后借鉴。

(1)发扬民主、科学决策:重大施工方案、技术关键点均要进行多次论证,科学实验或研究后才能实施,在实施前需要获得参建各方的认可,并由监理和建设单位审核批准。

(2)规范化管理和操作:余信贵大桥管理办公室在工程建设过程中始终侧重于工程管理、档案管理、财务管理,严格执行项目法人制、招标投标制、合同制、监理制等;在设计和施工过程中除设计和监理控制外,还邀请清华大学、福州大学、华东交通大学对关键技术进行了研究和控制,对重大施工方案进行专题讨论研究,确保大桥建设的顺利进行。

第二章　节段模型试验研究与成桥荷载试验

第一节　全桥整体有限元分析

一、计算模型

采用桥梁计算专业软件 MIDAS/Civil，建立全桥杆系空间计算模型，如图 2-1 所示。在计算模型中，除吊杆及系杆采用桁架单元模拟，桥面板采用板单元模拟外，其余构件均采用梁单元模拟。不考虑桥面铺装的抗弯刚度，桥面铺装及桥面附属设施等均考虑其重量。模型共有 2376 个节点，3304 个单元，其中梁单元 2618 个，桁架单元 62 个，板单元 624 个。

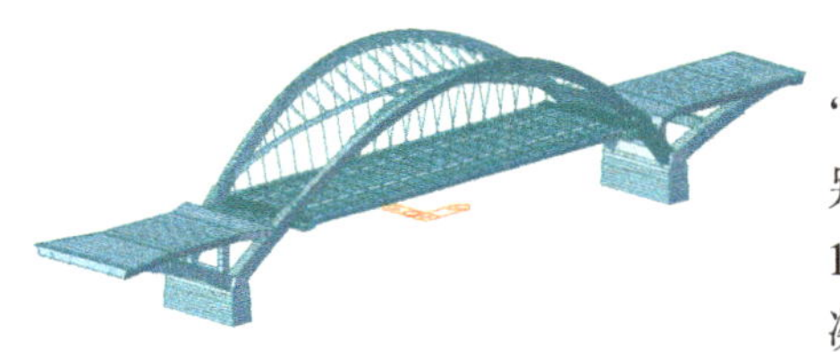

图 2-1　全桥有限元计算模型

根据《公路桥涵设计通用规范》（JTG D60—2015）："结构构件当需要进行弹性阶段截面应力计算时，除特别说明外，各作用效应的分项系数及组合系数应取为 1.0，各项应力限值应按各设计规范规定采用"和《钢-混凝土组合桥梁设计规范》（GB 50917—2013）4.3.2 条："应力验算的作用（或荷载）应采用标准组合。其中，汽车荷载应计入冲击系数"，持久状况下的局部应力验算采用如下荷载组合：1.0恒荷载 +1.0 钢束一次 +1.0 钢束二次 +1.0 徐变二次 +1.0 收缩二次 +1.0 汽车荷载 +1.0 人群荷载 +0.7 汽车制动力 +1.0 温降梯度 +1.0 整体降温 +1.0 风荷载（持久状况）。

二、主要构件受力性能分析

1. 主拱肋

最不利施工阶段和承载能力极限状态下，主拱肋上、下缘正应力及剪应力见图 2-2。由图 2-2可见，在施工阶段和承载能力极限状态下，主拱肋上、下缘正应力及剪应力均未超过 Q345 钢材截面抗压强度设计值 -200MPa、抗拉强度设计值 200MPa 和抗剪强度设计值 120MPa，即主拱肋满足承载能力极限状态验算要求。

2. 副拱肋

在施工和运营阶段，副拱肋上、下缘正应力及剪应力见图 2-3。由图 2-3 可见，在承载能力极限状态下，副拱肋上、下缘正应力及剪应力均未超过 Q345 钢材截面抗压强度设计值 -200MPa、抗拉强度设计值 200MPa 和抗剪强度设计值 120MPa，即副拱肋满足承载能力极限状态验算要求。

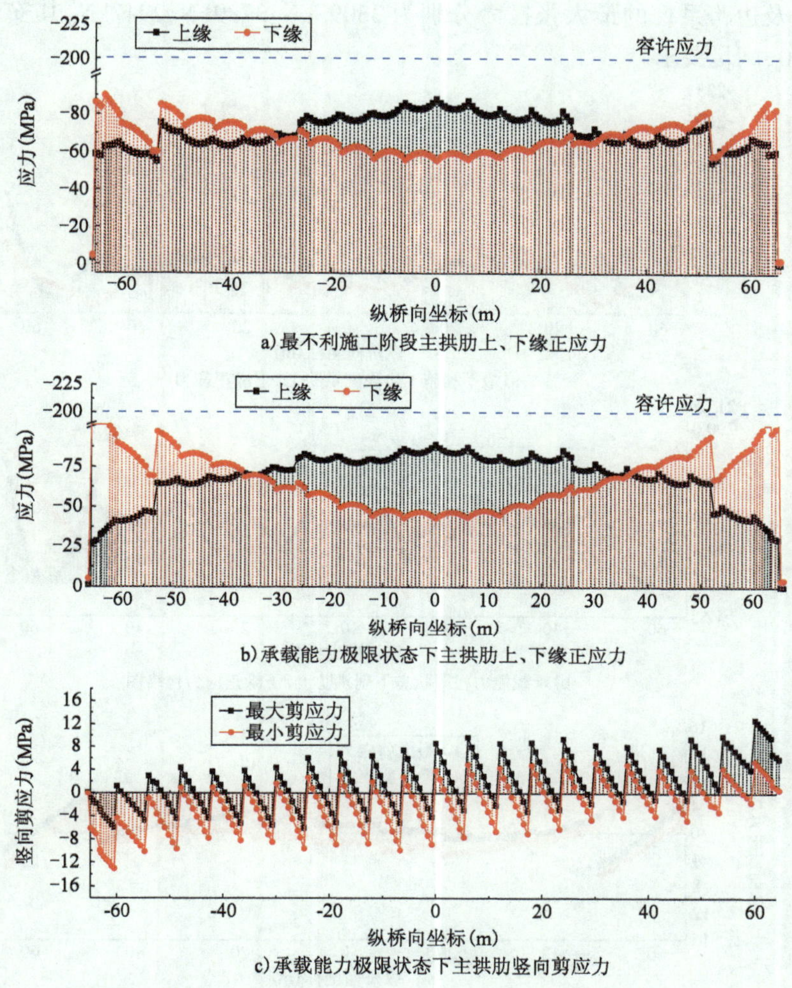

a)最不利施工阶段主拱肋上、下缘正应力

b)承载能力极限状态下主拱肋上、下缘正应力

c)承载能力极限状态下主拱肋竖向剪应力

图 2-2 施工及运营阶段主拱肋应力包络图

3. 主纵梁

因施工阶段主纵梁受力较小,因此本文仅给出承载能力极限状态下主纵梁上、下缘正应力及剪应力,见图 2-4。在承载能力极限状态下,主纵梁上、下缘正应力及剪应力均未超过 Q345 钢材抗压强度设计值 -200MPa,抗拉强度设计值 200MPa 和抗剪强度设计值 120MPa,即主拱肋满足承载能力极限状态验算要求。

4. 系杆和吊杆

系杆和吊杆参照《公路斜拉桥设计细则》(JTG/T D65-01—2007)中拉索的设计方法进行验算,即拉索应力不应大于其容许应力 R_{yb}的 0.4 倍。

余信贵大桥系杆包括通长系杆、边跨系杆和中跨系杆三类。通长系杆、中跨系杆和边跨系杆分别采用 8 孔 55 束 7ϕ5、4 孔 27 束 7ϕ5 和 4 孔 55 束 7ϕ5 钢绞线。根据使边跨混凝土拱肋和主跨钢拱肋受力合理并平衡拱肋水平推力的原则,在各施工过程和成桥运营阶段,通长系杆、中跨系杆及边跨系杆的最大张拉力分别为33093kN、3789kN、2947kN，其安全系数分别为3.4、7.3、19.0，满足要求。

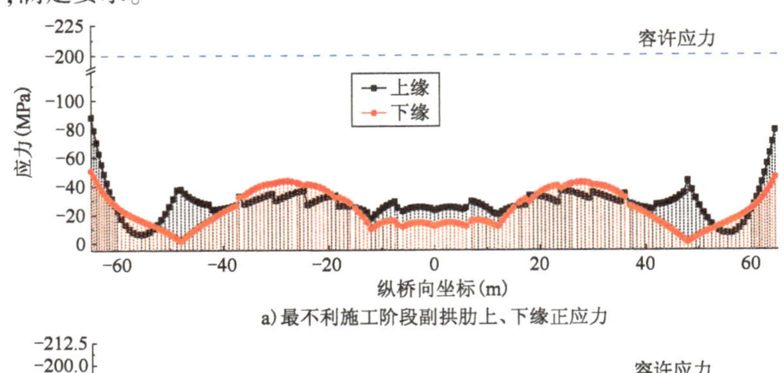

a)最不利施工阶段副拱肋上、下缘正应力

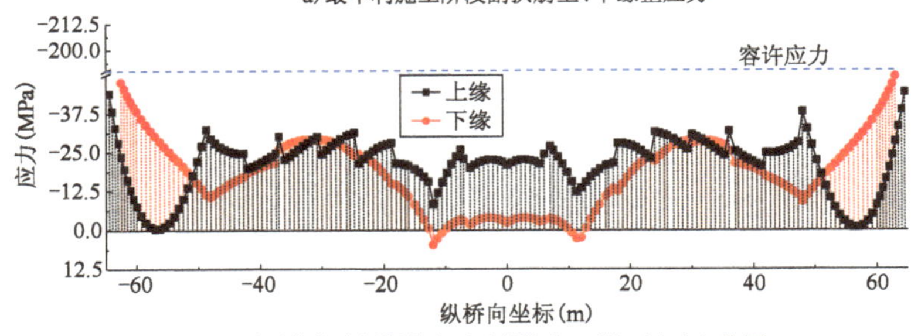

b)承载能力极限状态下副拱肋上、下缘正应力包络图

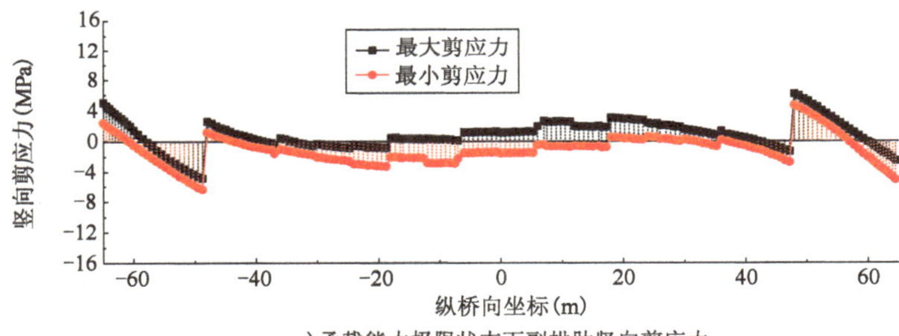

c)承载能力极限状态下副拱肋竖向剪应力

图2-3　施工及运营阶段副拱肋应力包络图

吊杆在运营阶段的承载能力极限状态下轴力最大，但所有吊杆的安全系数均大于等于3.3，满足要求。

5. 三角区

持久状况下，余信贵大桥主桥主拱钢-混凝土结合段的内力值如表2-1所示，各内力的方向符合右手螺旋法则，具体方向如图2-5所示。

持久状况下三角刚构区、横梁及钢-混凝土组合段内力　　表2-1

内　　力	钢-混凝土组合段	内　　力	钢-混凝土组合段
F_x(kN)	-30628	M_x(kN·m)	-4200.3
F_y(kN)	-56.83	M_y(kN·m)	36096.0
F_z(kN)	-1306.0	M_z(kN·m)	7881.27

注：正数表示与坐标轴方向相同，负数表示与坐标轴方向相反。

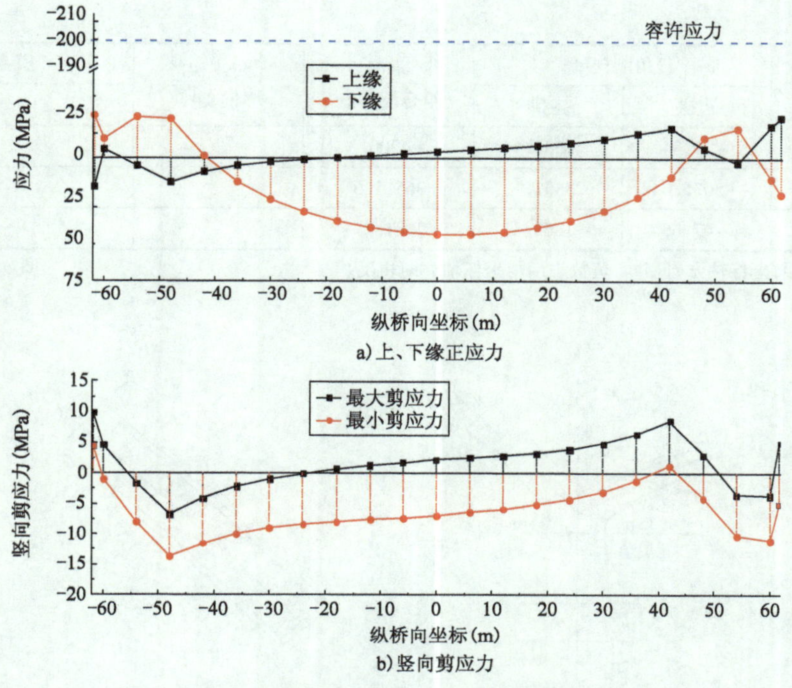

图 2-4　承载能力极限状态下主纵梁应力包络图

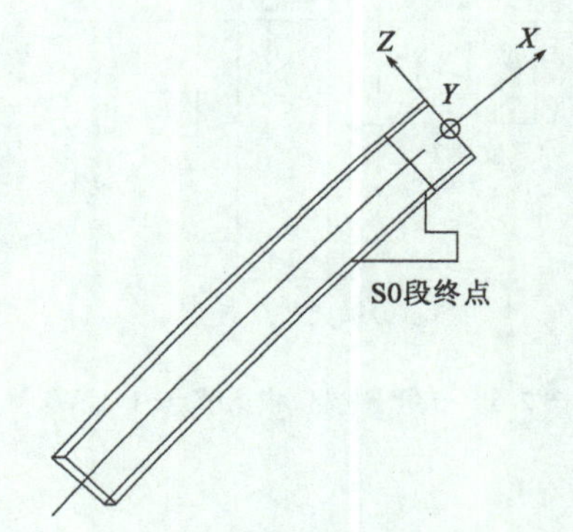

图 2-5　主拱钢混凝土结合段节点内力示意图

持久状况下,余信贵大桥主桥三角刚构区、横梁节点及主拱钢-混凝土结合段的内力值如表 2-2 所示,各内力的方向符合右手螺旋法则,具体方向如图 2-6 所示。

持久状况下三角刚构区、横梁及钢-混凝土组合段内力　　表 2-2

内　力	三角刚构区		钢-混凝土组合段终点	三角刚构区竖向支座	横 梁 节 点	
	边拱	主拱			边跨支座	主跨支座
F_x(kN)	-66915	-61289.6	-31101.8	21031.97	1172.93	1529.14
F_y(kN)	-546.08	1483.24	-56.83			
F_z(kN)	-239.18	-663.55	-1404.19			

续上表

内力	三角刚构区		钢-混凝土组合段终点	三角刚构区竖向支座	横梁节点	
	边拱	主拱			边跨支座	主跨支座
M_x(kN·m)	-29.34	-4588.64	-4200.3			
M_y(kN·m)	-5035.04	28851.1	36515.6			
M_z(kN·m)	-47.66	-1863.31	7881.27			

注:正数表示与坐标轴方向相同,负数表示与坐标轴方向相反。

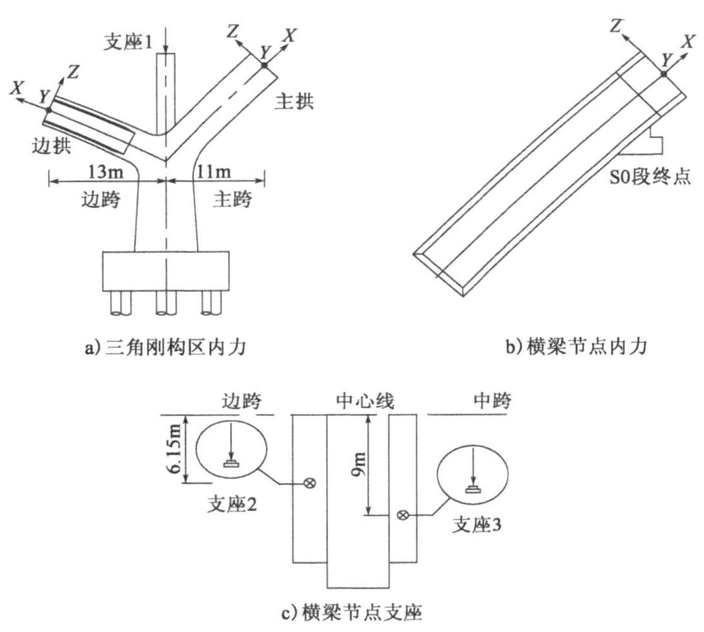

图2-6　三角刚构区、横梁节点内力示意图

第二节　局部有限元分析

一、局部有限元建立

采用离散结构的有限单元法建立余信贵大桥主桥三角刚构区、横梁节点有限元模型,分别如图2-7~图2-9所示。其中,横梁节点包含钢-混凝土组合段有限元模型,如图2-8所示。本项目中使用的有限元分析程序为ANSYS,其中混凝土主拱、边拱和横梁采用空间实体单元Solid65模拟,钢-混凝土组合段的钢主拱采用空间壳单元Shell63模拟,精轧螺纹钢筋拉杆采用空间杆单元Link8模拟。由于结构左右对称,为简化计算,根据对称性原理,此处采用主体结构的一半分别对三角刚构区、横梁节点和钢-混凝土组合段进行局部应力分析。对于三角刚构

区有限元模型,在跨中处约束横桥向位移,在桥墩底部固结;对于横梁节点有限元模型,在横梁跨中约束横桥向位移,在混凝土主拱底部固结。

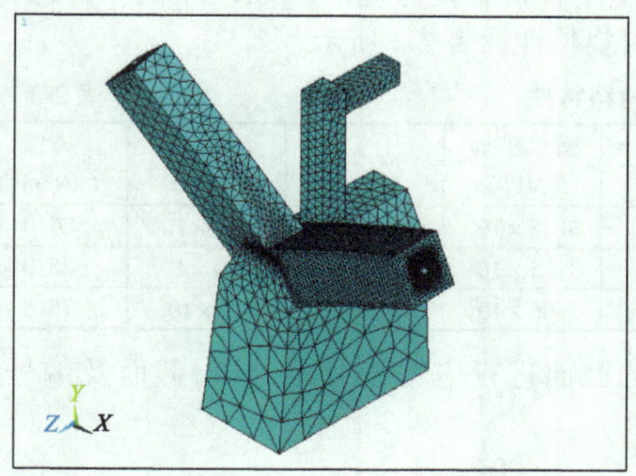

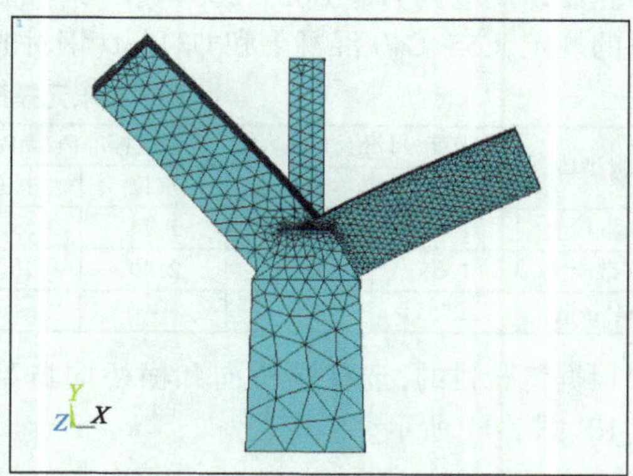

图 2-7　三角刚构区有限元模型

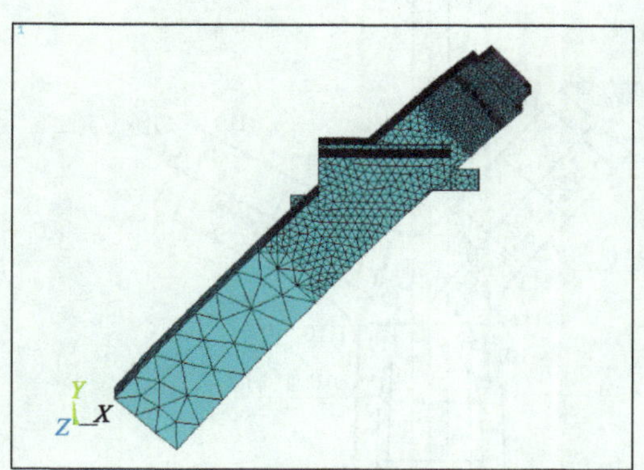

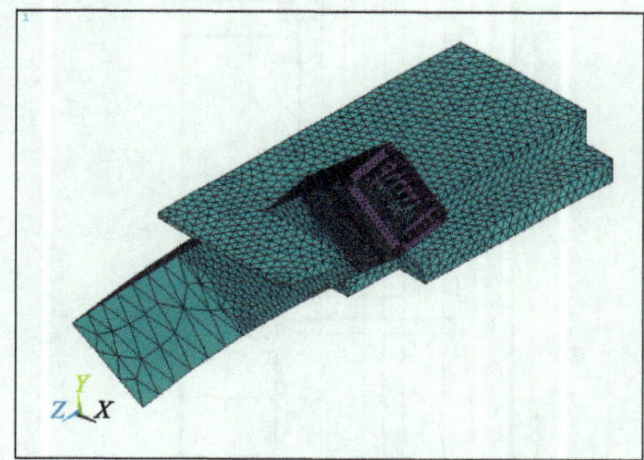

图 2-8　横梁节点有限元模型

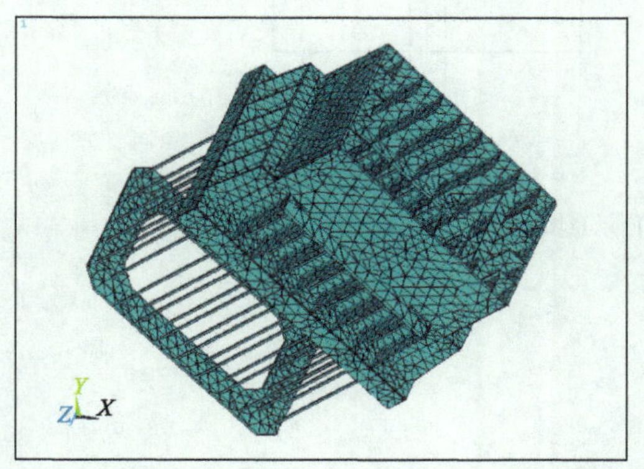

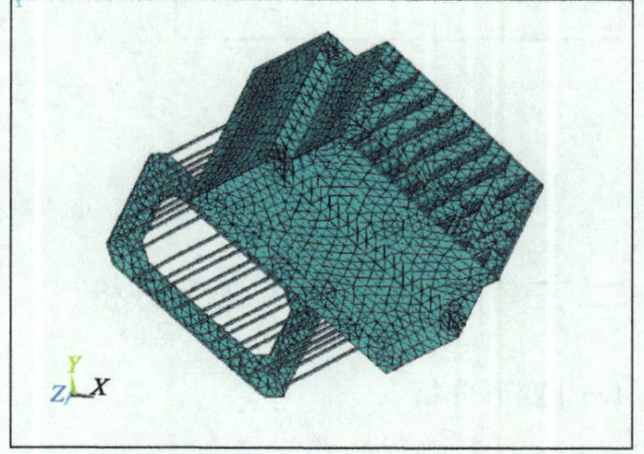

图 2-9　钢-混凝土组合段细部有限元模型

根据《鹰潭市余信贵大桥工程施工图设计》，主拱混凝土部分强度等级为C55，主拱钢结构部分采用Q345qD桥梁专用钢材，桥墩采用C40混凝土。根据《公路钢筋混凝土与预应力混凝土桥涵设计规范》(JTG D62—2004)和《钢-混凝土组合桥梁设计规范》(GB 50917—2013)对材料的规定，C55、C40混凝土和Q345qD钢材的材料特性如表2-3所示。

有限元模型材料特性　　表2-3

材料类型	强度设计值(MPa)		强度标准值(MPa)		弹性模量(MPa)	泊松比	剪变模量(MPa)	密度(kN/m^3)
	抗拉	抗压	抗拉	抗压				
C55混凝土	1.89	24.4	2.74	35.5	3.55×10^4	0.2	1.42×10^4	25.0
C40混凝土	1.65	18.4	2.40	26.8	3.25×10^4	0.2	1.30×10^4	25.0
Q345q钢	275	275	—	—	2.06×10^5	0.3	7.9×10^4	78.5

根据试验目的，选择顺桥向和横桥向典型的截面进行应力场分布分析，截面及编号如图2-10、图2-11所示。

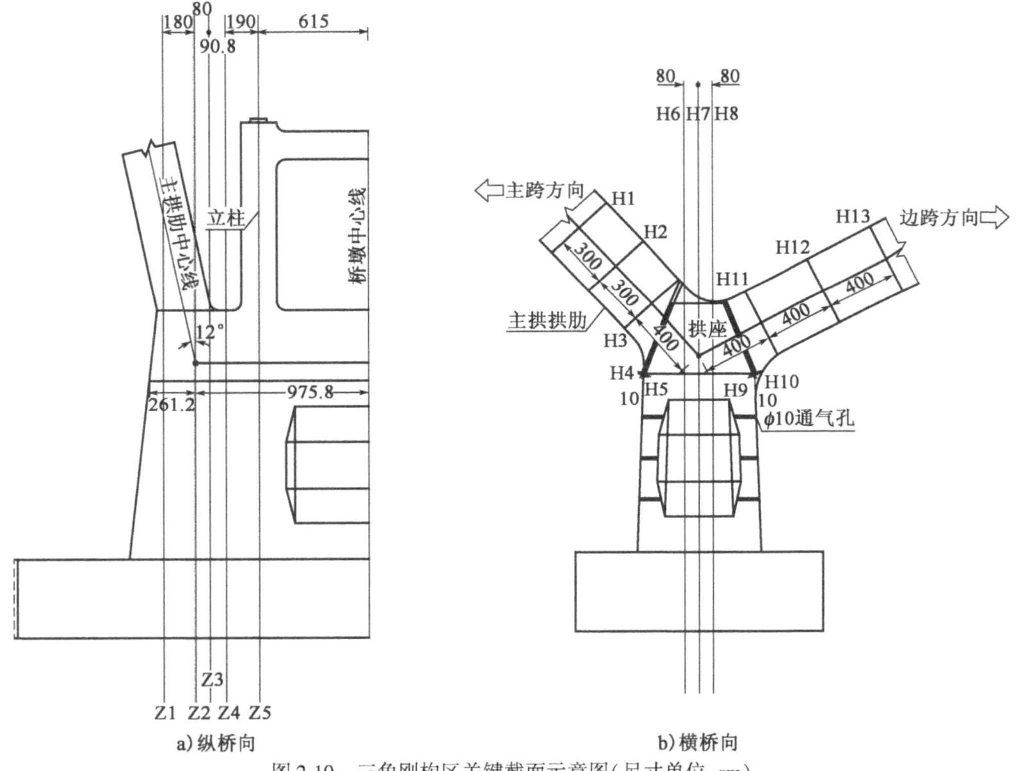

图2-10　三角刚构区关键截面示意图(尺寸单位:cm)

二、三角刚构区节点有限元分析

(一)变形分析

将表2-3中的荷载施加到图2-7所示的有限元模型上，进行非线性有限元分析，得三角刚构区变形计算结果。在持久状况荷载组合工况下，三角刚构区有限元模型变形连续，最大变形量0.01m，变形较小，表明结构刚度较大。

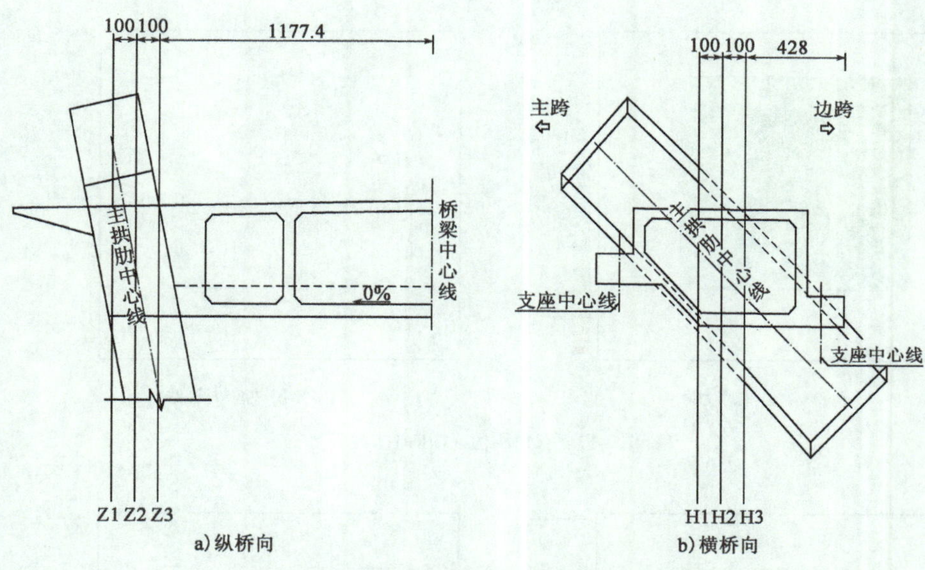

a)纵桥向　　b)横桥向

图 2-11　横梁关键截面示意图(尺寸单位:cm)

(二)主应力分析

持久状况荷载组合下,分析三角刚构区有限元模型主应力 σ_1 应力云图。可以发现,三角刚构区最大拉应力为 6.67MPa,发生在边拱空腹区域下端。

将主应力 σ_1 的显示范围设定在 C40 混凝土的抗拉强度设计值至最大拉应力,即 1.65 ~ 6.70MPa。由有限元模型可以发现,三角刚构区拉应力超标范围均发生在边拱空腹区域底端。由于空腹区域在边拱长度方向两段没有做加腋处理,由此引起该部分产生应力集中。建议设计中在边拱空腹区域两端做加腋处理,其他部位也应该做好倒角处理,防止出现应力集中。

(三)截面应力分析

提取关键截面,主应力及应力迹线如图 2-12 ~ 图 2-29 所示。

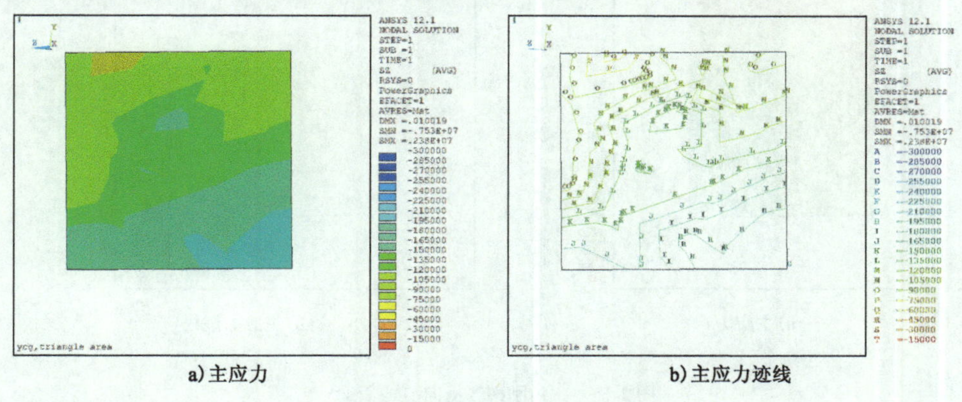

a)主应力　　b)主应力迹线

图 2-12　三角刚构区横向 H1 截面

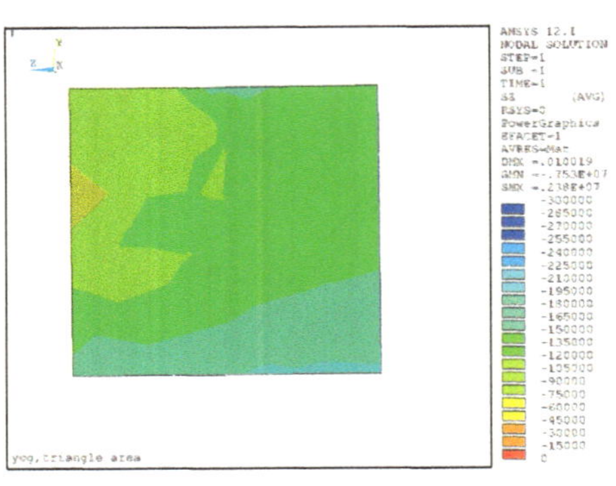

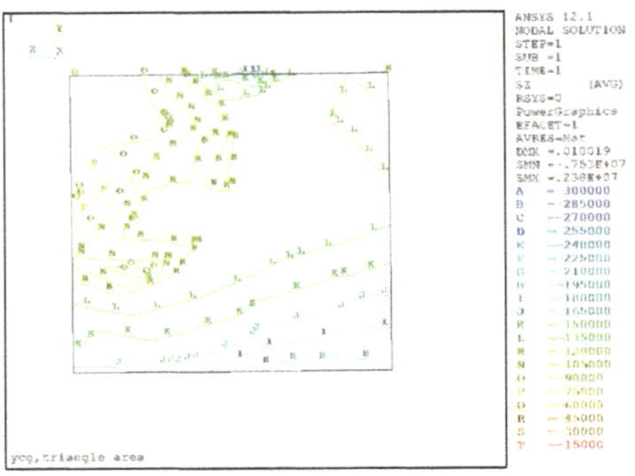

a）主应力　　　　b）主应力迹线

图 2-13　三角刚构区横向 H2 截面

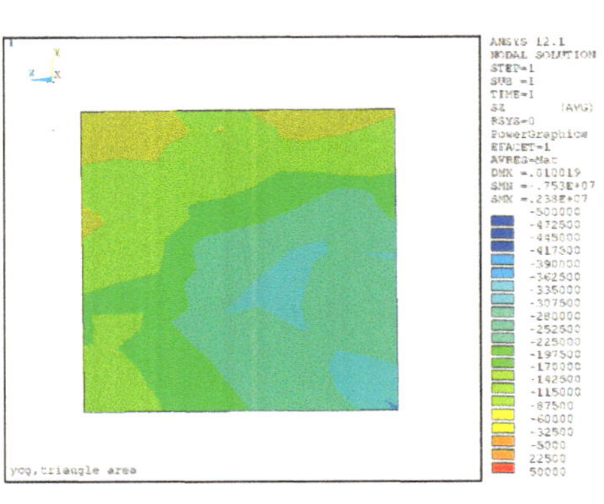

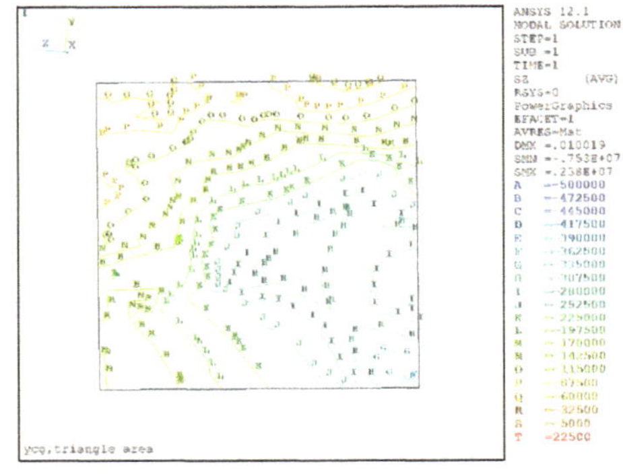

a）主应力　　　　b）主应力迹线

图 2-14　三角刚构区横向 H3 截面

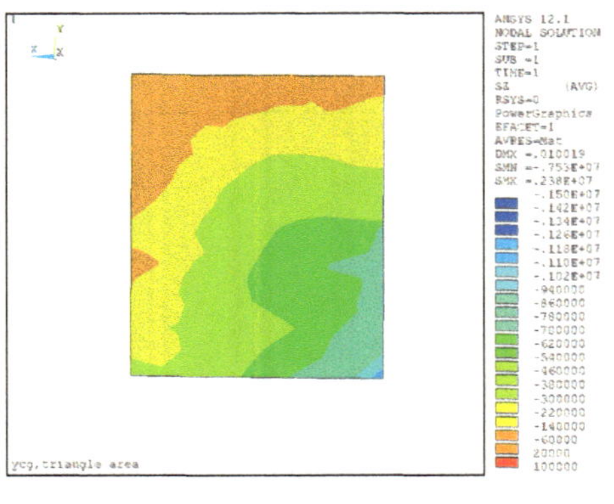

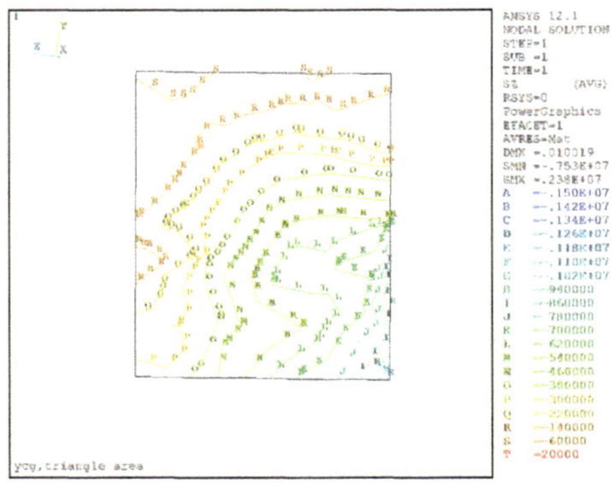

a）主应力　　　　b）主应力迹线

图 2-15　三角刚构区横向 H4 截面

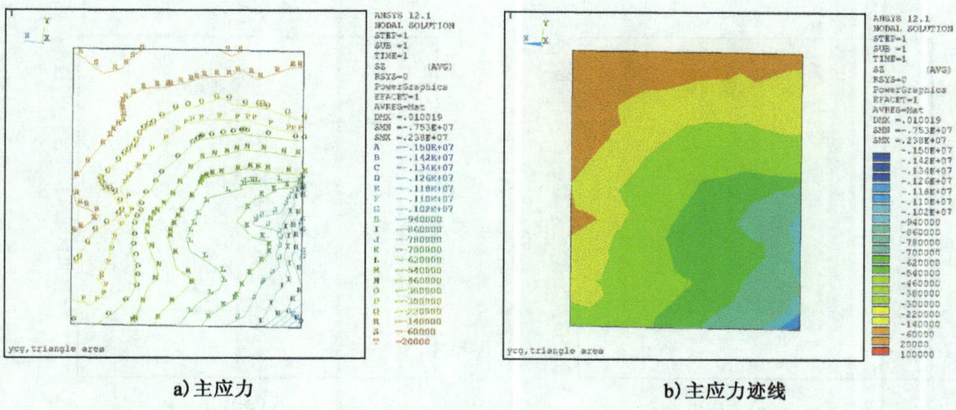

a) 主应力　　　　b) 主应力迹线

图 2-16　三角刚构区横向 H5 截面

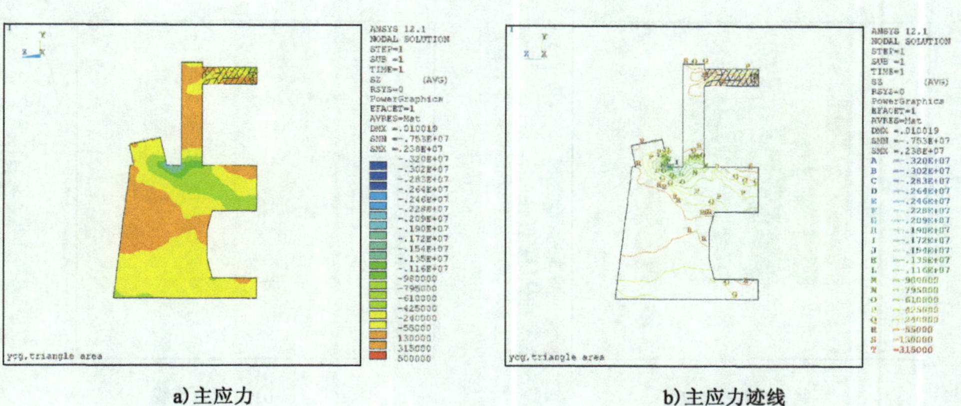

a) 主应力　　　　b) 主应力迹线

图 2-17　三角刚构区横向 H6 截面

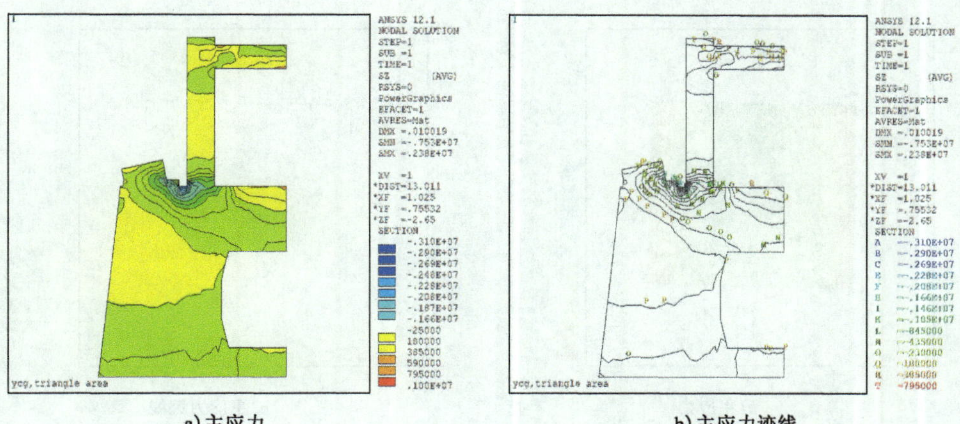

a) 主应力　　　　b) 主应力迹线

图 2-18　三角刚构区横向 H7 截面

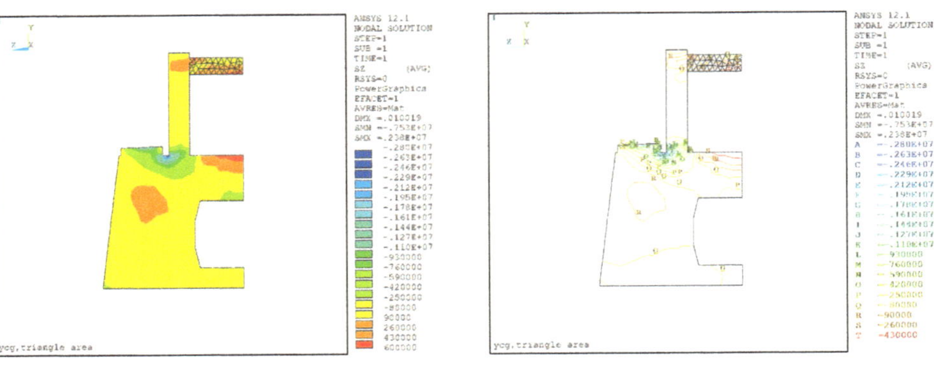

a) 主应力　　　　b) 主应力迹线

图 2-19　三角刚构区横向 H8 截面

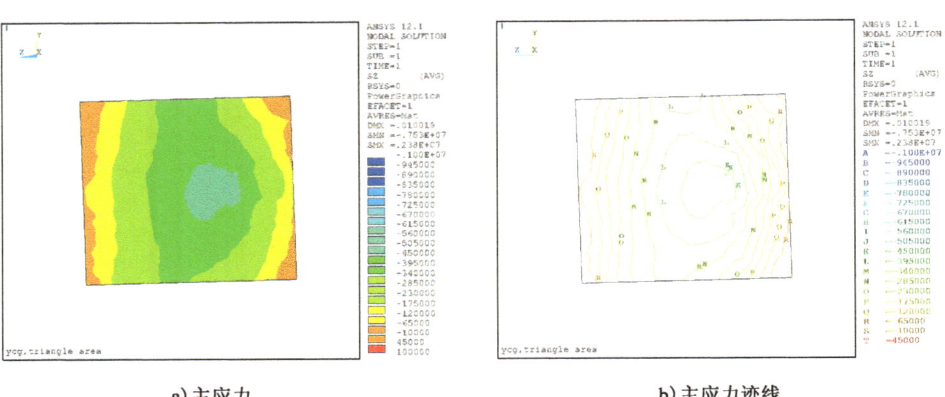

a) 主应力　　　　b) 主应力迹线

图 2-20　三角刚构区横向 H9 截面

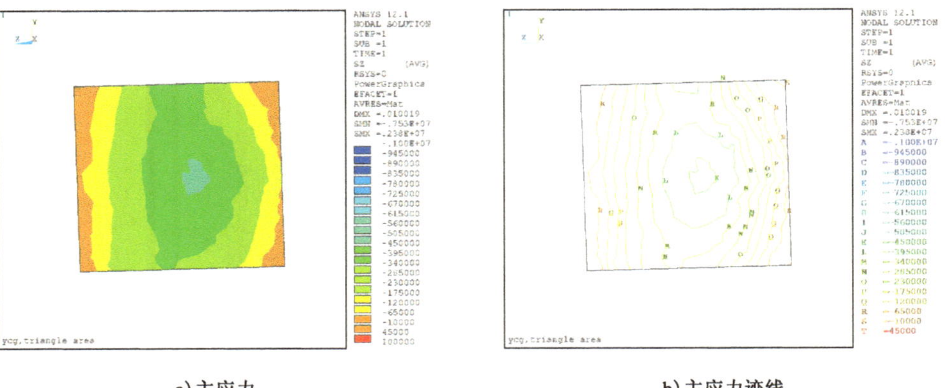

a) 主应力　　　　b) 主应力迹线

图 2-21　三角刚构区横向 H10 截面

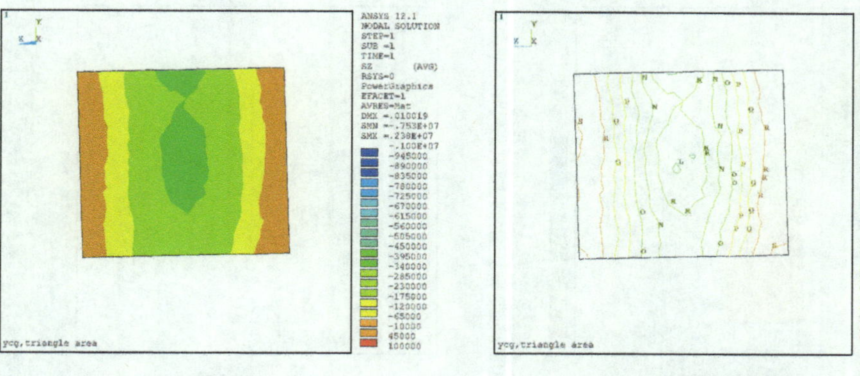

a)主应力　　b)主应力迹线

图 2-22　三角刚构区横向 H11 截面

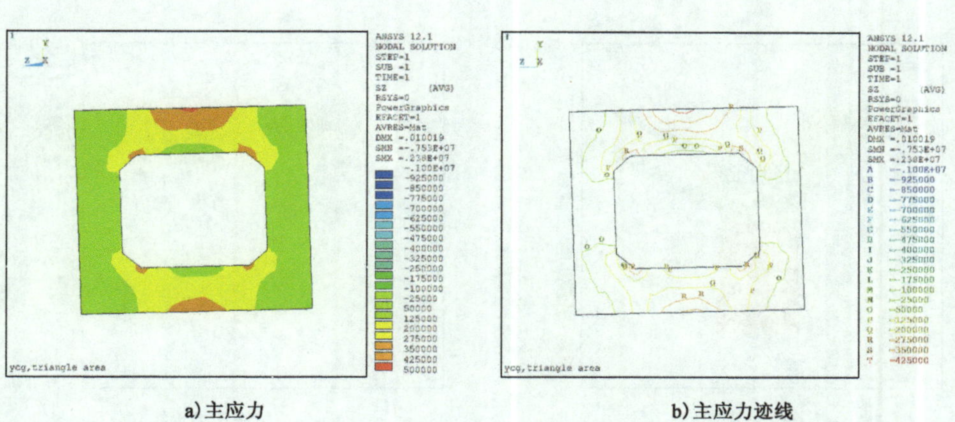

a)主应力　　b)主应力迹线

图 2-23　三角刚构区横向 H12 截面

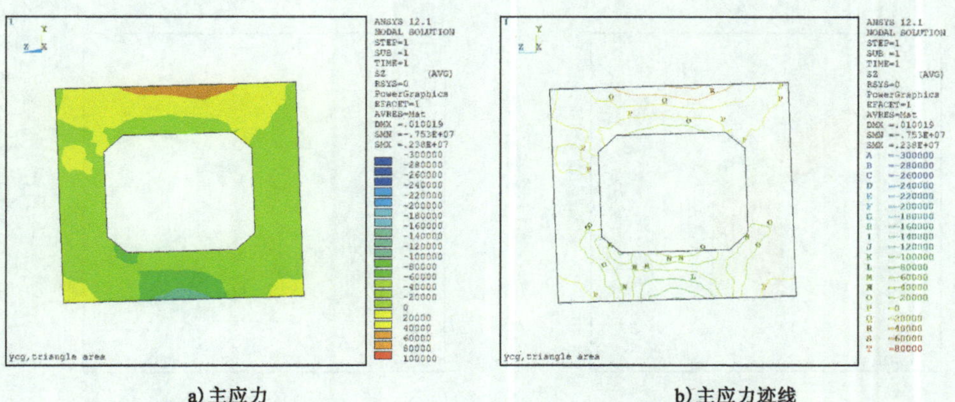

a)主应力　　b)主应力迹线

图 2-24　三角刚构区横向 H13 截面

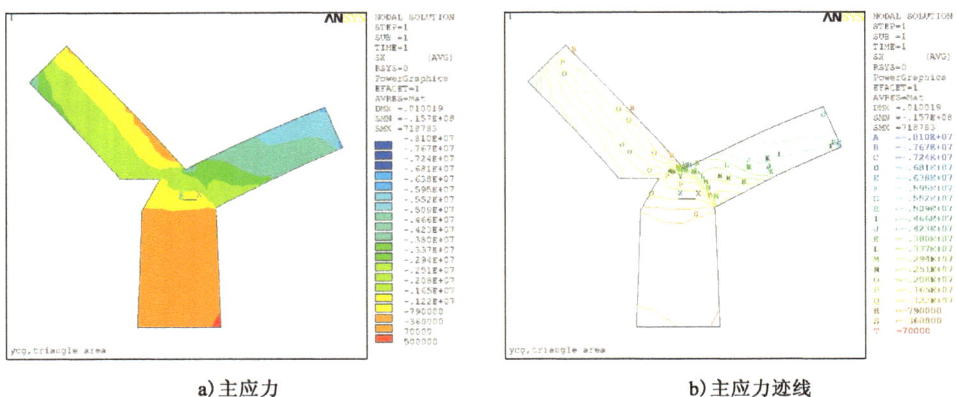

a）主应力　　　　b）主应力迹线

图 2-25　三角刚构区纵向 Z1 截面

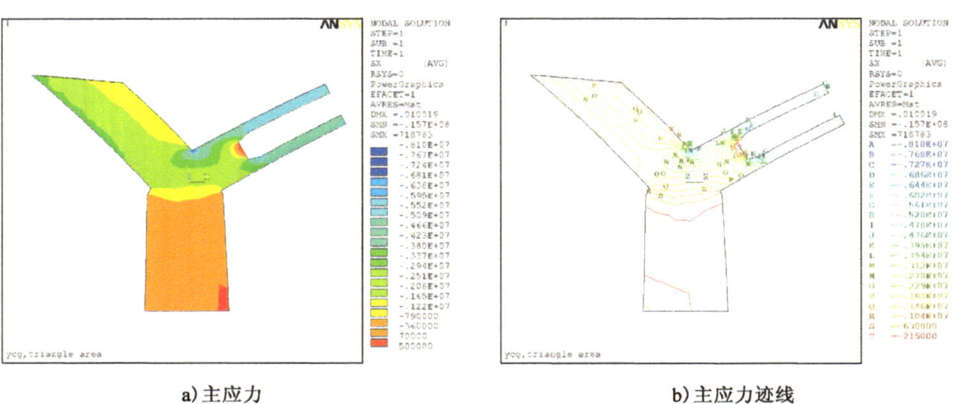

a）主应力　　　　b）主应力迹线

图 2-26　三角刚构区纵向 Z2 截面

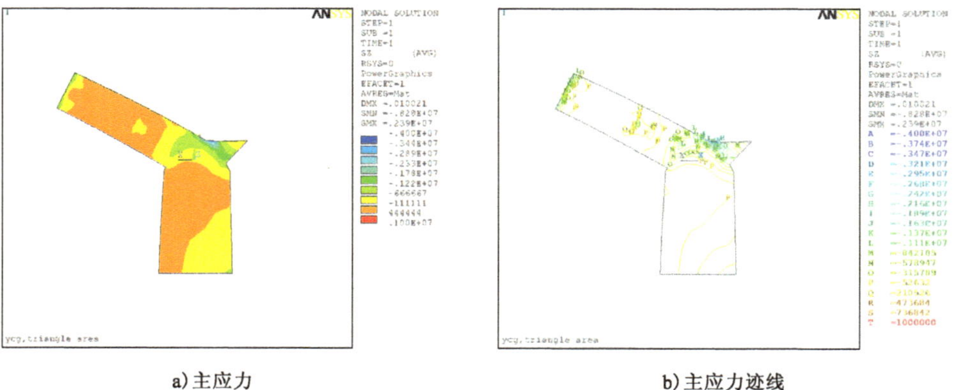

a）主应力　　　　b）主应力迹线

图 2-27　三角刚构区纵向 Z3 截面

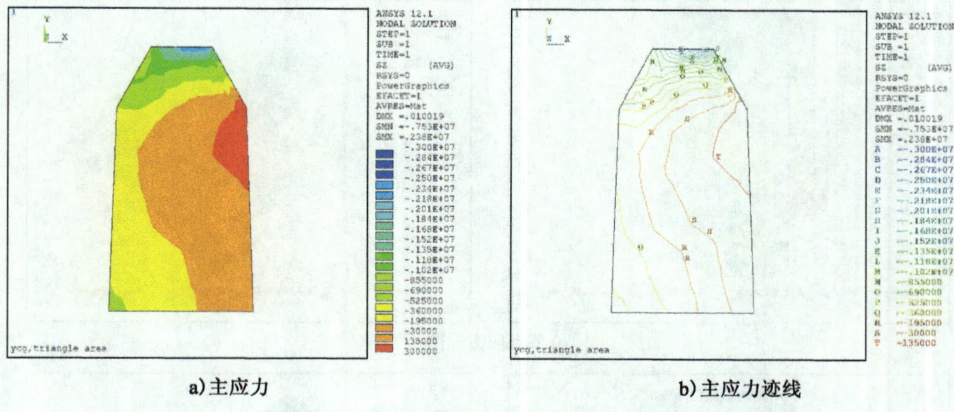

a）主应力　　　　b）主应力迹线

图 2-28　三角刚构区纵向 Z4 截面

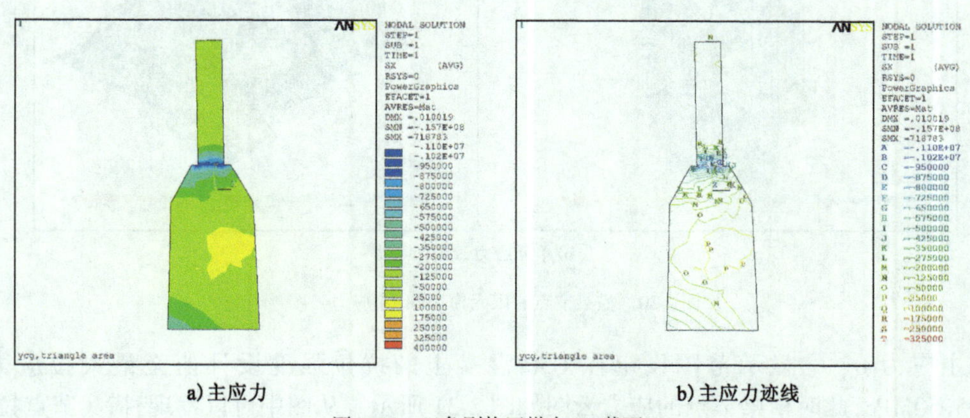

a）主应力　　　　b）主应力迹线

图 2-29　三角刚构区纵向 Z5 截面

三、横梁节点有限元分析

（一）变形分析

将表 2-2 中持久状况下的荷载施加到横梁节点有限元模型上，进行非线性有限元分析，得整体有限元模型和横梁节点有限元模型变形云图。所有变形均以混凝土主拱拱脚处的固结部位为参考点，通过分析可知，在持久状况下，横梁节点有限元模型变形连续，最大变形量仅 0.024m，变形较小，表明结构刚度较大。

（二）主应力分析

持久状况荷载组合下，横梁节点有限元模型主应力 σ_1 应力云图如图 2-30 所示。从图 2-30中可以发现，横梁节点的最大拉应力为 5.31MPa，拉应力主要发生在以下 4 个部位：①横梁边跨牛腿与混凝土主拱结合处；②混凝土主拱与横梁上表面结合处；③边跨牛腿支座处；④中跨牛腿支座处。

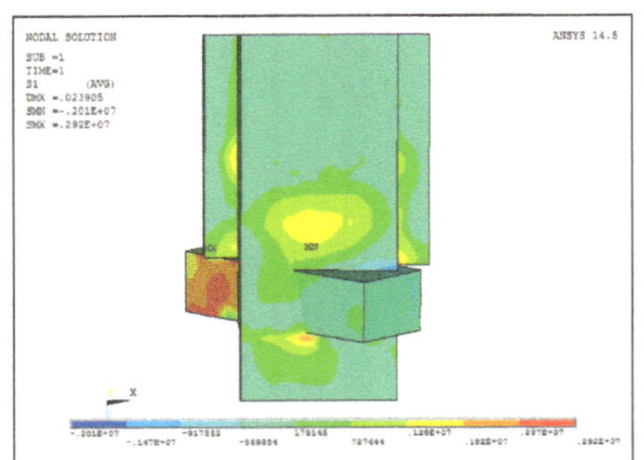

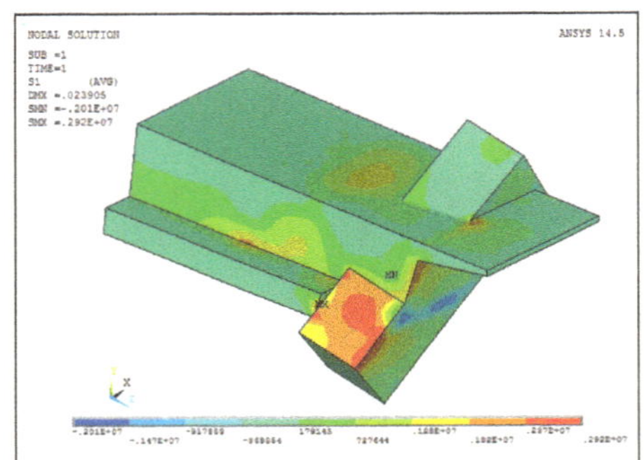

a)节点应力云图

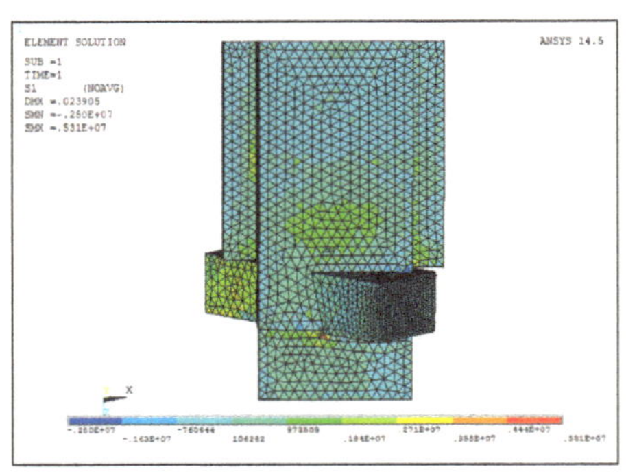

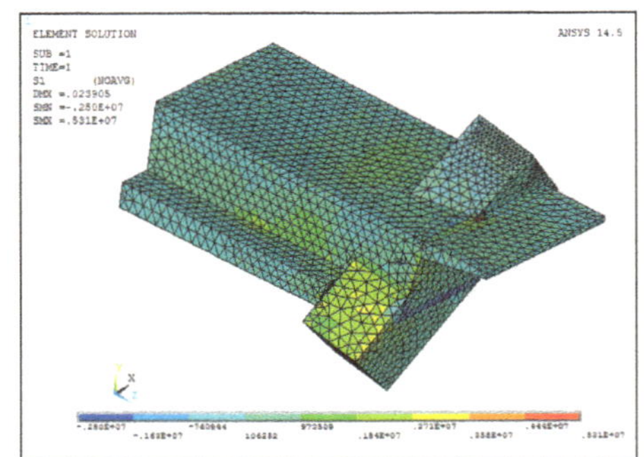

b)单元应力云图

图 2-30　横梁节点有限元模型 σ_1 主应力云图

将主应力 σ_1 的显示范围设定在 C50 混凝土的抗拉强度设计值至最大拉应力，即 1.89 ~ 5.50MPa，此时横梁节点的应力云图如图 2-31 所示。从图中可以发现，横梁节点拉应力超标范围主要集中在 4 个部位：①横梁边跨牛腿与混凝土主拱结合处；②混凝土主拱与横梁上表面结合处；③边跨牛腿支座处；④中跨牛腿支座处。应力超标区域与拉应力区域重合。

拉应力超标主要是由于局部应力集中造成。建议设计采取以下几项措施：①明确横梁与混凝土主拱连接部位的拓扑关系，目前的设计图纸在细节方面不够明确；②在拉应力超标的边跨和中跨牛腿支座处做加腋处理，并加强受拉普通钢筋或预应力钢筋的配置；③混凝土主拱与横梁结合处做倒角处理，避免出现应力集中现象；④加强边跨牛腿与混凝土主拱的连接，并进行倒角或加腋处理，避免出现应力集中。

（三）截面应力分析

提取关键截面，主应力及应力迹线如图 2-32 ~ 图 2-37 所示。

四、实桥有限元分析结论与建议

（1）在持久状况荷载组合工况下，三角刚构区、横梁节点以及钢-混凝土结合段有限元模型变形连续，最大变形量分别为 0.01m、0.024m 和 0.03m，变形较小，表明三角刚构区、横梁节点以及钢-混凝土结合段结构刚度较大。

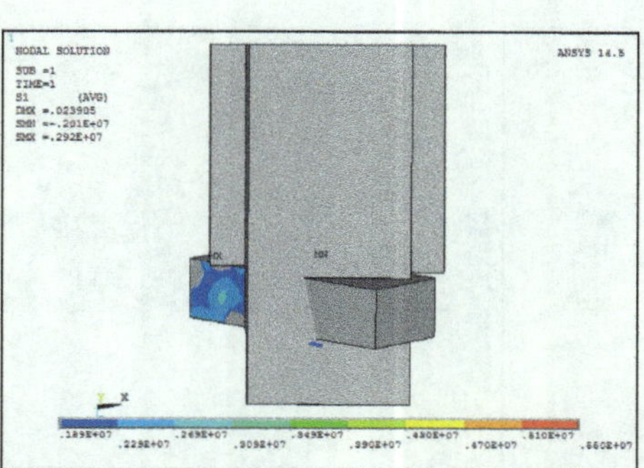

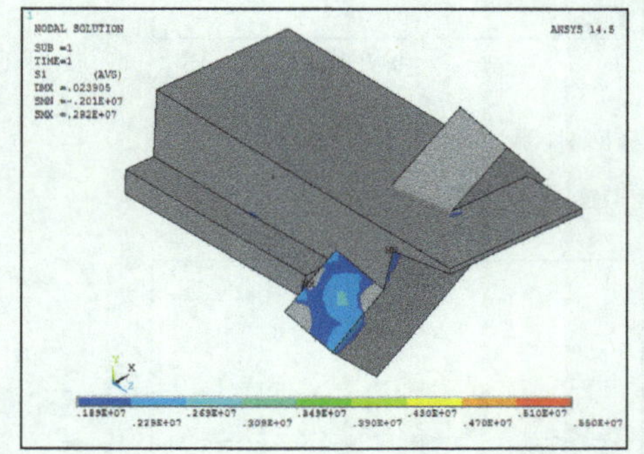

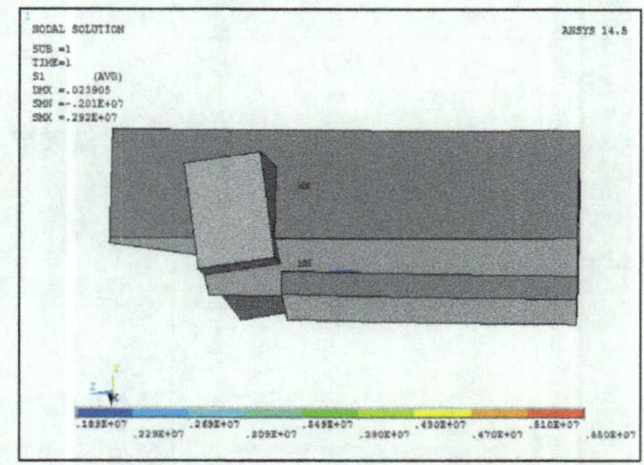

a) 节点应力云图

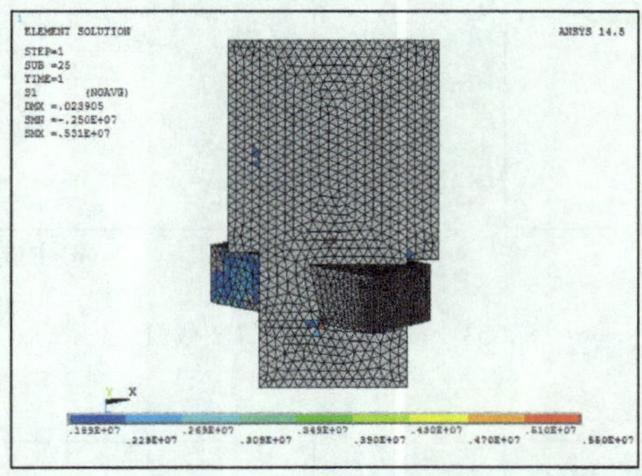

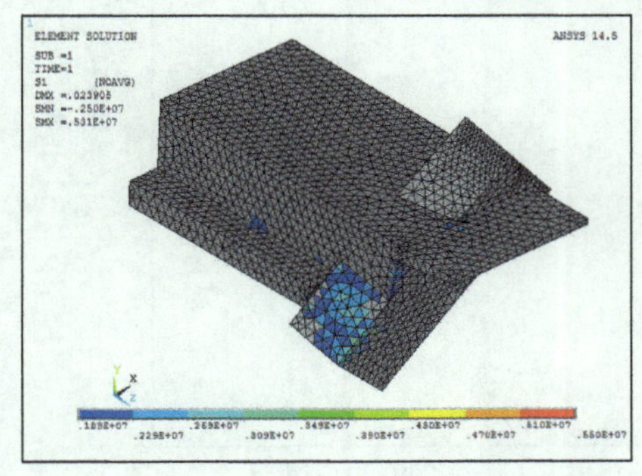

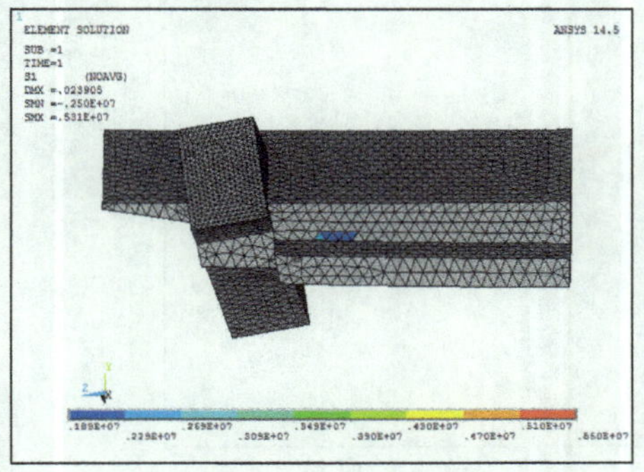

b) 单元应力云图

图 2-31　横梁节点有限元模型 σ_1 主应力超标范围应力云图

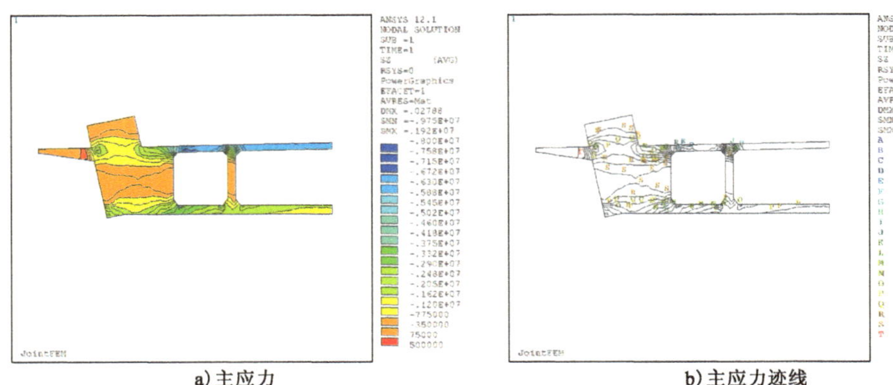

a)主应力　　b)主应力迹线

图 2-32　横梁节点横向 H1 截面

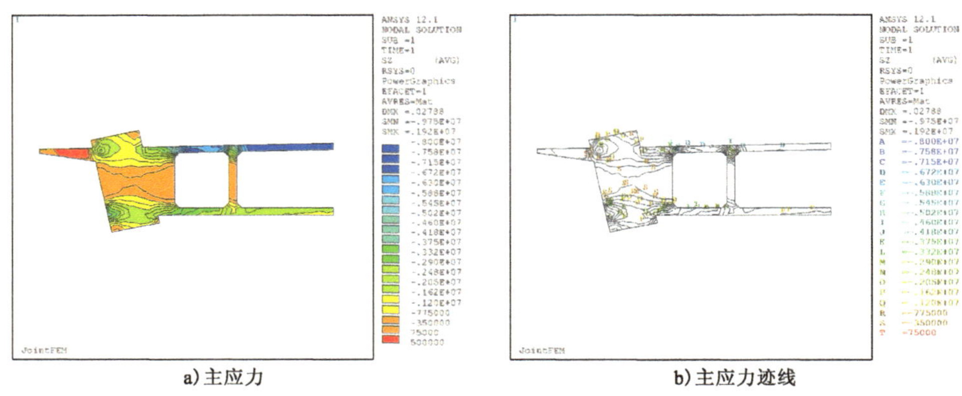

a)主应力　　b)主应力迹线

图 2-33　横梁节点横向 H2 截面

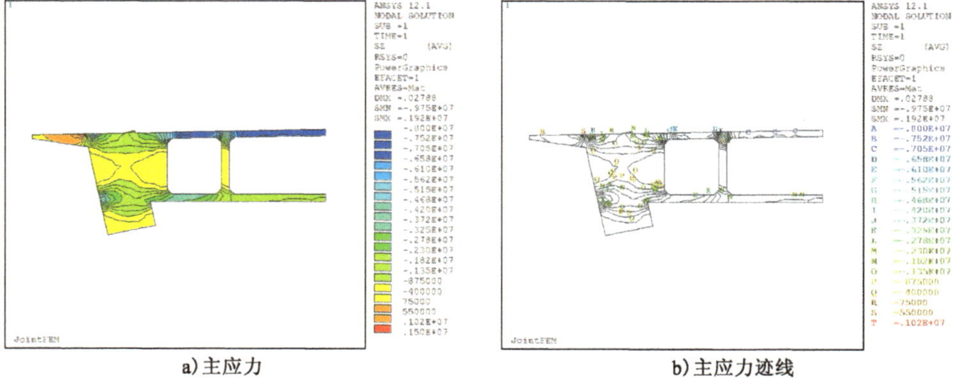

a)主应力　　b)主应力迹线

图 2-34　横梁节点横向 H3 截面

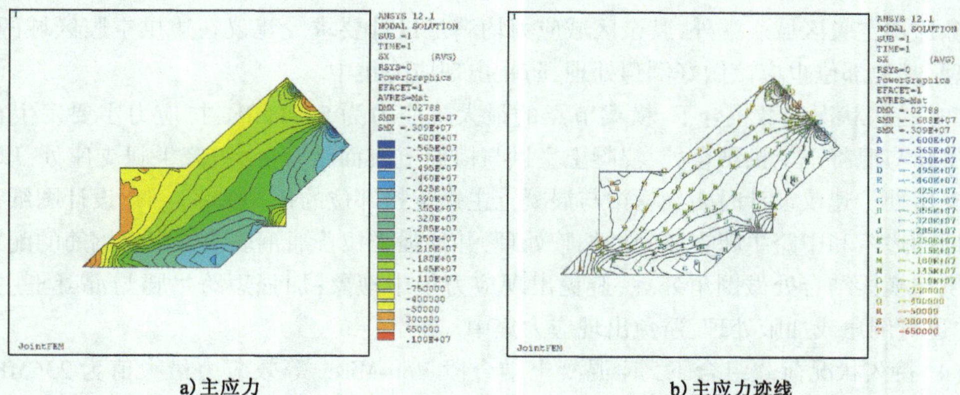

a) 主应力　　　　b) 主应力迹线

图 2-35　横梁节点横向 Z1 截面

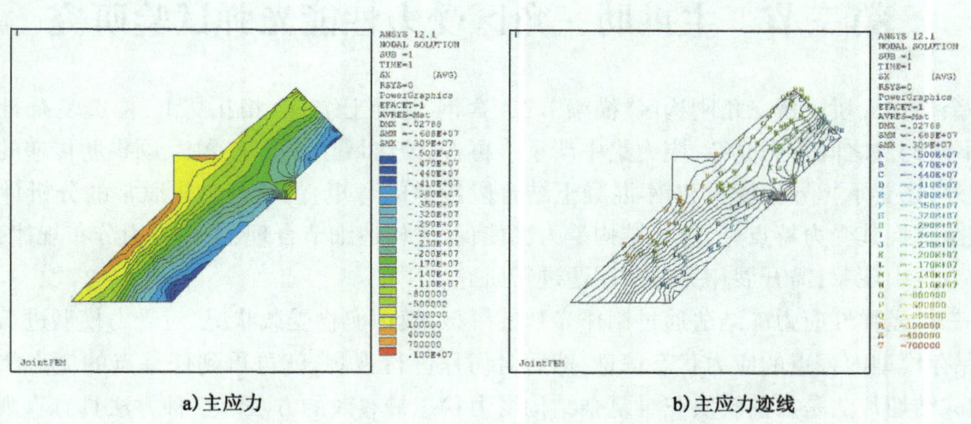

a) 主应力　　　　b) 主应力迹线

图 2-36　横梁节点横向 Z2 截面

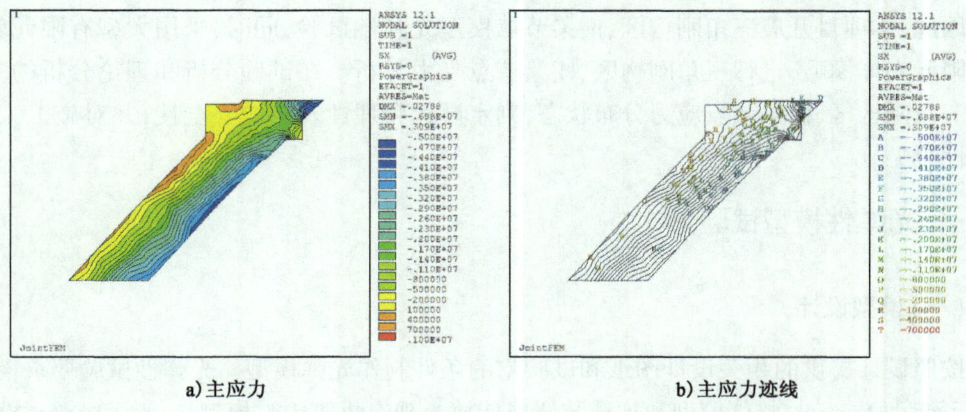

a) 主应力　　　　b) 主应力迹线

图 2-37　横梁节点横向 Z3 截面

(2)持久状况荷载组合下,三角刚构区最大拉应力为6.67MPa,发生在边拱空腹区域底端。除边拱空腹区域底端外,其余区域应力均满足设计要求。建议在边拱空腹区域两端做加腋处理,其他部位也应该做好倒角处理,防止出现应力集中。

(3)持久状况荷载组合下,横梁节点的最大拉应力为5.31MPa,拉应力主要发生在:横梁边跨牛腿与混凝土主拱结合处、混凝土主拱与横梁上表面结合处、边跨牛腿支座处,以及中跨牛腿支座处。建议设计时明确横梁与混凝土主拱连接部位的拓扑关系,细化设计图纸;在拉应力超标的边跨和中跨牛腿支座处做加腋处理,并加强受拉普通钢筋或预应力钢筋的配置;混凝土主拱与横梁结合处做倒角处理,避免出现应力集中现象;加强边跨牛腿与混凝土主拱的连接,并进行倒角或加腋处理,避免出现应力集中。

(4)持久状况荷载组合下,钢-混凝土结合段Von-Mises等效应力最大值为236MPa,小于275MPa,满足结构设计要求。

第三节　主拱肋三角区受力性能光弹试验研究

余信贵大桥主桥三角刚构区、横梁节点(含钢-混凝土结合)相互交汇,构造复杂且受力较大,不同构件之间传力冗杂、应力集中严重。再者,该区域除了要承受主、副拱肋传递的弯矩和轴力外,还要承担异性横梁和钢-混凝土结合段传递的弯矩、位移等。故通常的分析计算不可能完全掌握其受力特点,为保证结构受力性能良好、构造细节合理,掌握应力分布规律,避免局部应力集中现象,需开展相关科研课题进行研究。

三维光弹性应力冻结法通过制作光弹性模型,模拟实物受载状况,对受力模型进行应力冻结,保存模型内各点的应力状态信息,然后对切片进行观测,就可得到任一点的应力状态。光弹性冻结切片法是目前解决三维复杂结构受力状态最有效的方法。这种方法具有直观性和全场性的优点,可以观测到结构内的应力分布,观察与模型上各点应力状态有关的条纹,通过应力条纹的密集程度,可直观判断应力集中部位,从强度方面改进设计,寻求合理的结构截面形状和尺寸。

因此,本项目开展三角刚构区、横梁节点模型光弹性试验,同时,采用大型有限元软件,建立有限元实体模型,进行三角刚构区、横梁节点受力分析。在试验分析和理论分析的基础上,分析三角刚构区、横梁节点应力分布状态,判定设计合理性及结构安全性,并对施工工艺提供指导性意见。

一、光弹性模型试验

(一)模型设计

按照设计提供的相关设计图纸和试验室的条件制作光弹模型。光弹性试验要求模型最小厚度不能小于3mm,整体模型和加载装置要能放入现有烘箱内。模型比例为1∶70,模型最小厚度大于3mm,满足试验要求。三角刚构模型由拱座、钢筋混凝土主拱肋、钢筋混凝土边拱肋、钢筋混凝土纵梁组成，横梁节点由端横梁和钢-混凝土组合段组成。模型采用三维整体一次性成型，包括所有的倒角，以保证结构受力和传力的整体性。

根据试验室条件，光弹模型具有的最大烘箱尺寸为80cm×80cm×100cm（长×宽×高），整个整体模型和加载装置要放在烘箱中进行“冻结”光弹性试验，因此要控制模型的最大尺寸。三角刚构区缩尺尺寸如图2-38所示，主跨主拱肋和边跨拱肋的尺寸如图2-39所示，横梁节点截面如图2-40所示。

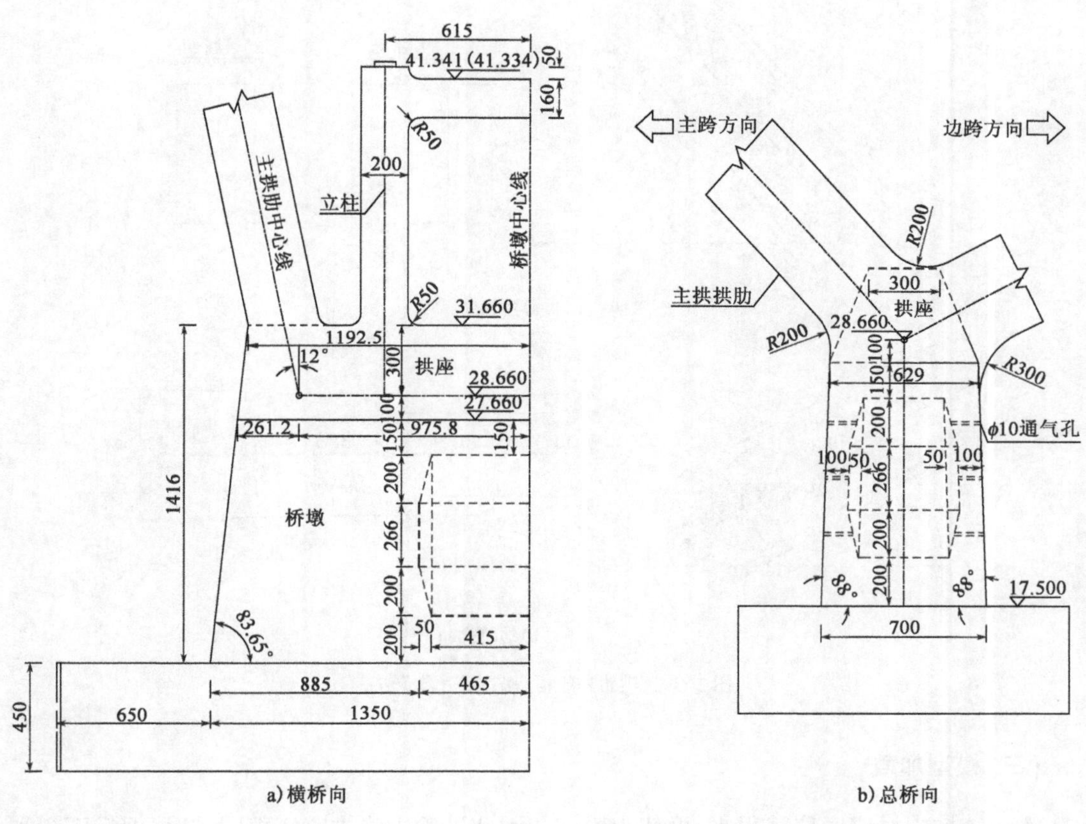

图2-38　三角刚构区一般构造图（尺寸单位：cm）

根据试验目的，选择顺桥向和横桥向典型的截面进行应力场分布分析，截面及编号如图2-41、图2-42所示。对三角刚构区重点观测拱脚附近的应力变化，为了简化计算，对于全截面切片，只取拱脚部分。

（二）模型制作

本研究对象为复杂的空间结构，其中边拱和桥墩为中空的箱形结构。因此，采用硅橡胶精密注造、一次性成型的方法制作三维光弹性试验模型。用有机玻璃按照图纸标注的几何尺寸按比例制作结构模型，并以此翻制硅橡胶的内模（图2-43）、外模（图2-44）。将内、外模定位，完成结构的阴模（图 2-45）。把配置好的环氧树脂注入阴模，在烘箱中 60℃下烘烤 3d，模型成型后，将阴模除去，再将模型置于烘箱中，115℃保持 1d，然后缓慢降温至室温，从而形成三维整体模型。用环氧树脂一次性注造高温固化成型见图 2-46 和图 2-47，拆模后模型见图 2-48。

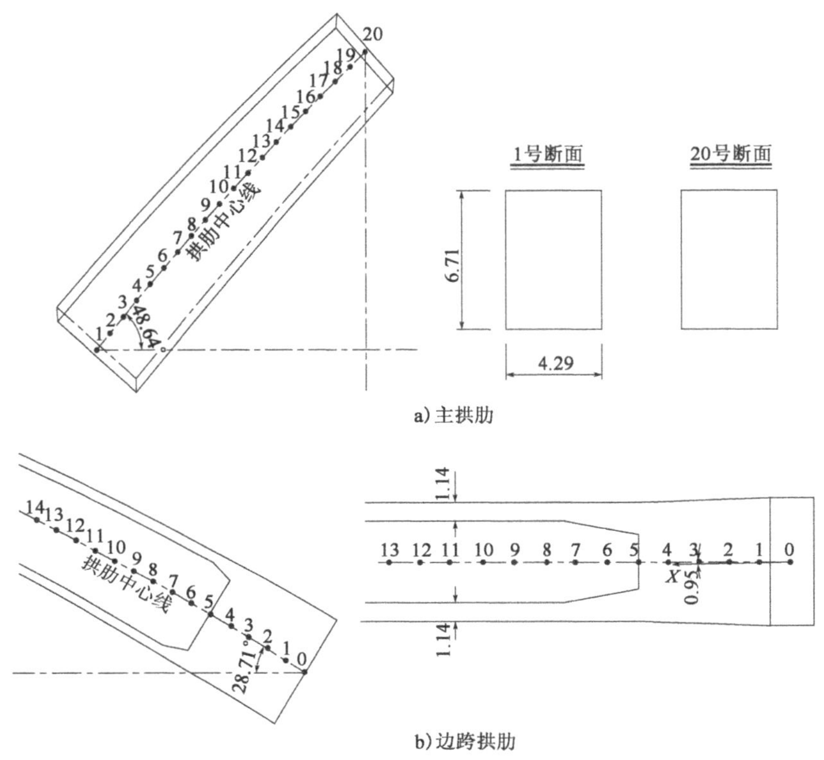

图 2-39　拱肋一般构造图（尺寸单位：cm）

（三）模型加载

实际结构中拱座底位移很小，可认为固结。因此试验中将拱座底部固结，根据最不利受力工况进行加载。加载截面的力包括轴力、弯矩和剪力。弯矩采用轴力偏心的方法实现，集中力采用杠杆、滑轮、砝码实现。所有作用力施加在钢板上，再传到橡胶垫板，最后传到模型上。这样既保证加力的准确性，同时又保证模型自由变形。光弹性试验需使用试验装置及设备如图 2-49所示。

根据相似原理，试验中所有荷载必须采用同一荷载比例系数，试验荷载施加太大，可能导致模型变形太大，甚至破坏；试验荷载施加太小，可能不足以产生必要的光学条纹，影响测试精度。一般要求试验不产生太大的变形，并且有 3～5 级条纹。经过估算和预备试验，确定本次试验采用荷载比例为 $2\times10^5:1$。试验采用“冻结”光弹性试验方法，将模型及其加载装置放入烘箱中，当温度逐渐升到 115℃时施加试验荷载，保温 1h，然后缓慢降温至室温，此时模型的变形和应力保持不变。

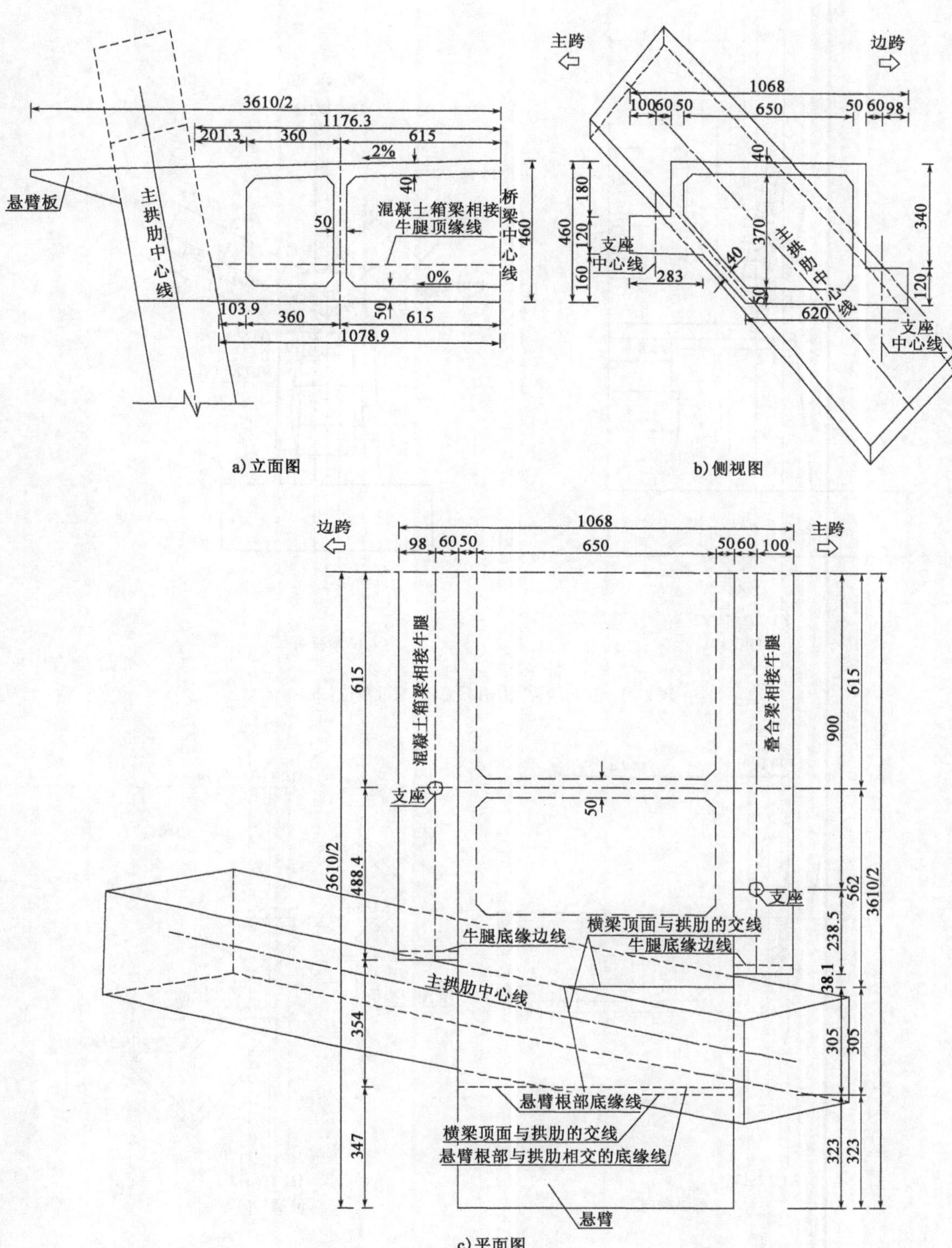

图2-40　横梁节点构造图(尺寸单位:cm)

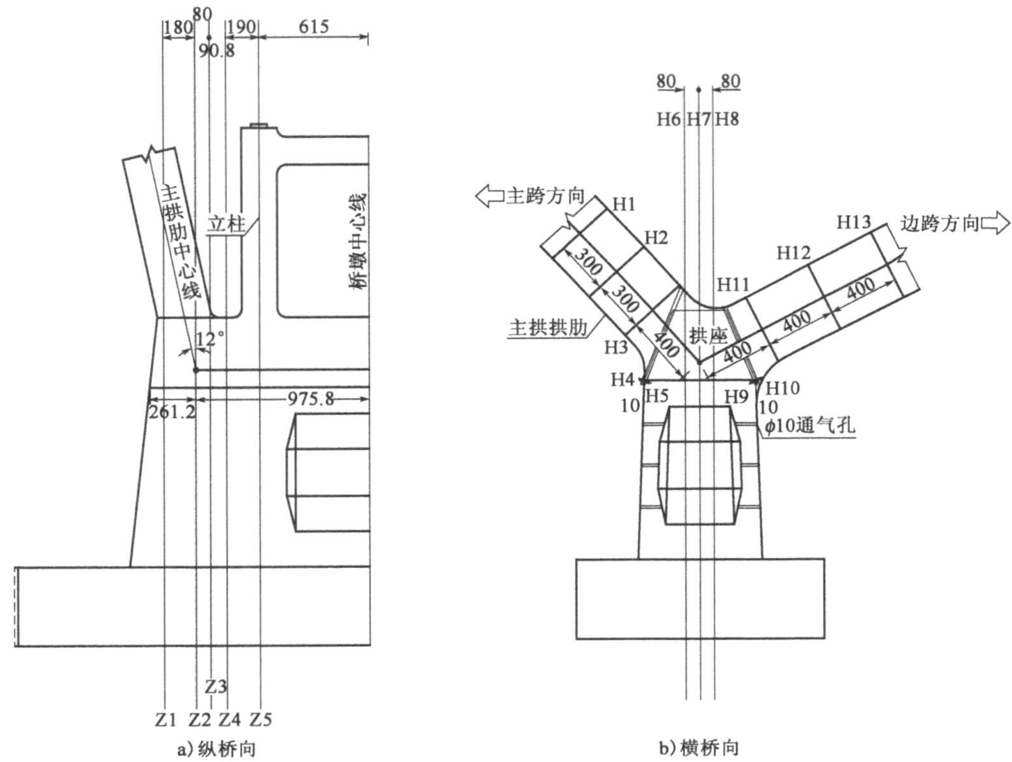

图 2-41 三角刚构区切片示意图(尺寸单位:cm)

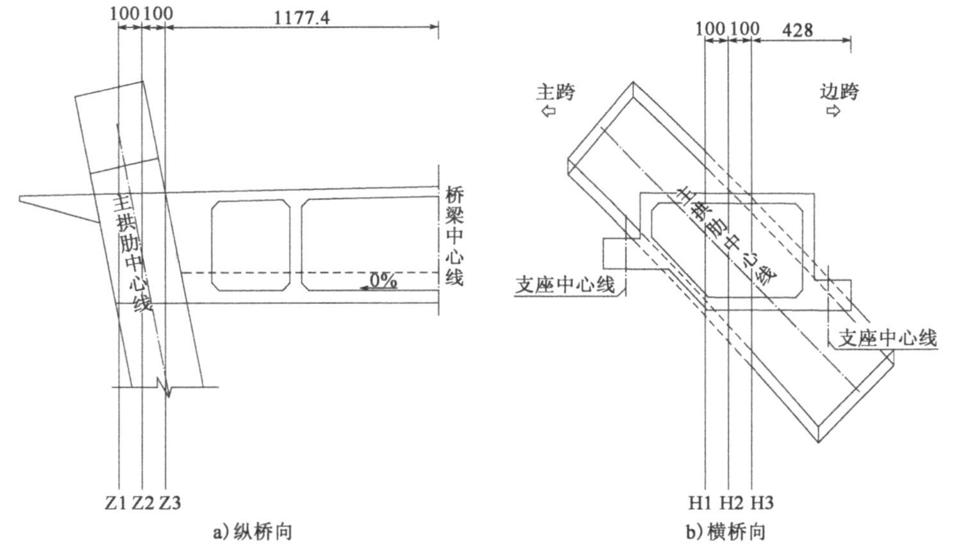

图 2-42 横梁节点切片示意图(尺寸单位:cm)

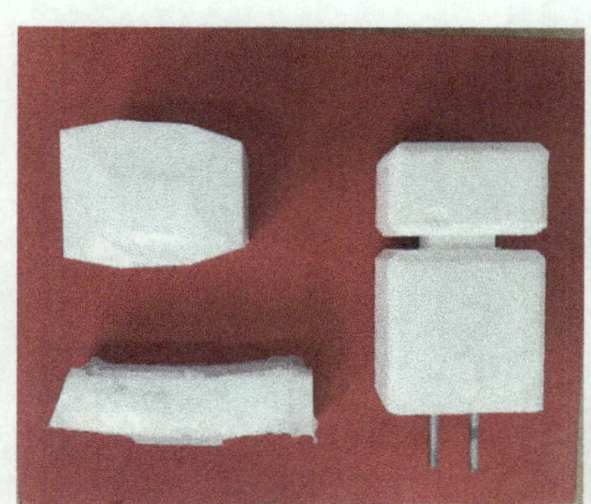

图 2-43　精密硅橡胶内模

图 2-44　模型外模(局部)

a)三角刚构区

b)横梁节点

图 2-45　组合定位好的内模与外模

a)三角刚构区

b)横梁节点

图 2-46　模型在烘箱内固化

a)三角刚构区　　b)横梁节点

图 2-47　模型固化一周后成型

a)三角刚构区

b)横梁节点

图 2-48　整体模型

a)三角刚构区

b)横梁节点

图 2-49　光弹模型试验加载装置图

(四)光弹性模型试验应力计算方法

根据光弹性试验原理,光弹性试验可以测定切片内的应力分量,不能测定垂直切片方向的应力分量。计算公式:

$$\sigma_1-\sigma_2=nF;\quad \tau_{max}=0.5nF \tag{2-1}$$

式中:F——模型条纹系数,本试验模型条纹系数为0.072MPa/级;

n——等色线级数,由试验测定;

σ_1、σ_2——切片平面内的最大主应力、最小主应力;

τ_{max}——最大剪应力。

由此可见,光弹性试验测定自由边界应力、孔周应力(σ_1 或 σ_2,必有一个为零),最大剪应力是最为合适,精度最高,可信性最强。光弹性试验可以求解切片的内部应力,采用差分法的近似计算方法,存在不可避免的误差,而且必须有确定的边界荷载条件。因此,本试验主要测定切片自由边界应力和孔周应力。

按照相似原理,将模型应力换算为实际结构的应力值,计算公式:

$$\sigma_H=K\sigma_m \tag{2-2}$$

式中:σ_H——原形结构应力;

σ_m——模型应力;

K——模化比。

$$K=\frac{P_H}{P_m/(L_m/L_H)^2} \tag{2-3}$$

式中:P——荷载;

L——几何尺度。

注:下标H为原形结构,下标m为模型结构。

将已知数值代入,即可求得各工况、各荷载等级条纹代表应力值。本次试验中,模化比为30,故一条条纹代表2.16MPa。

使用"WZB1-4"石英补偿器进行测试,石英补偿器最小读数精度为0.0029级,对应原形结构应力值0.008MPa满足工程要求。当结构断面的主应力方向与409-2光测弹性仪(图2-50)偏轴方向一致时,会产生消光,即为黑色,因此,通过测量偏振轴方向即可确定断面上任何一点的主应力方向。

图2-50　光弹测试仪器

二、三角刚构区光弹性试验分析

(一)切片及应力测试

每种工况试验模型分别进行Z(纵桥向)、H(横桥向)方向的切片,每级工况共有14个切片,切片厚度为5mm,模型切片见图2-51。

a)横桥面

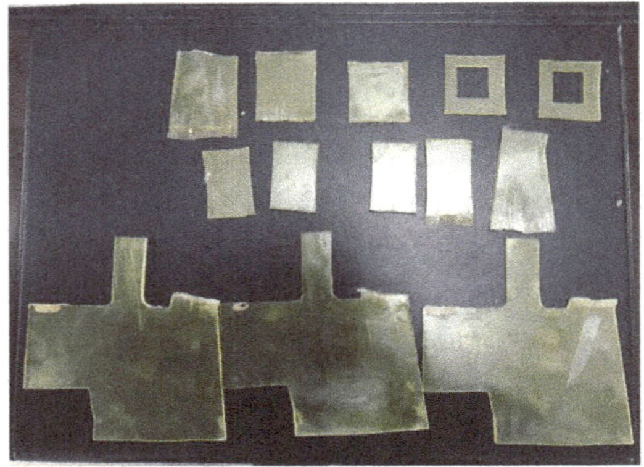

b)顺桥面

图2-51 三角刚构区模型切片

等色线是主应力差的等值线,等色线图能表明应力分布的大体规律。等色线密集处,应力梯度较大,往往是应力集中区;等色线稀疏处,应力梯度较小。典型截面等色线的对比,三角刚构区截面见图2-52和图2-53。由图可以看出,拱座与边拱交接处、主拱交接处等色线密集处应力梯度较大,为应力集中区;其他区域等色线稀疏处,应力梯度较小。

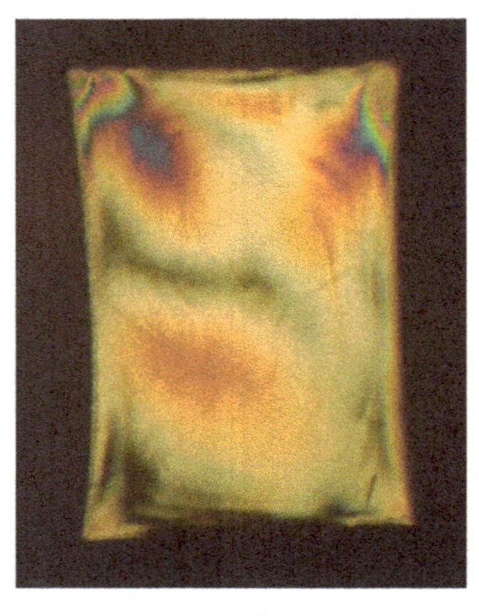

a)H1截面

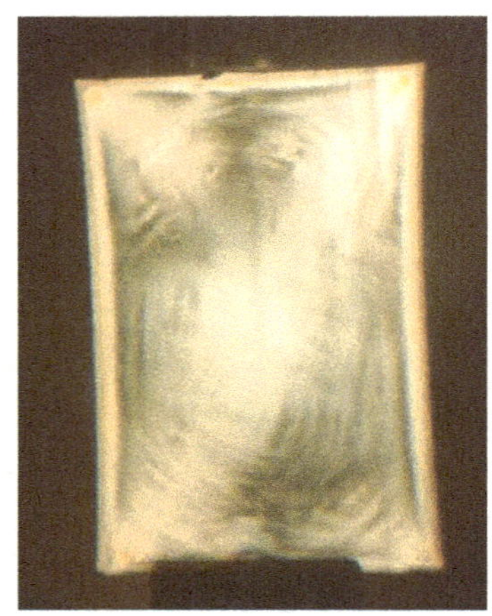

b)H2截面

c)H3截面

图 2-52

d) H4截面

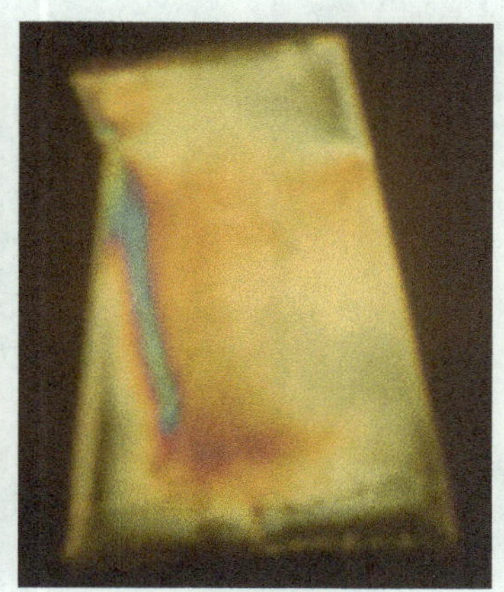

e) H5截面

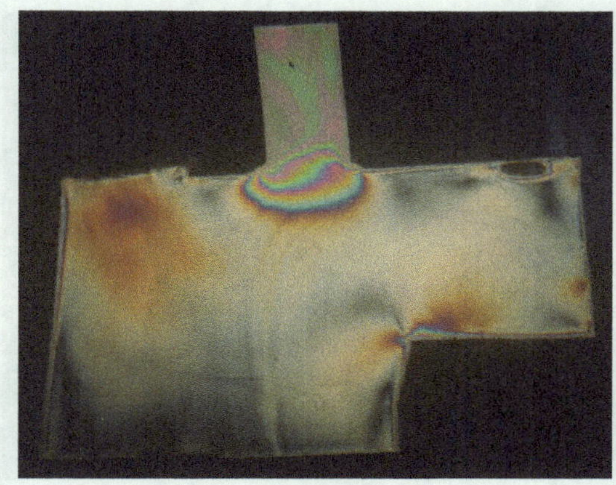

f) H6截面

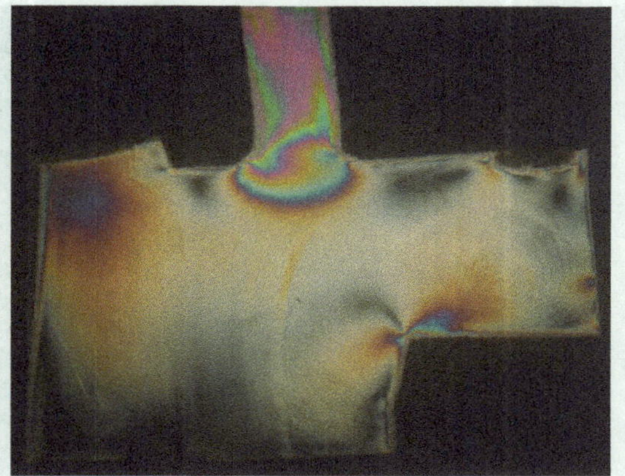

g) H7截面

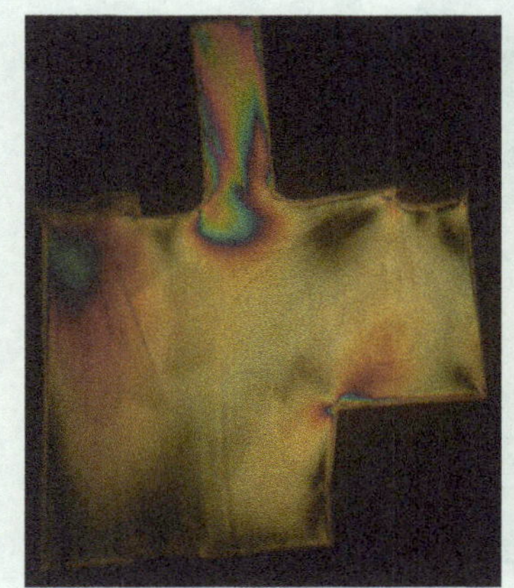

h) H8截面

i) H9截面

j) H10截面

图 2-52

k) H11截面

l) H12截面

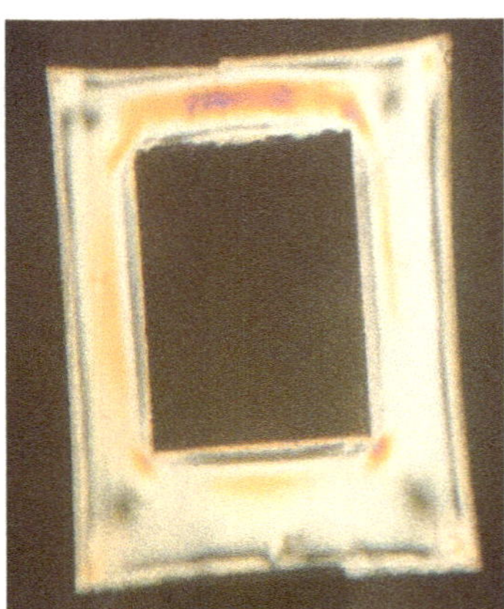
m) H13截面

图 2-52　三角刚构区横向截面

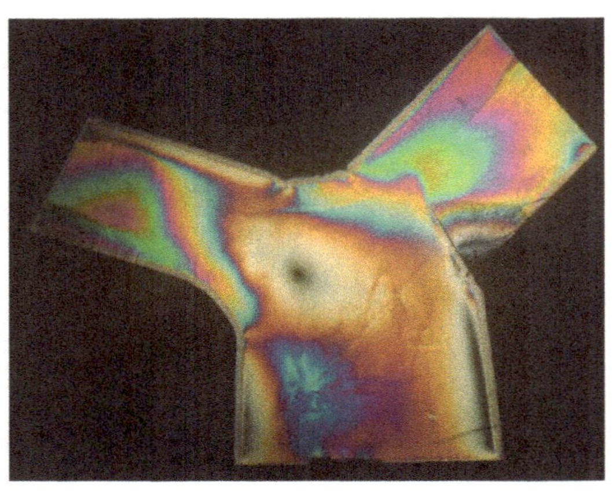
a) Z1截面

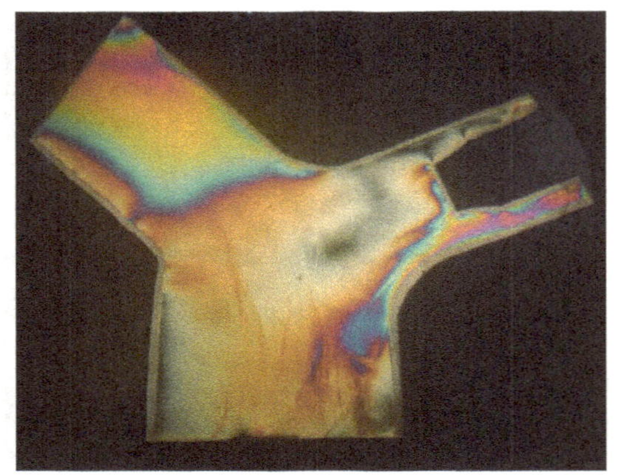
b) Z2截面

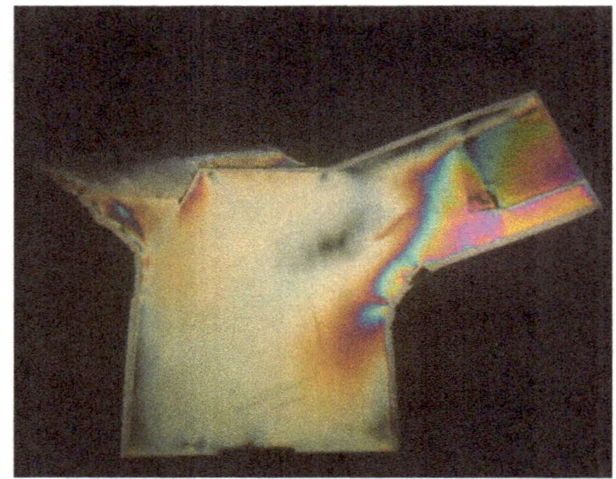
c) Z3截面

d) Z4截面

e) Z5截面

图 2-53　三角刚构区纵向截面

(二)试验结果分析

持久状况荷载组合下,边拱拱腹、主拱拱背和转角处均出现局部拉应力,如图2-54所示。边拱拱腹和主拱拱背最大拉应力达到+2.81MPa,转角区最大拉应力达到+5.40MPa。

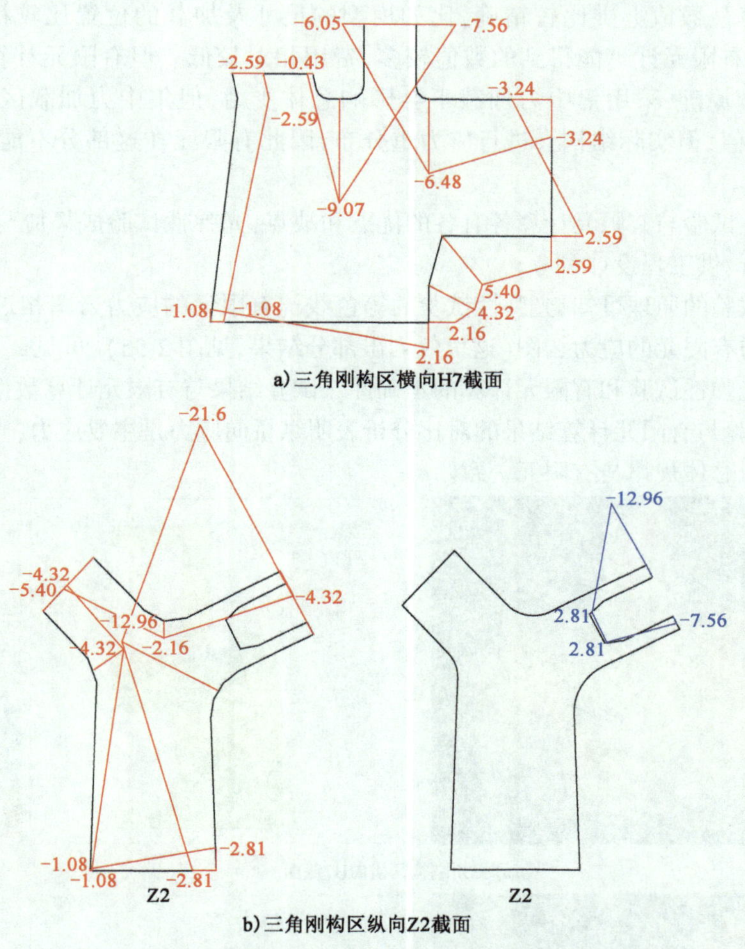

图2-54　三角刚构区关键截面应力示意图(荷载单位:MPa)

有限元计算与光弹性试验结果的对比:

光弹性试验的理论基础是物理光学和弹性力学,试验结果能反应结构总体的受力性能和规律,应力数值从量级上能反应结构的受力情况。但试验只能得到部分数值,而且存在一定的误差,目前通用环氧树脂是最佳选择,但该材料有一定的缺陷,如空气中的湿度和温度的影响,会造成一定模型边界局部的压应力,即边缘效应,造成不可避免的误差,同时试验工艺中加力的边界条件可能会存在一定误差,切片的位置及厚度也会影响结果,测量的过程也存在一定误差。另外,实际结构中拱肋是插入节点混凝土中,混凝土握裹力可传递拱肋的一部分内力,而光弹性试验模型无法做到,因此这一部分试验结果与实际结构有一定误差。同时试验费用较高,只能进行部分典型的试验,用以验证理论计算的结果。自重荷载是体积力,光弹性试验能有效解决该问题，但需用离心机加载，模拟自重应力。由于条件限制，本试验荷载条件中采用分块体分别加载自重荷载，对非块体结构来说自重应力影响较小，但对主拱及边拱以及拱座这些块体内部会形成应力重分布，因此分块体模拟自重问题对本试验结果有一定的影响。

有限元计算从数值上讲比较精确，比如模型的尺寸及加载的位置比较精确，切片的位置也比较精确，有限元计算能得到的数值较多，费用相对较低。但有限元计算也有其缺点，虽然根据圣维南原理，采用集中力加载不会影响总体受力，但集中力加载区域应力集中明显，会产生奇异值，但实际结构会进行应力重分布，因此有限元在这部分不能很好地反映实际情况。

可见光弹性试验与有限元计算各有各的优点和缺点，光弹性试验成果应与有限元计算结果进行综合分析，供工程设计参考。

由光弹性试验的原理可知，光弹性试验的等色线与有限元的应力云图相近。比较光弹性试验的等色线与有限元的应力云图(这里仅列出部分结果，见图 2-55)，可见二者基本一致，从而相互验证了光弹性试验和有限元计算的正确性。试验结果与有限元计算数据进行综合分析对比，光弹性试验与有限元计算结果的对比分析表明纵桥向应力是主要应力，光弹性试验结果反映出结构受力总体规律与有限元一致。

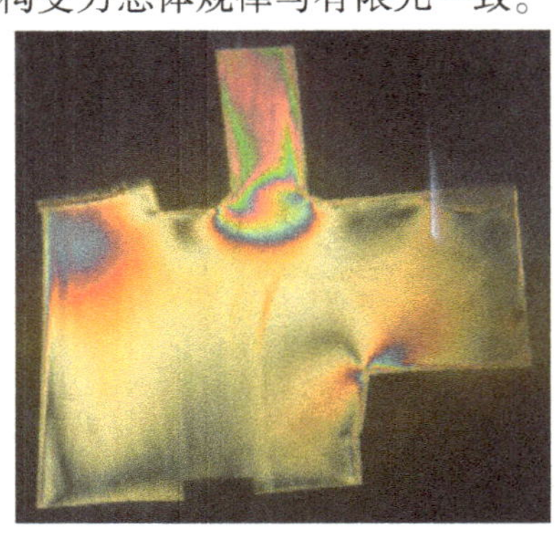

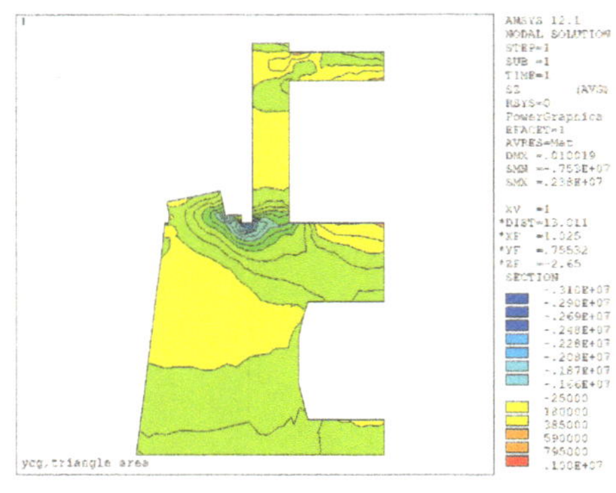

a)三角刚构区横向H7截面

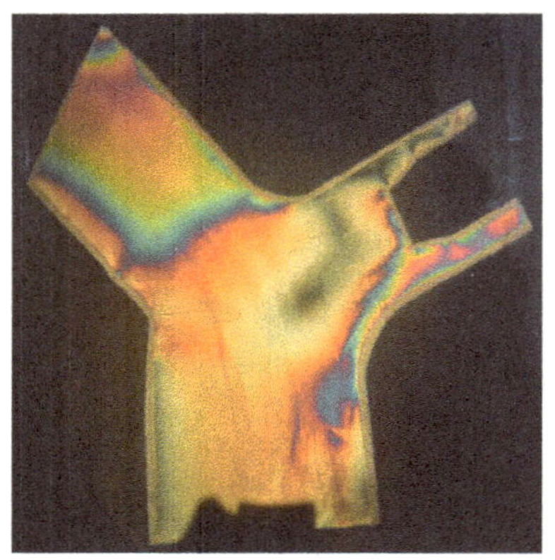

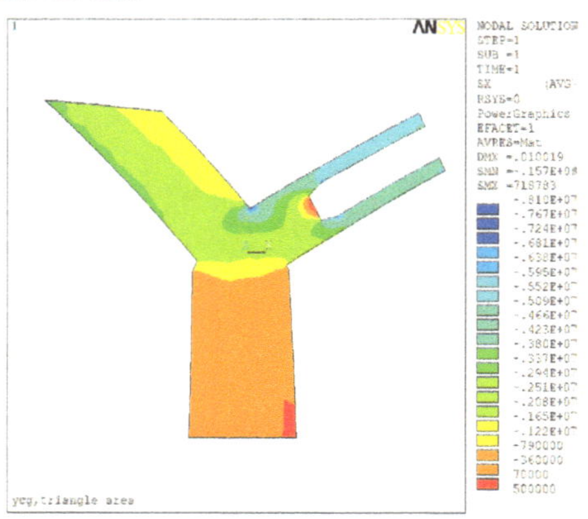

b)三角刚构区纵向Z2截面

图 2-55 三角刚构区关键截面光弹结果与有限元结果比较

(三)横梁节点有限元分析

1. 切片及应力测试

对每种工况试验模型分别进行 Z(纵桥向)、H(横桥向)方向的切片,每级工况共有 14 个切片,切片厚度为 5mm,模型切片见图 2-56。

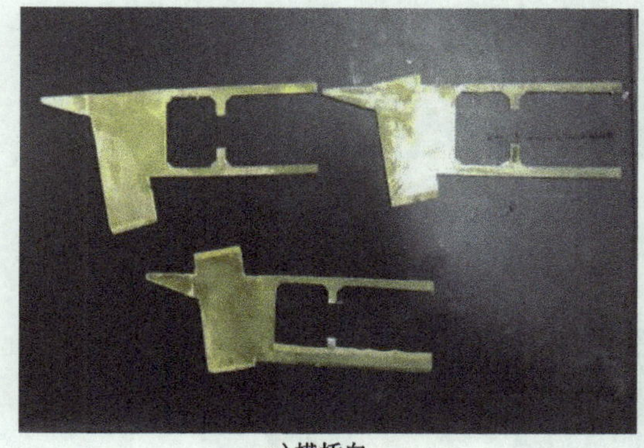

a)横桥向

b)顺桥向

图 2-56　横梁节点模型切片

2. 试验结果分析

等色线同三角刚构区截面、横梁节点截面见图 2-57、图 2-58,由图可以看出,横梁与主拱肋交接处色线密集处应力梯度较大,为应力集中区;其他区域等色线稀疏处,应力梯度较小。

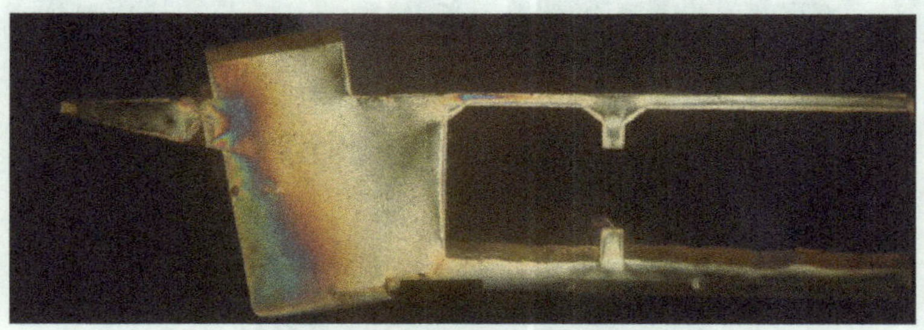

a)横梁节点横向H1截面

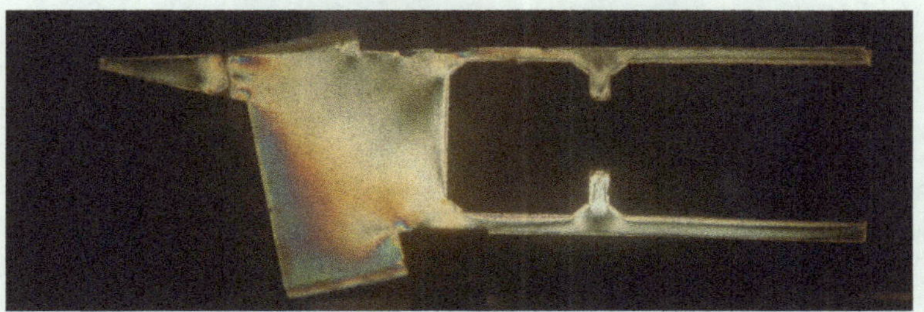

b)横梁节点横向H2截面

图　2-57

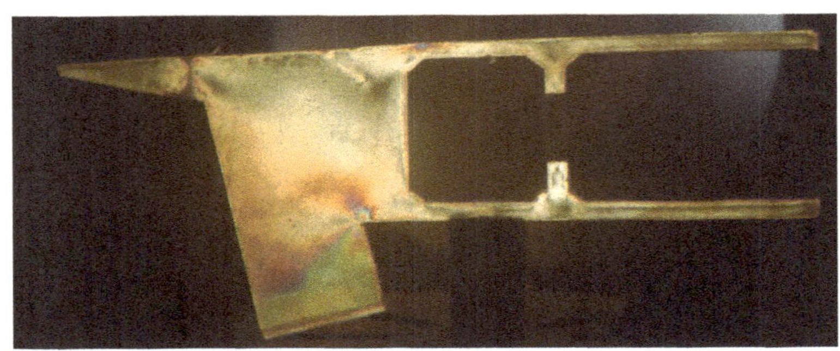

c）横梁节点横向H3截面

图 2-57　横梁节点横向截面

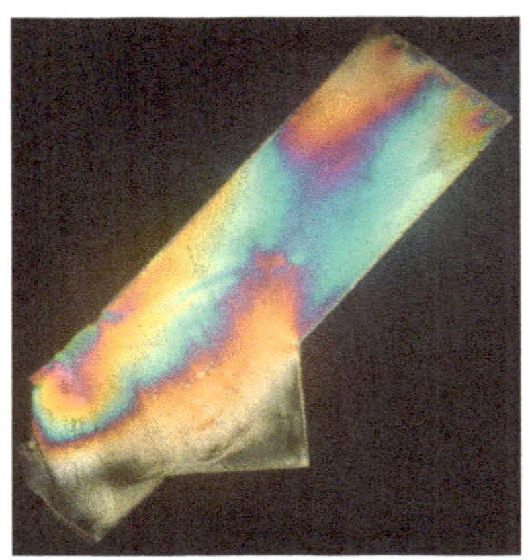

a）横梁节点纵向Z1截面

b）横梁节点纵向Z2截面

c）横梁节点纵向Z3截面

图 2-58　横梁节点纵向截面

持久状况荷载组合下，端横梁转角处均出现局部拉应力，如图 2-59 所示，最大拉应力为 +3.89MPa。总体上看，横梁应力变化比较复杂，有拉有压，但应力变化范围不大。

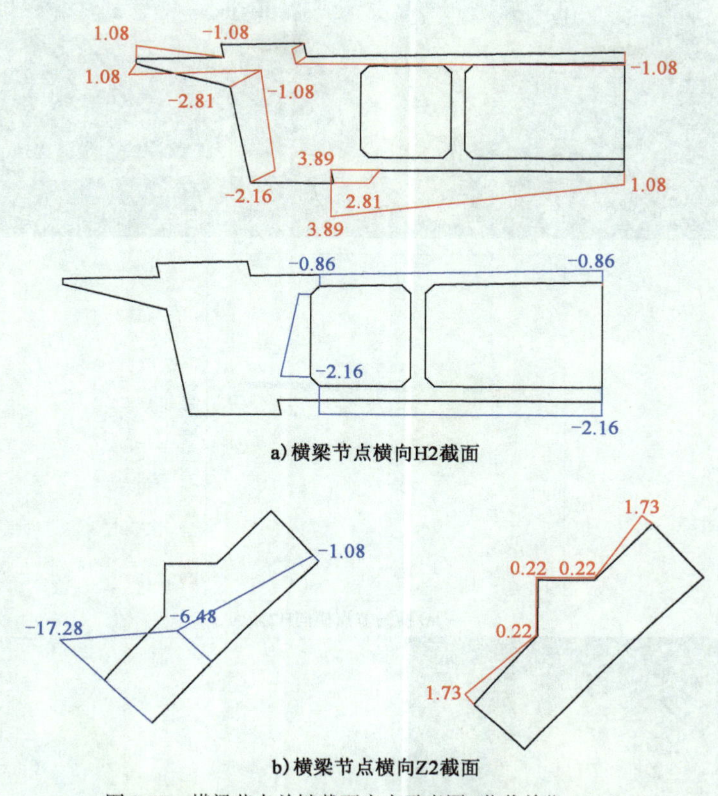

图2-59　横梁节点关键截面应力示意图（荷载单位：MPa）

3.有限元计算与光弹性试验的结果对比

由光弹性试验原理可知，光弹性试验的等色线与有限元的应力云图相近。比较光弹性试验的等色线与有限元的应力云图（这里仅列出部分结果，见图2-60），可见二者基本一致，从而验证了有限元计算的正确性。试验结果与有限元计算数据进行综合分析对比，光弹性试验与有限元计算结果的对比分析表明纵桥向应力是主要应力，光弹性试验结果反映出结构受力总体规律与有限元一致。

4.光弹性模型试验结论分析

（1）持久状况荷载组合下，三角刚构区与横梁节点光弹性模型试验的等色线与有限元的应力云图相近，光弹性试验结果反映出结构受力总体规律与有限元一致，从而相互验证了光弹性模型试验和有限元计算结果的正确性。

（2）持久状况荷载组合下，三角刚构区光弹性试验表明三角刚构区边拱拱腹、主拱拱背和转角处均出现局部拉应力，边拱拱腹和主拱拱背最大拉应力达到+2.81MPa，转角区最大拉应力达到+5.40MPa。除边拱空腹区域底端除外，应力均满足要求。

（3）持久状况荷载组合下，横梁节点光弹性试验表明端横梁转角处均出现局部拉应力，最大拉应力为+3.89 MPa。总体上看，横梁应力变化比较复杂，有拉有压，但应力变化范围不大。除端横梁转角处外，均未出现拉应力超标现象。

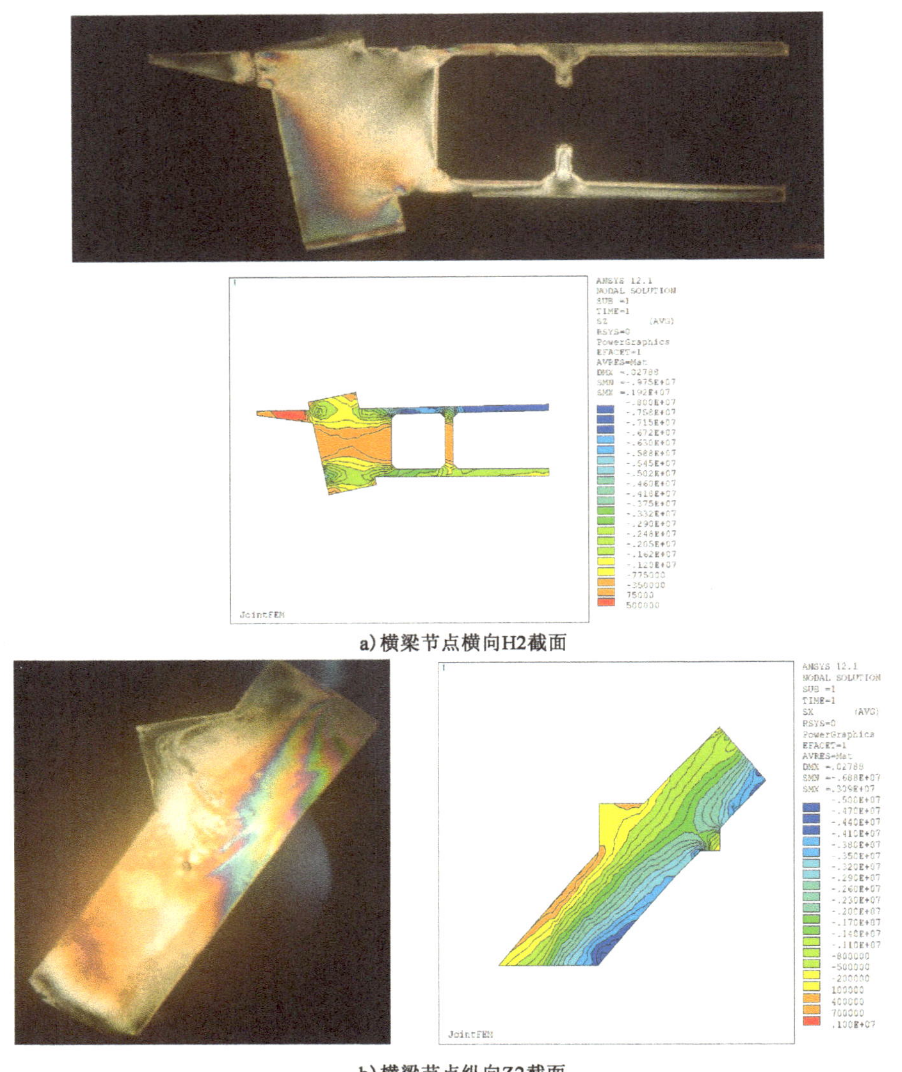

a)横梁节点横向H2截面

b)横梁节点纵向Z2截面

图2-60 横梁节点关键截面光弹结果与有限元结果比较

第四节 主拱肋钢-混凝土结合段比例模型试验研究

拱肋钢-混凝土结合段构造和受力特殊,缺乏专业标准的指导设计;部分拱肋结合段在建成后不久出现混凝土开裂等病害。该区域除了要承受轴力外,还要承受双向弯矩和扭矩的作用,为复杂的空间受力状态,故通常的分析计算不可能完全掌握其受力特点。为了确保其结构受力性能良好、传力合理,掌握应力分布规律,避免局部应力集中现象,需开展相关科研课题进行研究。余信贵大桥主拱肋为外倾式,受力复杂,而不同结合段承载力及破坏模式尚无系统研究,因此,有必要针对本桥主拱肋钢与混凝土结合段进行模型试验研究。

一、主拱肋横梁及钢-混凝土结合段有限元分析

1. 有限元模型的建立

采用离散结构的有限单元法建立余信贵大桥主桥主拱肋横梁及钢-混凝土结合段节点有限元模型，分别如图 2-61 和图 2-62 所示。其中，横梁节点包含钢-混凝土组合段有限元模型，如图 2-62 所示。本项目中使用的有限元分析程序为 ANSYS，其中混凝土主拱、边拱和横梁采用空间实体单元 Solid 65 模拟，钢-混凝土组合段的钢主拱采用空间壳单元 Shell 63 模拟，精轧螺纹钢筋拉杆采用空间杆单元 Link8 模拟。由于结构左右对称，为简化计算，根据对称性原理，此处采用主体结构的一半分别对横梁节点和钢-混凝土组合段进行局部应力分析。对于有限元模型，在跨中处约束横桥向位移，在桥墩底部固结；对于横梁节点有限元模型，在横梁跨中约束横桥向位移，在混凝土主拱底部固结。

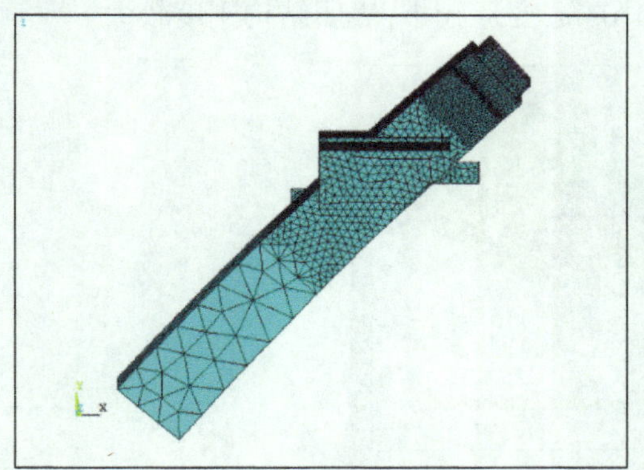

图 2-61　横梁节点有限元模型

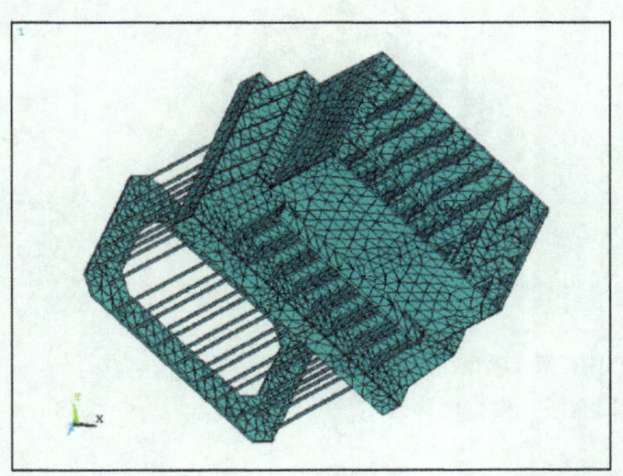

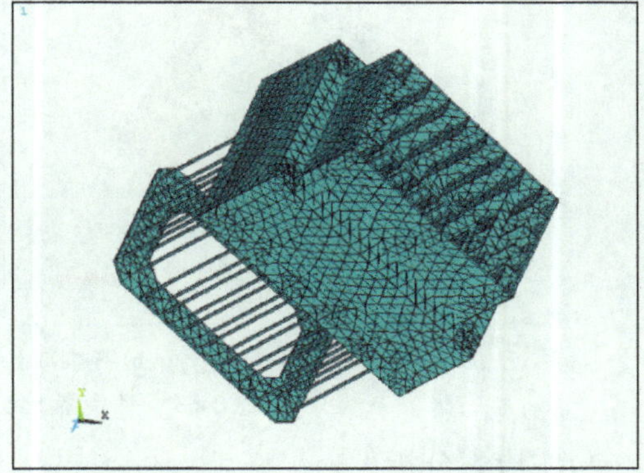

图 2-62　钢-混凝土组合段细部有限元模型

根据《鹰潭市余信贵大桥工程施工图设计》，主拱混凝土部分强度等级为 C55，主拱钢结构部分采用 Q345qD 桥梁专用钢材，桥墩采用 C40 混凝土。根据《公路钢筋混凝土与预应力混凝土桥涵设计规范》（JTG D62—2004）和《钢-混凝土组合桥梁设计规范》（GB 50917—2013）对材料的规定，C55、C40 混凝土和 Q345qD 钢材的材料特性如表 2-4 所示。

有限元模型材料特性　　表 2-4

材料类型	强度设计值(MPa)		强度标准值(MPa)		弹性模量(MPa)	泊松比	剪变模量(MPa)	密度(kN/m³)
	抗拉	抗压	抗拉	抗压				
C55 混凝土	1.89	24.4	2.74	35.5	3.55×10^4	0.2	1.42×10^4	25.0
C40 混凝土	1.65	18.4	2.40	26.8	3.25×10^4	0.2	1.30×10^4	25.0
Q345q 钢	275	275	—	—	2.06×10^5	0.3	7.9×10^4	78.5

2. 计算结果分析

(1)变形分析

将表 2-2 中持久状况下的荷载施加到图 2-61 所示的横梁节点有限元模型上,进行非线性有限元分析,得整体有限元模型和钢-混凝土结合段有限元模型变形云图如图 2-63 所示。所有变形均以混凝土主拱拱脚处的固结部位为参考点,由图 2-63 可知,在持久状况下,钢-混凝土结合段有限元模型变形连续,最大变形量为 0.03m,变形较小,表明结构刚度较大。

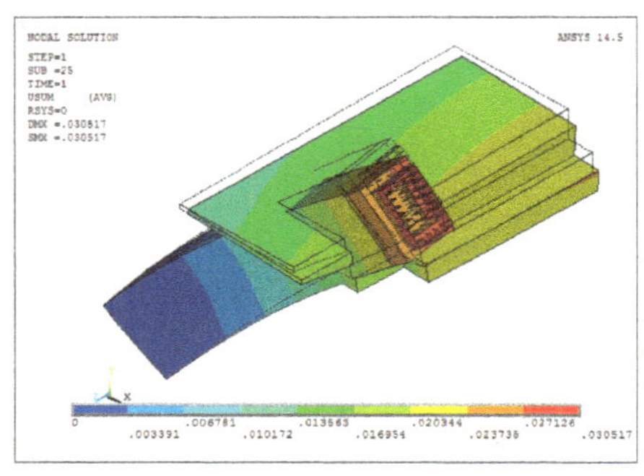

a)整体有限元模型

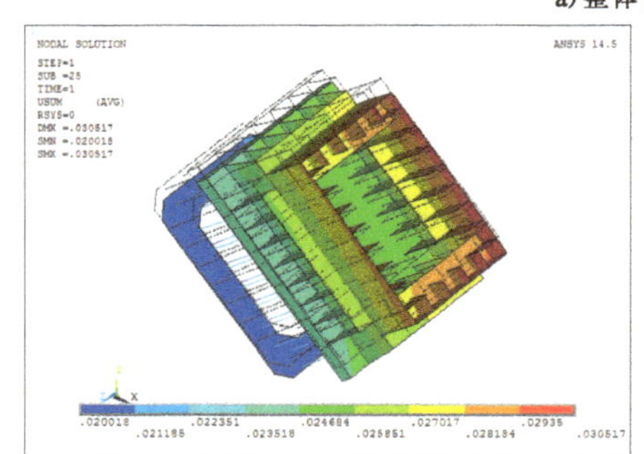

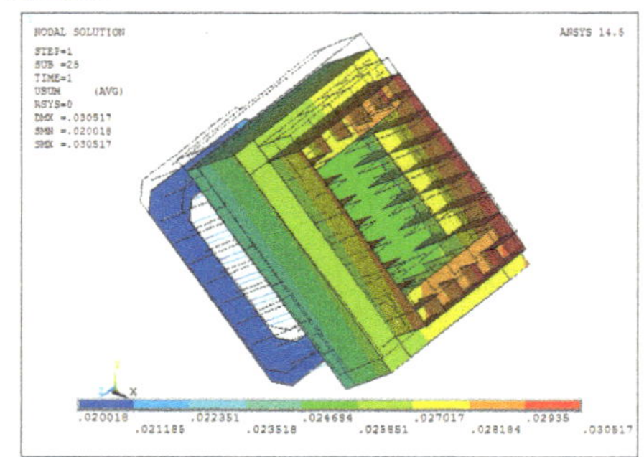

b)钢-混凝土结合段有限元模型

图 2-63　钢-混凝土结合段有限元模型位移云图

(2)主应力分析

钢-混凝土结合段的局部应力分析采用 Von-Mises 等效应力表述。持久状况荷载组合下,钢-混凝土结合段有限元模型的 Von-Mises 等效应力 σ_v 的应力云图如图 2-64 所示。从图中可以发现,钢-混凝土结合段的最大 Von-Mises 等效应力为 372MPa,发生在底板与加劲肋结合处(图 2-65)。去除底板后,钢-混凝土结合段其他部位的 Von-Mises 等效应力均小于 275MPa,最大值为 236MPa(图 2-66),满足结构设计要求。钢-混凝土结合段底板与加劲肋应力集中主要是由于有限元模型中细部误差造成的,只要钢-混凝土结合段设计中做好节点处的坡口处理,应力集中现象就可避免。另外，由于钢-混凝土结合段构造复杂，又属于空间结构，设计图纸对钢-混凝土结合段个别板件交代不清楚。为避免出现局部应力集中或引起施工误差，建议对钢-混凝土结合段设计图纸进行细化。

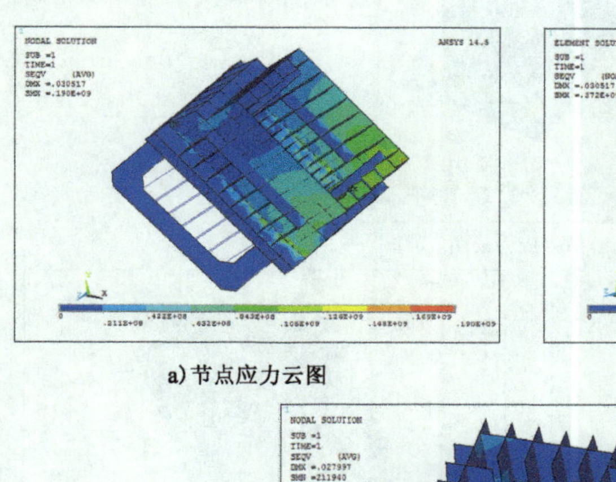

a)节点应力云图

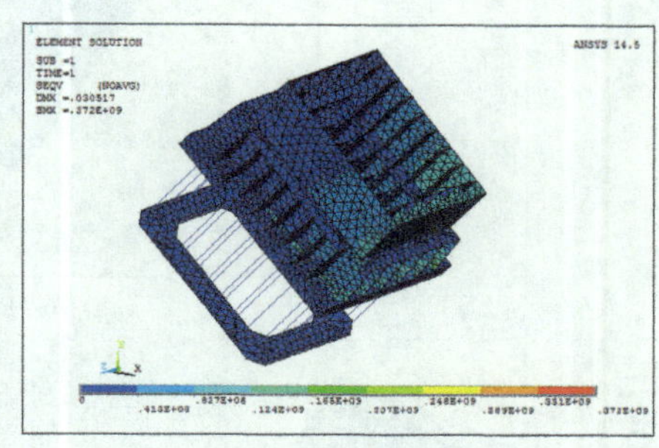

b)单元应力云图一

c)单元应力云图二

图 2-64　钢-混凝土结合段有限元模型 Von-Mises 等效应力云图

将钢-混凝土结合段底板 Von-Mises 等效应力 σ_v 的显示范围设定在 Q345D 钢材的抗拉/压强度设计值至最大等效应力之间，即 275 ~ 372MPa，此时钢-混凝土结合段的等效应力云图如图 2-67 所示。从图中可以看出，应力超限仅发生在底板与竖向加劲肋交界处，其他部位无超标现象。

实桥有限元分析结论与建议：

(1)在持久状况荷载组合工况下，钢-混凝土结合段有限元模型变形连续，最大变形量为 0.03m，变形较小，表明钢-混凝土结合段结构刚度较大。

(2)持久状况荷载组合下，钢-混凝土结合段 Von-Mises 等效应力最大值为 236MPa，小于 275MPa，满足结构设计要求。

3. 结论

(1)有限元分析结论

根据对余信贵大桥主桥三角刚构区和横梁节点有限元分析，得到以下主要结论：

①在持久状况荷载组合下，主拱肋钢-混凝土结合段有限元模型变形连续，最大变形量为 0.03m，变形较小，表明主拱肋钢-混凝土结合段结构刚度较大。

②持久状况荷载组合下，主拱肋钢与混凝土结合段最大拉应力为 1.63MPa，发生在拱肋压弯组合区域。

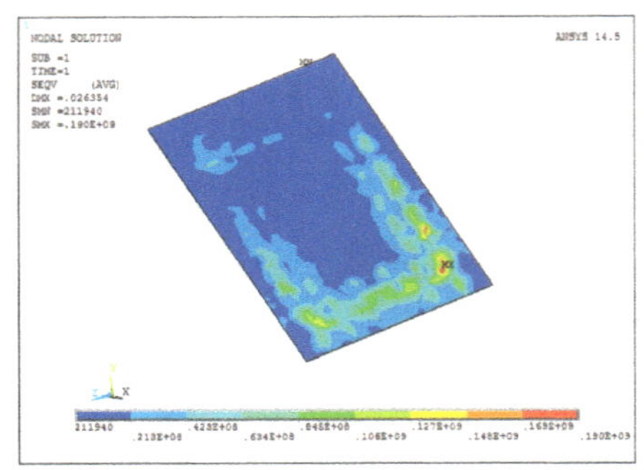

a) 节点应力云图

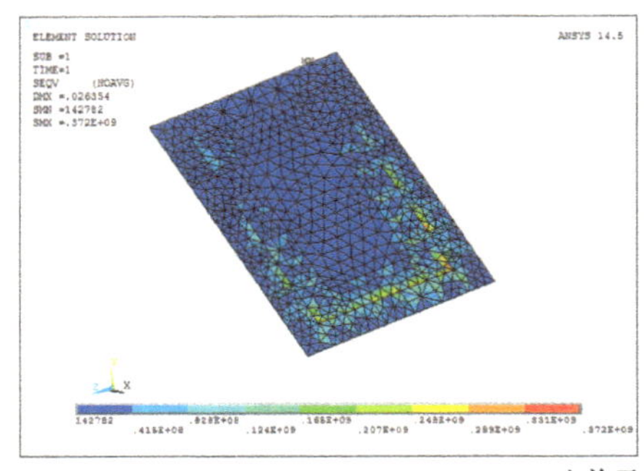

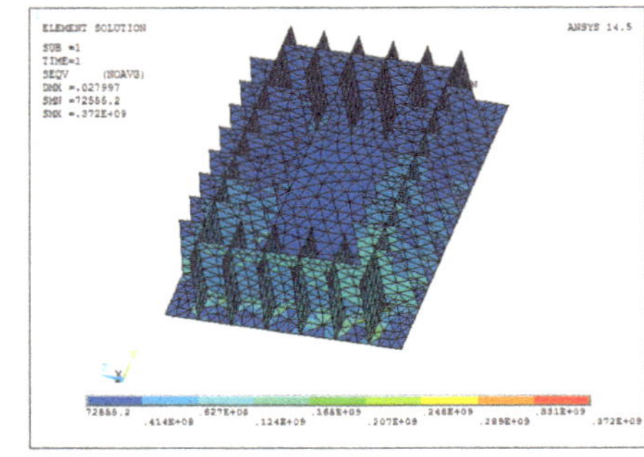

b) 单元应力云图

图 2-65　钢-混凝土结合段有限元模型底板 Von-Mises 等效应力云图

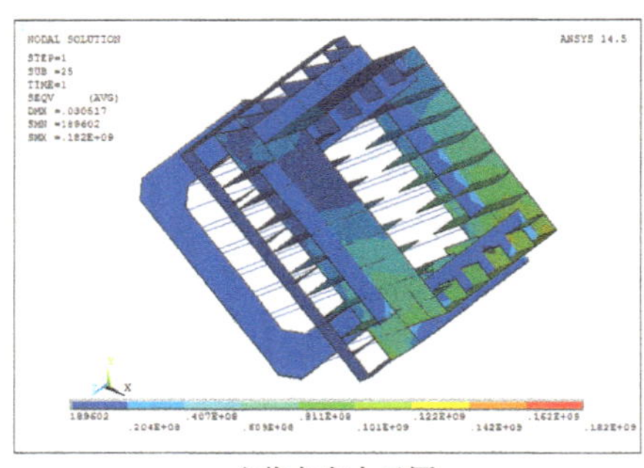

a) 节点应力云图

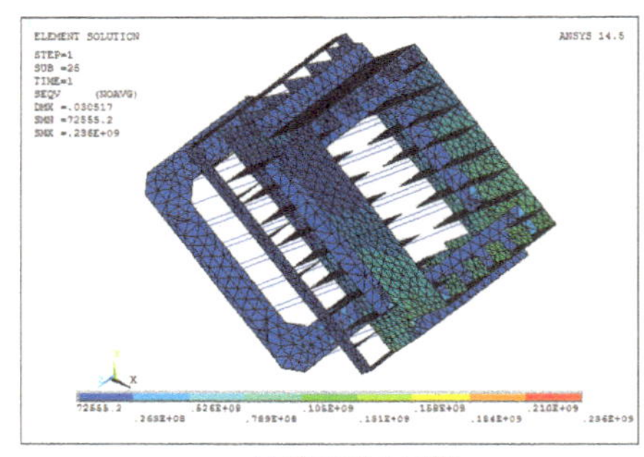

b) 单元应力云图

图 2-66　钢-混凝土结合段有限元模型去除底板后的 Von-Mises 等效应力云图

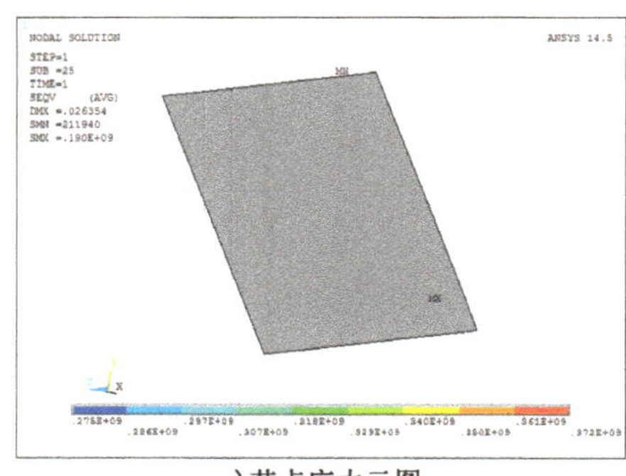

a) 节点应力云图

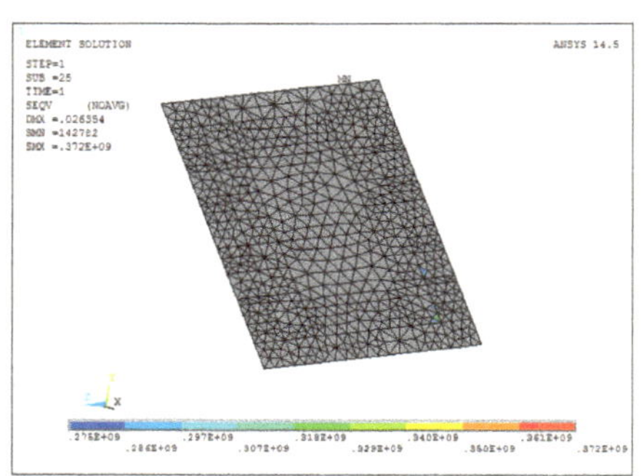

b) 单元应力云图

图 2-67　钢-混凝土结合段有限元模型去除底板后的 Von-Mises 等效应力云图

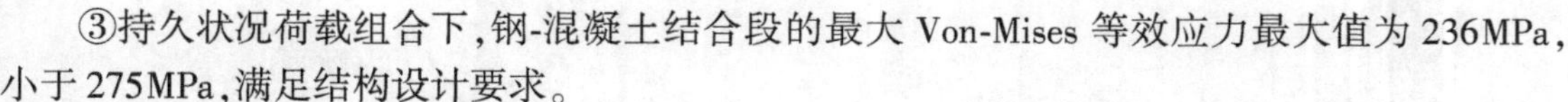

③持久状况荷载组合下，钢-混凝土结合段的最大 Von-Mises 等效应力最大值为 236MPa，小于 275MPa，满足结构设计要求。

(2)节点模型试验结论

根据对余信贵大桥主拱钢与混凝土结合段节点模型试验研究，得到以下主要结论：

①持久状况荷载组合下，主拱肋钢与混凝土结合段节点模型试验的应力分布与有限元值相近，节点试验结果反映出结构受力总体规律与有限元一致，从而相互验证了节点模型试验和有限元计算结果的正确性。

②持久状况荷载组合下，主拱肋钢与混凝土结合段节点模型试验表明在主拱肋混凝土受压弯一侧出现局部拉应力，但拉应力值未超限，模型试验过程中和结束后均未发现开裂，应力均满足要求。

二、节点模型试验设计制作及测试

(一)节点模型设计

1. 模型设计

(1)相似比：模型与本桥原型几何比为 1∶5，应力比为 1∶1，应变比为 1∶1，密度比为 1∶1，质量比为 1∶125，惯性矩比为 1∶625，弹性模量比为 1∶1，位移比为 1∶5，挠度比为1∶5。模型质量约 5.4t；使用 Q345B 钢板和 C55 混凝土。

(2)几何尺寸：模型的高度、长度及宽度取 1∶5 的比例，总体布置如图 2-68 所示。

(3)模型材料：拱肋钢结构板件采用 Q345qD 材料，应符合 GB/T 714—2008 的要求；焊接材料采用与母材相匹配的焊丝、焊剂和手工焊条，且应符合相应的国际标准；拱肋采用 C55 混凝土，结合段后浇段采用 C55 微膨胀混凝土；采用低松弛高强度钢绞线，公称直径 15.20mm，抗拉强度标准值 1860MPa，弹性模量 1.95×10^5MPa，并符合 GB/T 5224—2003 的要求。锚具采用与钢绞线匹配的成套产品，包括垫板、锚头、夹片和螺旋钢筋等；精轧螺纹钢筋采用 PSB930MPa，并采用配套的螺母、垫板和螺旋钢筋；采用 HRB335 钢筋，其技术标准应符合 GB/T 1499.2—2008 的有关规定。

(4)预应力钢绞线及钢-混凝土结合段拉杆设计：实桥拱肋混凝土在结合段拱肋截面顶面采用 5 束钢绞线($15\phi_s15.20$)，底面采用 2 束钢绞线($17\phi_s15.20$)，抗拉强度标准值 1860MPa，弹性模量 1.95×10^5MPa，锚下张拉控制应力 1395MPa，预应力模拟原则为预应力荷载效应完全模拟，因此，模型也采用 $\phi_s15.20$ 钢绞线，锚具与之匹配，采用钢束股数及布置保证模型与实桥预应力大小和预应力形心位置产生的效应一致。试验模型顶面采用 4 束钢绞线($1\phi_s15.20$)，单根张拉控制应力 1050MPa，4 束均匀分布；底面采用 2 束钢绞线($1\phi_s15.20$)，单根张拉控制应力 950MPa，2 束均匀分布。钢-混凝土结合段的拉杆在实桥处采用的是 44 根直径 32mm 的 PSB930MPa 的精轧螺纹钢，张拉控制应力为 830MPa，总合力为 29362kN，且为均匀分布。试验模型采用 8 束钢绞线($1\phi_s15.20$)，单束张拉控制应力为 1000MPa。

(5)试验荷载：试验前计算出实桥在最不利荷载组合下钢-混凝土结合段的内力并得出最终成桥结果，根据静力相似原理将实桥荷载按照相似理论换算得到模型试验荷载，如表 2-5 所示。

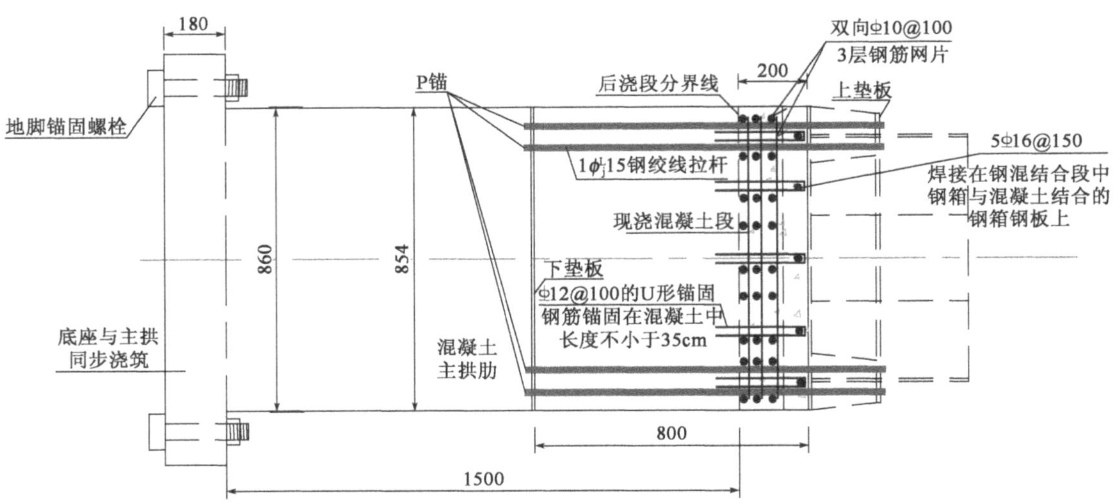

a)节点模型侧视图

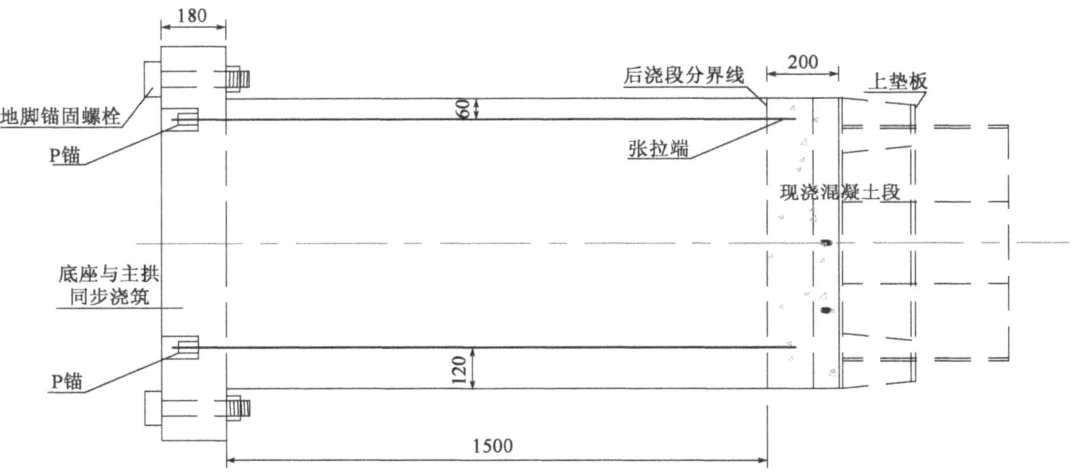

b)混凝土主拱肋模型预应力布置

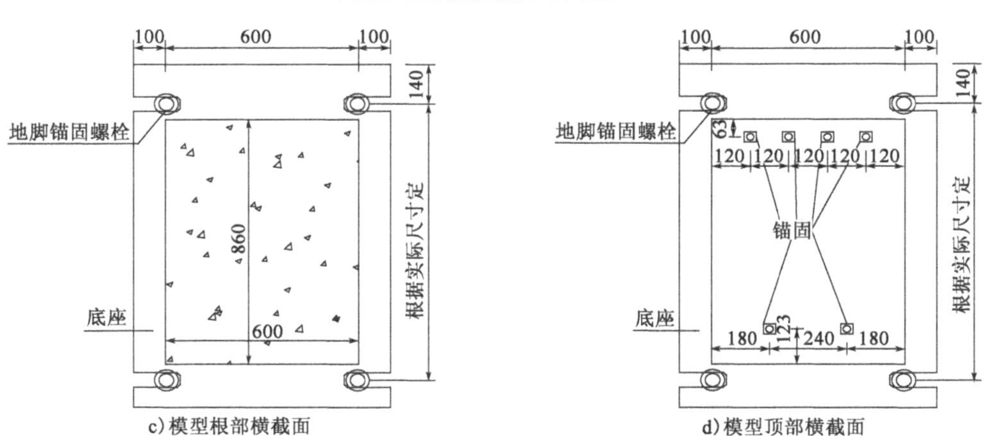

c)模型根部横截面　　d)模型顶部横截面

图2-68　节点模型构造图(尺寸单位:cm)

按模型比例换算得到的模型试验荷载 表 2-5

试 验 荷 载	轴力 (kN)	剪力 (kN)	面内弯矩 (kN·m)	面外弯矩 (kN·m)	扭矩 (kN·m)
实桥最不利设计荷载组合	30628	1306	36096	7881	4200
模型最不利设计荷载组合	1225	52	288	63	34

2. 模型制作

本试验对象为钢-混凝土结合段,内置预应力钢绞线和拉杆,模型分两次进行浇筑和张拉。第一次浇筑钢筋与混凝土结合面(图 2-69),混凝土达到张拉条件后进行拱肋内第一次预应力钢筋张拉,安装钢箱部分并浇筑第二次混凝土(图 2-70),混凝土达到张拉条件后进行钢箱与混凝土拱肋连接的拉杆张拉,完成后节点模型见图 2-71。

a)模型第一次浇筑前

b)第一次浇筑完毕

图 2-69 节点模型第一次浇筑完成

a)第一次张拉

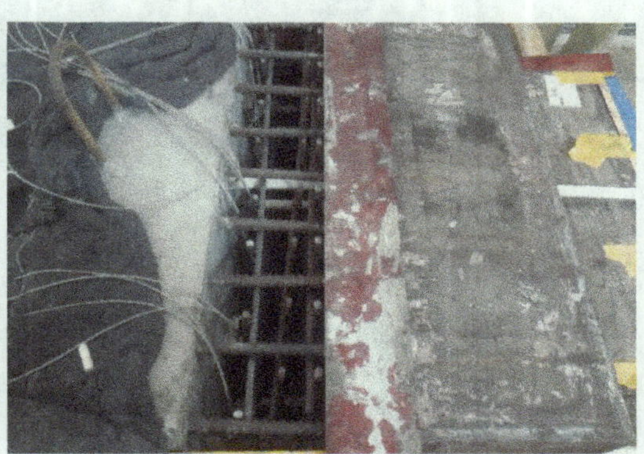

b)钢箱安装

图 2-70 安装钢箱部分节点模型第二次浇筑混凝土

3. 模型加载及测试

由于实际结构中拱座底位移很小,可近似认为固结。因此试验中将拱座底部固结,按照最不利受力工况进行加载,加载截面的力包括轴力、双向弯矩、剪力和扭矩。双向弯矩采用轴力偏心的方法实现,剪力采用千斤顶加载实现,扭矩采用一对千斤顶加载实现。所有作用力施加在钢板上,再传到橡胶垫板,最后传到模型上。这样既保证加力的准确性,又能保证模型自由变形。节点模型试验所使用试验加载装置及测试设备如图 2-72 所示。

图 2-71　节点模型安装到位

a)加载千斤顶及测点布置

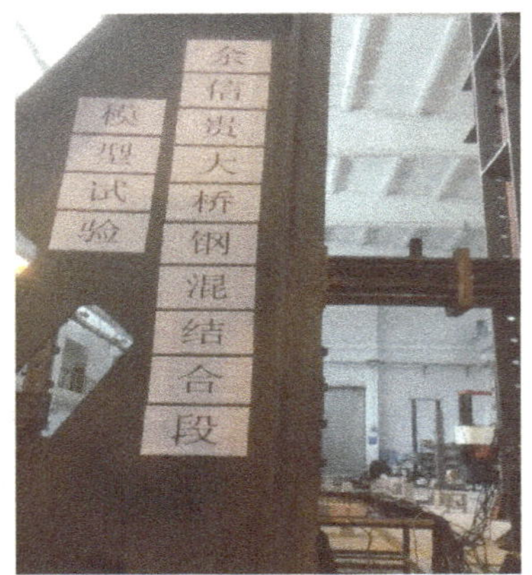

b)反力架

图 2-72　节点模型试验加载装置图

根据相似原理,试验中所有荷载必须采用同一荷载比例系数。若试验荷载太大,可能导致模型变形太大,甚至破坏。每一级加载根据测点应变测试结果是否稳定来确定,稳定 5min 后即可进行下一级加载。

(二)节点模型试验分析

1. 节点有限元分析

为了验证模型试验结果,建立了节点的有限元模型,参数取值根据模型材料实际用材选取,混凝土采用 Solid45 单元、钢箱采用 Shell63 单元、钢绞线采用 Link8 单元。有限元模型见图 2-73,计算结果如图 2-74 所示。

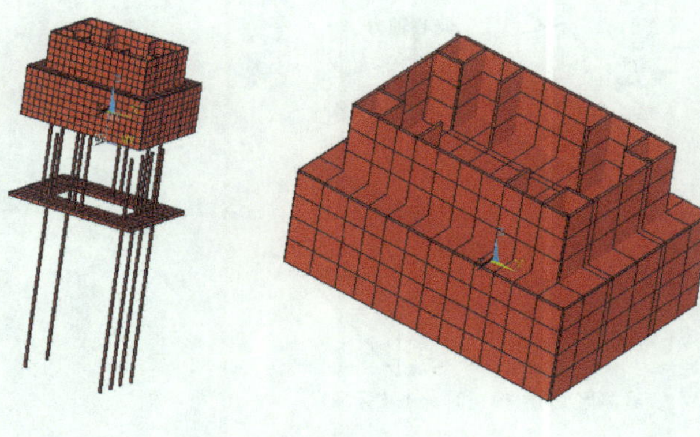

a) 钢绞线、预应力筋及钢箱　　b) 钢箱及加劲肋　　c) 主拱肋与钢箱结合段

图 2-73　主拱肋钢与混凝土节点有限元模型

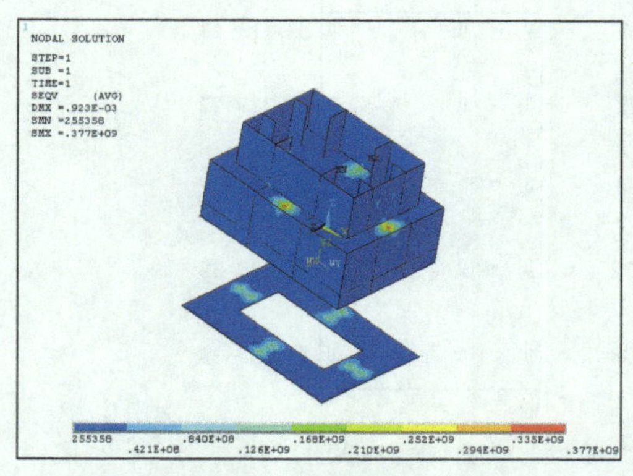

a) 钢箱及拉杆锚固垫板米塞思屈服应力
（最大377MPa）

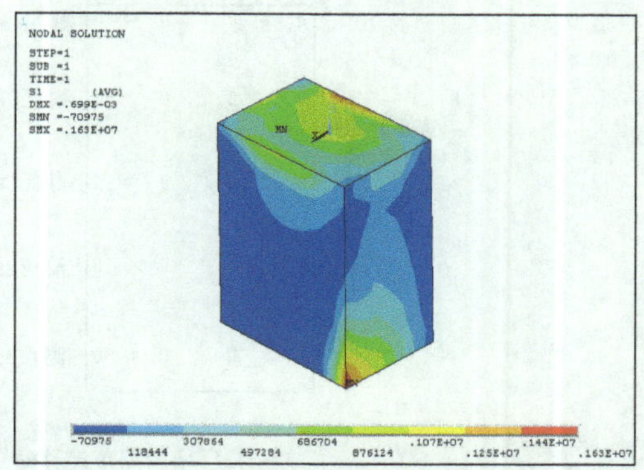

b) 主拱肋混凝土部分最大拉应力
（最大拉应力1.63MPa）

图 2-74　节点模型有限元计算结果

由图 2-74 的计算结果可以看出，节点模型有限元分析得到的钢箱最大屈服应力为 377MPa。该值与原桥局部模型计算得到的最大屈服值 372MPa 一致，也发生在预应力钢筋钢垫板位置。该位置由于建模时采用的是点接触，未设置扩散区域，造成一定程度的应力集中，其他位置的值均小于材料的容许值，表明结构是安全的。混凝土最大拉应力为 1.63MPa，比 C55 混凝土容许拉应力设计值 1.89MPa 小，主拱肋混凝土也是安全的，不会出现开裂。后面节点试验实测结果也验证了该结论。

节点试验模型测区及测点划分示意如图 2-75 所示。

2. 试验结果分析

节点模型试验测点布置按照模型的四个不同测试面分为 A、B、C、D 四个区域，每个区域测点按照从上到下、从左至右的原则依次编号，再记录测点的实测值，根据实测数据进行分析。

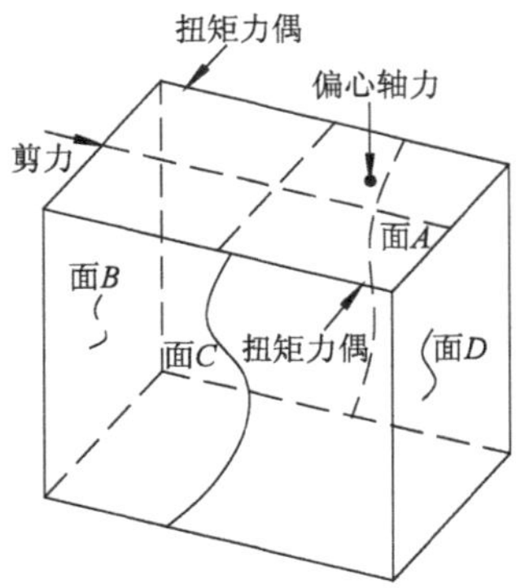

a）测区划分（按逆时针A~B区域）

面A
钢结构部分
自左向右
测点1~6
测点7~12
测点13~18
测点19~22
混凝土部分
测点23~28
测点29~32
测点33~38

面B
自左向右 面C
测点1~6
测点7~12
测点13~18
测点19~22
测点23~28
测点29~32
测点33~38

b）测区A和B测点布置及编号（混凝土部分测点竖向间距均分）

面C
钢结构部分
自左向右
测点1~6
测点7~12
测点13~18
测点19~22
混凝土部分
测点23~28
测点29~32
测点33~38

面D
自左向右
测点1~6
测点7~12
测点13~18
测点19~22
测点23~28
测点29~32
测点33~38

c）测区C和D测点布置及编号（混凝土部分测点竖向间距均分）

图 2-75　节点试验模型测区及测点划分示意图

实际结构中拱座底位移较小，试验中将拱座底部固结，根据最不利荷载工况进行加载。加载截面的力包括轴力、双向弯矩、剪力和扭矩。双向弯矩通过偏心轴力的方法来实现，剪力采用千斤顶加载来实现，扭矩采用一对千斤顶反对称加载实现。所有作用力施加在钢板上，再传到橡胶垫板，最后传到模型上，以保证所加力的准确性以及模型的自由变形。

根据相似原理，试验中所有荷载必须采用同一荷载比例系数，试验荷载施加太大，可能导致模型变形太大，甚至破坏。每一级加载根据测点应变测试结果是否稳定来确定，稳定5min后即可进行下一级加载，每一级加载均是同时施加轴力、水平力和扭转力。具体加载顺序如图2-76所示。

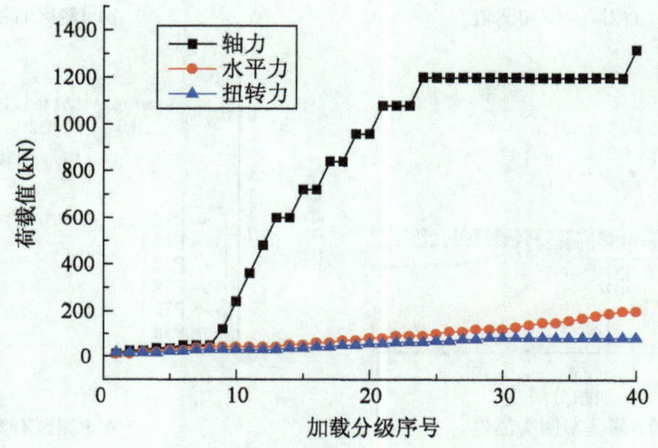

图2-76　节点模型试验各向力数值变化

从图2-77节点模型各测面左右侧沿高度方向的实测值与有限元数值对比可以看出，实测值变化规律与有限元值基本一致，除个别测点外两者数值基本吻合。造成试验值出现偏差的主要原因有：第一是测点应变片在试验过程中失效、测试设备造成的误差；第二是在受弯一侧B面由于拱肋模型与地面固接不牢固造成的松动；第三是实际模型浇筑和加载的位置都可能出现偏差，达不到理想状态。

有限元计算从数值上讲比较精确，比如模型的尺寸及加载的位置比较精确，测点的位置也比较精确，有限元计算能得到的数值较多，费用相对较低。但有限元计算也有其缺点，虽然根据圣维南原理，采用集中力加载不会影响总体的受力，但集中力加载区域应力集中明显，会产生奇异值，但实际结构会进行应力重分布，因此有限元在这部分不能很好地反映实际情况。

可见节点试验与有限元计算各有各的优点和缺点，节点试验成果应与有限元计算结果进行综合分析，供工程设计参考。

3. 有限元计算与节点模型试验的结果对比

根据节点模型各测面左右侧沿高度方向的实测值与有限元数值对比可以看出，实测值变化规律与有限元值基本一致，除个别测点外两者数值基本吻合。造成试验值出现偏差的主要原因有：第一是测点应变片在试验过程中失效、测试设备造成的误差；第二是在受弯一侧B面由于拱肋模型与地面固接不牢固造成的松动；第三是实际模型浇筑和加载的位置都可能出现偏差，达不到理想状态。

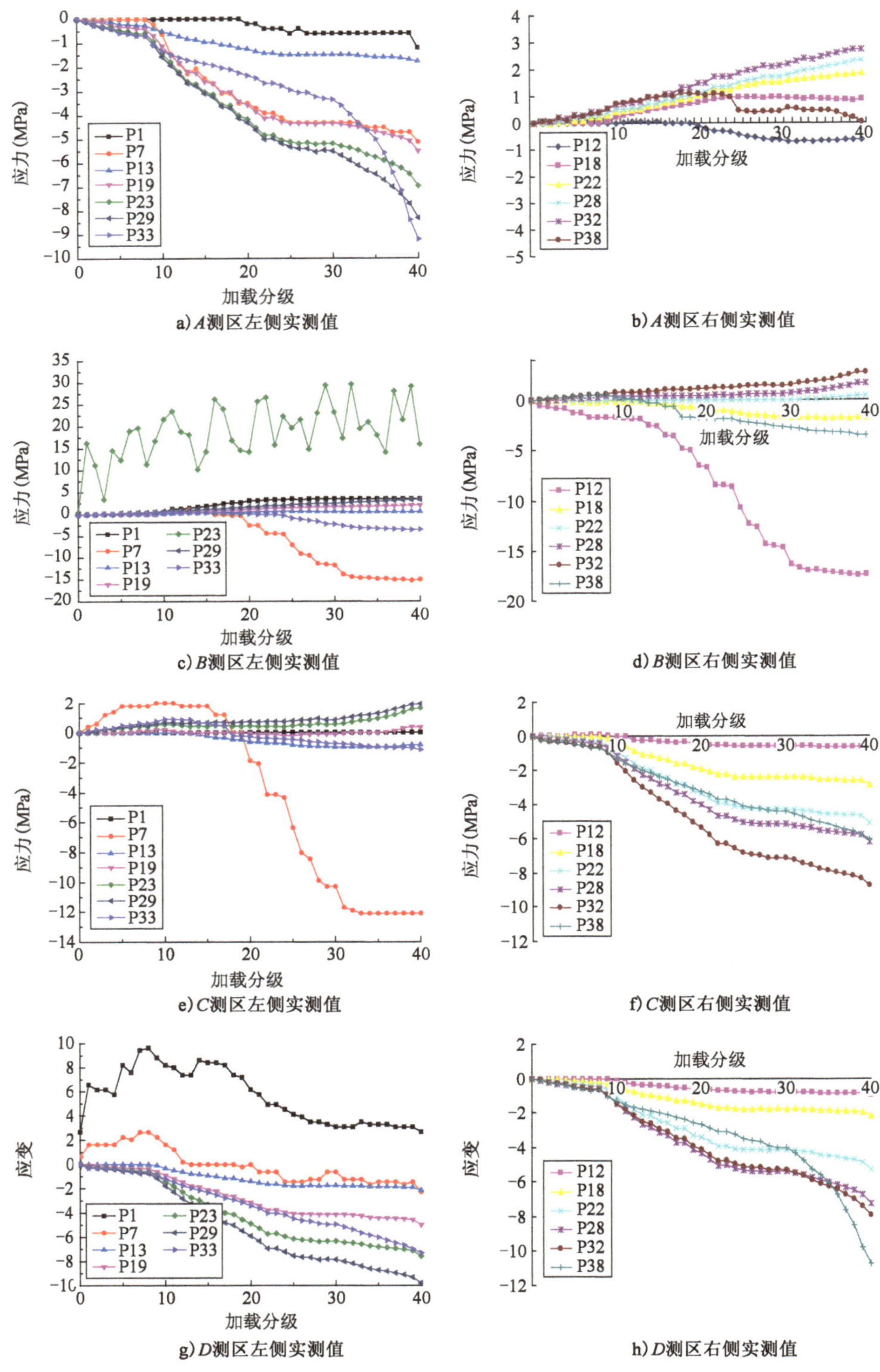

a) A测区左侧实测值

b) A测区右侧实测值

c) B测区左侧实测值

d) B测区右侧实测值

e) C测区左侧实测值

f) C测区右侧实测值

g) D测区左侧实测值

h) D测区右侧实测值

图 2-77　节点试验模型测区及测点划分示意图

有限元计算从数值上讲比较精确,比如模型的尺寸及加载的位置比较精确,测点的位置也比较精确,有限元计算能得到的数值较多,费用相对较低。但有限元计算也有其缺点,虽然根据圣维南原理,采用集中力加载不会影响总体的受力,但集中力加载区域应力集中明显,会产生奇异值,但实际结构会进行应力重分布,因此有限元在这部分不能很好地反映实际情况。

可见节点试验与有限元计算各有各的优点和缺点,节点试验成果应与有限元计算结果进行综合分析,供工程设计参考。

(三)节点模型试验分析结论

(1)持久状况荷载组合下,主拱肋钢与混凝土结合段节点模型试验的应力分布与有限元值相近,节点试验结果反映出结构受力总体规律与有限元一致,从而相互验证了节点模型试验和有限元计算结果的正确性。

(2)持久状况荷载组合下,主拱肋钢与混凝土结合段节点模型试验表明,在主拱肋混凝土受压弯一侧出现局部拉应力,但拉应力值未超限,模型试验过程中和结束后均未发现开裂,应力均满足要求。

第五节　成桥静、动载试验与研究

一、成桥试验与研究概况

余信贵大桥成桥静、动载试验对象为主桥 48m + 168m + 48m 中承式钢箱系杆拱桥,东引桥 4 × 46m 预应力混凝土连续箱梁(13 ~ 17 号墩),西引桥 3 × 30m 预应力混凝土连续箱梁(2 ~ 5 号墩);D 匝道 4 × 20m 钢筋混凝土连续梁(D0 ~ D4 号墩)。

1. 试验目的

由于该桥为采用支架架设的飞燕式蝴蝶形系杆拱桥,属于超静定体系,结构受力较复杂,对其进行荷载试验的主要目的是:

(1)通过静、动荷载试验手段,验证工程施工质量,判定结构试验跨在试验荷载作用下的受力工作性能是否满足设计及规范要求。

(2)新结构启用前,为该桥梁结构技术状况建立档案,为运营期间桥梁结构养护工作提供原始资料。

(3)为此类桥梁结构设计理论、施工技术的发展和提高积累科学依据。

(4)为桥梁的竣工验收以及正常使用提供指导和建议。

2. 试验检测依据

本次静载试验主要依据的规范及标准如下:

(1)《鹰潭市余信贵大桥施工图设计》,中铁上海设计院集团有限公司,2014 年 4 月。

(2)《公路工程技术标准》(JTG B01—2014)。

(3)《公路工程质量检验评定标准》(JTG F80/1—2017)。

(4)《公路桥梁荷载试验规程》(JTG/T J21-01—2015)。

(5)《公路桥涵设计通用规范》(JTG D60—2015)。

(6)《公路钢筋混凝土及预应力混凝土桥涵设计规范》(JTG D62—2004)。

(7)《公路圬工桥涵设计规范》(JTG D61—2005)。

(8)《城市桥梁检测与评定技术规范》(CJJ T233—2015)。

(9)《公路桥涵施工技术规范》(JTG/T F50—2011)。

(10)《公路桥涵养护规范》(JTG H11—2004)。

(11)《混凝土结构试验方法标准》(GB 50152—2012)。

(12)《城市桥梁工程施工与质量验收规范》(CJJ 2—2008)。

(13)《城市桥梁设计规范》(CJJ 11—2011)。

(14)《城市桥梁养护技术规范》(CJJ 99—2017)。

(15)《公路钢结构桥梁设计规范》(JTG D64—2015)。

(16)《钢结构工程施工质量验收规范》(GB 50205—2001)。

3. 试验内容

①在恒载作用下的主梁及主副拱肋线形、吊杆索力。

②试验荷载作用下主、副拱肋控制截面应力、挠度。

③试验荷载作用下横梁控制截面应力、挠度。

④试验荷载作用下吊杆索力。

⑤脉动试验:测定固有振动频率。

⑥跑车试验:测定桥梁在铺装层完好状态下的动态反应。

⑦跳车和制动试验:测定桥梁在特殊状态下的动态反应。

二、主桥荷载试验

1. 恒载吊杆索力测试

(1)测试原理

采用频率法分析实测索力,即利用临时紧固在吊杆上的高灵敏度传感器拾取吊杆在环境激励振动下的脉动信号,经过滤、放大、波谱分析,根据频谱图来确定吊杆的自振频率,进而求得索力。计算公式如下:

$$T = 4\frac{W}{g}L^2\left(\frac{f_n}{n}\right)^2 = 4\frac{W}{g}L^2F^2 \tag{2-4}$$

式中:T——索力,N;

W——单位索长的重量,N/m;

f_n——索的第 n 阶自振频率,Hz;

L——索的计算长度,m;

n——索的自振频率阶数;

g——重力加速度,9.81m/s^2;

F——索的自振基频。

(2)测试结果

此次静载试验前的索力测试结果与成桥时的索力监控实测值对比,有个别索力存在一定的偏差,其中差值最大的8%有一根,大部分偏差在0.5%~5%。

2.主桥计算模型及参数确定

在静载试验前运用桥梁计算程序 MIDAS/CIVIL 对桥梁空间构模,试验前计算出各控制断面的内力影响线,根据影响线进行静力加载计算,计算主桥在荷载工况下相应测试断面应力和变形,并进行动力计算。静、动力计算结果与荷载试验结果进行比较,从而判定结构的施工质量运营安全度。

(1)单元划分

拱肋、横梁、风撑、斜撑均离散成空间梁单元,桥面板采用板单元,吊杆、边三角区系杆、通长系杆采用空间桁架单元模拟。全桥模型共包括1592个空间梁单元,68个空间桁架单元,348个板单元,总节点数为1458个。

(2)边界约束及连接

①边墩:在对应于支座处施加竖向的边界约束。

②拱座底部基础:本桥采用嵌岩桩,计算模型中将桩底固接,距桩顶部1/3处(近似认为反弯点)施加水平约束。

③三角区系杆:采用桁架单元模拟,与横梁之间采用刚臂连接。

④三角区端部的桥面板伸缩缝采用释放梁端约束模拟。

3.静载试验

桥梁静载试验主要是通过测量桥梁结构在静力荷载作用下各控制断面的应力及结构变形,从而确定桥梁结构实际工作状态与设计期望值是否相符,它是检验桥梁性能及工作状态(如结构的强度、刚度)最直接、最有效的办法。

(1)试验荷载及加载方式

①静载试验基本原则

静载试验采用三轴载重汽车(重力380kN)加载,试验各工况下所需加载车辆的数量和轮位布置,根据设计标准活荷载产生的某工况下的最不利效应值按下式所定原则等效换算。

$$\eta_q = \frac{S_{stat}}{S \cdot \delta} \quad (0.8 < \eta_q < 1.05) \tag{2-5}$$

式中:η_q——静试验荷载效率系数;

S_{stat}——试验荷作用下,检测部位最大变位或最不利内力的计算值;

S——设计标准荷载作用下,检测部位最大变位或最不利内力的计算值;

δ——设计取用的动力系数,经过计算为1.05。

本桥行车道宽度为2×12.25m,根据《公路桥梁设计规范》规定,单幅按3行车队布载,汽车折减为0.80%。试验荷载采用内力等效的原则计算,使试验荷载效率满足上述要求,具体轮位布置按照各控制截面在最不利荷载作用下的有限元静力分析结果而定。

②试验荷载

试验荷载采用的试验汽车在轮距、轴力、轮压方面模拟设计标准荷载,使不致对桥梁结构产生超出设计范围的局部荷载。试验前对每辆加载车进行配重,并对每辆车称重编号。

③加载方式

试验荷载分级施加,以测试荷载与结构变形的关系,防止桥梁结构意外损伤。试验前在桥面预先画出轮位,加载时汽车应准确就位,卸载时车辆应退出结构试验影响区,且车速不大于5km/h。每次加载或卸载的持续时间取决于结构变位达到稳定标准所需的时间。试验时取数个关键测点,监测其读数,只有该级荷载阶段内结构变位相对稳定后才能进入下一个荷载阶段。若测试结果异常,应停止加载并分析原因,避免对桥梁结构造成损伤。

(2)测试断面及测点布置

拱肋应变测试断面布置如图2-78所示。

①应力测试断面及测点布置

主桥主拱肋共布置7个应力测试断面:1-1、7-7断面为主拱肋拱脚;2-2、6-6断面在混凝土拱与钢箱拱连接处附近;3-3、4-4、5-5断面在主、副拱上均有布置断面。ZHL10横梁布置1个测试断面。

各测试断面上测点布置如图2-79所示。

②变形测试布置

在进行荷载试验时桥梁各部分的位移值反映了结构的刚度值,位移测试包括桥面位移测试和拱肋位移测试两部分,各变形测点布置如图2-80所示。

(3)测试工况及内容

主桥静载试验工况共计8个,分别如下:

①对4-4控制截面加载(加载效率0.96),测试试验跨主拱和副拱拱顶截面最大弯矩、最大挠度工况。

②对3-3控制截面加载(加载效率0.97),测试试验跨主拱和副拱$L/4$截面最大弯矩、最大挠度工况。

③分别对1-1、7-7控制截面加载(加载效率0.96),测试试验跨主拱拱脚截面最大弯矩工况。

④分别对2-2、5-5控制截面加载(加载效率0.96),测试主拱肋钢-混凝土结合段截面最大弯矩工况。

⑤对ZHL10横梁控制截面加载(加载效率0.95),测试ZHL10横梁最大弯矩。

⑥对吊杆拉力进行测试(加载效率0.93),测试主拱拱顶吊杆最大拉力。

各控制截面内力及加载效率如表2-6所示。

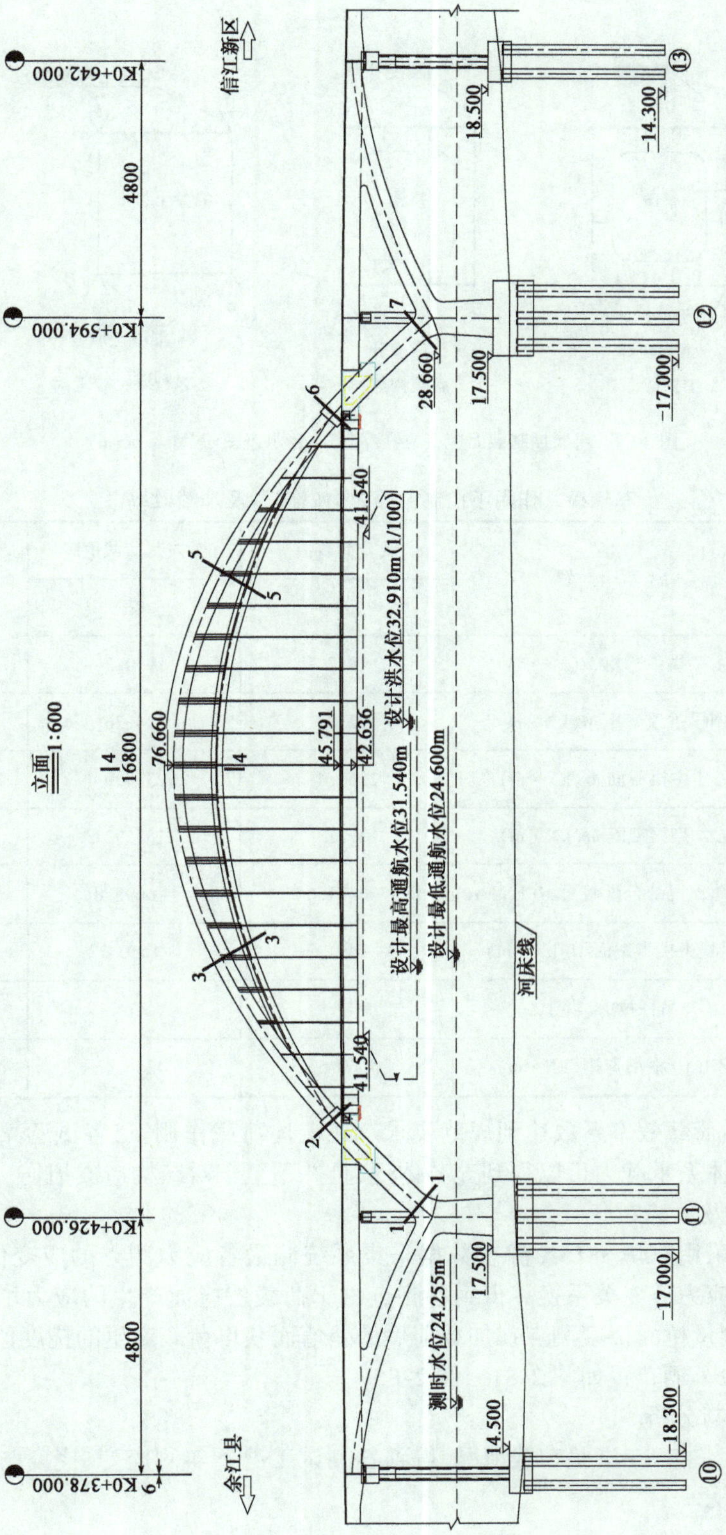

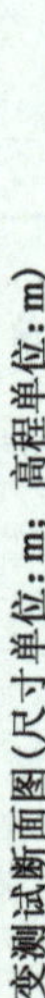

图2-78 拱肋应变测试断面图(尺寸单位:m;高程单位:m)

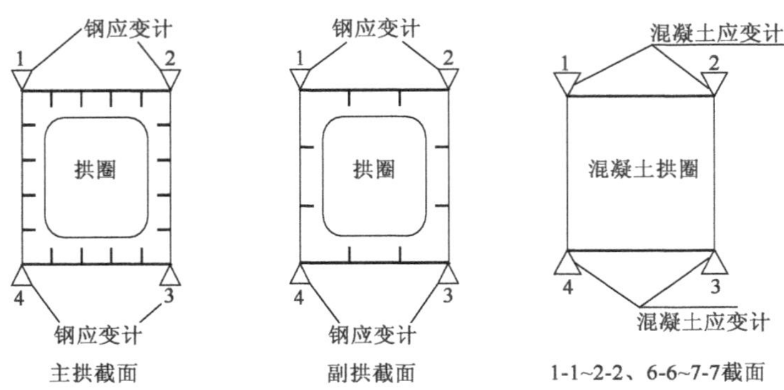

图 2-79　拱肋控制截面应变、挠度测点布置示意图(尺寸单位:m)

车辆荷载作用下控制截面内力(挠度)及加载效率　　表 2-6

荷载等级	加载位置	试验荷载值	控制荷载值	试验荷载效率 ①/②
		①	②	
城市-A级	主拱拱顶弯矩 M(kN·m)	1847	1930.3	0.96
	副拱拱顶弯矩 M(kN·m)	122.88	124.36	0.99
	$L/4$ 主拱截面 M(kN·m)	2260.4	2334.9	0.97
	$L/4$ 副拱截面 M(kN·m)	137.13	138.92	0.99
	主拱肋钢混结合段截面 M(kN·m)	-6471.6	-6698.8	0.97
	混凝土拱脚截面 M(kN·m)	-1491.9	-1550.22	0.96
	吊杆拉力(kN)	188	202	0.93
	ZHL10 横梁弯矩(kN·m)	4060.5	4266.4	0.95

表 2-6 表明梁荷载效率系数达到规范要求。在上述荷载作用下,各试验梁荷载效率系数在规定的范围内,体系承载力可以得到充分体现,且并不至于对结构造成损伤。

(4)测试方法及试验布载

静载试验中,采用东华 3815N 静态数据采集系统测最各应力测点的应变值,通过材料的弹性模量,并根据应力应变关系换算得到各测点由于荷载效应而产生的应力增量。桥面挠度采用精密水准仪测量桥面挠度测点在加载前后的差值而获得荷载产生的挠度值。

各工况下试验车辆布置如图 2-81 ~ 图 2-86。

(5)测试结果与分析

根据图 2-81 ~ 图 2-86 试验布载情况,得到各测试工况下实测应变、挠度与理论计算值如表 2-7 ~ 表 2-16 所示。

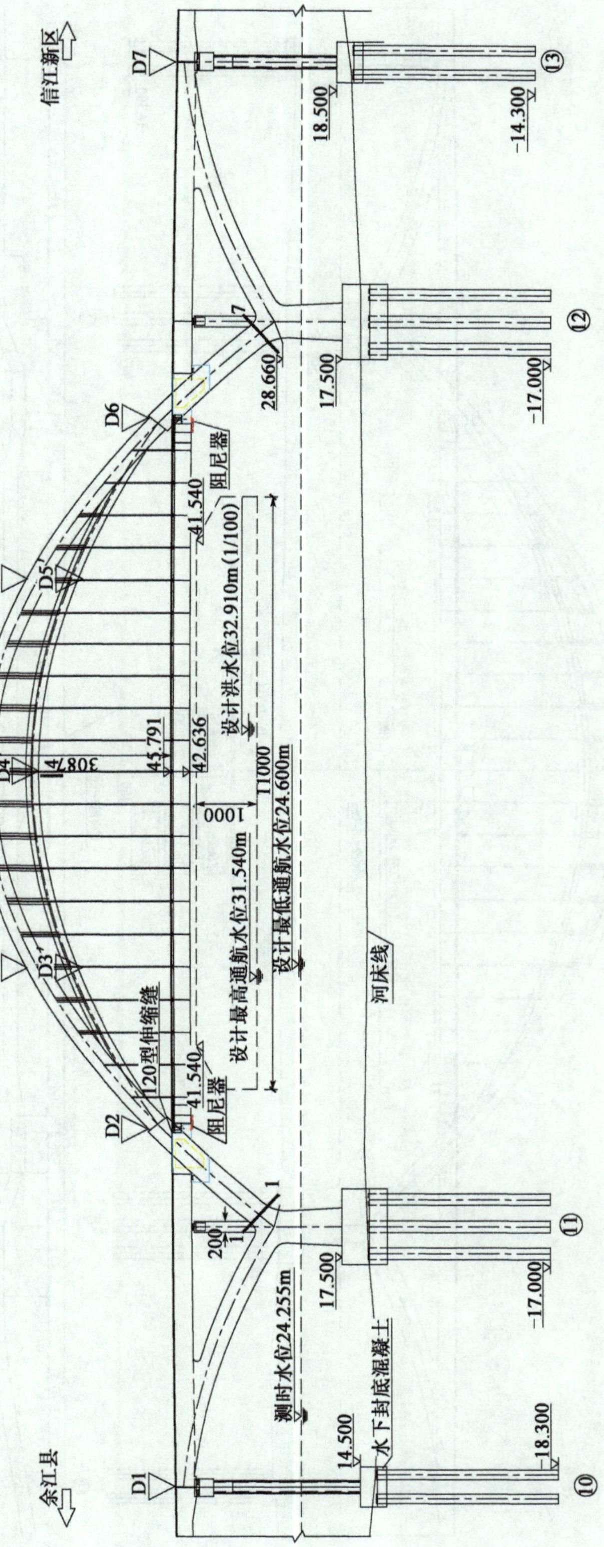

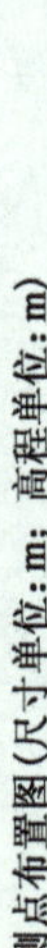

图2-80　变形测点布置图(尺寸单位：m；高程单位：m)

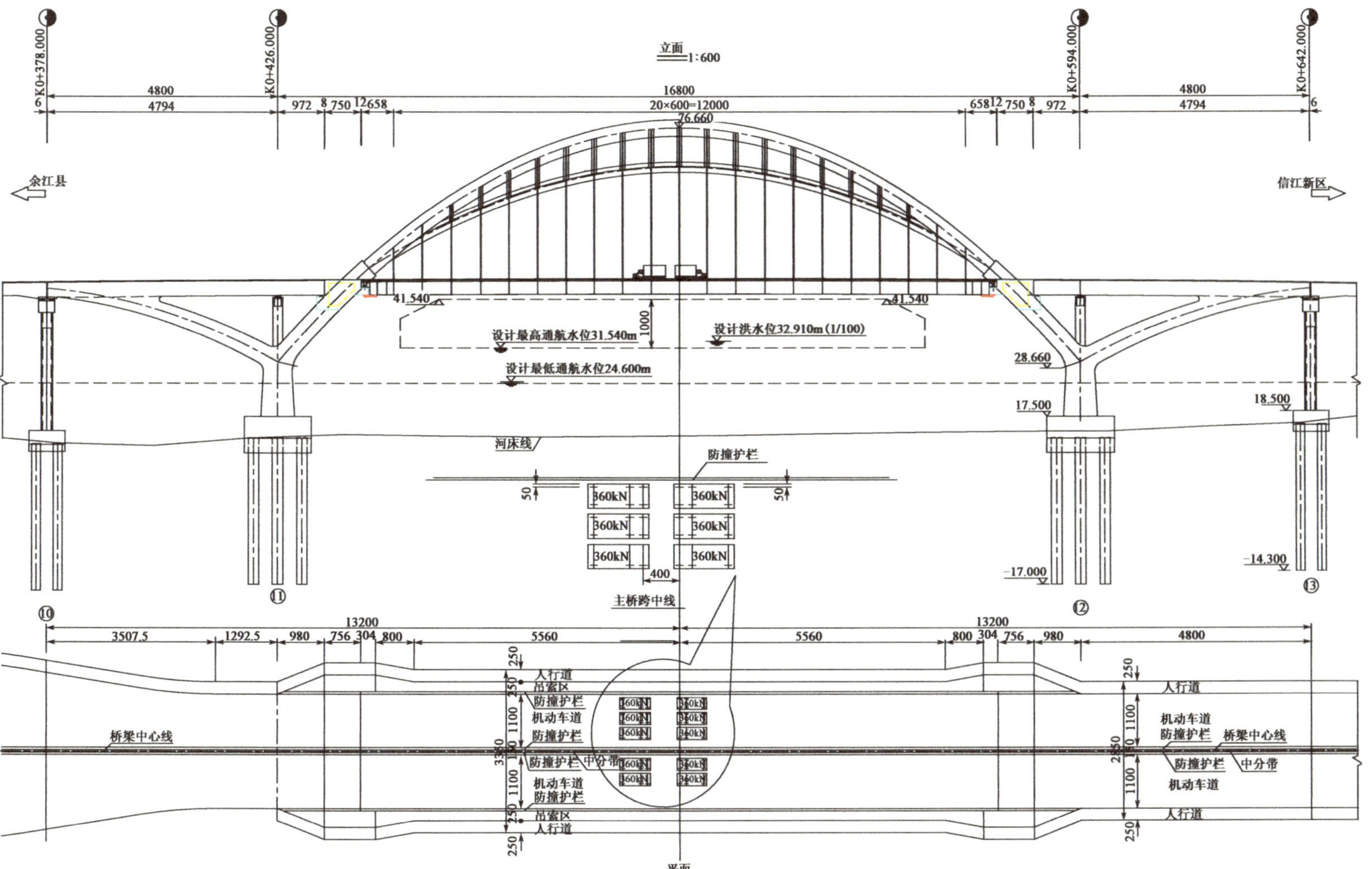

图2-81　试验跨主拱、副拱圈拱顶截面最大弯矩荷载布置图(尺寸单位：m；高程单位：m)

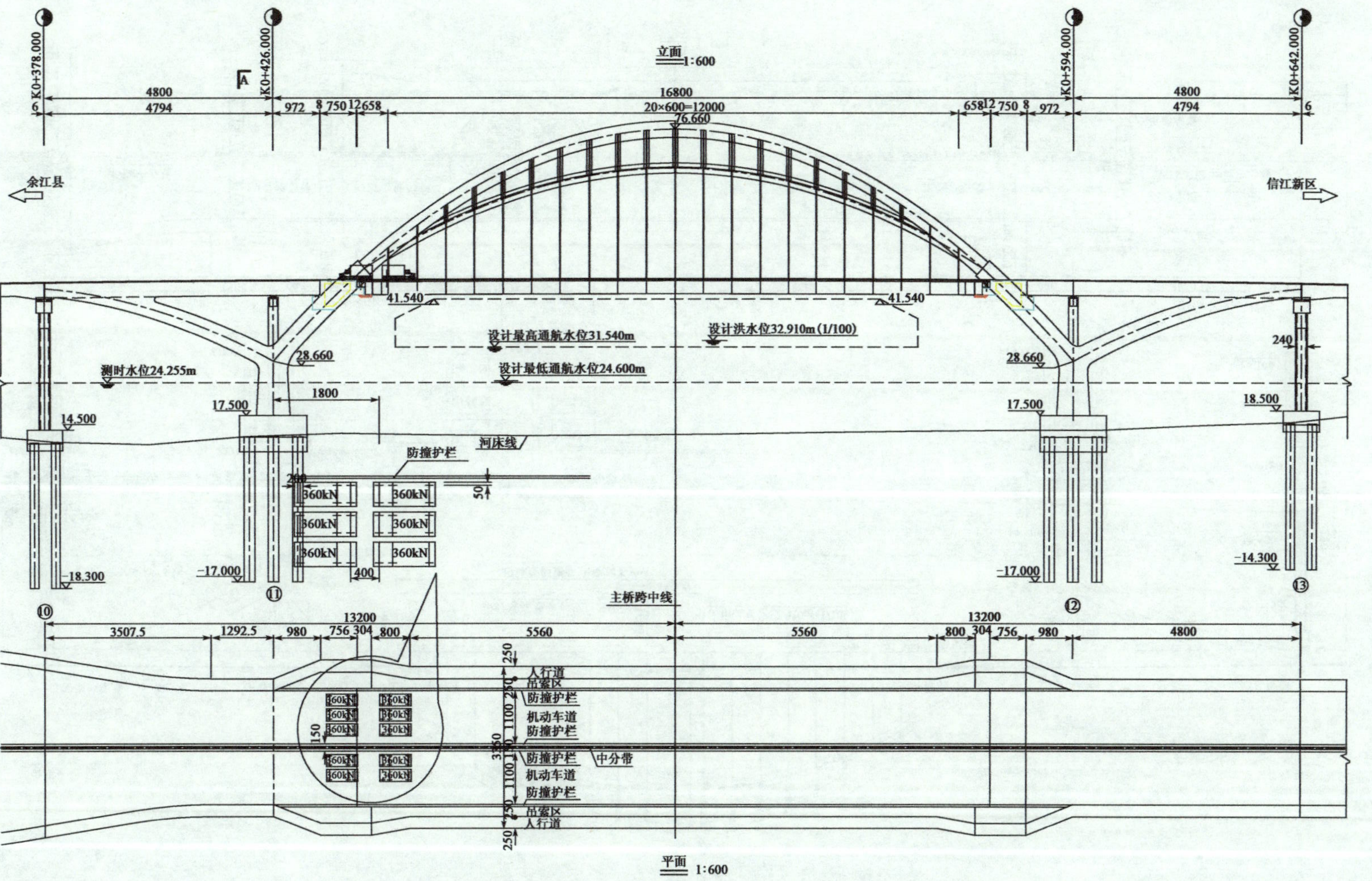

图2-82　试验跨主拱拱圈、副拱圈拱脚截面最大弯矩荷载布置图(尺寸单位:m;高程单位:m)

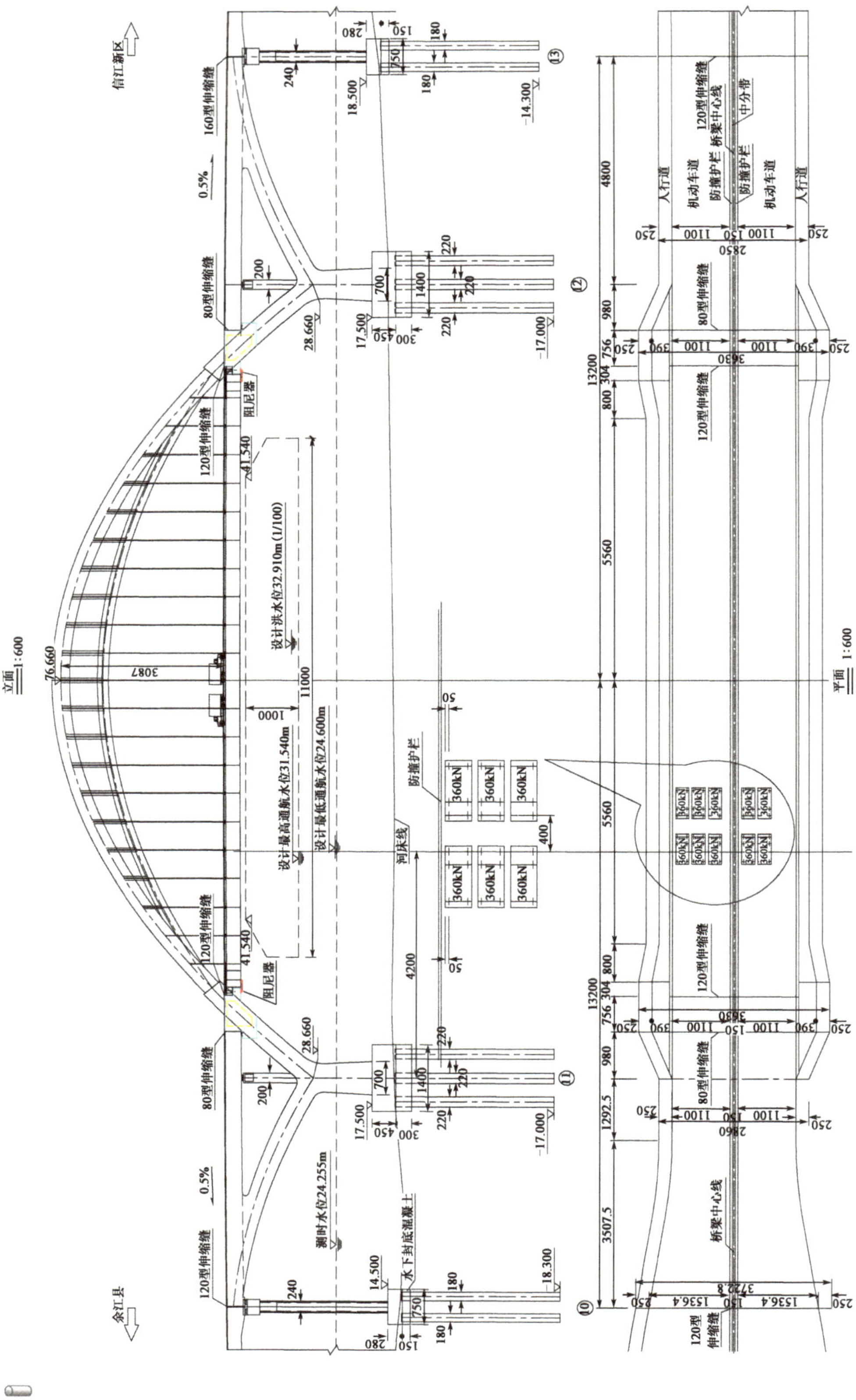

图2-83　试验跨主拱、副拱$L/4$截面以及钢混凝土结合段最大弯矩荷载布置图(尺寸单位：m；高程单位：m)

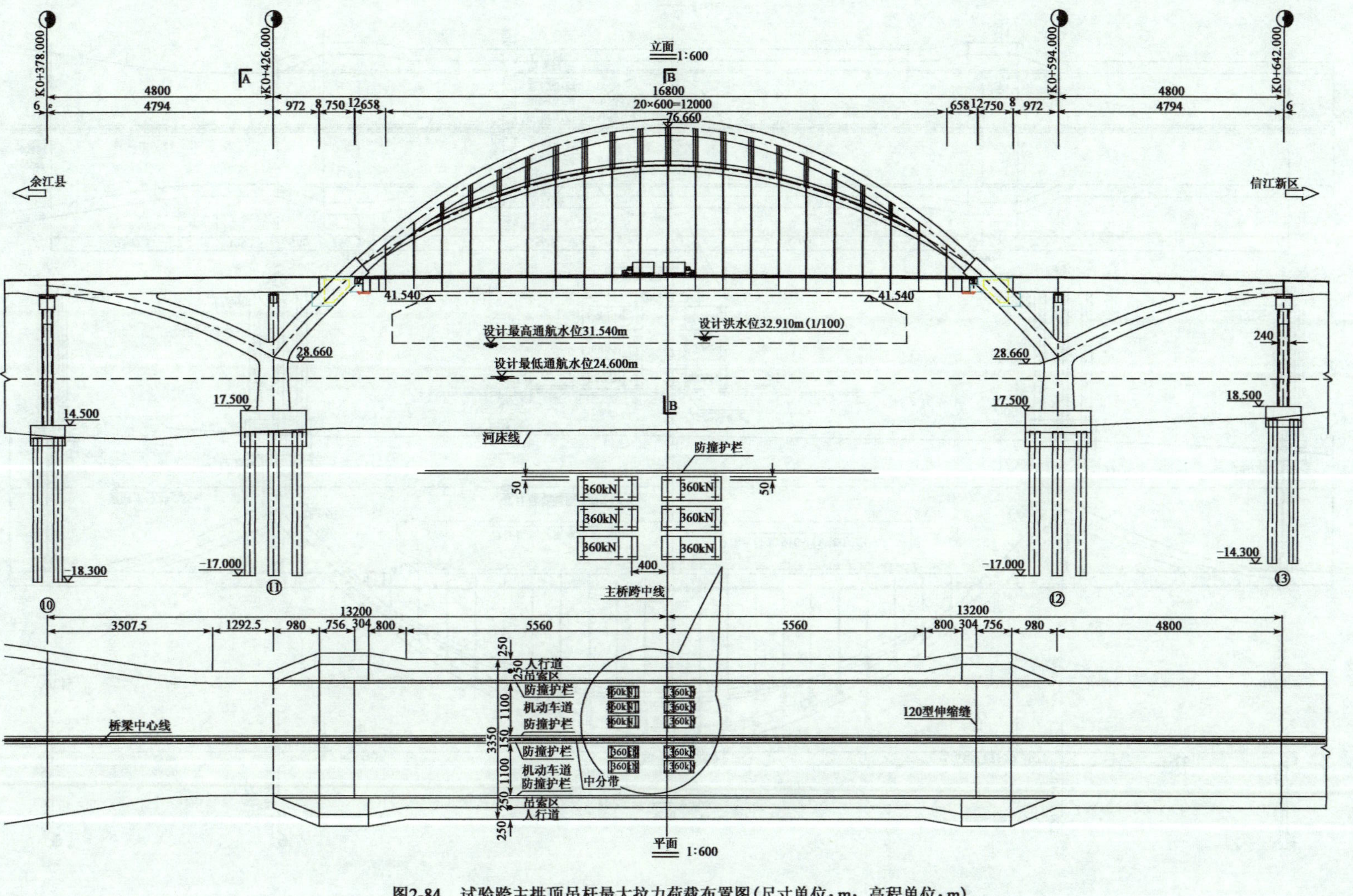

图2-84　试验跨主拱顶吊杆最大拉力荷载布置图(尺寸单位：m；高程单位：m)

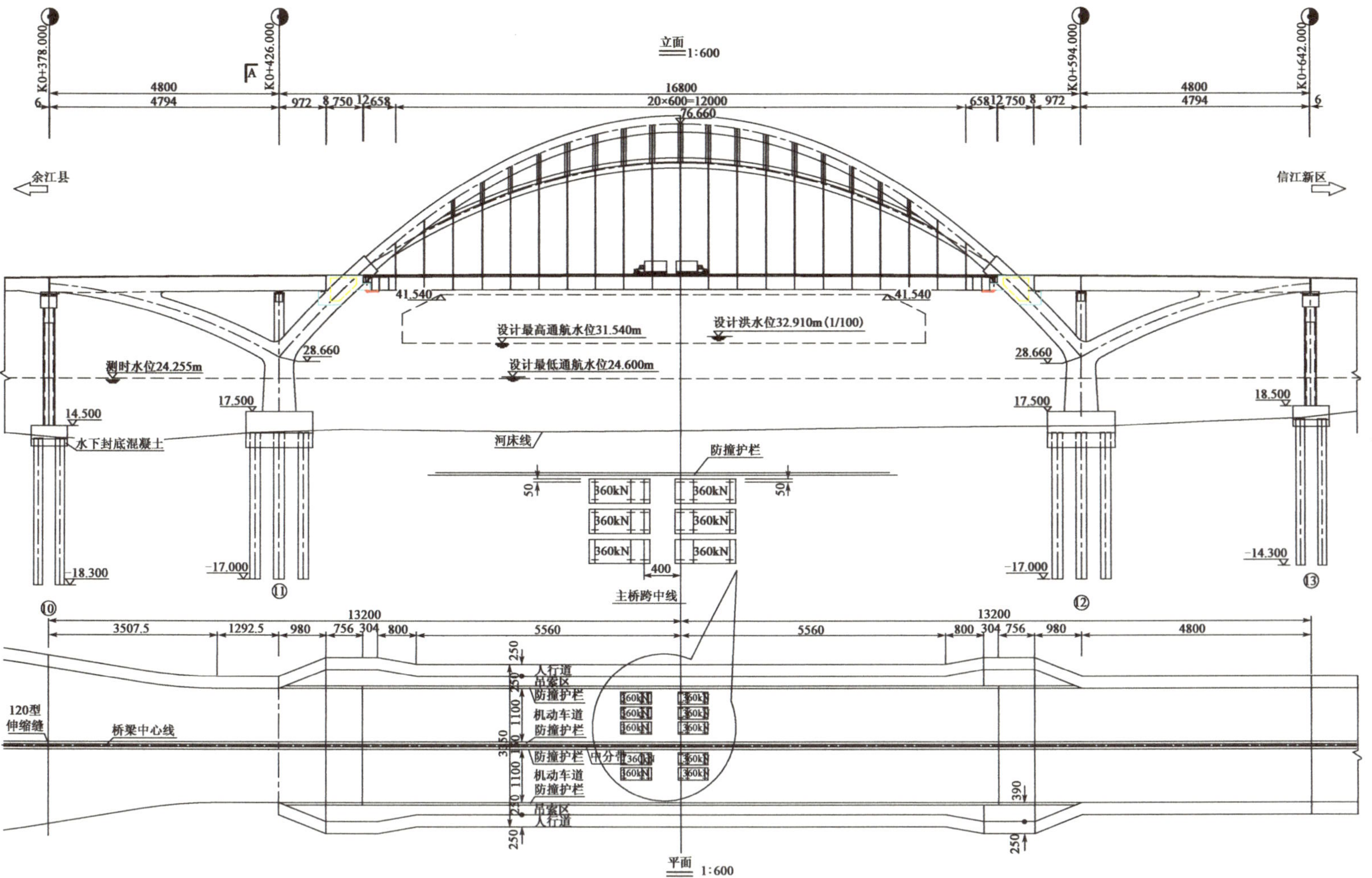

图2-85 试验跨主拱系杆最大拉力荷载布置图(可以与拱顶最大弯矩工况合并加载)(尺寸单位:m)

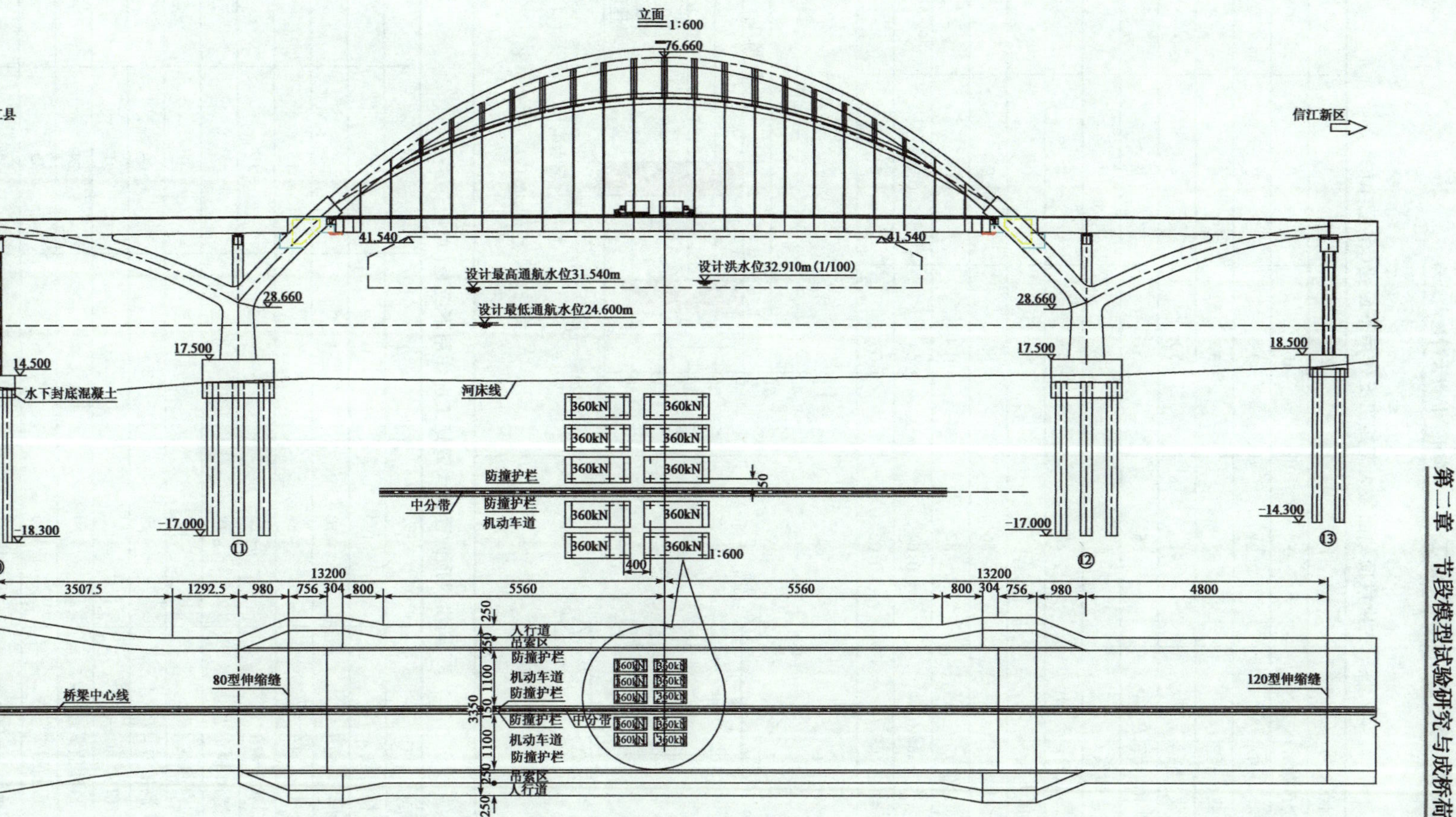

图2-86　试验跨ZHL10横梁最大弯矩荷载布置图（加载车辆距离桥梁中心线0.5m）（尺寸单位：m）

主拱拱顶截面最大弯矩工况作用下应变(单位:με) 表 2-7

测点编号	1	2	3	4
初读数 A	0	0	0	0
加载 4 辆车	-21	-25	3	8
加载 6 辆车	32	-37	6	19
加载 8 辆车	41	-50	8	16
加载 10 辆车 B	-55	-64	9	21
完全卸载 C	1	2	0	1
最大实测值 $D=B-A$	-55	-64	9	21
残余值 $E=C-A$	1	2	0	1
最大实测弹性值 $F=D-E$	-56	-66	9	20
理论值 G	-87	-104	14	31
校验系数 $\eta=F/G$	0.64	0.64	0.64	0.65
残余系数 $\xi=\|E/D\|$	0.02	0.03	0	0.05

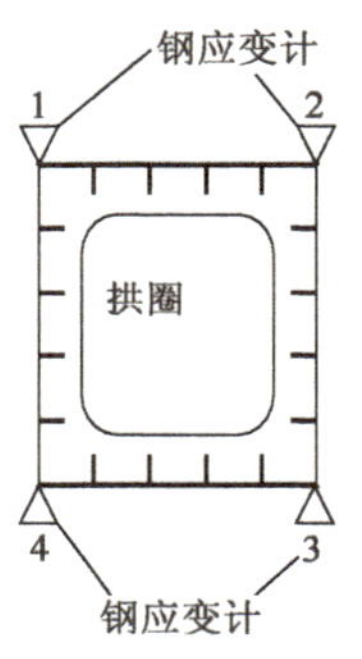

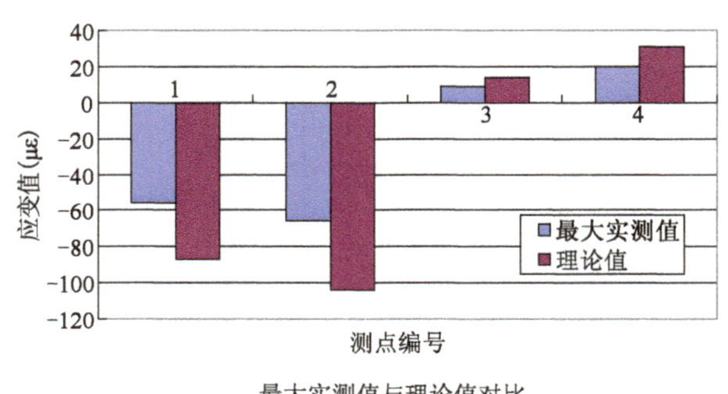

最大实测值与理论值对比

副拱拱顶截面最大弯矩工况作用下应变(单位:με) 表 2-8

测点编号	1	2	3	4
初读数 A	0	0	0	0
加载 4 辆车	-10	2	2	-3
加载 6 辆车	-17	2	13	-4
加载 8 辆车	-23	4	19	-5
加载 10 辆车 B	-28	4	24	-7
完全卸载 C	1	0	0	1
最大实测值 $D=B-A$	-28	4	24	-7
残余值 $E=C-A$	1	0	0	1
最大实测弹性值 $F=D-E$	-29	4	24	-8
理论值 G	-46	6	35	-12
校验系数 $\eta=F/G$	0.63	0.67	0.69	0.67
残余系数 $\xi=\|E/D\|$	0.03	0	0	0.13

续上表

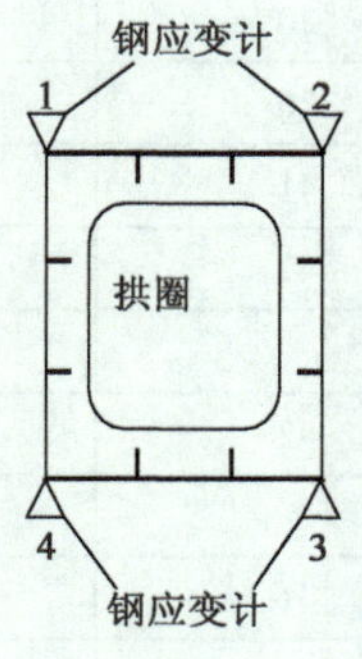

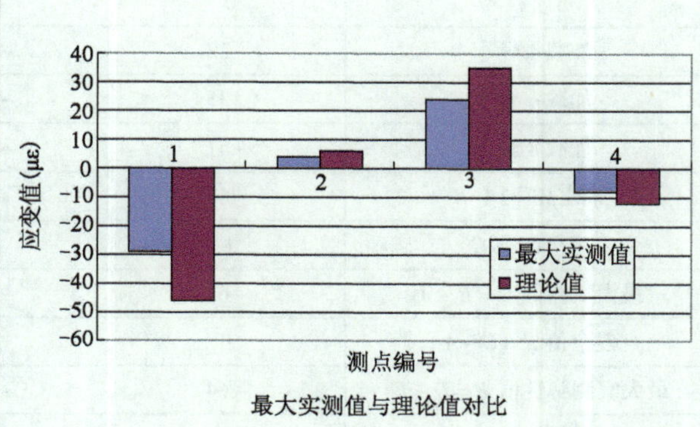

最大实测值与理论值对比

主拱和副拱拱顶截面(4-4 截面)最大弯矩工况作用下挠度(单位:mm)　　表 2-9

测点编号	D1	D2	D3	D4	D5	D6
初读数 A	0	0	—	0	0	0
加载 4 辆车	3.12	-0.42	—	3.01	-0.312	-0.464
加载 6 辆车	8.24	-0.56	—	6.65	-0.522	-0.602
加载 8 辆车	8.01	-0.78	—	7.01	-0.722	-0.867
加载 10 辆车 B	7.75	-1.02	—	7.35	-0.864	-1.122
完全卸载 C	-1.24	0.11	—	1.09	0.02	0.21
最大实测值 $D=B-A$	7.75	-1.02	—	7.35	-0.864	-1.122
残余值 $E=C-A$	-1.24	0.11	—	1.090	0.021	0.112
最大实测弹性值 $F=D-E$	8.99	-1.134	—	6.26	-0.884	-1.234
理论值 G	14.07	-1.376	-1.695	7.3	-1.048	-1.667
校验系数 $\eta=F/G$	0.64	0.82	—	0.85	0.84	0.74
残余系数 $\xi=\|E/D\|$	0.14	0.09	—	0.17	0.02	0.09

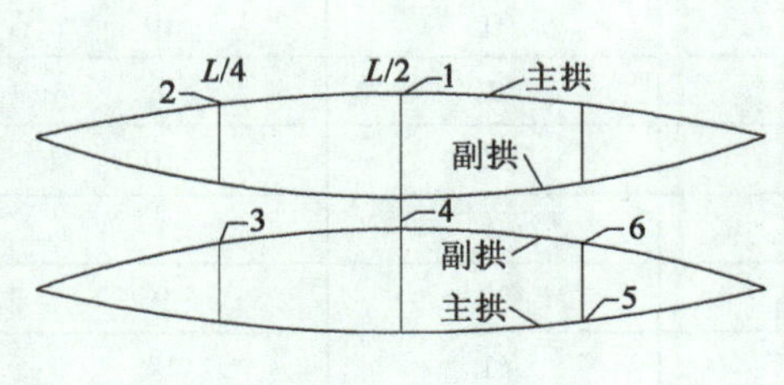

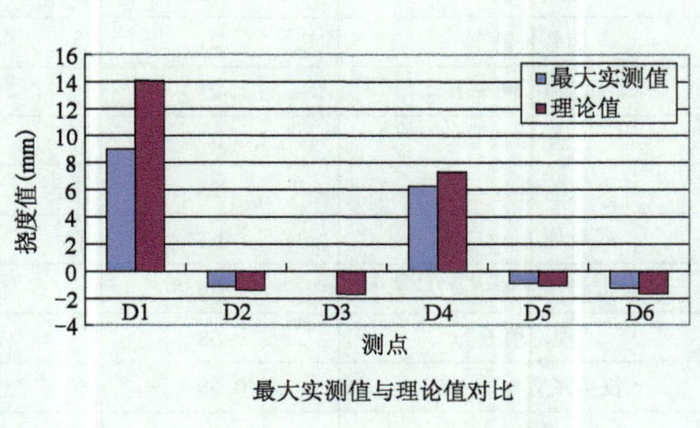

最大实测值与理论值对比

主拱 $L/4$ 截面(3-3、5-5 截面)最大弯矩工况作用下应变(单位:$\mu\varepsilon$)　　表 2-10

测点编号	1	2	3	4
初读数 A	0	0	0	0
加载 4 辆车	-22	-21	20	18
加载 6 辆车	-35	-34	26	26
加载 8 辆车	-51	-49	41	39
加载 10 辆车 B	-63	-60	42	43
完全卸载 C	1	2	1	0
最大实测值 $D=B-A$	-63	-60	42	43
残余值 $E=C-A$	1	2	1	0
最大实测弹性值 $F=D-E$	-64	-62	41	43
理论值 G	-87	-87	50	50
校验系数 $\eta=F/G$	0.74	0.71	0.82	0.86
残余系数 $\xi=\|E/D\|$	0.02	0.03	0.02	0

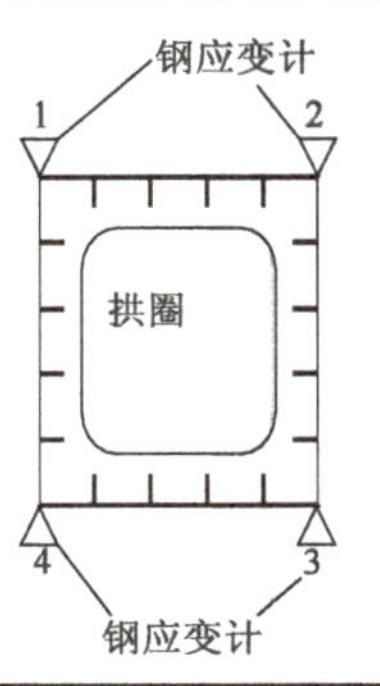

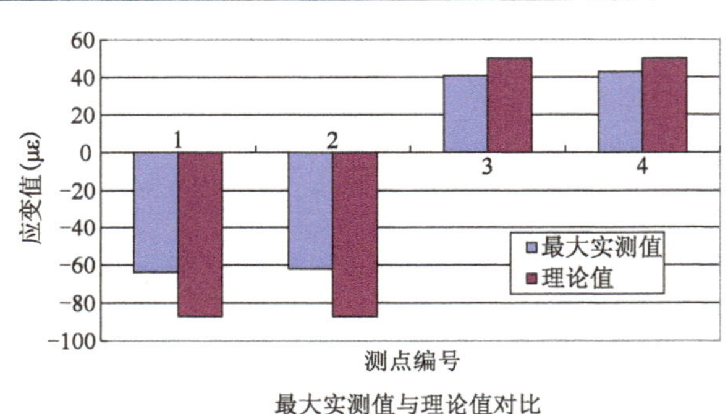

最大实测值与理论值对比

副拱 $L/4$ 截面(3-3、5-5 截面)最大弯矩工况作用下应变(单位:$\mu\varepsilon$)　　表 2-11

测点编号	1	2	3	4
初读数 A	0	0	0	0
加载 4 辆车	-9	-2	15	5
加载 6 辆车	-16	-6	24	7
加载 8 辆车	-21	-6	22	8
加载 10 辆车 B	-25	-7	31	10
完全卸载 C	1	0	2	1
最大实测值 $D=B-A$	-25	-7	31	10
残余值 $E=C-A$	1	0	2	1
最大实测弹性值 $F=D-E$	-26	-7	29	9
理论值 G	-38	-10	41	14
校验系数 $\eta=F/G$	0.68	0.70	0.71	0.64
残余系数 $\xi=\|E/D\|$	0.04	0	0.07	0.11

续上表

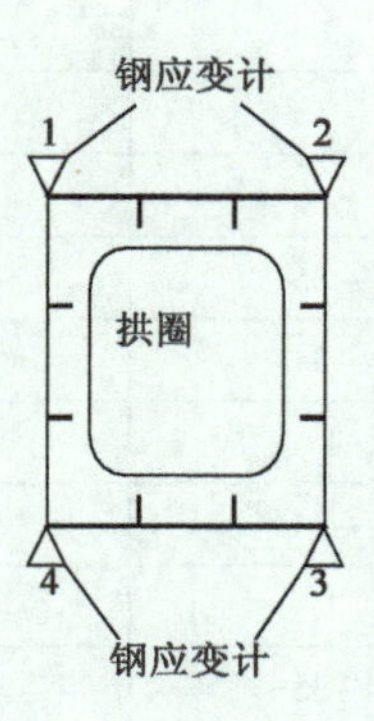

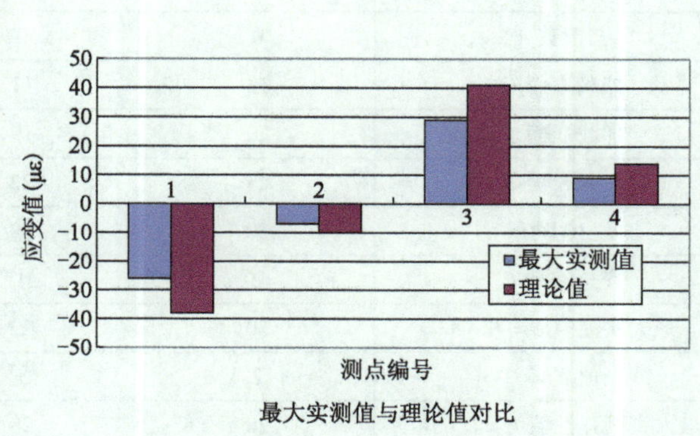

最大实测值与理论值对比

主拱和副拱 *L*/4 截面(3-3、5-5 截面)最大弯矩工况作用下挠度(单位:mm) 表 2-12

测点编号	D1	D2	D3	D4	D5	D6
初读数 A	0	0	0	0	0	0
加载 4 辆车	−1.02	−1.82	−2.24	−0.86	4.46	4.02
加载 6 辆车	−1.82	−2.23	−3.36	−1.54	6.42	6.01
加载 8 辆车	−2.54	−3.25	−4.92	−1.63	8.69	8.06
加载 10 辆车 B	−3.13	−4.52	−6.33	−2.15	11.23	10.12
完全卸载 C	−0.11	−0.06	−0.11	0.16	0.26	0.18
最大实测值 $D=B-A$	−3.13	−4.52	−6.33	−2.15	11.23	10.12
残余值 $E=C-A$	−0.11	−0.06	−0.11	0.16	0.26	0.18
最大实测弹性值 $F=D-E$	−3.02	−4.46	−6.22	−2.31	10.97	9.94
理论值 G	−3.595	−6.925	−8.985	−2.76	16.51	14.52
校验系数 $\eta=F/G$	0.84	0.64	0.69	0.84	0.66	0.68
残余系数 $\xi=\|E/D\|$	0.04	0.02	0.02	0.07	0.02	0.02

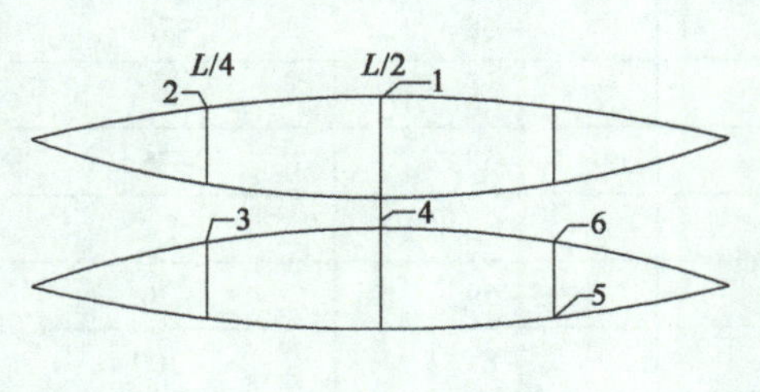

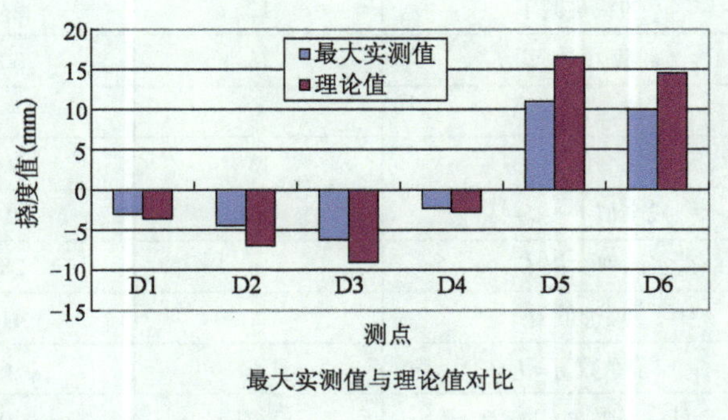

最大实测值与理论值对比

主拱钢混凝土结合截面(2-2、6-6 截面)最大弯矩加载工况作用下应变(单位:με) 表 2-13

测点编号	1	2	3	4
初读数 A	0	0	0	0
加载 4 辆车	13	11	-13	-14
加载 6 辆车	20	19	-18	-19
加载 8 辆车	25	22	-25	-26
加载 10 辆车 B	30	29	-34	-36
完全卸载 C	2	1	1	0
最大实测值 $D=B-A$	30	29	-34	-36
残余值 $E=C-A$	2	1	1	0
最大实测弹性值 $F=D-E$	28	28	-35	-36
理论值 G	45	42	-52	-54
校验系数 $\eta=F/G$	0.62	0.67	0.67	0.67
残余系数 $\xi=\|E/D\|$	0.07	0.04	0.03	0.00

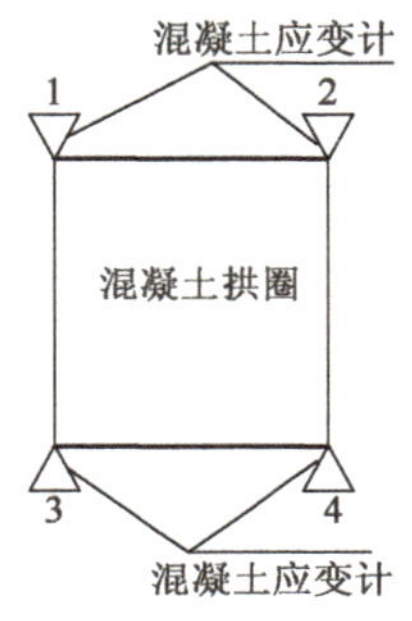

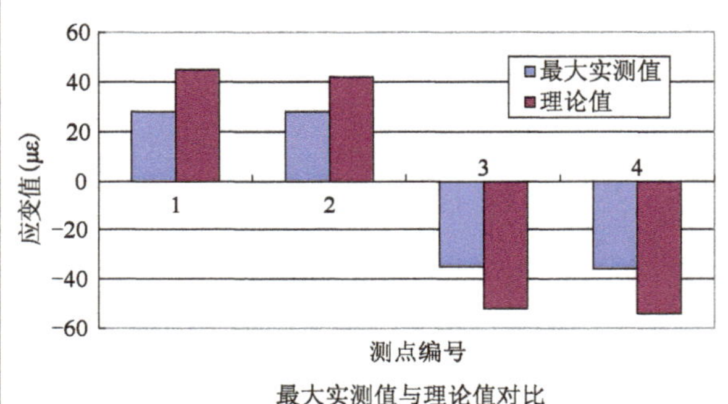

最大实测值与理论值对比

主拱拱脚截面(1-1、7-7 截面)最大弯矩工况作用下应变(单位:με) 表 2-14

测点编号	1	2	3	4
初读数 A	0	0	0	0
加载 4 辆车	6	13	-23	-32
加载 6 辆车	10	21	-39	-42
加载 8 辆车	12	23	-45	-58
加载 10 辆车 B	15	30	-58	-75
完全卸载 C	1	2	1	1
最大实测值 $D=B-A$	15	30	-58	-75
残余值 $E=C-A$	1	2	1	1
最大实测弹性值 $F=D-E$	14	28	-59	-76
理论值 G	21	41	-81	-100
校验系数 $\eta=F/G$	0.67	0.68	0.73	0.76
残余系数 $\xi=\|E/D\|$	0.07	0.07	0.02	0.01

续上表

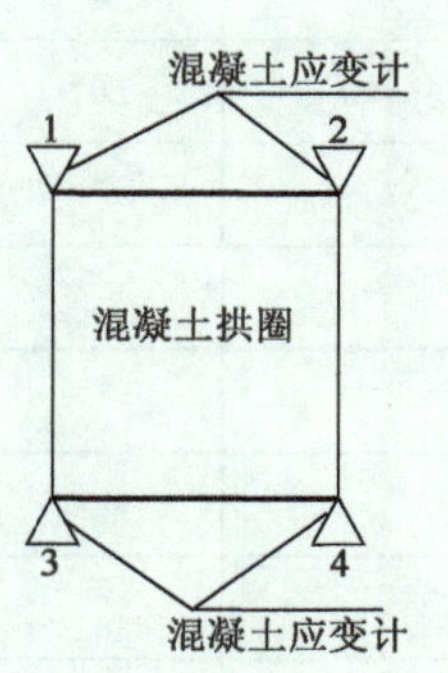

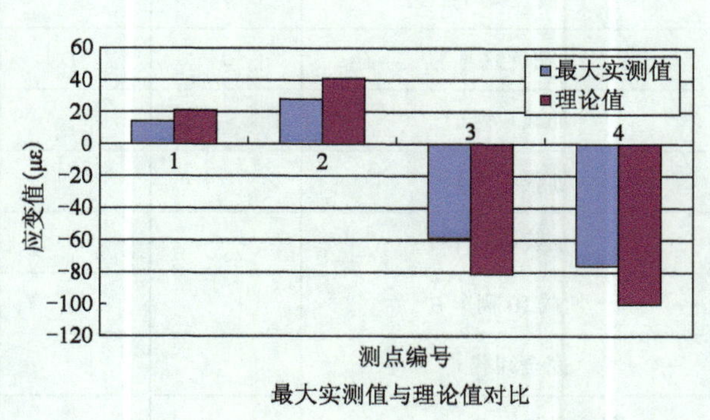

最大实测值与理论值对比

跨中位置吊杆最大拉力工况作用下吊杆力(单位:kN) 表 2-15

测点编号	HW2	HW1	HW0	HE1	HE2
初读数 A	0	0	0	0	0
加载 4 辆车	81.6	101.2	112.6	100.8	81.1
加载 6 辆车	121.4	145.5	150.6	142.2	120.6
加载 8 辆车	166.2	200.1	222.6	201.3	165.6
加载 10 辆车 B	203.4	265.2	281.6	264.1	206.4
完全卸载 C	8.6	10.1	9.4	9.3	7.6
最大实测值 $D=B-A$	203.4	265.2	281.6	264.1	206.4
残余值 $E=C-A$	8.6	10.1	9.4	9.3	7.6
最大实测弹性值 $F=D-E$	194.8	255.1	272.2	254.8	198.8
理论值 G	243.3	291.1	312.9	291.1	243.3
校验系数 $\eta=F/G$	0.80	0.88	0.87	0.88	0.82
残余系数 $\xi=E/D$	0.04	0.04	0.03	0.04	0.04

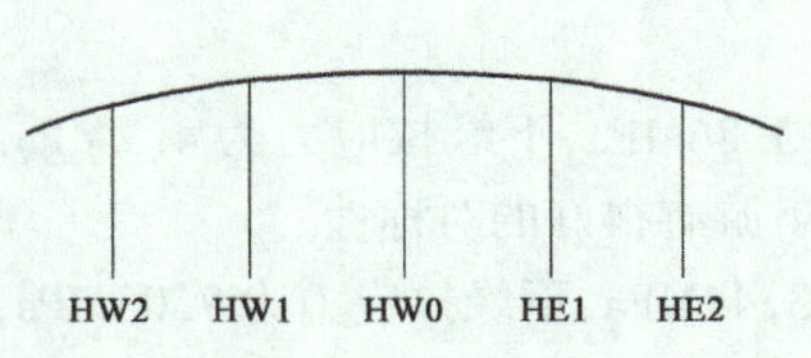

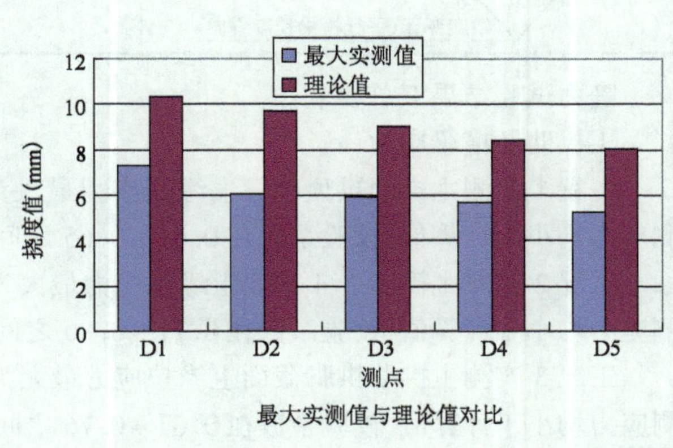

最大实测值与理论值对比

ZHL10 截面最大弯矩工况作用下应变(单位:με) 表 2-16

测点编号	1	2	3	4	5	6
初读数 A	0	0	0	0	0	0
加载 4 辆车						
加载 6 辆车						
加载 8 辆车						
加载 10 辆车 B						
完全卸载 C						
最大实测值 $D=B-A$						
残余值 $E=C-A$						
最大实测弹性值 $F=D-E$						
理论值 G	32	32	-272	-272	86	86
校验系数 $\eta=F/G$						
残余系数 $\xi=E/D$						

混凝土应变计(平行和垂直横梁方向均要贴)
混凝土板
1 2 3 4
钢应变计(平行横梁长度方向)
ZHL10(10号主横梁)
5 6
钢应变计(平行横梁长度方向)

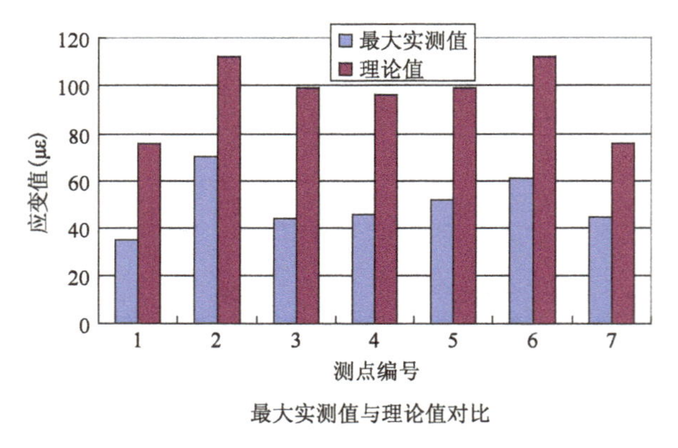

最大实测值与理论值对比

静力试验结果汇总如下:

①拱肋及横梁应力

工祝 1 实测主拱肋拱顶截面上缘压应力最大为 -13.86MPa,下缘拉应力为 4.2MPa。实测应力均小于计算值,校验系数在 0.64 ~0.65 之间,上下游有很好的对称性。

工况 2 实测主拱肋 $L/4$ 截面上缘压应力最大为 -13.44MPa,下缘拉应力为 9.03MPa。实测应力均小于计算值,校验系数在 0.71 ~0.86 之间,上下游有很好的对称性。

工况 3 实测主拱肋拱脚截面上缘拉应力最大为 5.88MPa,下缘拉应力为 -15.96MPa。实测应力均小于计算值,校验系数在 0.67 ~0.76 之间,上下游有很好的对称性。

工况 4 实测主拱肋钢箱—混凝土结合段截面上缘拉应力最大为 5.88MPa,下缘拉应力为

-7.56MPa。实测应力均小于计算值,校验系数在0.62~0.67之间,上下游有很好的对称性。

②位移测试结果分析

桥面挠度的单位为mm,挠度以向下为负。拱肋测量竖向位移,拱肋竖向位移的单位为mm,位移以向下为负。

工况1实测主拱肋拱顶截面挠度为-8.99mm,计算值为14.07mm,校验系数为0.64,该工况加载效率为0.96。将该挠度测试值换算为设计荷载时的挠度值为9.36mm,远小于设计规范限值$L/800$。

工况2实测主拱肋$L/4$截面挠度为-10.97mm,计算值为16.51mm,校验系数为0.66,该工况加载效率为0.97。将该挠度测试值换算为设计荷载时的挠度值为11.31mm,远小于设计规范限值$L/800$。

③吊杆索力测试结果分析

工况5加载到位后对加载车辆附近的吊杆索力进行了测量。吊杆实测索力增量均小于计算值,校验系数在0.82~0.88之间,上下游实测数据具有很好的对称性。

(6)主桥静载试验小结

①静载试验各工况荷载作用下,拱肋及横梁相关测试断面的实测应力均小于计算值,应力校验系数范围0.62~0.88,表明拱肋及横梁有足够的强度安全储备,对称荷载作用下,上下游拱肋实测应力横向分布较为均匀,而外弯曲应力及扣转应力较小,表明结构的整体受力性能良好。

②实测的吊杆索力小于计算吊杆索力,索力校验系数分布范围0.82~0.88。测试结果表明吊杆受力安全。

③在试验工况1、2荷载作用下,桥面挠度及拱肋竖向位移均小于计算挠度,在卸载后,挠度测点的残余变形较小,考虑各工况的加载效率系数,实测挠度小于规范要求的$L/800$。试验所得到的应力、吊杆索力及位移结构校验系数值较为接近,分布规律一致,表明了结构受力和变形的一致性,通过应力和变形测试结果的相互对比,也证明了测试结果的可靠性和正确性。

4.动载试验

动载试验是利用某种激振方法(或环境激励)激起桥梁结构的振动,然后测定其固有频率、阻尼比、振型、冲击系数、行车响应等参数,从而判断桥梁结构的整体动力性能。

(1)动载测试仪器

振动及动态信号采集分析系统(DH5922N)和941B型传感器及941B型放大器(哈尔滨工程力学所生产)测试。

(2)脉动试验

通过对收集到的脉动信号进行剪切、滤波、加窗、细化等处理,经频域和时域分析,得到余信贵大桥主桥结构振动频率,其中阻尼比是通过半功率带宽法计算所得。为检验桥梁实测振动频率是否符合设计要求,分析过程中利用桥梁专用有限元程序MIDAS/CIVIL对桥梁构模,对其动力特性进行了计算。试验和模型分析结果表明:一阶振动为拱的横向振动,振动频率为0.94Hz,阻尼比为0.12%。

试验实测数据见图2-87。

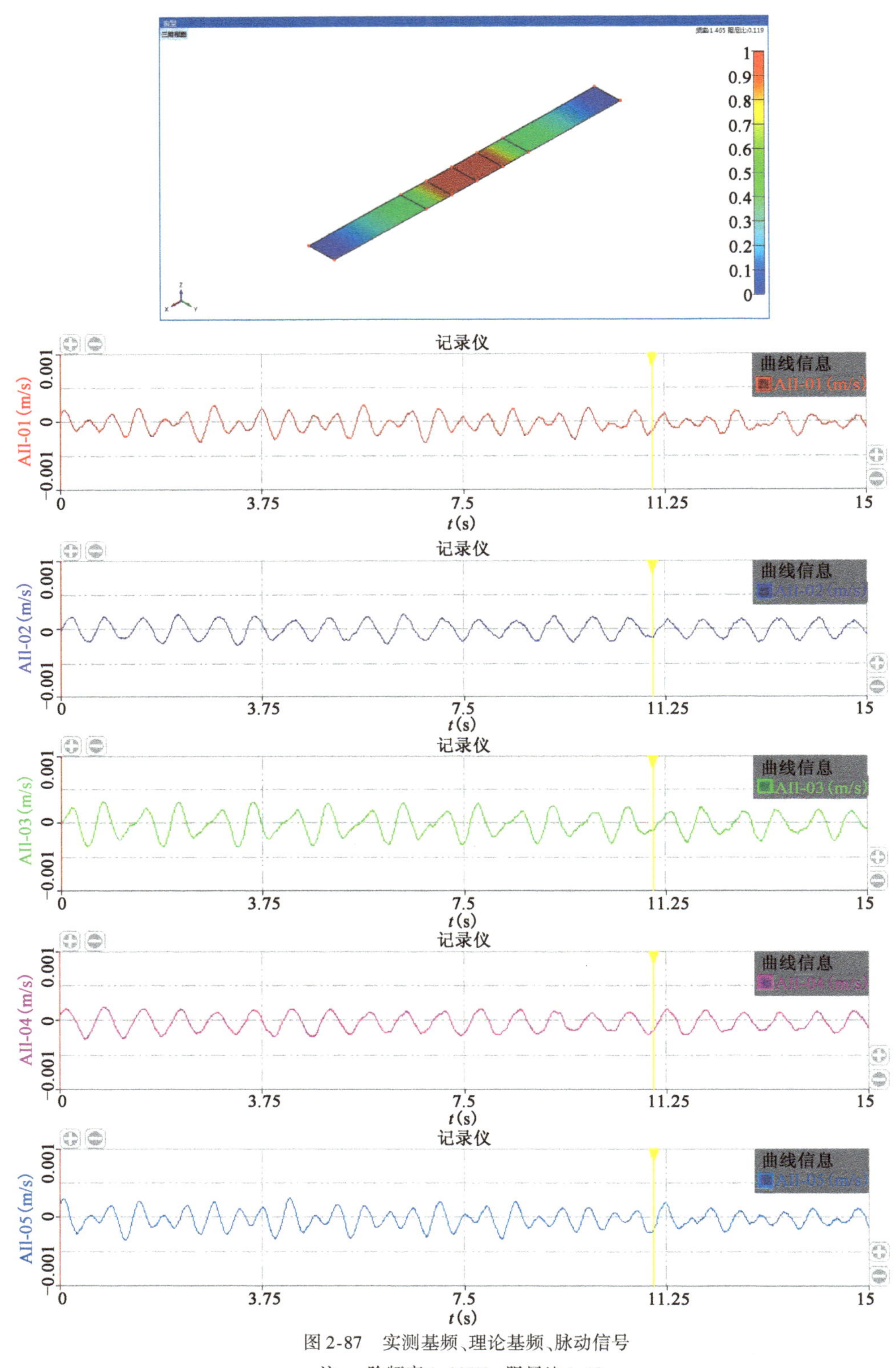

图 2-87　实测基频、理论基频、脉动信号

注：一阶频率 1.465Hz、阻尼比 1.19。

(3)强迫振动试验

①强迫振动试验的内容

跑车试验：采用一辆试验载重汽车以20km/h、30km/h、40km/h、50km/h的速度在桥上行驶，测量桥梁结构在行车状态下的受迫振动特性。每种车速重复一次。

制动试验：一辆试验汽车以30km/h的速度行驶至主桥168m跨1/2处紧急制动，测量桥梁结构的振动特性。

跳车试验：在主桥168m跨1/2处放置10cm高直角三角木，斜边朝汽车，试验汽车以30km/h的速度越过三角木由直角边落下，试验至少重复一次。此时桥跨结构的振动是包含一辆满载重附加质量的受迫振动。

②强迫振动测试结果试验分析

跑车试验振幅及强迫振动频率分析：低速跑车工况下，拱圈竖向测点的强迫振动频率与拱圈固有的振动频率接近，拱圈竖向测点的强迫振动振幅随车速升高逐渐增大，拱圈强迫振动振幅值界于0.21～0.67mm之间，最大值为0.67mm，发生在东拱圈上游3/4处，车速为50km/h，该测点振幅平均值为0.36mm。拱圈横向振幅值0.08～0.26mm，最大值0.2mm，发生在拱顶。

跑车试验冲击系数分析：车速20km/h时冲击系数最大值为0.14；车速30km/h时冲击系数最大值为0.16，车速40km/h时冲击系数最大值为0.22；车速50km/h时冲击系数最大值为0.23。

试验实测数据如图2-88～图2-90所示。

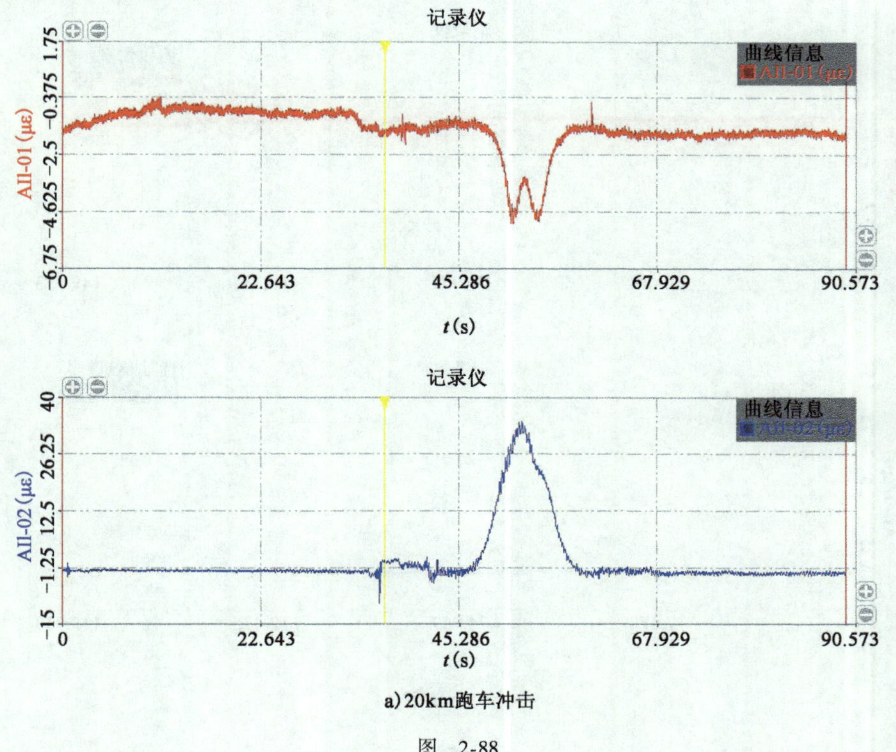

a)20km跑车冲击

图　2-88

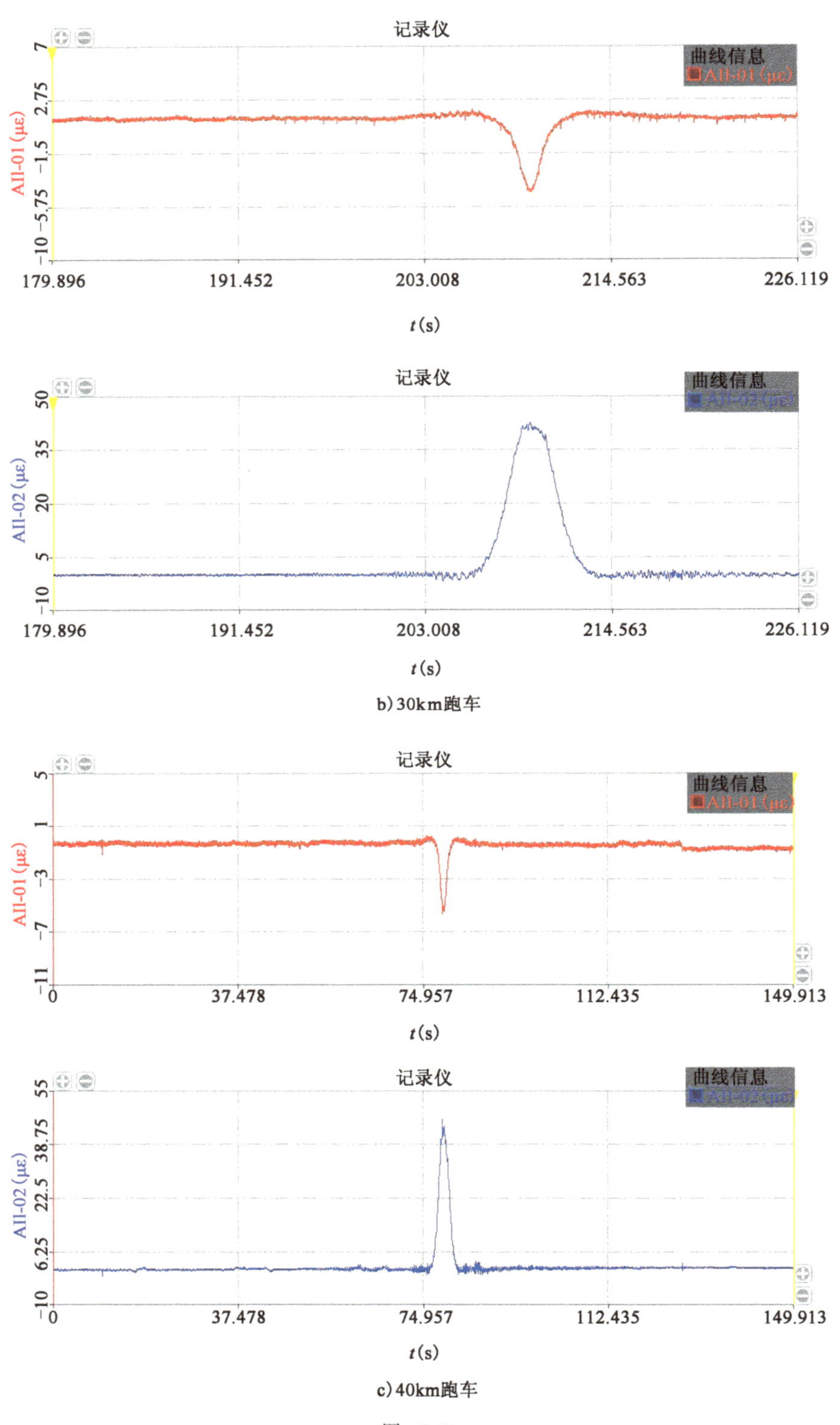

b)30km跑车

c)40km跑车

图 2-88

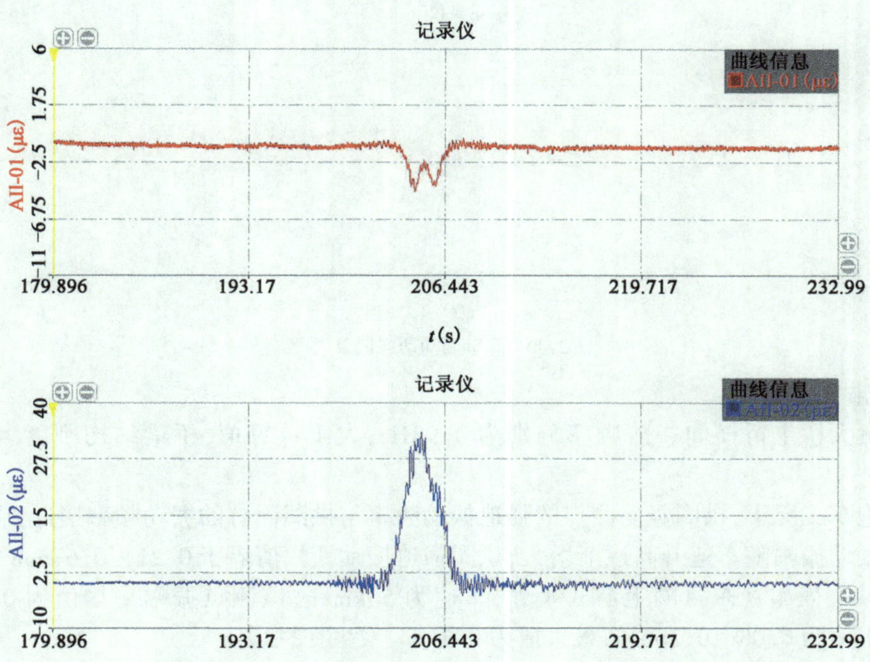

d) 50km跑车

图 2-88　试验跨跑车动态记录

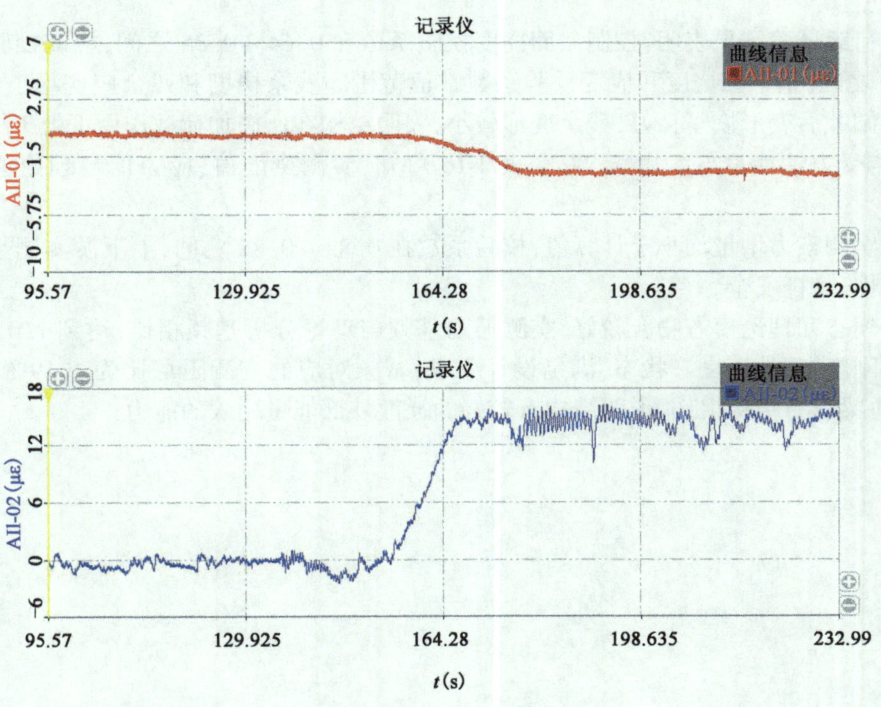

图 2-89　跳车动态记录

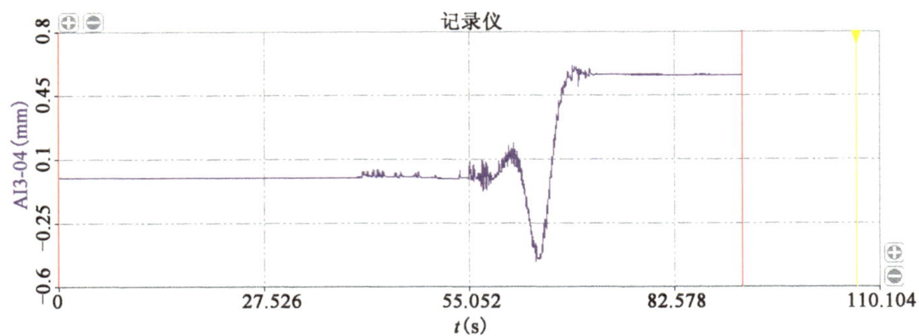

图 2-90　车辆制动动态记录

(4)动载试验小结

①余信贵大桥主桥横向一阶频率分别为 0.98Hz，大于计算值，桥梁结构刚度满足设计要求。

②低速跑车工况下，拱圈竖向测点的强迫振动频率与拱圈固有的振动频率接近，拱圈竖向测点的强迫振动振幅随车速升高逐渐增大，拱圈强迫振动振幅值界于 0.21 ~ 0.67mm 之间，最大值为 0.67mm，发生在东拱圈上游 3/4 处，车速为 50km/h，该测点振幅平均值为 0.36mm。拱圈横向振幅值为 0.08 ~ 0.26mm，最大值为 0.2mm，发生在拱顶。

③跑车试验冲击系数分析：车速 20km/h 时冲击系数最大值为 0.14，车速 30km/h 时冲击系数最大值为 0.16，车速 40km/h 时冲击系数最大值为 0.22，车速 50km/h 时冲击系数最大值为 0.23。

(5)结论

①静力荷载试验结果表明：控制截面挠度校验系数在 0.64 ~ 0.85 之间，应变校验系数在 0.62 ~ 0.88 之间，基本在挠度和应变校验系数常值范围。残余挠度和残余应变均小于 20%，满足要求。卸载后变形恢复良好，残余变形较小，表明结构在所施加荷载作用下处于线弹性状态工作，结构受力性能良好。由表 2-7 ~ 表 2-16 可知，实测挠度值、应力值与理论值相关性较好。

②吊杆实测索力增量均小于计算值，校验系数在 0.82 ~ 0.88 之间，上下游实测数据具有很好的对称性，吊杆安全。

③实测模态和理论模态吻合较好，实测振动基频与理论分析基频相比，达到 1.0 以上，表明大桥整体刚度好，处于良好状态，满足设计要求；基频对应的实测阻尼比为 1.19%，远小于 20%，表明桥梁没有结构损伤，说明结构有较好的耗散外部能量输入的能力。

第三章　余信贵大桥设计

第一节　桥型方案研究

一、桥位方案比选

余信贵大桥工程设计本着以人为本，适用、经济、安全、美观的原则，在满足交通功能的前提下，因地制宜，力求技术先进，路线顺畅，造价经济，运行合理，保障车辆安全行驶，具体原则如下。

(1)在鹰潭市城市总体规划和相关控制性详细规划中道路网规划的指导下，充分考虑建设现代化城市的要求，进行本工程方案的设计。

(2)在充分考虑城市经济现状及发展规划，考虑信江沿岸生态环境治理和保护的基础上，研究道路、桥梁建设标准。

(3)根据交通量预测结果和通行能力分析，综合考虑工程经济效益和社会效益，在满足交通需要的前提下，结合地区内已建和在建工程的标准，研究工程规模及横断面布置。

(4)认真调查研究，充分了解现有基础设施及排水、水利规划情况，研究标准合理、使用可靠、投资效益高、满足道路功能需要的排水方案。

(一)线路方案

按照规划，本次拟建的余信贵大桥及两端接顺道路工程均属于"余信贵快速通道"的组成部分，大桥东连信江新区余信贵快速通道，西接中童镇余信贵快速通道。工程的起点、终点、走向、线形、相交道路的宽度等都依据《江西省鹰潭市城市总体规划(2007—2020)》《信江新区南区控制性详细规划》及《鹰潭商贸物流园区控制性详细规划》进行确定，并根据项目实际情况和业主要求在规划基础上进行了适当的线路优化。

1. 平面设计

图 3-1 为余信贵大桥线位方案设计示意图。

2. 纵断面设计原则

(1)考虑桥梁及引道纵断面线形的流畅顺接，引道的纵断面设计必须与余信贵大桥的纵断面设计形成整体并统一设计。

(2)参照相关城市规划控制高程并适应临街建筑立面布置及沿路范围内地面水的排除。

(3)为保证行车安全、舒适，纵坡宜缓顺，起伏不宜频繁。

(4)为满足非机动车行驶，最大纵坡度按非机动车爬坡能力控制。

(5)最小纵坡宜尽量满足路面纵向排水要求。

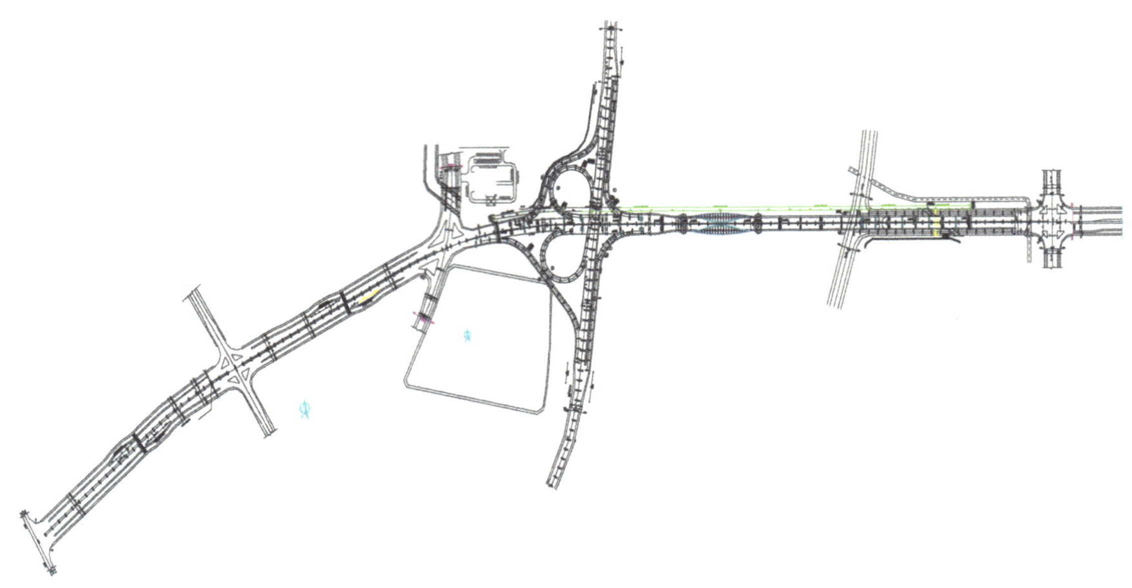

图 3-1　线位方案设计示意图

(6)设计时应对沿路地形、地质、水文、气候、地下管线、排水要求综合考虑。

纵断面设计高程主要根据规划路网控制高程、引道起点处现有 206 国道被交点高程、终点处在建余信贵快速道路设计高程、两侧建成区地坪高程及后期规划高程、现状自然地面及地下水位高程、城市防洪高程、桥梁控制高程及相交道路控制性高程确定,纵断面设计要素如表 3-1所示。

纵断面设计要素　　表 3-1

最大纵坡(%)	最小纵坡(%)	最小纵坡长(m)	最小凹形竖曲线半径(m)	最小凸形竖曲线半径(m)
2.912	0.5	61.39	8000	3000

(二)桥位方案

桥位选择的总体目标是:满足鹰潭城市总体规划要求,立足于区域综合交通运输网络的合理布局,适应周边地区经济发展的需要,有利于鹰潭市加速推进城市化,高标准打造城市品牌形象。

兼顾路、桥工程实施的可行性,并考虑工程量、城区规划、景观协调、航运等因素,根据建设单位的意见及各项技术标准、规范的要求,主要考虑如下几点:

(1)本项目为跨江大桥项目,是鹰潭市干线路网中的重要组成部分,其走向应符合路网总体规划,满足联网贯通国道 206、沪昆高速连接线(即鹰西大道)和信江新区的要求。

(2)与城市远景规划相协调,本着近城而不进城,合理组织城市及过境交通的原则,减少对城市发展的干扰,同时与城市交通快速转换,为城市提供良好的上路服务,促进地区经济的发展。

(3)注重路线顺适流畅,同时尽量绕避厂矿、村庄以减少拆迁。避免对高压输电线路的影响。注重工程技术方案实施的可行性和经济上的合理性,符合可持续发展战略,注意节约能源,少占土地。

(4)重视地质选线,避免路线跨越主干断裂带,减少不良地质地带区的不利影响。

(5)桥位选择必须符合信江水利、水文特点,充分考虑信江的综合治理、防洪规划、开发利用及规划、河道整治、堤防防洪安全等,有利于信江抢险交通及信江防洪工程运用和管理,尽可能避免对其带来不利的影响。

(6)桥位选择应使桥梁轴线尽可能与中、高洪水位时的水流方向正交,以便缩短桥长,从而减少工程投资;充分利用有利的河势、水文、地质、地形等自然条件,为桥梁工程建设提供较好的条件。

(7)注意桥梁与周围环境的景观效果,注意保护文物、保护环境。

(8)减少对沿线环境敏感点的影响,保护自然环境。

本次拟建余信贵大桥位于余信贵快速通道的规划路线上,大桥在信江西岸侧中童镇商贸物流园区的综合商业片区规划地块起跨、跨越信江后终于鹰潭市信江新区规划的夏西居住功能区规划地块。

其桥位选择根据鹰潭市城市总体规划、中童镇商贸物流园区开发用地规划和余信贵快速通道的路线设计等多方面制约因素综合考虑并选定,桥位选择具有唯一性。

二、桥型选择及桥孔布置

(一)桥型方案设计原则

1. 桥型方案设计应遵循的原则

(1)必须贯彻“实用、经济、安全、美观”的经济建设方针。

(2)必须在满足桥上使用功能和桥下泄洪、通航要求的前提下,力求桥梁造型新颖,在保证使用的前提下,选用技术上可靠、经济上合理和施工上可行的方案,争取达到早开工、早建成和早受益的目标。

2. 本桥桥长布置

(1)主桥布置

主桥从实用角度主要考虑通航要求,信江为Ⅲ-(3)级航道,双向通航,通航孔最低净宽要求 2×55m,最低净高要求 10m。

(2)引桥布置

引桥的布置考虑实用原则要满足与东、西侧互通及引道的衔接。引桥的跨径布置必须满足辅助通航孔净空要求,以及能跨越信江两侧的鹰西大道及滨江路,并尽量不破坏原有信江堤坝。

(二)主桥方案

1. 方案一

本方案主桥为 48m+168m+48m 的系杆拱桥,其结构类型在国内属比较常见的桥梁结构形式，技术成熟，结构安全可靠，造型优美，并且国内施工经验丰富，如图 3-2 所示。

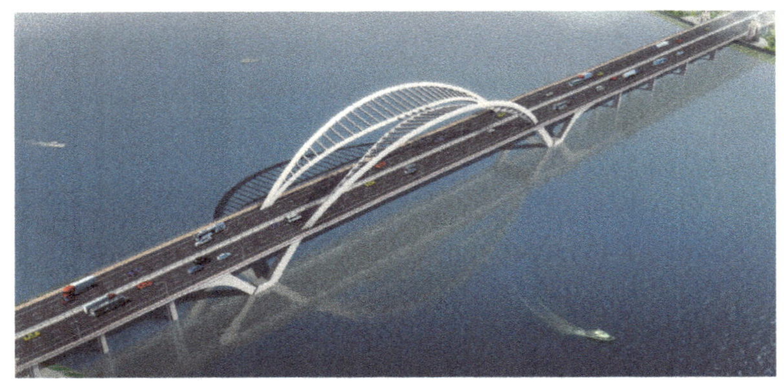

图 3-2　主桥 48m + 168m + 48m 的三跨系杆拱桥

上部结构主梁采用系杆拱，主要是因为本桥桥址上下游均有连续梁的方案，上游 3km 处龙虎山大桥的主孔跨径为 2 × 100m，下游 2km 处铁路桥的主孔跨径为 72m + 3 × 116m + 76m，为满足通航安全，同时考虑景观要求，将本桥方案布设为 48m + 168m + 48m 的钢箱混凝土系杆拱桥。本桥主拱肋高 3.2m，次拱肋高 1.5m，主拱截面为钢箱形截面，次拱内靠、呈提篮形式、次拱肋“御驾”与主拱之中呈现出月亮形造型。寓意龙虎山仙人城曾出土七层“灵函”，刻有“宝月行源，心记净空”。

主桥横断面宽度：2.5m（人行道）+1.0m（吊索区）+0.5m（防撞墙）+11.0m（行车道）+0.5m（防撞墙）+0.5m（分隔带）+0.5m（防撞墙）+11.0m（行车道）+0.5m（防撞墙）+1.0m（吊索区）+2.5m（人行道），桥面总宽为 31.5m。主梁采用结合梁形式，吊杆间距 6m。吊杆采用钢绞线整束挤压拉索体系。主桥下部构造为承台接群桩基础。

2. 方案二

本桥方案二采用多跨中承式钢管混凝土系杆拱桥，主桥为 50m + 100m + 150m + 100m + 50m 飞燕式多跨钢管混凝土系杆拱桥，如图 3-3 所示。

图 3-3　主桥为 50m + 100m + 150m + 100m + 50m 五跨钢管混凝土系杆拱桥

(三)综合比选

主桥方案综合比较见表3-2。

主桥综合比选表　　表3-2

桥型性能	主跨(48+168+48)m钢箱系杆拱	主跨(50+100+150+100+50)m钢管混凝土拱
通航适用性	主跨跨中位于航道轨迹中心,跨径及净空均满足航道部门要求	主跨跨中位于航道轨迹中心,跨径及净空均满足航道部门要求
结构新颖性	结构布置新颖,独特,外形为一只翩翩起舞的蝴蝶	属于大跨度钢管混凝土拱桥
技术评价	无推力设计,采用钢-混凝土叠合桥面,设置了主纵钢梁,结构刚度大,自重小	无推力设计,采用预应力混凝土主梁,结构刚度大,自重大
景观效果	总体景观效果佳,与环境协调	景观效果一般
抗风稳定性	抗风稳定性优	满足规范要求
施工难度及风险	采用支架施工桥面,龙门吊安装拱肋的方案成熟可行,对外倾拱肋施工要求技术高	采用支架施工桥面,龙门吊安装拱肋的方案成熟可行
养护难度及耐久性	钢结构部分采用现代防腐技术(镀铝喷涂,油漆涂装)可满足百年要求	
主桥长度	264m	450m
综合比选意见	推荐方案	比较方案

第二节　拱桥设计与索力调整理论简介

拱桥是我国使用较广泛的一种桥型。拱桥在竖向荷载的作用下,两端拱脚部位产生较大的水平推力,使拱内产生轴向压力,从而大大减小了拱圈的截面弯矩,使之成为偏心受压构件,因此可以充分利用主拱截面材料强度,使跨越能力增大。一般来说,拱桥具有跨越能力较大,节省材料,耐久性能好,维修、养护费用少,外形美观,构造较简单等优点。随着钢管、钢箱混凝土等新型结构形式的快速发展,克服了传统的圬工拱桥自重大的缺点,同时系杆在拱桥中的合理使用使得原本应由拱桥墩台承受的水平推力转变为拱结构内部的作用力,有效地减轻了对地基的要求,拱桥这种古老的桥型发展非常迅速。

拱桥的拱圆线形一般有圆弧线、抛物线和悬链线三种,主拱圈使用的建筑材料主要有圬工、钢筋混凝土、钢材和钢-混凝土组合材料。拱桥可以有水平推力,也可以通过设置水平系杆使得外部没有水平推力。根据桥面与拱位置的差异,拱桥有上承式、中承式和下承式三种形式。

一、中承式拱桥设计及计算理论

(一)拱桥稳定计算理论

1.稳定性问题分类

稳定性问题本质上是压力使构件的弯曲刚度减小甚至消失,可以分为两类。

第一类稳定性问题为平衡分支问题,也称为平衡分岔失稳、分支点失稳或称特征值屈曲,即除原有的平衡状态,出现第二个平衡状态,如图3-4所示。

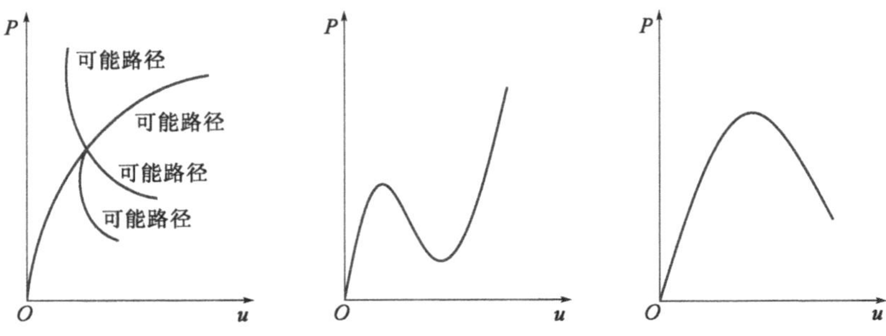

图3-4 荷载-位移曲线

线性稳定分析将结构简化为一个理想的弹性结构,简化了计算过程,忽略了各种非线性因素和初始缺陷对结构的影响,从而提高了稳定性分析的计算效率。

第一类稳定性问题,在数学处理上受力明确,表现为求解特征值的中心受压杆的欧拉临界荷载问题,其临界荷载近似为实际结构极值点失稳的上限。在实际工程中应用较多,并占有重要地位,在拱桥中稳定性系数一般大于4。

计算结构稳定性系数的特征方程式:

$$([K_D]+\lambda[K_G])\{\Delta\delta\}=0 \tag{3-1}$$

式中:$[K_D]$——结构弹性刚度矩阵;

$[K_G]$——结构几何刚度矩阵,与荷载有关。

若上述方程有n阶,在理论上,将会有n个对应的解,即有n个对应的特征值及特征向量。但是实际工程上只有最小的稳定系数才有意义即最小的特征值,这时的特征值和临界荷载可表述为λ_{cr}和$\lambda_{cr}\{F\}$。

特征值平衡方程是在小挠度理论下考虑了轴力产生的几何刚度,但本质上与大变形等几何非线性没有关系。

第二类稳定性问题,也称为极值点失稳。随着荷载的增大,并没有新的平衡状态出现,而是结构在应力较大位置出现塑性变形并且迅速增大;当荷载增大到一定数值,即使荷载不在增加,变形也会迅速地自行增大直到结构被破坏。

拱要承受较大的轴向压力、弯矩与扭矩,但是由于构件制作安装的误差、材料的缺陷、荷载的偏差等非线性原因,第一类稳定性问题基本不会在实际工程中出现。

第二类稳定系数有两种形式:

$$K=\frac{\lambda_{cr}(F_d+F_c)}{F_d+F_c} \tag{3-2}$$

$$K=\frac{F_d+\lambda_{cr}F_c}{F_d+F_c} \tag{3-3}$$

式中：F_d——已作用于结构的荷载；

F_c——特定的作用荷载；

λ_{cr}——结构失稳所加荷载的倍数。

通过以上两式可以看出，第一种式(3-2)表示结构对所有荷载的一种安全储备，第二种式(3-3)表示对某种特定荷载的安全储备。

2. 拱桥稳定性问题分类

对于拱桥的第一类稳定问题，即拱桥从原来的平衡状态转向新的平衡状态，这种平衡分支失稳问题表现为两种形式：当临界荷载出现时，拱轴线表现为离开竖向平面内的初始受压或主要受压的纯压对称变形状态转向反对称的平面挠曲状态，称为拱的面内屈曲；另外一种称为拱的面外屈曲，即在绕拱纵轴线的扭矩和侧向弯矩的复合作用下，拱轴线表现为倾出竖平面之外转向空间弯扭状态。这类问题在结构失稳前，拱只有压缩变形没有弯曲变形，失稳时处于弹性变形范围。

对于拱桥的第二类稳定问题，即在拱桥结构变化的光滑连续平衡路径中出现一个极值点，并且结构可能在该点失去稳定性，因此这种失稳也被称为极值点失稳。极值点失稳没有明显的突变，前后屈曲的路径可能是稳定的也可能是不稳定的，但都存在一个最大荷载。当达到最大荷载后进入不稳定状态，荷载迅速下降，变形明显增大。这种极值点失稳破坏具有偶然性，其极限承载力既有可能小于弹性屈曲极限荷载，也有可能大于弹性屈曲极限荷载，都是伴随着结构的材料非线性和几何非线性共同作用的双重非线性一起发生的。

非线性问题的分析一般无法一步求解，而必须将其加载历程分成数个荷载步，且假设各个荷载步内的荷载为线性增加，即运用增量理论求解非线性问题，将原本非常复杂的荷载非线性加载过程，划分为多个可用线性近似的小段逐步求解，从而得出结构的极限承载力。

3. 拱桥稳定性问题计算方法

常用于稳定计算的方法主要有三种。

(1)静力平衡法

静力平衡法是基于结构产生微小变形后的位移形状而建立平衡方程，从平衡状态来研究压弯构件屈曲特征的，即研究弹性系统产生不同的平衡状态时，临界荷载可以达到多大。利用静力平衡法我们只能得到成随遇平衡状态的屈曲荷载，而无法判断结构在平衡状态时是否稳定。由于静力平衡法在很多情况下可以获得精确解，而我们只需要最小的屈曲荷载，故经常使用此法。

(2)能量法

根据能量法的原理可知，总势能最大或者最h，弹性系统处在平衡状态。而当势能最h，结构的平衡状态最稳定，即平衡方程：$\delta\Pi=0$

要判别平衡是否稳定，需要考查平衡位置邻域的变化情况。假设结构在平衡位置上给定微小位移后的势能$\widetilde{\Pi}$，利用泰勒级数展开：

$$\widetilde{\Pi}=\Pi+\delta\Pi+\frac{1}{2!}\delta^2\Pi+\cdots \tag{3-4}$$

这时忽略二阶及以上高阶微小量后，势能增量：

$$\Delta\Pi=\widetilde{\Pi}-\Pi=\frac{1}{2}\delta^2\Pi \tag{3-5}$$

由此得出，判断平衡稳定性的不等式为：

$\delta^2\Pi>0$，稳定平衡；

$\delta^2\Pi=0$，随遇平衡，即临界平衡；

$\delta^2\Pi<0$，不稳定平衡。

如果通过变分原理将 $\delta^2\Pi$ 展开：

$$\begin{aligned}\delta^2\Pi &= \sum\left\{\int_{V_e}B_L^TDB_LdV_e+\int_{V_e}(B_L^TDB_{NL}+B_{NL}^TDB_L)dV_e+\int_{V_e}\frac{\partial B_{NL}^T}{\partial d_e}\sigma dV_e\right\}\delta d\\ &=\delta d^T(K_0+K_L+K\sigma)\delta d=\delta d^TK_\tau\sigma d\end{aligned} \tag{3-6}$$

因为 K_τ 与 δ^2 在本质上是等价的，可将上列不等式转化为通过矩阵 K_τ 的正定、奇异和负定进行判断平衡的稳定性。

根据小变形假设，无法得到临界荷载的精确解，只有事先知道屈曲后的变形形式才能得到精确解，而这里由能量法获得的屈曲荷载是近似的。但是能量法可以判断屈曲后的平衡是否稳定，对保守体系的大挠度分析非常适用，因此经常被采用。

(3)动力法

根据动力学理论，当将微小干扰作用到处于平衡状态的结构体系而使之发生振动时，之前已经作用在结构上的荷载这时会严重影响结构的变形和振动加速度。当荷载小于稳定状态的临界荷载时，结构变形的方向和加速度相反，这时干扰消失后，运动将趋于静止，此时的振动表现为有界的，因此结构具有稳定的平衡状态；当荷载大于临界荷载时，结构变形的方向和加速度方向相同，即使干扰消失，结构的运动仍将继续，这时的振动表现是没有边界的，此时结构的平衡状态是不稳定的；当结构处于临界状态，结构的振动频率等于零时，可根据此时的平衡方程求出结构的屈曲荷载。

4. 非线性稳定性问题的有限元理论

1)几何非线性

几何非线性是因为应变与位移不在遵循胡克定律而存在非线性关系，一般表现为大位移、大应变、大转动。在实际工程中，结构在荷载的作用下都会产生一定的变形，而在大跨度结构中，这种变形效果更加明显，对于桥梁主要是指大位移所带来的影响，因大位移而引起结构的节点、单元长度等几何参数改变，导致要以结构变形后的几何位置建立新的平衡方程。在小跨径桥梁的分析中，忽略这种变形因素在实际工程应用中所带来的影响是可以接受的；而在大跨径桥梁中，由于这种影响引起的误差较大，不能满足工程需求。

根据虚位移原理：外力对虚位移所做的虚功等于结构因发生虚位移所产生的应变能。

$$d\{\delta\}^T\{\Psi\}=\int d\{\varepsilon\}^T\{\sigma\}dv-\{\delta\}^T\{F\}=0 \tag{3-7}$$

式中：$\{\Psi\}$——结构内力和外力矢量的总和；

$d\{\varepsilon\}$——单元虚应变；
$d\{\delta\}$——单元虚位移；
$\{F\}$——荷载矩阵。

材料的非线性关系：

$$d\{\varepsilon\} = [\overline{B}]d\{\delta\} = ([B_0] + [B_L])d\{\delta\} \tag{3-8}$$

材料的线性关系：

$$\{\sigma\} = [D]\{\varepsilon\} - \{\varepsilon_0\} + \{\sigma_0\} \tag{3-9}$$

将式(3-7)消去 $d\{\delta\}^T$ 后得：

$$\{\Psi\} = \int [\overline{B}]^T\{\sigma\}dv - \{F\} = 0 \tag{3-10}$$

先将式(3-10)两边取微分，再将式(3-9)两边取微分的结果与式(3-8)一起带入式(3-10)，结果得：

$$\begin{aligned} d\{\Psi\} &= \int d[\overline{B}]^T\{\sigma\}dv + \int [\overline{B}]^T d\{\sigma\}dv \\ &= \int d[\overline{B}]^T\{\sigma\}dv + \int [\overline{B}]^T[D][\overline{B}]d\{\delta\}dv \\ &= \int d[B_L]^T\{\sigma\}dv + [\overline{K}]d\{\delta\} \\ &= [K_\sigma]\{\delta\} + [\overline{K}]d\{\delta\} \\ &= ([K_0] + [K_L] + [K_\sigma])\{\delta\} = [K_T]\{\delta\} = \{F\} \end{aligned} \tag{3-11}$$

式中：$[K_0]$——小位移线性刚度矩阵；
$[K_L]$——初始位移矩阵；
$[K_\sigma]$——初应力单元刚度矩阵或几何刚度矩阵。

如果在建立物体的平衡方程时选择前一相邻时段 t 时刻的构型为参考构型，则称为修正的拉格朗日列式法（U. L 列式）。U. L 列式在前一相邻时段的单元体内进行积分，又因为积分式${}^t[K_L]$是${}^t[K_0]$的一阶或二阶微小量，故式(3.11)可改写为：

$$({}^t[K_0] + {}^t[K_\sigma])d\{\varepsilon\} = d\{F\} \tag{3-12}$$

U. L 列式与 T. L 列式相比忽略了非线性高阶微小量，在变形后的体积域内积分，采用相对简单的本构关系，应用范围较广。我国的桥梁计算程序多采用 U. L 列式，常用于大位移、弹塑性分析、徐变分析中，并且可以追踪变形过程的应力变化。

2）材料非线性

在实际工程中，很多材料表现为弹塑性，可以通过增量理论来反映结构加载和卸载历程。

材料的本构关系，可用下列函数表示：

$$F(\sigma_{ij}, K) = 0 \tag{3-13}$$

式中：σ_{ij}——应力状态；
K——硬化函数。

材料屈服后所发生的应变包含两部分，即弹性应变和塑性应变。可表示为：

$$\{d\varepsilon\} = \{d\varepsilon^e\} + \{d\varepsilon^p\} \tag{3-14}$$

其中，

$$\{d\varepsilon\} = [D_e]\{d\varepsilon^e\}$$

塑性应变可通过流动准则确定应变增量的方向：

$$\{d\varepsilon^p\} = \lambda\left\{\frac{\partial F}{\partial \sigma}\right\} \tag{3-15}$$

将式(3-15)带入式(3-13)得：

$$\{d\varepsilon\} = \{D_e\}^{-1}\{d\sigma\} + \lambda\left\{\frac{\partial F}{\partial \sigma}\right\} \tag{3-16}$$

对式(3-13)进行全微分得：

$$\left\{\frac{\partial F}{\partial \sigma}\right\}^{\mathrm{T}}\{d\sigma\} - A\lambda = 0 \tag{3-17}$$

将式(3-16)两边乘 $\left\{\frac{\partial F}{\partial \sigma}\right\}^{\mathrm{T}}[D_e]$，并将式(3-17)带入并消去$\{d\sigma\}$可得：

$$\left\{\frac{\partial F}{\partial \sigma}\right\}[D_e]\{d\varepsilon\} = \lambda\left[A + \left\{\frac{\partial F}{\partial \sigma}\right\}^{\mathrm{T}}[D_e]\left\{\frac{\partial F}{\partial \sigma}\right\}\right] \tag{3-18}$$

即：

$$\lambda = \frac{\left\{\frac{\partial F}{\partial \sigma}\right\}[D_e]}{A + \left\{\frac{\partial F}{\partial \sigma}\right\}^{\mathrm{T}}[D_e]\left\{\frac{\partial F}{\partial \sigma}\right\}}\{d\varepsilon\} \tag{3-19}$$

将式(3-16)两边乘$[D_e]$可得：

$$\{d\sigma\} = [D_e]\{d\varepsilon\} - \lambda[D_e]\left\{\frac{\partial F}{\partial \sigma}\right\} \tag{3-20}$$

将式(3-19)带入式(3-20)得增量理论的弹塑性矩阵通式：

$$\{d\sigma\} = \left[[D_e] - \frac{[D_e]\left\{\frac{\partial F}{\partial \sigma}\right\}\left\{\frac{\partial F}{\partial \sigma}\right\}^{\mathrm{T}}[D_e]}{A + \left\{\frac{\partial F}{\partial \sigma}\right\}^{\mathrm{T}}[D_e]\left\{\frac{\partial F}{\partial \sigma}\right\}}\right]\{d\varepsilon\} = ([D_e] - [D_p])\{d\varepsilon\} = [D_{ep}]\{d\varepsilon\} \tag{3-21}$$

梁单元的弹塑性有限元分析方法常用折减刚度法、塑性铰法以及荷载增量法等。

3)双重非线性

为了得到更精确的解，对于大跨度拱桥常考虑双重非线性。考虑双重非线性的结构稳定性分析的基本方程为：

$$([K_0] + [K_\sigma] + [K_L])\{d\} = \{F\} \tag{3-22}$$

式中：$[K_0]$——弹塑性小位移单元刚度矩阵；

$[K_\sigma]$——初应力状态下单元刚度矩阵或几何刚度矩阵；

$[K_L]$——弹塑性大位移单元刚度矩阵。

双重非线性并不是几何非线性与材料非线性的简单叠加，其之间还会存在一定的耦合作用。

5. 非线性有限元方程的求解方法

非线性有限元方程求解一般有以下三种方法：迭代法、荷载增量法和混合法。

(1)迭代法包括直接迭代法、牛顿-拉普森法、修正的牛顿-拉普森法等，它们之间共同特点是用线性化的方法处理总荷载。直接迭代法与牛顿-拉普森法每一步迭代都要新的刚度矩阵建立方程求解，只是采用不同的刚度即割线刚度和切线刚度，计算量大，并且不利于计算机编程，如图3-5所示。修正的牛顿-拉普森法采用初始刚度矩阵且在迭代过程中不改变，避免了每次求解新方程的困难，但使收敛的速度变慢，可以通过增加迭代次数，达到精度要求，如图3-6所示。大型有限元分析软件 Midas/civil、ANSYS 都提供了修正的牛顿-拉普森（Newton-Raphson）方法。

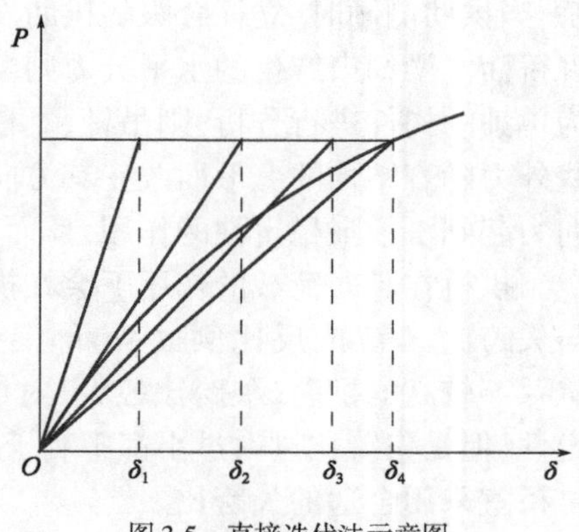

图3-5　直接迭代法示意图

（2）荷载增量法是将整个荷载加载过程进行分级，逐级加载，每一级增量段简化为线性加载，主要包括欧拉折线法、修正的欧拉折线法和半增量法三种，如图3-7所示。

（3）在解同一组有限元方程时，同时考虑迭代法和荷载增量法称为混合法。混合法克服了单一方法的缺点，提高了计算精度，如图3-8所示。

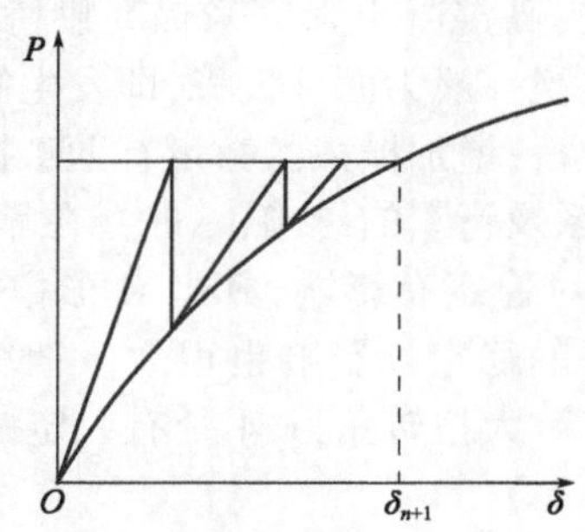

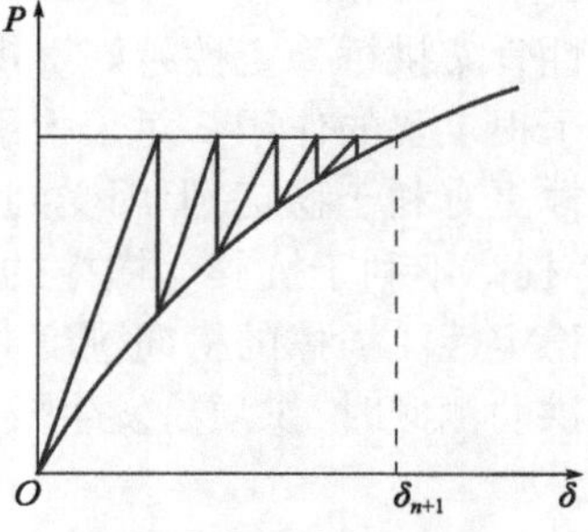

图3-6　牛顿-拉普森法及修正的牛顿-拉普森法示意图

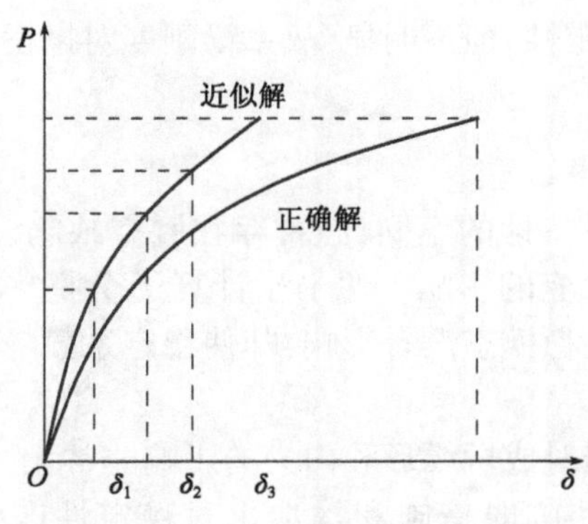

图3-7　增量法的迭代过程示意图

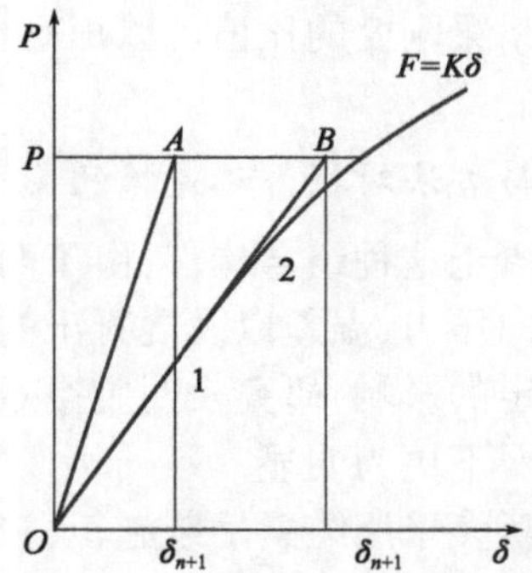

图3-8　混合法迭代示意图

（二）拱桥稳定性与线形影响因素

对于拱桥稳定性的影响因素，可以从构造体系、施工过程与方法、环境三个方面考虑。

1. 构造体系对拱桥稳定性的影响

吊杆、立柱是拱桥中非常重要的组成部分，对拱桥稳定性产生极大的影响。对于中承式拱桥，当拱肋侧倾时，立柱会跟随拱肋发生倾斜，其产生的水平分力会加速拱的失稳过程；而吊杆因桥面主梁约束产生的水平分力则会减缓拱的失稳过程。如果在进行受力分析时，把拱肋作为单独的构件进行分析，则吊杆、立柱等构件就成为传力构件，其所产生的作用就成了外力；这些外力随着结构的变形而改变其方向，因此被称为非保向力。而在中承式拱桥里，吊杆的非保向力起到了增强稳定性的作用，反而其刚度和形式对其稳定性的影响却都不大。

拱桥在竖向荷载的作用下会在拱脚产生很大的水平推力，其中水平推力和竖向力的比值与矢跨比(f/l)成反比例关系，邢雯芳在研究中承式钢管混凝土拱桥不同矢跨比时得出结论——较高的拱肋(矢跨比较大)对拱桥稳定性有提高的作用，同时也可以增加桥梁的面外稳定性，但是矢跨比过大过小都不利于拱桥的稳定。从经济和施工难度考虑，大跨度钢管混凝土拱桥宜采用合适的矢跨比。

规范规定，当拱桥的宽跨比小于 1/20 时，需要对拱桥进行横向稳定验算，可见宽跨比对拱桥影响很大。根据经验，钢管混凝土拱桥宽跨比取值一般在 1/17 ~ 1/20 之间。

拱肋刚度特别是侧向刚度可以提高钢管混凝土拱桥稳定性，特别是当拱肋侧向刚度超过面内刚度时，会发生平面内屈曲。因此可以通过提高混凝土强度来提高拱桥的稳定性。拱肋含钢率越高对劲性骨架拱桥稳定性越好。拱桥失稳一般为面外失稳，即发生侧倾，拱桥的横撑对稳定性作用起了很重要的作用。对于中承式拱桥，增加横撑的数量有助于提高稳定性，特别是桥面附近的横撑更有利于稳定，但因受到桥面系及行车的影响，一般会在靠近拱顶处增加横撑，但是会使重心提高不利于抗震。横撑的形式对稳定有影响，其中 K 形撑要比一字形撑能更好地提高拱桥稳定性。横撑的横向刚度对拱桥的稳定性影响也很大，一般横撑刚度越大稳定性越好。一般拱肋侧倾时，拱顶易发生较大位移、大扭转角，1/4 处有一定的错动，这两处的横撑要加强。

大跨径拱桥稳定性讨论中，几何非线性对大跨径拱桥的稳定影响要远远大于材料非线性的影响，以至于可以忽略材料非线性。

增大拱肋与系梁刚度的比值可以提高拱桥稳定性，但不明显，故系梁刚度对拱桥稳定性影响不大。

2. 施工过程与方法对拱桥稳定性的影响

对于钢管混凝土这种组合构件，由于两种材料特性的不同，经常存在脱空缺陷，脱空高度受到结构所受轴向压力、温差以及混凝土的收缩徐变的影响。沈书生计算了全脱空状态对钢管混凝土拱桥稳定的影响，研究表明脱空对结构失稳模态没有影响，却使稳定系数降低且在拱桥受到偏载的情况下更为明显。

劲性骨架拱桥多采用缆索吊装施工，施工过程对成桥线形和内力的影响非常大，因此施工过程中稳定的影响不能忽视。施工过程中的一些临时措施和构造也对稳定性产生一定的影响。

劲性骨架拱桥，钢管内混凝土的浇筑顺序，外包混凝土分环分段的数量及顺序，横撑安装的顺序及横撑外包混凝土浇筑的顺序都会对拱桥施工稳定产生影响，需要通过专门的有限元计算进行分析，以确定合理的施工顺序。

3. 环境对拱桥稳定性的影响

当桥走向大跨径时代，跨径大、结构轻柔、高塔成一个标志。因此风带来的影响不容忽视，也从开始不考虑而走向今天的必须考虑。公路桥梁抗风设计规范就是在总结了我国多年桥梁抗风研究成果的基础上编制的。邢雯芳计算了中承式钢管混凝土拱桥受到横向风时的影响。

温度对劲性骨架拱桥的影响特别大,另外在施工阶段,因为钢管容易受到温度的影响,所以温度对拱桥的稳定影响需要计算。

(三)劲性骨架拱桥线形的影响因素

从劲性骨架拱桥试验过程来看,大概可以分为四个阶段,拱肋吊装阶段、钢管内混凝土灌注阶段、外包混凝土阶段、桥面系施工阶段。

拱肋吊装阶段是最基本的阶段,是整个过程控制的关键,对于大跨径劲性骨架拱桥多采用缆索吊装斜拉扣挂法施工,因此对此处的研究比较多。拱肋钢管吊装过程中索力计算方法有多种:力矩平衡法、零弯矩法、弹性-阿刚性支承法、零位移法、定长扣索法、无应力位移法等。这些计算方法都可以提供一套线形控制标准,选择合适的方法进行计算。钢管合龙之后,具备了基本的刚度、应力、线形,后续施工都在此基础上进行,影响最终的成桥线形和内力。

钢管内混凝土的灌注一般采用泵送法,其灌注顺序、速度对线形、内力的分布都会有一定的影响。

外包混凝土施工相对比较复杂,分环、分段、浇筑顺序等可以运用的方案众多,对线形和内力分布的影响都会不一样,另外施工荷载、环境、非线性等因素也有一定的影响。

桥面施工对线形的影响,主要涉及吊杆索力等非保向力对桥面线形和内力分布的影响,这时拱肋已经成型,刚度很大,变形有限。

拱桥桥梁线形控制的目的是使成桥线形达到设计的理想状态,从而使内力、线形、稳定最大限度地达到最佳状态。因此,一般影响线形控制的因素可以从以下几个方面分析。

(1)结构参数

实际制作桥梁结构时,结构尺寸、材料特性、施工过程中的临时荷载等参数很难达到与设计时的参数完全一致,会存在一定的误差,在仿真模拟计算分析时,适当地将这些参数考虑进去,更接近真实性,使控制更加准确。

(2)施工方法和工艺

施工方法,采用的施工工艺都会影响控制结果的优劣。

(3)结构分析计算模型

随着计算机技术的发展,大跨径拱桥都会利用有限元软件进行模拟计算,在计算过程中对实际的桥梁结构进行不同程度的简化,各种边界、材料、假定的处理甚至是输入错误,都会带来一定的误差,需要多次运算比较,争取将影响降到最低。

(4)温度变化

在施工过程中,温度变化对桥梁结构的影响是不容忽视的,特别是钢材更容易受到温度的影响,不同温度下,结构的内力和线形都会不一样。施工过程中的时时测量检测至关重要。一般是在早晨测量施工控制所需的数据,因为在一天中早晨的温差变化最小。

(5)施工监测

在施工过程中,一般会监测桥梁结构的温度、应力、变形、扣背索索力等,这是桥梁施工控制最基本且目前最有效的手段。但是测量仪器本身会因为测量方法、仪器安装、数据采集、环境条件以及制造误差等原因造成监测结果与实际结构不符,甚至与设计状态相差甚远。因此保证监测的可靠性和准确性成为施工控制的关键因素。

(6)施工过程的管理

施工的进度、质量、人员的操作技能对施工控制都会带来一定的影响。

(四)拱肋吊装过程中索力的计算方法

目前,扣索索力的计算方法、理论比较多,大致有解析法和数值分析法两种。前者包括力矩平衡法、零弯矩法和弹性-刚性支承法;工程中经常通过数学手段得到数值解,也就是数值分析法,但数值解和精确解有一点差异,但很大程度上都能满足工程需求,其包括零位移法、定长扣索法和无应力状态法。

1. 力矩平衡法

力矩平衡法是假设拱肋结构不变形,每段之间采用铰接,根据力矩平衡原理,求解各索力。

如图 3-9 所示,当第 1 号节段吊装到位后,拱肋在自重和扣索索力作用下达到平衡,对拱脚取矩,得到 1 号扣索的力矩平衡方程为:

$$T_1\sin\theta_1 \cdot x_1 + T_1\cos\theta_1 \cdot y_1 = G_1 \cdot \frac{x_1}{2} \tag{3-23}$$

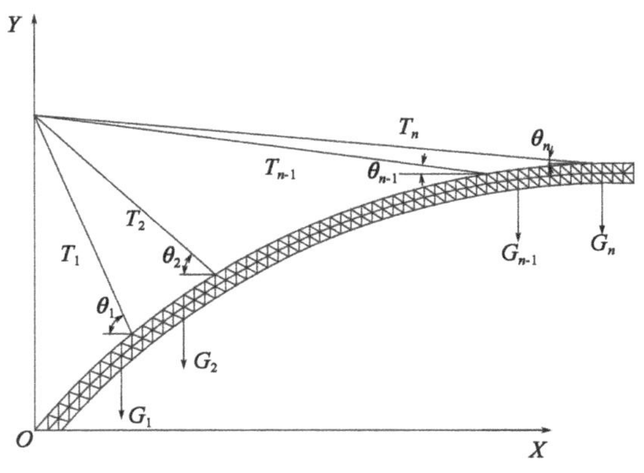

图 3-9　力矩平衡法示意图

当第 2 号节段吊装到位后,1 号和 2 号索共同受力,对 1 号与 2 号节段铰接处取矩,可得到 2 号扣索的力矩平衡方程为:

$$T_2\sin\theta_2 \cdot x_2 + T_2\cos\theta_2 \cdot (y_2 - y_1) = G_2 \cdot \frac{1}{2}(x_2 - x_1) \tag{3-24}$$

这时候 1 号扣索因为受到 2 群节段的扰动,重新对拱脚取矩,1 号扣索力矩平衡方程:

$$T_2\sin\theta_2 \cdot x_2 + T_2\cos\theta_2 \cdot y_2 + T_1\sin\theta_1 \cdot x_1 + T_1\cos\theta_1 \cdot y_1 = G_2 \cdot \frac{1}{2}(x_2 + x_1) + G_1 \cdot \frac{1}{2}x_1 \tag{3-25}$$

式中：$x_i(i=1,2,\cdots,n)$——扣索 T_i 扣点到拱脚的距离，同理可依次得出在吊装 i 段时，索力 T_i 的值。

根据上面的推导可以看出力矩平衡法受力明确、计算简单、利于计算机编程；但是也有其明显的缺点：忽略了拱肋的截面形式、实际刚度；假定拱肋与拱肋接头为铰接，与现阶段边吊装边焊接的实际情况不符；没有考虑施工过程中位移的累加效应，不能对本阶段对下一阶段施工所造成线形和扣索角度误差及时修正；拱桥合龙的方法通常是合龙后松索，合龙段的重量由全部拱肋共同承担，此方法计算时考虑合龙段部分重量作用在最大悬臂段端头，因此力矩平衡法所计算的结果不能满足施工和设计要求，成拱线形误差过大。

2. 零弯矩法

在力矩平衡法的基础上，周水兴提出零弯矩法，采用积分的方法求解力，如图 3-10 和图 3-11所示。

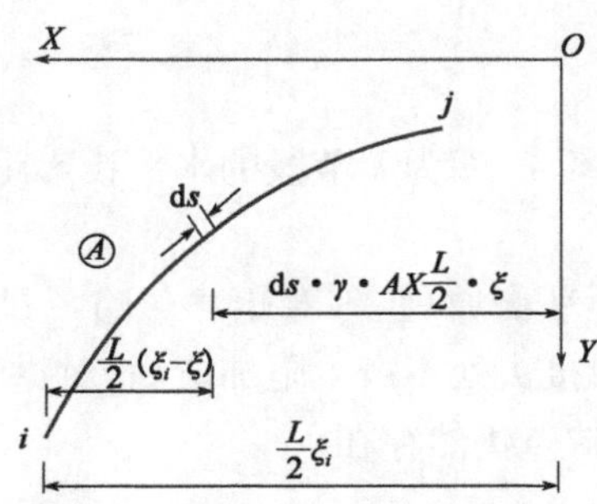

图 3-10　K 号节段上取出一个微元 ds

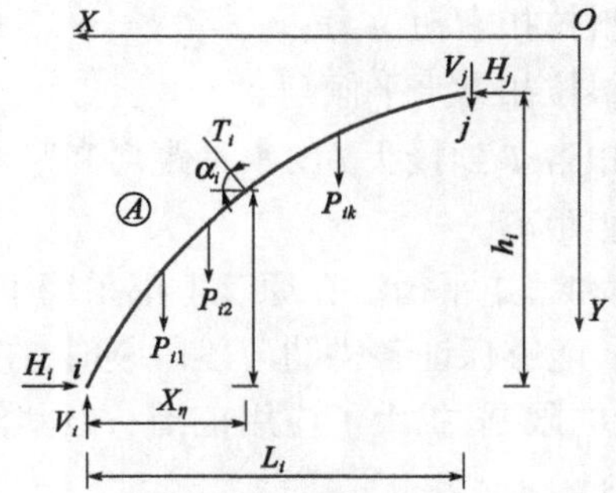

图 3-11　微元对 i 节点的力矩

假定拱肋横截面面积为 A_x，重度为 γ。从拱肋 k 号节段上取出一个微元 ds，如图 3-10 所示；微元重量为 $Ax\cdot\gamma\cdot\mathrm{d}s$；微元距拱顶的水平距离为 $L/2\cdot\xi$，接头 i 到拱顶的距离为 $L/2\cdot\xi_i$，如图 3-11 所示，所有微元对接头 i 的力矩：

$$M_i^s=\int_j^i Ax\cdot\gamma\cdot\mathrm{d}s(\xi_i\cdot L/2-\xi\cdot L/2)=\frac{L^2}{4}\gamma\int_{\xi_j}^{\xi_i}A_x\cdot(\xi_i-\xi)\cdot\sqrt{1+\eta^2 sh^2K\xi}\,\mathrm{d}\xi \tag{3-26}$$

对于等截面拱，可将式(3-26)简化为：

$$M_i^s=\frac{AL^2}{4}\gamma\int_{\xi_j}^{\xi_i}(\xi_i-\xi)\cdot\sqrt{1+\eta^2 sh^2K\xi}\,\mathrm{d}\xi \tag{3-27}$$

对于某个特定截面，ξ_i、ξ_j 是 k 号节段 i、j 接头距拱顶的水平距离系数，可以非常方便地求出，且 $\xi_i\leqslant\xi\leqslant\xi_j$。

$$M_i^s=\frac{AL^2}{4}\gamma\left(\xi_i\int_{\xi_j}^{\xi_i}\sqrt{1+\eta^2 sh^2K\xi}\,\mathrm{d}\xi-\int_{\xi_j}^{\xi_i}\sqrt{1+\eta^2 sh^2K\xi}\,\mathrm{d}\xi\right) \tag{3-28}$$

式(3-28)中，$\eta=2kf/l(m-1)$，$K=nl(m+\sqrt{m^2-1})$，f/l 为矢跨比，m 为拱轴系数。

根据零弯矩思想，取 k 号节段对接头 i 取矩：

$$\sum M_i = 0$$

$$M_i^s + \sum p_{ik}X_{ik} + V_jL_j - H_jh_j - T_{ix}Y_{Ti} - T_{iy}X_{Ti} = 0$$

$$T_{ix} = T_i\cos\alpha_i$$

$$T_{iy} = T_i\sin\alpha_i$$

计算得扣索拉力：

$$T_i = \frac{M_s^i + \sum p_{ik}X_{ik} + V_jL_j - H_jh_j}{Y_{T_i}\cos\alpha_i + X_{T_i}\sin\alpha_i} \tag{3-29}$$

式中：M_i^s——k 节段自重对接头 i 的力矩；

p_{ik}——作用在 k 节段上的其他荷载；

X_{ik}——p_{ik}距节点 i 的水平距离；

V_j,H_j——由上一节段传递而来作用在接头 j 上的竖向和水平方向上的力；

T_i——斜拉扣索初拉力；

α_i——斜拉扣索水平倾角；

X_{T_i}、Y_{T_i}——扣索 T_i到接头 i 的水平距离和竖向距离，L_i、h_i为 k 节段的水平投影距离和竖直投影距离。

零弯矩法和力矩平衡法在原理上都采用了力矩平衡原理，零弯矩法忽略了拱肋接头处是否铰接的问题，能够保证各拱肋节段吊装时，在拱肋接头处不产生附加弯矩，对拱肋受力有利；不受节段数量的限制，扩大了应用范围。但其他的缺点仍然存在。

3. 弹性-刚性支承法

弹性-刚性支承法是指在按照实际施工阶段建立计算模型时，将已经施工完成节段的扣索模拟为弹性支承，而将当前吊装节段的扣索模拟为刚性支承，两个节段之间的连接考虑为转动弹簧。转动刚度 $k \in (0, \infty)$，当转动刚度为零时，即表示为铰接，该方法等同于零弯矩法。该方法可以同时计算扣索的索力和拱肋高程的预抬量。

图 3-12a）和 b）为拱肋安装计算简图，在合龙时，如图 3-12c）所示，建立如下平衡方程组：

$$\begin{cases} \delta_{1,1}^n T_{1,n} + \delta_{1,2}^n T_{2,n} + \cdots + \delta_{1,n-1}^n T_{n-1,n} + \Delta_{1,p}^n = -T_{1,n}/k_1 = -\Delta_{1,n}/\sin\alpha_{1,1} \\ \delta_{2,1}^n T_{2,n} + \delta_{2,2}^n T_{2,n} + \cdots + \delta_{2,n-1}^n T_{n-1,n} + \Delta_{2,p}^n = -T_{2,n}/k_2 = -\Delta_{2,n}/\sin\alpha_{2,2} \\ \delta_{i,1}^n T_{i,n} + \delta_{i,2}^n T_{i,n} + \cdots + \delta_{i,n-1}^n T_{n-1,n} + \Delta_{i,p}^n = -T_{i,n}/k_i = -\Delta_{i,n}/\sin\alpha_{i,i} \\ \delta_{n-1,1}^n T_{n-1,n} + \delta_{n-1,2}^n T_{n-1,n} + \cdots + \delta_{n-1,n-1}^n T_{n-1,n} + \Delta_{n-1,p}^n = -T_{n-1,n}/k_{n-1} = -\Delta_{n-1,n}/\sin\alpha_{n-1,n-1} \end{cases} \tag{3-30}$$

通过式(3-30)可得到索力矩阵，位移矩阵。合龙时线形满足：

$$\Delta_{ij} - \sum_{j=i+1}^{n} \Delta_{ij} + \Delta_{ii}^{\mathrm{f}} + \Delta_{ii}^{\mathrm{e}} = 0 \quad (i = 1, \cdots, n-1) \tag{3-31}$$

可求得 Δ_{ii}，即可通过索力、位移矩阵求得索力 $T_{ij}(i,j = 1, \cdots, n-1)$。

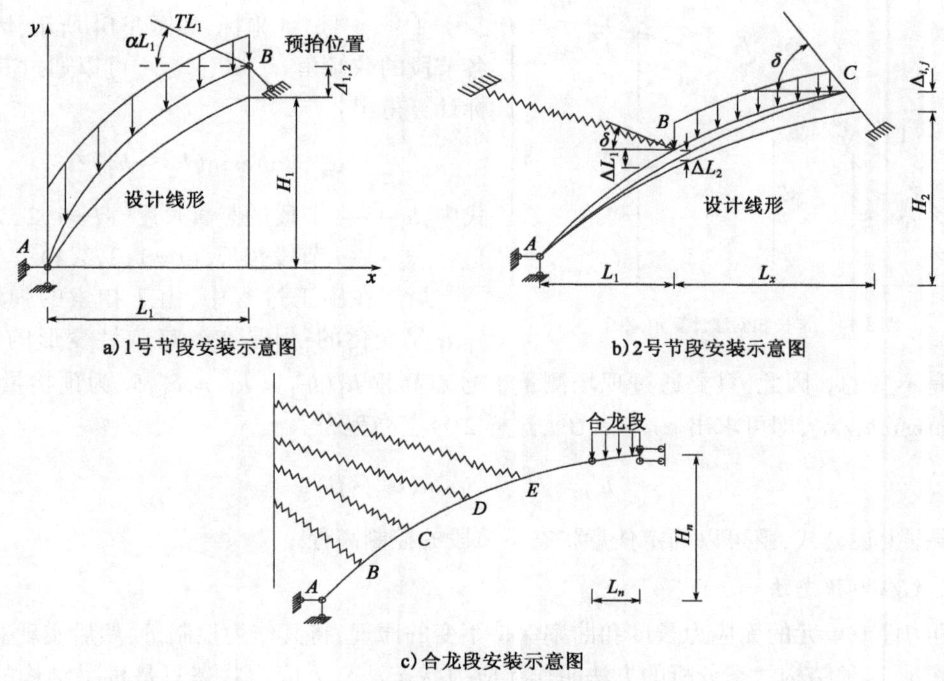

图 3-12　拱肋安装示意图

4. 零位移法

零位移法是在计算分段吊装拱肋时，假设在每段扣索处设置一个约束支座，然而所有扣点的位移始终为零，即没有支座反力，利用平衡条件，进而求得每阶段各扣索索力值，如图 3-13 所示。

零位移法的优点是在计算每个施工阶段时无须设置预抬值，其计算原理简单明确，力学概念清晰，节段之间各种连接方式都适用。这种方法只能保证扣点的线形，并且每个吊装节段都要重新计算索力高程并调整；应用过程中调索十分频繁，经常调索可能使得主拱截面的应力超过阈值或者索力出现负值以至于对施工不利。而实际施工线形与理想线形始终不能达成完全一致，而且也不能通过这样的方法来求出调整线形索力的实时调整量，这样一来，很大程度上影响施工。

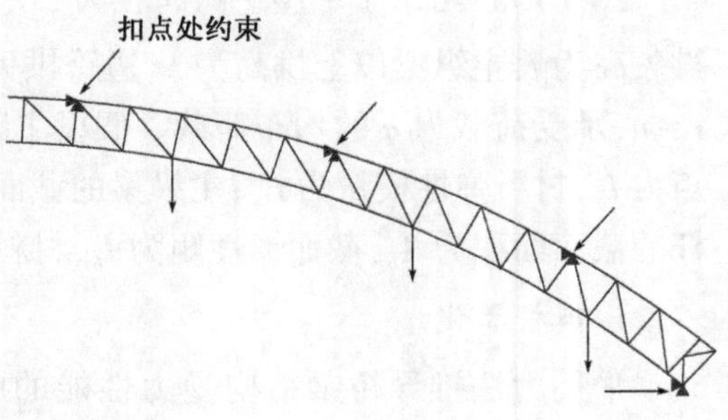

图 3-13　零位移法有限元计算模型

5. 定长扣索法

定长扣索法是在计算时仅依靠扣索的弹性伸长使拱肋达到设计轴线位置，从而确定每一根扣索的放样长度。定长扣索法的突出特点是扣索一次张拉后不需要调整，各扣索索力分配相对均匀，节省扣索用量。

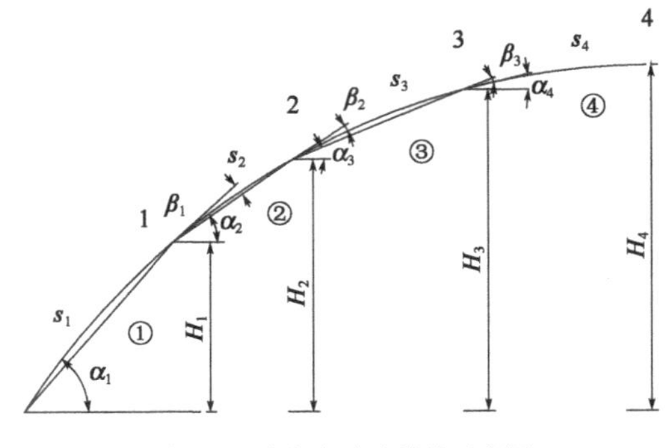

图 3-14　定长扣索法计算示意图

根据设计拱轴线，可知各测点（0 号、1 号、2 号、3 号、4 号）的坐标，如图 3-14 所示，因此图中各节段的弦倾角 α_1、α_2、α_3、α_4 可以通过其设计坐标计算得出：

$$\alpha_2 = \arcsin(h_2 - h_1)/s_2 \qquad (3\text{-}32)$$

式中：h_i——i 节段的竖直长度，$(i=1,2,3,4)$；

s_i——i 节段弦长，$(i=1,2,3,4)$。

虽然在施工过程中，由于扣索的弹性变形，h_i、α_i 是变化的，但是在忽略弹性变形的情况下，S_i、β_i 是不变的。因此，只要通过现场测量 1 号点高程 h_1（$h'_1 = h_1 = \delta_1$，δ_1 为预抬量），根据 $\alpha_1 = \arcsin h_1/s_1$，即可求出 $\alpha_2 = \alpha_1\beta_1$，这样 2 号点高程为：

$$h'_2 = h'_1 + S_2\sin(\alpha'_1 - \beta) \qquad (3\text{-}33)$$

根据上述公式，就可以确定任意状态下节段的控制高程。

6. 无应力状态法

用构件或单元的无应力长度和曲率保持不变的原理，将其作为控制量，然后实现对目标的自动逼近，这种结构状态分析的方法叫作无应力状态法。无应力状态只是桥梁结构的一个数学目标，可以确定桥梁各施工阶段的理想状态，通过这个稳定不变的量将桥梁结构施工过程中的中间状态和结束状态联系起来，为桥梁结构的各种受力状态分析提供了一种有效的方法。

（五）中承式拱桥简化计算力学模型

图 3-15a）给出了一座主跨跨径为 $2L$，边跨跨径为 L_1 的三跨中承式梁拱组合桥，该桥主跨拱矢高为 f，主纵梁以上拱高为 h，边跨拱矢高为 h_1，共设 n 根吊杆，吊杆编号从左至右依次为 $1 \sim n$，承受荷载为 q 的均布荷载。假设主跨和边跨拱肋为常截面，截面面积均为 A_a，截面惯性矩为 I_a，材料弹性模量为 E_a；主纵梁的截面面积为 A_g，截面惯性矩为 I_g，材料弹性模型为 E_g；吊杆的截面面积为 A_b，截面惯性矩为 I_b，材料弹性模量为 E_b。

1. 吊杆简化

采用力法推导桥梁结构受力性能的解析解时，应该降低结构的超静定次数，以方便解析式的推导。中承式梁拱组合桥中主纵梁和拱肋通过吊杆连接共同承受外荷载的作用，而由于吊杆的存在提高了桥梁的超静定次数，需要对其进行简化降低超静定次数。由于仅考虑竖向均布荷载作用下中承式梁拱组合桥的受力性能，因此将各根吊杆切断，而以与吊杆所受轴拉力大小相等的集中力 $T_i(i=1 \sim n)$ 代替，取主拱肋拱与主纵梁的闭合体为研究对象，如图 3-15b）所示。计算表明，在均布荷载作用下除边吊杆外，各根吊杆所受拉力基本一致。而且边吊杆对梁拱组合体系跨中位移的影响敏感程度相对于中间吊杆是微小的，因此可以假定均布荷载作用下，各根吊杆的轴拉力 T_i 相等。根据膜张力假定，可将主拱肋吊杆

轴拉力等效为 $q_1=\sum_{i=1}^{n}T_i/2L\sqrt{\rho}$ 的均布荷载，则主拱肋对应区域主纵梁承受的均布荷载可简化为 $q_2(q_2=q-q_1)$，如图 3-15c)所示。

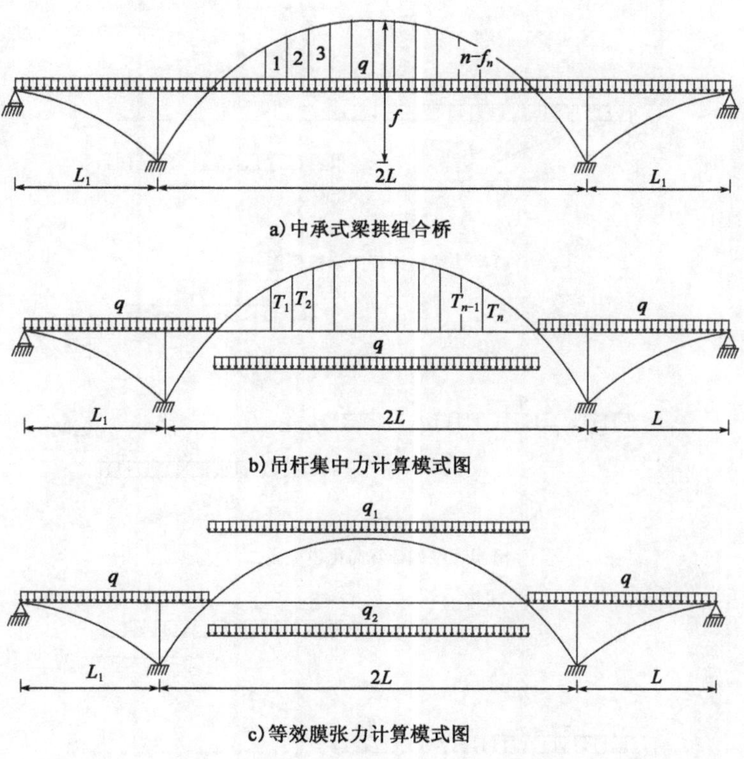

图 3-15 中承式拱桥计算模型

2. 桥型结构简化

由图 3-15a)可以看出，中承式梁拱组合结构的几何形式和支座布置均相对于对称轴对称，并且外荷载为对称荷载，因此主拱肋和主纵梁跨中截面没有水平位移和相对转角，可以取图 3-16a)所示的半边结构进行计算分析。在梁拱组合结构中主纵梁同时承受轴力和弯矩，可以分担主拱肋承担的荷载，增大其跨越能力。如果将图 3-16a)所示结构作为一个整体进行分析，超静定次数仍然过高，增加了分析难度。靠近拱脚的长立柱高度较高、柔度较大且刚度远比拱肋和主纵梁的刚度小，可以假定立柱的上、下端与拱和梁的连接处为铰接，简化问题。并且假定忽略拱桥立柱在轴压力作用下的位移，即假定主拱肋和边拱肋交界位置主纵梁竖向位移为零，根据位移协调性可将图 3-16)所示的结构在主拱肋和边拱肋交界位置断开为两部分，并在断开的主纵梁位置施加与原结构一致的弯矩 X_5、轴力 X_6 和剪力 X_7，同时将立柱取消，并将与立柱所受轴力相等的外荷载 X_8 作用在立柱与主纵梁交接的位置，如图 3-16b)所示。

图 3-16b)所示的主跨结构仍为超静定结构，需要将其简化为静定的基本结构以方便计算。将主跨主拱肋和主纵梁右端的滑动支座去除，代之以未知弯矩 X_1、X_3 和轴力 X_2、X_4 作用。

基于位移协调性可将边拱肋支座去除，代之以支座反力 X_9 作用于支座位置，如图 3-16c）所示。

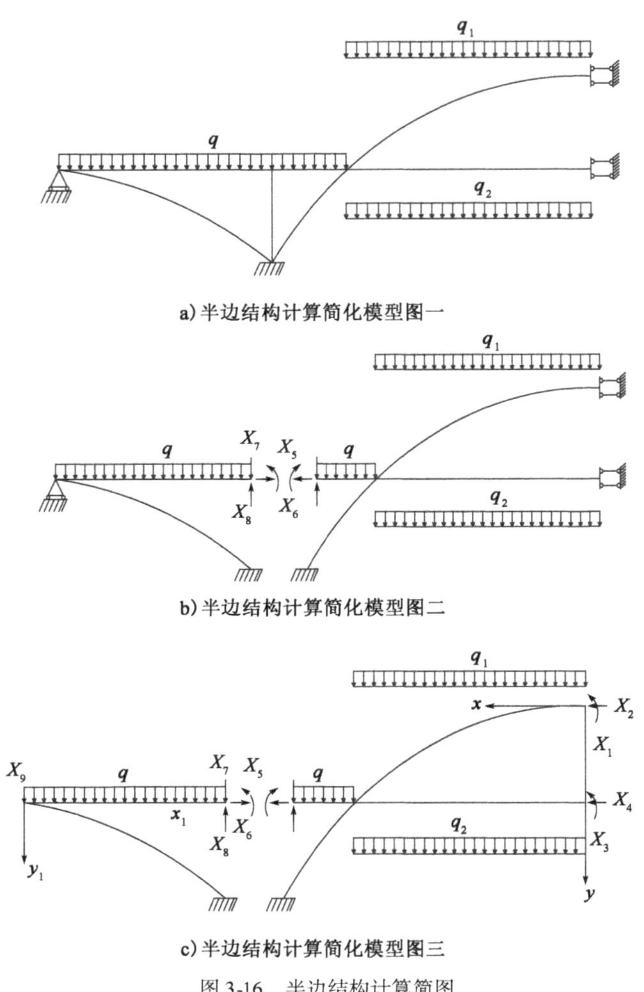

图 3-16　半边结构计算简图

3. 内力计算推导

在此主要讨论主拱肋、边拱肋为等截面二次抛物线拱的受力变形情况。根据结构力学的习惯，分别以主拱肋和边拱肋拱顶位置为坐标原点，建立坐标系 xy 和 x_1y_1，规定轴以向左为正，y 轴以向下为正；x_1 轴以向右为正，y_1 轴以向下为正，如图 3-16c）中所示。同时规定主拱肋上任意点的切线倾角为 φ，边拱肋上任意点的切线倾角为 φ_1，主拱肋和边拱肋弯矩以使其内侧受拉为正，剪力以绕隔离体顺时针方向转动为正，轴力以压力为正；主纵梁弯矩以下侧受拉为正，剪力以绕隔离体顺时针方向转动为正，轴力以压力为正。

基本假定：

（1）主拱肋、边拱肋采用等截面，并且均为二次抛物线形拱；

（2）结构始终处于弹性阶段，即材料服从胡克定律，应力和应变成正比，不考虑材料的

塑性;

(3)不考虑结构变形对弯矩和挠度的影响,即结构受力后杆件计算轴线不变;

(4)主拱肋、边拱肋、主级梁和吊杆均为等截面构件,吊杆间距均相等;

(5)各根吊杆拉力相等,且吊杆力符合膜张力假定。

对于图3-15所示的主拱跨径为$2L$,矢高为f,边拱跨径为L_1,矢高为h_1的跨梁拱组合桥,按照图3-16c)所示坐标系,主拱肋拱轴线方程为$y=\frac{f}{L^2}x^2$;边拱肋拱轴线方程可写为$y_1=\frac{h_1}{L_1^2}{x_1}^2$。

由图3-16可以列出力法的典型方程为:

$$\begin{cases}\delta_{11}X_1+\delta_{12}X_2+\delta_{13}X_3+\delta_{14}X_4+\delta_{15}X_5+\delta_{16}X_6+\delta_{17}X_7+\delta_{18}X_8+\delta_{19}X_9+\Delta_{1q}=0\\ \delta_{21}X_1+\delta_{22}X_2+\delta_{23}X_3+\delta_{24}X_4+\delta_{25}X_5+\delta_{26}X_6+\delta_{27}X_7+\delta_{28}X_8+\delta_{29}X_9+\Delta_{2q}=0\\ \delta_{31}X_1+\delta_{32}X_2+\delta_{33}X_3+\delta_{34}X_4+\delta_{35}X_5+\delta_{36}X_6+\delta_{37}X_7+\delta_{38}X_8+\delta_{39}X_9+\Delta_{3q}=0\\ \delta_{41}X_1+\delta_{42}X_2+\delta_{43}X_3+\delta_{44}X_4+\delta_{45}X_5+\delta_{46}X_6+\delta_{47}X_7+\delta_{48}X_8+\delta_{49}X_9+\Delta_{4q}=0\\ \delta_{51}X_1+\delta_{52}X_2+\delta_{53}X_3+\delta_{54}X_4+\delta_{55}X_5+\delta_{56}X_6+\delta_{57}X_7+\delta_{58}X_8+\delta_{59}X_9+\Delta_{5q}=0\\ \delta_{61}X_1+\delta_{62}X_2+\delta_{63}X_3+\delta_{64}X_4+\delta_{65}X_5+\delta_{66}X_6+\delta_{67}X_7+\delta_{68}X_8+\delta_{69}X_9+\Delta_{6q}=0\\ \delta_{71}X_1+\delta_{72}X_2+\delta_{73}X_3+\delta_{74}X_4+\delta_{75}X_5+\delta_{76}X_6+\delta_{77}X_7+\delta_{78}X_8+\delta_{79}X_9+\Delta_{7q}=0\\ \delta_{81}X_1+\delta_{82}X_2+\delta_{83}X_3+\delta_{84}X_4+\delta_{85}X_5+\delta_{86}X_6+\delta_{87}X_7+\delta_{88}X_8+\delta_{89}X_9+\Delta_{8q}=0\\ \delta_{91}X_1+\delta_{92}X_2+\delta_{93}X_3+\delta_{94}X_4+\delta_{95}X_5+\delta_{96}X_6+\delta_{97}X_7+\delta_{98}X_8+\delta_{99}X_9+\Delta_{9q}=0\end{cases}\tag{3-34}$$

根据方程组(3-34)可以解得未知力X_1、X_2、…、X_9的数值(求解过程见参考文献),进而可以得到中承式梁拱组合桥主拱肋、边拱肋和主纵梁任一截面的内力值如下。

1)主拱肋任一截面的内力

当$0\leqslant x\leqslant L\sqrt{\rho}$时:

$$\begin{cases}M_a=X_1+X_2y-\frac{1}{2}q_1x^2\\ N_a=X_2\cos\varphi+q_1x\sin\varphi\\ Q_a=-X_2\sin\varphi+q_1x\cos\varphi\end{cases}\tag{3-35}$$

当$L\sqrt{\rho}<x\leqslant L$时:

$$\begin{cases}M_a=X_1+X_2y+X_3+(X_4+X_6)(y-h)-X_5+(x-L)X_7+\frac{1}{2}qL(L-2x)\\ N_a=(X_2+X_4+X_6)\cos\varphi-X_7\sin\varphi+qL\sin\varphi\\ Q_a=-(X_2+X_4+X_6)\sin\varphi-X_7\cos\varphi+qL\cos\varphi\end{cases}\tag{3-36}$$

2)主跨主纵梁任一截面$B(x,y)$的内力

当$0\leqslant x\leqslant L\sqrt{\rho}$时:

$$\begin{cases} M_b = X_3 - \dfrac{1}{2} q_2 x^2 \\ N_b = X_4 \\ Q_b = q_2 x \end{cases} \tag{3-37}$$

当 $L\sqrt{\rho} < x \leqslant L$ 时：

$$\begin{cases} M_b = X_5 + X_7(L - x) - \dfrac{1}{2} q (L - x)^2 \\ N_b = -X_6 \\ Q_b = X_7 - q(L - x) \end{cases} \tag{3-38}$$

3）边拱肋任一截面 $A_1(x_1, y_1)$ 的内力

$$\begin{cases} M'_a = -X_5 + y_1 X_6 + (L_1 - x_1)(X_7 - X_8) + X_9 x_1 + \dfrac{1}{2} q L_1^2 - q L_1 x_1 \\ N'_a = X_6 \cos\varphi_1 + (X_7 - X_8 - X_9 + q L_1) \sin\varphi_1 \\ Q'_a = X_6 \sin\varphi_1 + (X_8 + X_9 - X_7 - qL) \cos\varphi_1 \end{cases} \tag{3-39}$$

4）边跨主纵梁任一截面 $B_1(x_1, y_1)$ 的内力

$$\begin{cases} M'_b = X_5 + (X_8 - X_7)(L_1 - x_1) - \dfrac{1}{2} q (L_1 - x_1)^2 \\ N'_b = -X_6 \\ Q'_b = X_7 - X_8 + q(L_1 - x_1) \end{cases} \tag{3-40}$$

4. 挠度计算推导

根据求得的拱肋和主纵梁内力，可以采用单位荷载法计算主拱肋拱顶截面和主纵梁跨中截面的竖向烧度。

取如图 3-17 所示结构作为基本结构计算主拱肋拱顶烧度，在基本结构的拱顶截面作用一竖向单位力，则该单位力引起的主拱肋和主纵梁内力为：

主拱肋任一截面 $A(x, y)$ 的内力为：

$$\overline{M_{a1}} = -x, \overline{N_{a1}} = \sin\varphi, \overline{Q_{a1}} = \cos\varphi \quad (0 < x \leqslant L\sqrt{\rho}) \tag{3-41}$$

$$\overline{M_{a1}} = -x, \overline{N_{a1}} = \sin\varphi, \overline{Q_{a1}} = \cos\varphi \quad (L\sqrt{\rho} < x < L) \tag{3-42}$$

主纵梁任一截面 $B(x, y)$ 的内力为：

$$\overline{M_{b1}} = 0, \overline{N_{b1}} = 0, \overline{Q_{b1}} = 0 \quad (0 \leqslant x \leqslant L\sqrt{\rho}) \tag{3-43}$$

$$\overline{M_{b1}} = 0, \overline{N_{b1}} = 0, \overline{Q_{b1}} = 0 \quad (L\sqrt{\rho} < x \leqslant L) \tag{3-44}$$

则主拱肋拱顶截面挠度为：

$$\Delta_a = \int_0^{L\sqrt{\rho}} \frac{\overline{M_{a1}}\ M_a}{E_a\ I_a}\mathrm{d}s + \int_{L\sqrt{\rho}}^{L} \frac{\overline{M_{a1}}\ M_a}{E_a\ I_a}\mathrm{d}s + \int_0^{L\sqrt{\rho}} \frac{\overline{N_{a1}}\ N_a}{E_a\ A_a}\mathrm{d}s + \int_{L\sqrt{\rho}}^{L} \frac{\overline{N_{a1}}\ N_a}{E_a\ A_a}\mathrm{d}s + \int_{L\sqrt{\rho}}^{L} \frac{k_a\ \overline{Q_{a1}}\ Q_a}{G_a\ A_a}\mathrm{d}s + \int_{L\sqrt{\rho}}^{L} \frac{k_a\ \overline{Q_{a1}}\ Q_a}{G_a\ A_a}\mathrm{d}s$$

$$= -\int_0^{L\sqrt{\rho}} \frac{x\left(X_1 + X_2 y - \frac{1}{2} q_1 x^2\right)}{E_a\ I_a}\mathrm{d}s -$$

$$\int_{L\sqrt{\rho}}^{L} \frac{x\left[X_1 + X_2 y + X_3 + (X_4 + X_6)(y - h) - X_5 + (x - L)\ X_7 + \frac{1}{2}qL(L - 2x)\right]}{E_a\ I_a}\mathrm{d}s +$$

$$\int_0^{L\sqrt{\rho}} \frac{\sin\varphi(X_2\cos\varphi + q_1 x\sin\varphi)}{E_a\ A_a}\mathrm{d}s + \int_{L\sqrt{\rho}}^{L} \frac{\sin\varphi[(X_2 + X_4 + X_6)\cos\varphi - X_7\sin\varphi + qL\sin\varphi]}{E_a\ A_a}\mathrm{d}s +$$

$$\int_0^{L\sqrt{\rho}} \frac{k_a\cos\varphi(-X_2\sin\varphi + q_1 x\cos\varphi)}{G_a\ I_a}\mathrm{d}s +$$

$$\int_{L\sqrt{\rho}}^{L} \frac{k_a\cos\varphi[-(X_2 + X_4 + X_6)\sin\varphi - X_7\cos\varphi + qL\cos\varphi]}{G_a\ I_a}\mathrm{d}s \tag{3-45}$$

取如图 3-18 所示结构作为基本结构计算主纵梁跨中截面烧度，在基本结构的主纵梁跨中截面作用一竖向单位力，则该单位力引起的主拱肋和主纵梁内力如下。

主拱肋任一截面 $A(x,y)$ 的内力为：

$$\overline{M_{a1}} = 0, \overline{N_{a1}} = 0\ \overline{M_{a1}} = 0 \quad (0 \leqslant x \leqslant L\sqrt{\rho}) \tag{3-46}$$

$$\overline{M_{a1}} = -x, \overline{N_{a1}} = \sin\varphi, \overline{Q_{a1}} = \cos\varphi \quad (L\sqrt{\rho} < x \leqslant L) \tag{3-47}$$

主纵梁任一截面 $B(x,y)$ 的内力为：

$$\overline{M_{b1}} = -x, \overline{N_{b1}} = 0, \overline{Q_{b1}} = 1 \quad (0 \leqslant x \leqslant L\sqrt{\rho}) \tag{3-48}$$

$$\overline{M_{b1}} = 0, \overline{N_{b1}} = 0, \overline{Q_{b1}} = 0 \quad (L\sqrt{\rho} < x \leqslant L) \tag{3-49}$$

则主纵梁跨中截面挠度为：

$$\Delta_b = \int_{L\sqrt{\rho}}^{L} \frac{M_{a1}\ M_a}{E_a\ I_a}\mathrm{d}s + \int_{L\sqrt{\rho}}^{L} \frac{N_{a1}\ N_a}{E_a\ A_a}\mathrm{d}s + \int_{L\sqrt{\rho}}^{L} \frac{k_a\ Q_{a1}\ Q_a}{G_a\ A_a}\mathrm{d}s + \int_0^{L\sqrt{\rho}} \frac{M_{b1}\ M_b}{E_b\ I_b}\mathrm{d}x + \int_0^{L\sqrt{\rho}} \frac{N_{b1}\ N_b}{E_b\ A_b}\mathrm{d}x + \int_0^{L\sqrt{\rho}} \frac{k_b\ Q_{b1}\ Q_b}{G_b\ A_b}\mathrm{d}x$$

$$= -\int_{L\sqrt{\rho}}^{L} \frac{x[X_1 + X_2 y + X_3 + (X_4 + X_6)(y - h) - X_5 + (x - L)\ X_7 + \frac{1}{2}qL(L - 2x)]}{E_a\ I_a}\mathrm{d}s -$$

$$\int_0^{L\sqrt{\rho}} \frac{x(X_3 - \frac{1}{2}\ q_2\ x^2)}{E_b\ I_b}\mathrm{d}x + \int_0^{L\sqrt{\rho}} \frac{k_b\ q_2 x}{G_b\ A_b}\mathrm{d}x + \int_{L\sqrt{\rho}}^{L} \frac{\sin\varphi[(X_2 + X_4 + X_6)\cos\varphi - X_7\sin\varphi + qL\sin\varphi]}{E_a\ A_a}\mathrm{d}s +$$

$$\int_{L\sqrt{\rho}}^{L} \frac{k_a\cos\varphi[-(X_2 + X_4 + X_6)\sin\varphi - X_7\cos\varphi + qL\cos\varphi]}{G_a\ A_a}\mathrm{d}s \tag{3-50}$$

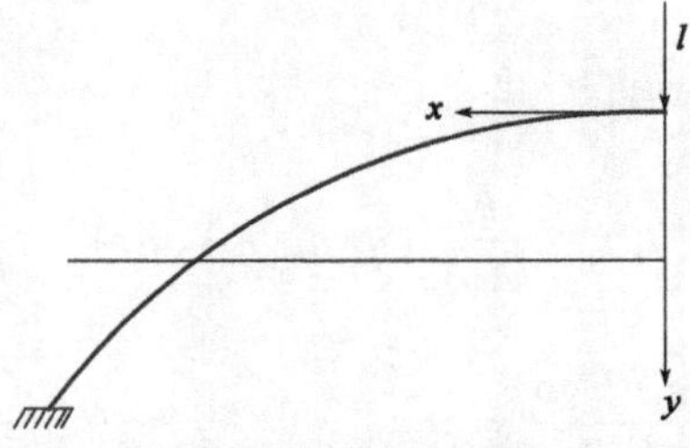

图 3-17　主拱肋拱顶截面挠度计算基本结构示意图

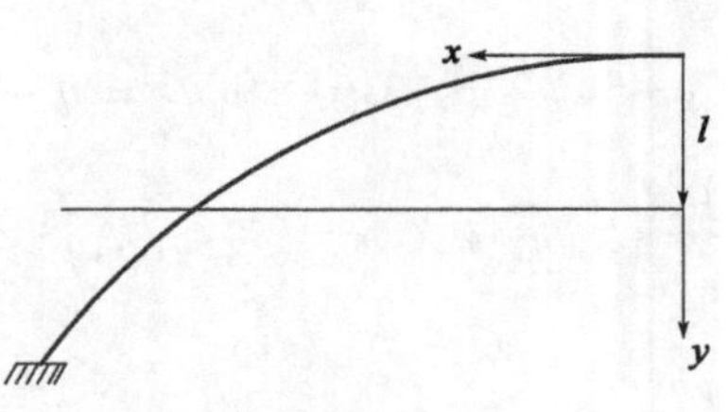

图 3-18　主纵梁跨中截面挠度计算基本结构示意图

外荷载作用下跨中位置吊杆的轴向变形为：

$$\Delta_s = \frac{2q_1 L\sqrt{\rho}}{n} \cdot \frac{h}{E_s A_s} = \frac{2q_1 hL\sqrt{\rho}}{nE_s A_s} \tag{3-51}$$

根据变形协调条件可知，跨中位置主拱肋拱顶挠度、主纵梁挠度和吊杆轴向变形满足下列关系：

$$\Delta_b = \Delta_a + \Delta_s \tag{3-52}$$

将式(3-45)、式(3-50)、式(3-51)代入式(3-52)并化简得：

$$-\int_0^{L\sqrt{\rho}} \frac{x\left(X_1 + X_2 y - \frac{1}{2}q_1 x^2\right)}{E_a I_a}\mathrm{d}s + \int_0^{L\sqrt{\rho}} \frac{\sin\varphi(X_2\cos\varphi + q_1 x\sin\varphi)}{E_a A_a}\mathrm{d}s +$$

$$\int_0^{L\sqrt{\rho}} \frac{k_a\cos\varphi(-X_2\sin\varphi + q_1 x\cos\varphi)}{G_a A_a}\mathrm{d}s = -\int_0^{L\sqrt{\rho}} \frac{x\left(X_3 - \frac{1}{2}q_2 x^2\right)}{E_b I_b}\mathrm{d}x + \int_0^{L\sqrt{\rho}} \frac{k_b q_2 x}{G_b A_b}\mathrm{d}x - \frac{2q_1 hL\sqrt{\rho}}{nE_s A_s} \tag{3-53}$$

令

$$n_1(\lambda,\rho) = \int_0^{L\sqrt{\rho}} x\mathrm{d}s = \frac{L^2}{12\lambda^2}[(1+4\lambda^2\rho)^{\frac{3}{2}} - 1] \tag{3-54}$$

$$n_2(\lambda,\omega,\rho) = \int_0^{L\sqrt{\rho}} xy\mathrm{d}s = \frac{L^3}{120\lambda^3} + \frac{(24\lambda^2\gamma^2 + 2\lambda\gamma - 1)L^3}{120\lambda^3}\sqrt{1+4\lambda^2\rho} \tag{3-55}$$

$$n_3(\lambda,\rho) = \int_0^{L\sqrt{\rho}} x^3\mathrm{d}s = \frac{L^4}{120\lambda^4} + \frac{(6\lambda^2\rho - 1)L^4}{120\lambda^3}(\sqrt{1+4\lambda^2\rho})^{\frac{3}{2}} \tag{3-56}$$

$$n_4(\lambda,\rho) = \int_0^{L\sqrt{\rho}} \sin\varphi\cos\varphi\mathrm{d}s = \frac{L}{2\lambda}(\sqrt{1+4\lambda^2\rho} - 1) \tag{3-57}$$

$$n_5(\lambda,\rho) = \int_0^{L\sqrt{\rho}} x\sin^2\varphi\mathrm{d}s = \frac{L^2}{6\lambda^2} + \frac{(1-2\lambda^2\rho)L^2}{6\lambda^2}\sqrt{1+4\lambda^2\rho} \tag{3-58}$$

$$n_6(\lambda,\rho) = \int_0^{L\sqrt{\rho}} x\cos^2\varphi\mathrm{d}s = -\frac{L^2}{4\lambda^2} + \frac{L^2}{4\lambda^2}\sqrt{1+4\lambda^2\rho} \tag{3-59}$$

$$n_7(\rho) = \int_0^{L\sqrt{\rho}} x\mathrm{d}x = \frac{1}{2}L^2\rho \tag{3-60}$$

$$n_8(\rho) = \int_0^{L\sqrt{\rho}} x^3\mathrm{d}x = \frac{1}{4}L^4\rho^2 \tag{3-61}$$

将式(3-54)～式(3-61)和 $q_2 = q - q_1$ 代入式(3-53)得：

$$\frac{1}{E_a I_a}\left(X_1 n_1 + X_2 n_2 - \frac{1}{2}q_1 n_3\right) - \frac{1}{E_a A_a}(X_2 n_4 + X_1 n_5) - \frac{k_a}{G_a A_a}(q_1 n_6 - X_2 n_4) -$$

$$\frac{1}{E_b I_b}\left(X_3 n_7 - \frac{1}{2}(q - q_1)n_8\right) + \frac{k_b n_7(q - q_1)}{G_b A_b} - \frac{2q_1 hL\sqrt{\rho}}{nE_s A_s} = 0 \tag{3-62}$$

二、系杆拱桥索力的确定及调索

（一）概述

在系杆拱桥中，张拉吊杆将引起整个结构的内力重分布，尤其是大跨径桥梁吊杆的张拉力可能需要多次张拉调整，才能达到施工期结构内力状态及成桥状态线形和内力的要求。确定不同施工阶段吊杆的张拉力值是问题的关键，只有选择合理的不同施工阶段吊杆的张拉力值才能保证施工期的安全，使成桥状态得到很好的控制，使之达到较理想的合理成桥内力状态和线形的要求。然而，以不同控制目标确定的吊杆内力是不同的，因此选择一种合理的方法来确定各施工阶段和成桥时吊杆张拉力是很重要的。

（二）合理成桥索力的确定方法

常用的确定成桥状态下吊杆力的计算方法有以下几类。

1. 刚性支承连续梁法

对于系梁，杆就像是弹性支承，在荷载作用下可以发生弹性或非弹性伸长，使系梁出现挠变形，从而产生一定的内力。而所谓刚性支承连续梁法就是在成桥状态下，系梁和吊杆连接节点处，在恒荷载和吊杆索力的作用下的位移为零，并且同时认为此刻系梁的弯矩分布等同于刚性支承连接梁时的弯矩分布。此时，系梁内力的分布状态类似于多跨的刚性支承连续梁，梁中正负弯矩交替变化，内力均匀且较小。此方法主要以位移为控制目标，以保证成桥线形。

刚性支承体系就是一种最小势能体系。而此时结构弯矩分布正负相间，有利于充分利用材料的承载能力。

2. 力的平衡法

结构的合理受力状态往往是以结构控制截面上的内力（主要是弯矩或轴力）达到某一最佳状态为目标的。系梁上各点的高程可以通过设计预拱度来调整。刚性支承连续梁法以位移作为控制目标，而力的平衡法，则直接以截面内力为控制目标。

在系杆拱桥中，以直接承受活载的系梁作为主要的研究对象，把吊杆与系梁连接处的系梁截面弯矩作为控制目标量，同时考虑预应力钢筋和混凝土收缩、徐变的影响。则当成桥时，吊杆张拉力应能使系梁内控制截面的弯矩在恒载和吊杆拉力的作用下，达到设计者所指定的弯矩状态。以此为指导思想，力的平衡法以截面弯矩为主要控制目标来确定恒载作用下合理成桥状态时吊杆张拉力的大小。

据上述思想，选取系杆拱系梁上一些主要截面的弯矩作为控制条件，对系梁建立在恒载与索力共同作用下的平衡方程，就可以求得初始索力，所以基本步骤如下。

（1）选择主要控制截面，根据需要设定主要截面的控制内力，如控制弯矩 M_i^0。

（2）计算恒载作用下各控制截面弯矩 M_i^g，依次算出吊杆受单位力作用下这些控制截面的弯矩影响向量 m_{ij}，i 为控制截面编号，j 为吊杆编号。

（3）根据力的平衡，建立平衡方程并求解，将求得的结果施加于模型，就可以得到整个结构的初始内力状态。

由于直接控制截面弯矩 M，当出现结构的整体受力状态不合理时，可以增加不合理受力截面为控制截面，重新求解吊杆张拉力，如此重复求解直至得到能够使结构内力分布均匀的吊杆力组。

3. 刚性吊杆法

刚性支承连续梁法是以成桥状态时系梁与吊杆连接节点处的位移为控制目标；力的平衡法是主要以系梁关键截面处弯矩等内力为控制目标。两者都是以系梁的局部为主要控制对象。

刚性吊杆法是从梁拱组合体系的整体受力特性出发，以拱作为主要研究对象，作为梁、拱的组合，通过改变吊杆张拉力的大小，以协调两者之间的关系，进而获得比较合理的全桥受力状态；从拱桥的整体受力角度看，梁、拱的组合体系，可以通过改变吊杆张拉力的大小来协调两者之间的关系，从而获得比较合理的全桥受力状态。刚化吊杆的结果是，吊杆与梁或拱连接的节点间的位移差为零，从而使恒载尽可能由拱来承担，从而充分发挥混凝土的抗压性能。此时系梁的位移并不为零，其位移为拱肋下挠值。故在具体计算中，可以吊杆轴向刚度取到满足要求的数量级，例如使吊杆截面面积增加100倍，而吊杆的重度 γ 缩小100倍来计算确定吊杆力的大小。

4. 弯曲能量最小法

对于之前所叙述的几种方法，将位移或者内力作为确定成桥状态的主要手段。但是建成一座预应力混凝土系杆拱桥，需要经历复杂的施工过程，如果此时采用单一的目标来控制，往往是不合适的。所以我们需要另一种综合性更强的方法来完成这项工作。如果需要考虑多种因素比如内力状态及成型的线形状态等，这个问题就可以转化为一个多个约束条件下的函数最优解的问题。所以首先，我们要确定一个目标函数，也就是通常所说的评判指标；然后，在设定的约束范围内，寻找我们所需要的最优解。这种方法在优化原理中称为二次规划法。

如果以系梁的弯曲能量为目标函数，求出能同时满足内力和线形两种成型状态条件下，目标函数值最小时的解。将这组解作用在桥梁模型里，便能得到一种较为合理的成桥状态。这种以能量作为目标函数的方法，就是我们通常所说的能量法。

5. 影响矩阵法

在介绍影响矩阵法之前，先明确一下受调向量、施调向量和影响矩阵等基本概念。首先介绍受调向量，它一般指的是结构物上若干个关心截面处所要控制的力学状态，如截面内力、应力或者节点的位移等组成的列向量。它们代表着为了达到结构目标状态时，所需接受调整的量。设有 m 个关心截面需要接受调整，则可将受调向量记为：

$$D=[d_1 \quad d_2 \quad \cdots \quad d_m]^{\mathrm{T}} \tag{3-63}$$

在系杆拱桥中在指定了接受调整的项目后，调整对象一般选择吊杆，假设有 $l(l\leqslant m)$ 根吊杆接受调整，则由吊杆力所需调整的值组成的列向量，即为施调向量。将这 l 个独立元素 $(l\leqslant m)$ 所组成的列向量记为：

$$X = [\, x_1 \quad x_2 \quad \cdots \quad x_l \,]^{\mathrm{T}} \tag{3-64}$$

施调向量中第 j 个元素 x_j 发生单位变化时,引起受调向量 D 的变化量称为影响向量,记为:

$$C_j = [\, c_{1j} \quad c_{2j} \quad \cdots \quad c_{mj} \,]^{\mathrm{T}} \tag{3-65}$$

如此,可以得到 l 个影响向量,将它们依次排列形成矩阵,则达到了结构的整体影响矩阵,记为:

$$C = [\, c_1 \quad c_2 \quad \cdots \quad c_l \,]^{\mathrm{T}} \tag{3-66}$$

当结构满足线性叠加时,可知:

$$CX = D \tag{3-67}$$

根据上式可以唯一求得施调向量 X。向量 X 表示必须使施调变量产生 X 的相应变化,才能使结构状态响应量达到 D。

一般情况下,通过在模型里张拉吊杆力,来获得影响矩阵 C,然后设定受调向量 D。经过以上步骤,理论上得到了能够使桥梁达到合理状态的一组吊杆力,但是实际上,由于建立的模型跟实际结构有差异,比如一些结构的抗弯刚度 EI 没有精确的模拟,整体受力状态情况和杆系模型分析得到的结果有差距,还有受到实际施工的影响等。为了考虑以上众多差异因素,在实际调索的过程中,影响矩阵法不仅仅用在索力优化工程上,还用在张拉控制工程和调索工程上。肖汝诚等通过广义影响矩阵概念,用索力变与广义影响矩阵来表示斜拉桥优化的目标函数,导出了斜拉桥索力优化的影响矩阵法,此方法即可用于施工阶段和成桥阶段索力的优化,及成桥后的索力调整,计算过程实现了程序化。

在实际工程中运用时,影响矩阵法可以通过引入修正系数来提高该方法的实用性。在实际操作中,我们可以通过修正系数来修正有限元模型,也可以直接修正已有的影响矩阵,然后将其运用到计算中,这样的方法操作简便,实用性强。

以上这些方法在实际应用中有时会存在一些缺陷和问题,零位移法得到的梁端和拱脚的弯矩值过大,弯曲能最小法得到的系梁的弯矩值总体上较小,刚性支撑连续梁法得到的系梁的弯矩值较均匀。综上可以看出,目前计算系杆拱桥成桥状态下吊杆张拉力的方法不便于普通设计人员选择和应用,特别是多数方法需要借助电算程序,并进行冗繁的数学运算。

6. 杠杆原理简化计算法

实际上,吊杆主要承受桥面系的自重以及活载,那么可以简化认为桥面系的自重及活载通过桥面板按照杠杆原理分配到吊杆横梁,再由吊杆横梁按杠杆原理法分配到吊杆。如此,通过简单的解析手算就能够得到吊杆的成桥张拉力,具体的计算过程如下。

(1)根据设计图纸得到一根横梁的自重,则分配到对应吊杆的拉力 T_1 为横梁自重的一半。

(2)根据设计图纸得到一块行车道板截面面积所对应的自重平均分配到一根吊杆的拉力 T_2。

(3)计算桥面铺装及防撞栏(人行道板及人行道护栏)自重平均分配到一根吊杆的拉力 T_3。

(4)计算系杆恒载作用平均分配至吊杆内力 T_4。

(5)活载纵桥向按照杠杆原理法对所计算吊杆加载,横桥向按照车辆横向布载进行加载,以计算所求吊杆处的横向分布系数，则可得吊杆拉力 T_5。通过以上几步就可以快速容易地得到系杆拱桥吊杆成桥状态下的张拉力 $T = T_1 + T_2 + T_3 + T_4 + T_5$。

(三)施工阶段初始张拉力的确定

1. 确定施工张拉力的常用方法

确定施工张拉力使用最多的一般有两种方法：倒拆法和正装迭代法。根据上述的计算方法得到的吊杆力，是一个能够满足系梁控制目标期望值的组合。它可以理解为一组所有吊杆瞬时同步张拉的预张力。但现实施工中，吊杆一般都是分批张拉的，其间伴随着结构的变形、支承体系的转换以及内力的重分布，都将直接影响后期吊杆所需张拉的力。后期张拉的吊杆也将影响先前完成张拉的吊杆。如此，当按目标值张拉完全部吊杆后，整个桥梁结构内力的分布不能达到我们所期望的状态，这势必要对各吊杆进行适当的调整。

系杆拱桥是一个多次超静定结构，其张拉次序对吊杆内力分布的影响很明显，故一般均应按照设计规定的次序进行张拉。系杆拱桥顺桥向杆张拉次序，主要受拱圈及主梁受力条件的约束。拱圈受力的安全性与其受力是否均匀关系很大。为了保证拱圈的受力安全，在张拉吊杆过程中，一般需要让拱圈承受相对均匀的荷载。在张拉顺序的确定过程中，除了要保证拱圈安全外，还应使施工过程中各吊杆的施调力之和相对较小。

由上述可知，对吊杆张拉进行施工控制是必要的，其目的是在保证结构安全的前提下，使吊杆的预张力达到或者接近控制期望值，最终使系梁达到合理的内力状态。

2. 倒拆法

为了尽量减少调整甚至不需要调整，以缩短施工时间和节省施工费用，一般事先规定吊杆施工阶段信息，利用倒拆的方法来得到每根吊杆的初始张拉力。然后，依照既定的顺序，按上述初始吊杆张拉力张拉吊杆。如此张拉得到的最终状态，理论上就是我们所想得到的状态。

桥梁施工控制中倒装法的基本思路是：假设 t_0 时刻内力分布满足合理成桥状态，线形满足设计要求，在此初始状态下，按照正装分析的逆过程，对结构进行倒拆，分析每次卸除的一个施工阶段对剩余结构的影响，在一个施工阶段内分析得出的结构位移、内力状态便是该结构施工的理想状态。

根据上述原理，倒拆法应用于吊杆张拉结构索力计算中的基本思路为：根据既定的吊杆张拉次序，反序依次剪断各对吊杆，每剪断1次吊杆作为1个计算模型进行桥梁内力计算，则下一次将被剪断吊杆内力作为所求的按照桥梁正常顺序施工时应当施加的吊杆初拉力，这样采用逆序模拟桥梁施工的方法获得了桥梁正序施工时的吊杆张拉力控制数据，同时考虑了空间结构吊杆间的相互影响效应，具体步骤如下。

(1)建立满足既定桥梁状态的有限元模型。

(2)按照逆序依次剪断相应的吊杆，获得该状态下下一次将被剪断吊杆内力，该内力即为按照桥梁正常顺序施工时应当施加的吊杆初拉力。

(3)利用上述逆序所求的吊杆张拉力对桥梁进行正序计算，判断计算状态是否与既定状态相吻合，如果不吻合则需进行迭代计算，并判断各施工阶段的结构状态是否安全。受结构非线性及混凝土收缩徐变影响，单独应用倒装法会导致倒装与正装的不闭合，该误差只能通过倒装—正装的迭代运算消除。但是，对于中小跨度的吊杆张拉结构而言，为消除该误差而采用迭代分析显得过于烦琐，因为倒拆法的优势在于快速、方便，如果采用倒装与正装的迭代分析，则其与正装迭代法相比失去优势。由于结构脱架阶段对误差要求较低，倒拆一次即可得到相应的计算索力，非常快捷，因此倒装法一般应用于该阶段的吊杆张拉计算，对于结构脱架后的第二、第三次吊杆张拉，由于吊杆不能去除，吊杆部分卸载后仍然存在于结构体系中，倒拆法存在较大难度，已不适合应用。

3. 正装迭代法

对实际结构的施工过程进行正序分析，即按照施工方案依次安装各施工步的构件，并施加相应施工步的荷载，来跟踪模拟施工过程中结构的一系列受力状态，从而分析施工过程中结构的内力和变形。由于吊杆支撑桥梁为多次超静定结构，正装法一般需采用多次迭代来求得相应的索力，因此正装法应用于吊杆索力计算的基本思路为：先假定一个安装索力，进行一次正装计算，得到一个成桥状态时的索力，将该索力与目标索力进行比较，求出差值，得到最新的安装索力，再进行新的一轮正装计算，直至收敛为止，具体步骤如下。

第一次设定初始张拉力，一般可以将成桥索力成输入模型，取得第一次成桥后的索力。

第二次计算初张拉力，将其输入模型计算得到第二次成桥的索力。

第三次计算初张拉力，将其输入模型计算得到第三次成桥后的索力，直至收敛。

正装计算法能较好地模拟桥梁结构的实际施工历程，能较好地考虑一些与桥梁结构形成历程有关的因素，如结构的非线性问题和混凝土的收缩、徐变问题，正装分析的计算索力与目标索力误差较小，因此正装迭代法适合于结构脱架阶段和成桥调索阶段的索力计算，适用范围较广。但是正装法迭代次数较多，收敛速度慢，当单元数量较多时，耗时较长。

（四）二次调索

系杆拱桥最终施工阶段是拆除支架和临时支墩后，第二次张拉吊杆到设计吨位，从而结束桥梁主体部位的施工。在第二次张拉完后，桥梁可能并不能达到设计要求的状态，主要从桥梁的线形以及吊杆力的分布两方面考虑。在产生了施工误差后，我们势必要制定调整方案来使桥梁达到设计标准状态。

系杆拱桥根据不同刚度的拱肋和系梁的组合，可以分为三类：

（1）刚性拱肋和刚性系梁组合，此类拱桥中拱肋和系梁均可承受一定的弯矩，吊杆张力对此种结构的内力分布影响很大。

（2）刚性拱肋和柔性系梁组合，此类拱桥的吊杆力，一般等于吊杆节间内的桥面系荷载，没有调整的余地。

（3）柔性拱肋和刚性拱肋组合，此类拱桥一般采用刚性吊杆，吊杆内力不能通过张拉控制。

通过二力杆模型分析吊杆，发现索力与结构形式及其变形有很大的关系。因此在施工过程中，会间接影响到其他吊杆的索力。所以在调索前，可以先计算各吊杆张拉单位力时对其他吊杆力的影响值，然后通过计算，得出每根吊杆需要张拉的力。一般采用平面杆系模型计算得到这些影响值。然后通过影响矩阵法计算施调向量。

理论上讲，通过影响矩阵计算得到吊杆力不需要考虑张拉顺序，只要每根吊杆力达到各自所需的施调量即可达到最终合理的成桥状态。通过前面的分析可知，张拉每一根吊杆时，不但改变了自身和其他吊杆的索力，同时桥梁的结构也随之变形。为了保证调索期间桥梁局部应力不能过大，在考虑桥梁总体变形的同时，还要保证桥梁局部变形不能过大。所以，在张拉吊杆时需要设定一定的张拉顺序，从而保证桥梁结构的安全合理。

第三节　全桥总体跨径布置及结构设计

一、总体结构概述

余信贵大桥由主桥、东西引桥、互通匝道桥等组成。项目主线全长 1251.39m，其中桥长 1061.5m（K0 +005.00 ~ K1 +066.500），东、西引道总长 189.89m。主桥为 48m + 168m + 48m 飞燕式钢箱系杆拱桥，下部结构采用承台接群桩基础；西侧引桥为 2 ×30m + 3 ×30m + (40 + 46 +40) m +2 ×46m 预应力混凝土现浇连续梁，下部结构采用承台接群桩基础；东侧引桥为 4 ×46m +4 ×30m +4 ×30m 预应力混凝土现浇连续梁，下部结构采用承台接群桩基础。主桥桥型为 48m +168m +48m 飞燕式蝴蝶形钢箱拱肋系杆拱桥。主墩（11 号、12 号）均采用钻孔灌注桩接钢筋混凝土承台基础。单个主墩采用 22 根 ϕ2.2m 的嵌岩桩，桩长 30m；承台为尖端形，横桥向长 40m，顺桥向宽 14m，高 4.5m。

二、主桥飞燕式蝴蝶形拱桥设计

（一）桥型结构

本桥结构形式为 48m + 168m +48m 中承式系杆拱，计算跨径 168m，主跨拱肋系统由主拱肋、副拱肋、主副拱之间的横向连杆以及拱顶横撑等构件组成。主拱跨径 168m，外倾 12°，里面矢高 48m，矢跨比 1/3.5。副拱肋轴线为空间曲线，跨径 130m，矢高 20.742m，矢跨比 1/6.268。主副拱肋之间的横向连杆采用圆钢管，间距 6m。拱桥主梁为结合梁，两侧钢主纵梁中心间距 29.9m，钢横梁间距 6m，混凝土桥面板厚度 26cm。拱桥吊杆间距 6m，吊杆上端通过吊耳与主拱肋相连，下端锚固于钢横梁。边拱、主拱肋（混凝土段）与边跨混凝土箱形主梁形成边跨三角刚构区。

余信贵大桥主桥整体布置如图 3-19 所示。

（二）主跨结构

拱轴线坐标系如图 3-20 所示。主、副拱肋轴线如下。

（1）主拱肋轴线方程

XOZ 面内：$Z = -0.006803X^2 + 48.000$

XOY 面内：$Y = -0.001446X^2 - 19.960$

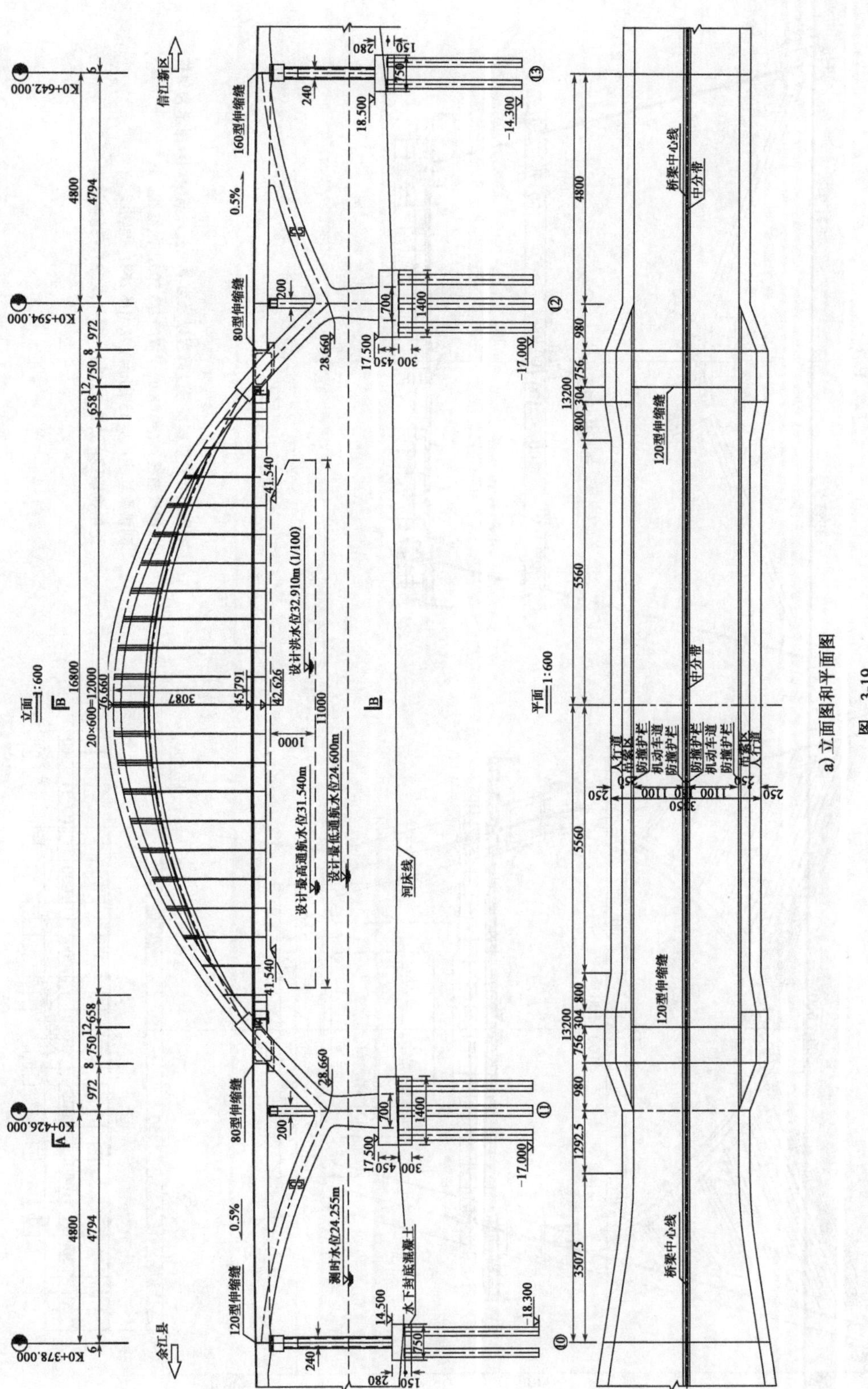

a) 立面图和平面图

图 3-19

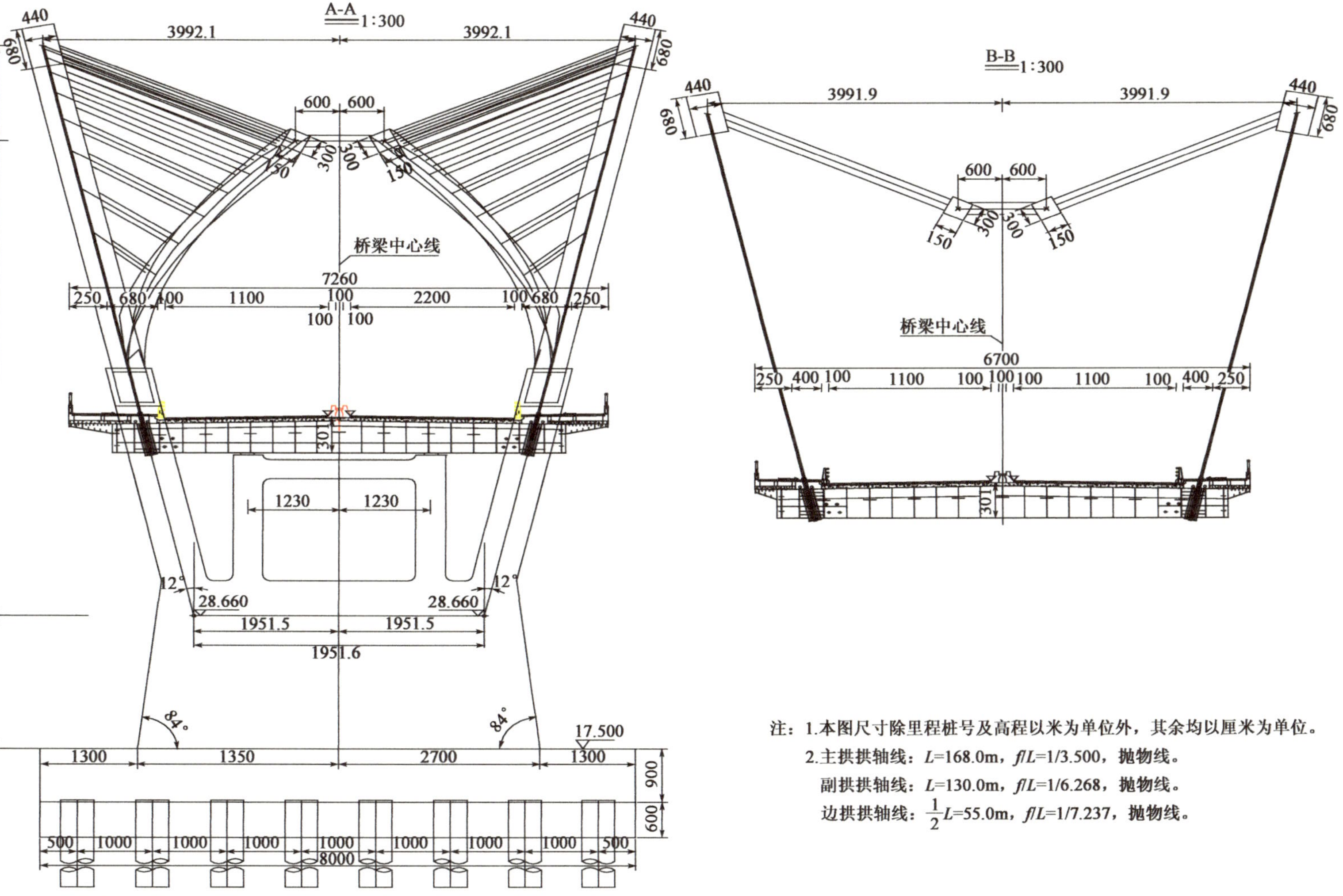

注：1.本图尺寸除里程桩号及高程以米为单位外，其余均以厘米为单位。
2.主拱拱轴线：L=168.0m，f/L=1/3.500，抛物线。
副拱拱轴线：L=130.0m，f/L=1/6.268，抛物线。
边拱拱轴线：$\frac{1}{2}L$=55.0m，f/L=1/7.237，抛物线。

b)横截面图

图3-19　余信贵大桥整体布置图(尺寸单位：cm)

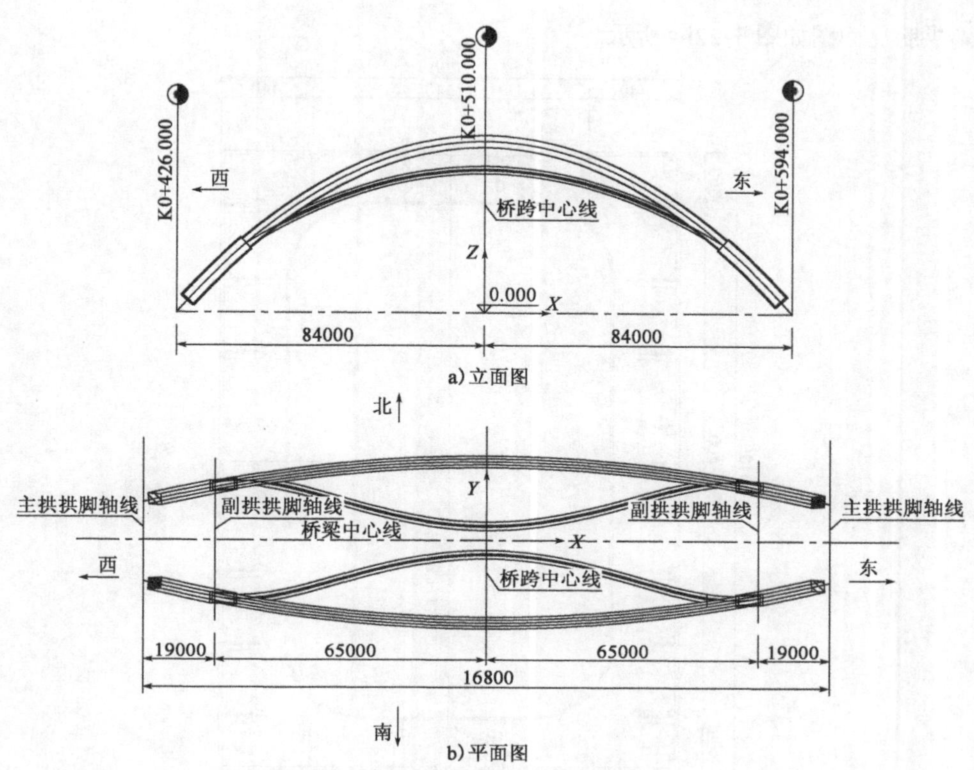

图 3-20 拱肋坐标系图(尺寸单位:mm)

(2)副拱肋轴线方程

XOZ 面内:$Z = -0.004909X^2 + 40.000$

YOZ 面内:$Y = -0.0003003Z^3 + 0.059631Z^2 - 2.1876903Z + 8.309$

1. 主拱肋

主拱肋跨中 130m 为钢箱,两侧各 19m 段为钢筋混凝土结构,主拱钢结构段材料为 Q345qD,主拱肋采用矩形截面,宽 2.2m,高 3.4m,腹板顶板厚度为 20 ~ 40mm,如图 3-21a)所示。主拱肋纵向加劲肋采用钢板加劲,顶、底板纵向加劲肋间距 440mm,腹板纵向加劲肋间距 400mm,加劲肋高度 170 ~ 300mm,板厚 14 ~ 20mm。横向加劲肋与拱轴线垂直,板厚 12mm。吊杆处设横隔板,横隔板板厚 24mm。主拱混凝土段材料为 C55 混凝土,拱肋采用矩形截面,宽 3.0m,高 4.2 ~ 4.7m。钢拱肋与混凝土拱肋在结合部通过预应力精轧螺纹钢筋、普通钢筋、钢板及混凝土连接。主拱肋立面图如图 3-21b)所示。

2. 副拱肋

副拱肋采用方形截面,边长 1.5m。由于副拱肋轴线为空间曲线,副拱肋为空间弯扭构件。副拱肋面板厚度 16 ~ 20mm,副拱肋纵向加劲肋为钢板加劲,间距 500mm,高度 170 ~ 220mm,板厚为 12 ~ 18mm,副拱肋截面图如图 3-22a)所示。横向加劲肋除在主拱肋与副拱肋交汇段与相应位置主拱肋横隔板方向相同外,其余段均与拱轴线垂直,板厚 12mm,副拱肋与横向横撑连续处设横隔板,横隔板厚度 20mm。副拱肋在交汇区截面逐渐缩减,直至与主拱完全交汇。副拱肋立面图如图 3-22b)所示。

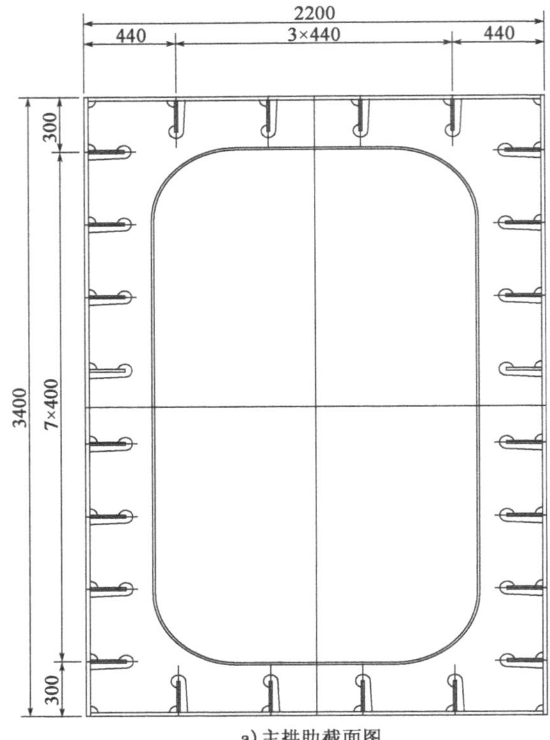

a)主拱肋截面图

b)主拱肋1/2立面图

图 3-21

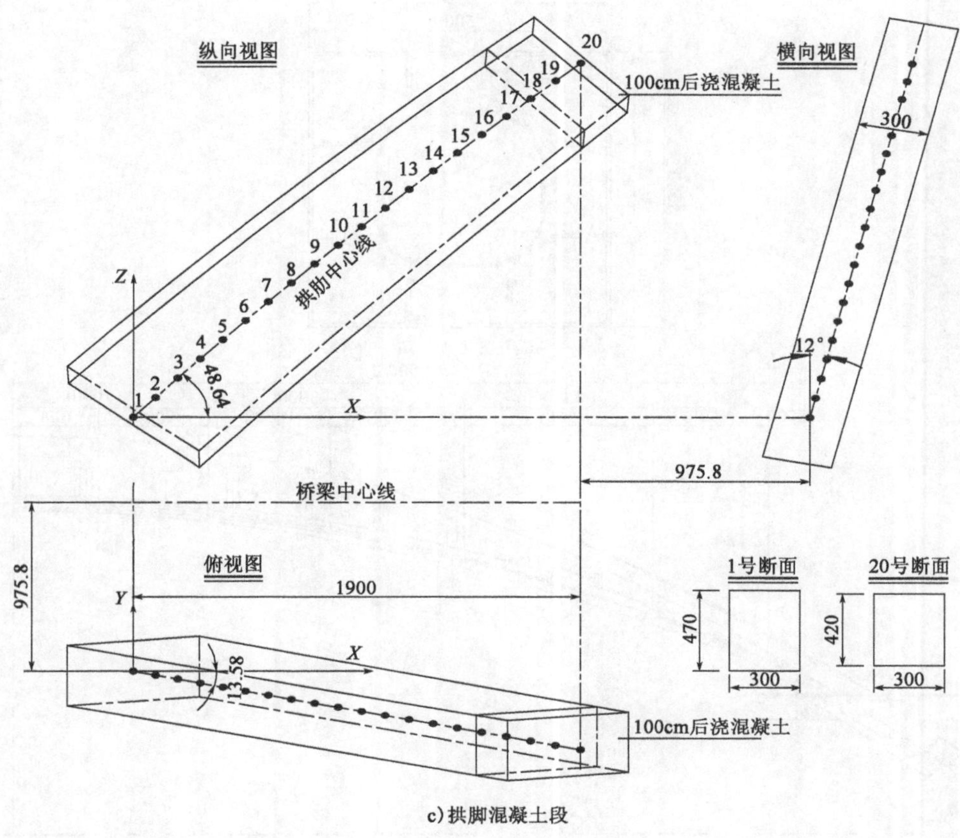

c)拱脚混凝土段

图3-21　主拱肋构造图(尺寸单位:cm)

3. 主副拱肋间联系

主、副拱肋之间连杆采用圆钢管,直径600~1000mm,壁厚20~28mm,连杆在拱肋连接位置预留段。副拱之间在跨中位置设5道横撑,横撑为900mm×900mm矩形截面,壁厚40mm。左右幅主拱肋在距离拱脚约10m处(混凝土拱肋段)设置拱肋间横梁。主副拱肋间联系如图3-23所示。

4. 钢-混凝土结合梁

拱肋主梁为等截面钢-混凝土结合梁结构,结合梁钢材质为Q345qD,为主纵梁、中横梁、端横梁、小纵梁组成的双主梁梁格体系。除端横梁为闭口箱梁外,其余钢梁均为工字形截面梁。其中:纵梁每6m设置一道横梁,每两道横梁之间设置2道主纵梁和9道次纵梁。钢-混凝土组合梁平面布置如图3-24a)所示。

全桥共设两片工字形截面主纵梁,中心距29.9m,高2.447m,顶、底板尺寸为600mm×26mm,腹板厚24mm,每两道横梁间主纵梁设置3道横隔板,厚度12mm。主纵梁横截面标准图如图3-24b)所示。

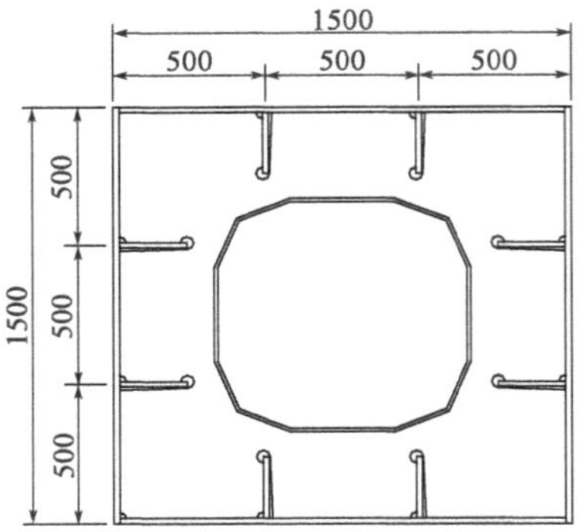

a)副拱肋截面图

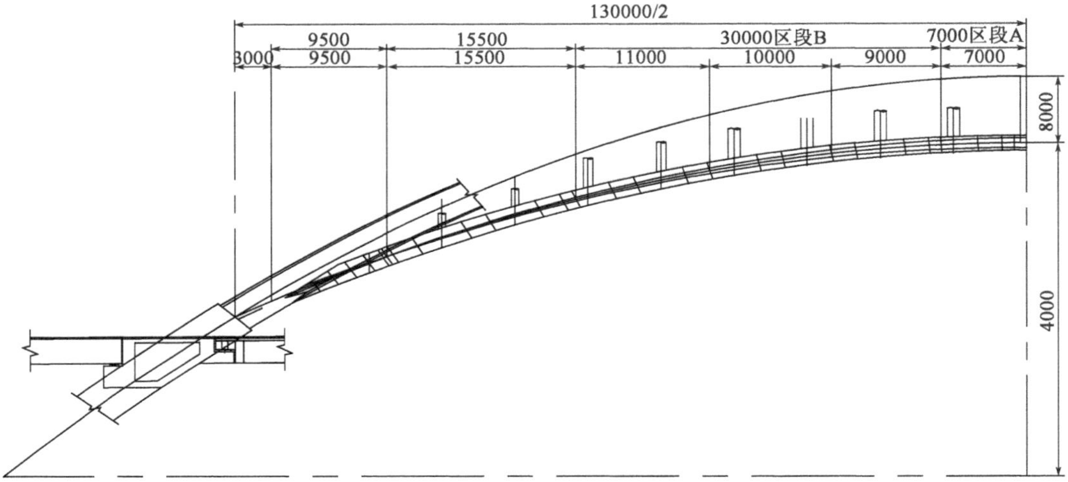

b)副拱肋1/2立面图

图3-22 副拱肋构造图(尺寸单位:mm)

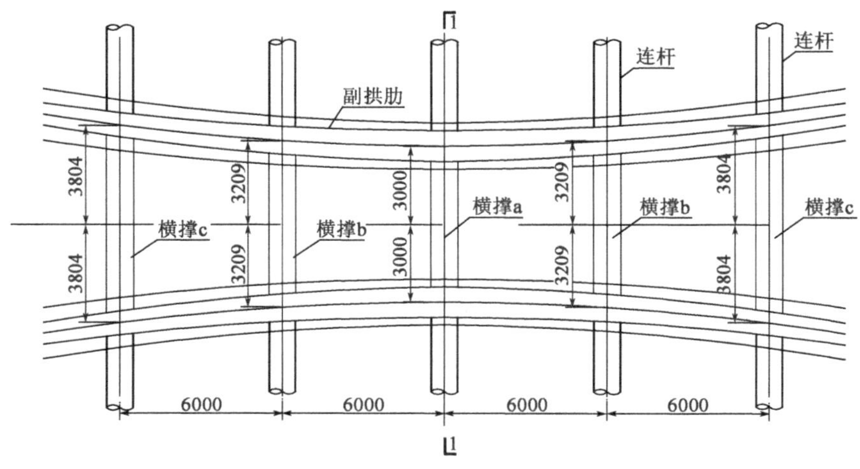

图3-23 主副拱肋间联系构造图(尺寸单位:cm)

横断面上设置 9 道小纵梁，小纵梁采用工字形断面，顶板尺寸为 500mm × 20mm，底板为 800mm × 20mm，腹板为 960mm × 14mm。次纵梁如图 3-24c）所示。

根据在桥面系中的位置，横梁分为中横梁及端横梁。全桥共计 19 根中横梁，2 根端横梁。中横梁顺桥向间距 6m，跨中梁高 3m，梁顶设置 2% 双向横坡，梁底水平，采用工字形断面，顶、底板尺寸为 600mm ×（20 ~ 50）mm，腹板厚 16mm。横梁在吊杆锚固位置预设锚固管套。中横梁截面图如图 3-24d）所示。

端横梁采用箱形截面，宽 3.82 ~ 6.88m，跨中梁高 3m，梁顶设置 2% 双向横坡，梁底水平。顶板厚 25mm，底板厚 28mm，腹板厚 16 ~ 32mm。端横梁跨中侧与吊杆相连，另侧通过牛腿置于拱肋间混凝土横梁上。横梁在吊杆锚固位置预设锚固套管。端横梁截面如图 3-24e）所示。

5. 吊杆

拱梁间布设吊杆，间距 6m，全桥共 21 对吊杆，采用钢绞线整束挤压锚具吊杆，吊杆规格为：两侧（靠近拱脚）各 3 对短吊杆为 37 根直径 15.24mm 的钢绞线，其余吊杆为 25 根直径 15.24mm的钢绞线。吊杆上端通过吊耳与主拱连接，下端设张拉端，挤压锚，吊杆构造图如图 3-25所示。

6. 桥面板

桥面板采用分块预制，板间采用现浇湿接缝连接的方式。横向分为 10 块预制板，共 11 道现浇缝，预制桥面板厚 260mm，采用 C50 混凝土，预制板基本尺寸为 5500mm × 2800mm。预制桥面板必须存放 6 个月方可安装，以减小混凝土收缩、徐变对结合梁带来的不利影响。现浇湿接缝厚 260mm，采用 C50 微膨胀混凝土。

（三）边跨结构

1. 边跨拱肋

边拱为变截面预应力混凝土拱肋，采用 C55 混凝土，除拱脚及拱肋与主梁交接段为实心截面外，其余位置均为箱形截面，截面宽度 2.8 ~ 4.0m，截面高度 3.1 ~ 4.2m，顶板厚度 80cm，腹板厚度 50cm。拱肋立面、平面及截面如图 3-26a）~ c）所示。拱肋间设置一道横梁，横梁截面为矩形，高度 3m，宽度 1.6m，如图 3-26d）所示。

2. 边跨主梁

边跨主梁采用 C55 预应力混凝土箱梁，箱梁宽度 28.3 ~ 37.0m。箱梁标准宽度 28.3m，箱梁顶设人字形横坡，横坡 2.0%。箱梁底水平，横坡由箱梁梁高变化形成。箱梁顶板厚度 25cm，底板厚度 22cm，腹板厚度跨中箱梁 50cm，支点处为 70cm。以东侧主梁为例，其构造图如图 3-27 所示。

（四）系杆

全桥系杆由三部分组成：全桥通长系杆（8 索 15 ~ 55），主跨短系杆（4 索 15 ~ 27），边跨短系杆（4 索 15 ~ 55），均为夹片式钢绞线全防腐型可换可调系杆。主跨拱脚的水平推力由全桥通长系杆和主跨短系杆共同平衡，并以通长系杆为主。

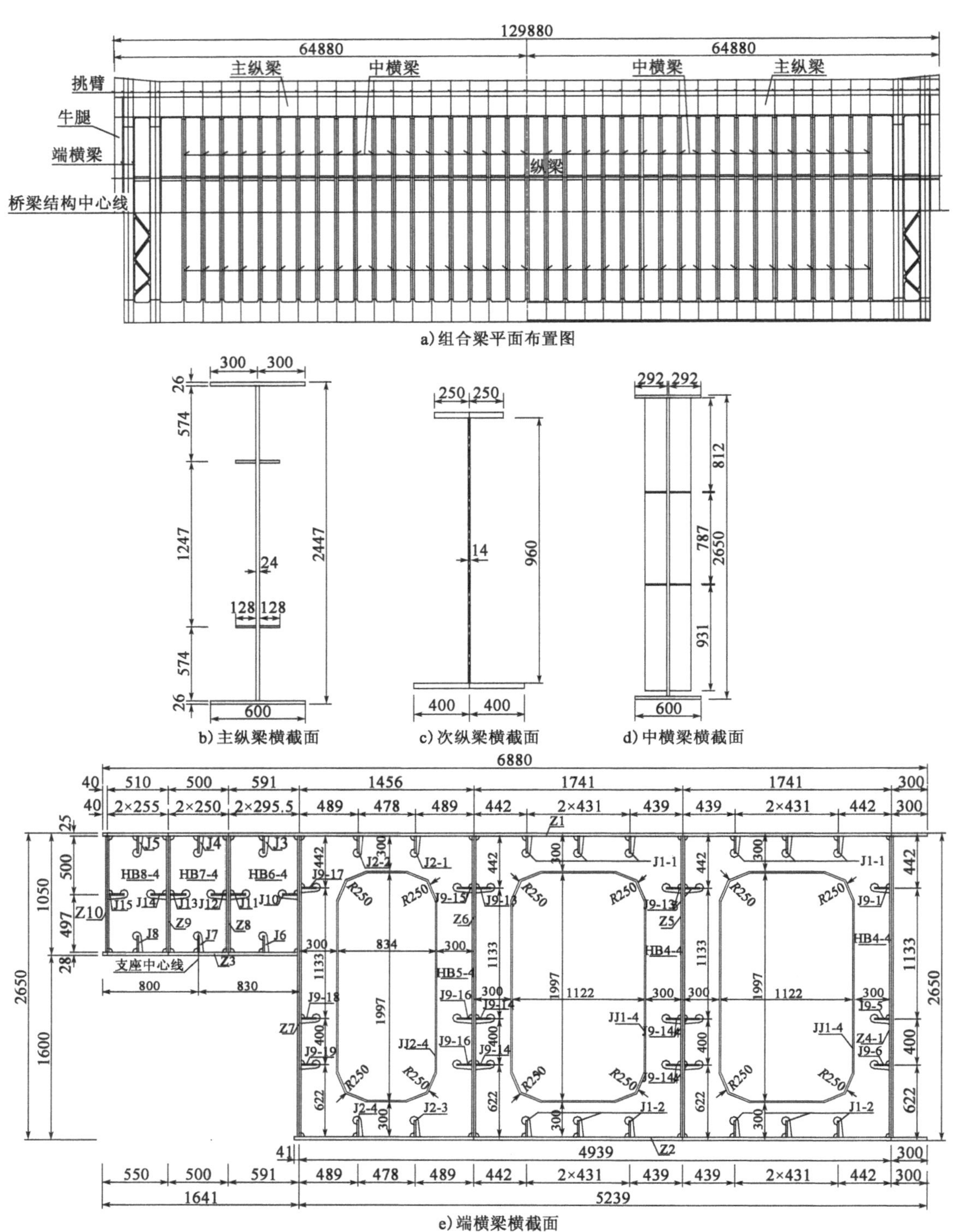

图3-24　钢-混凝土组合梁构造图(尺寸单位:mm)

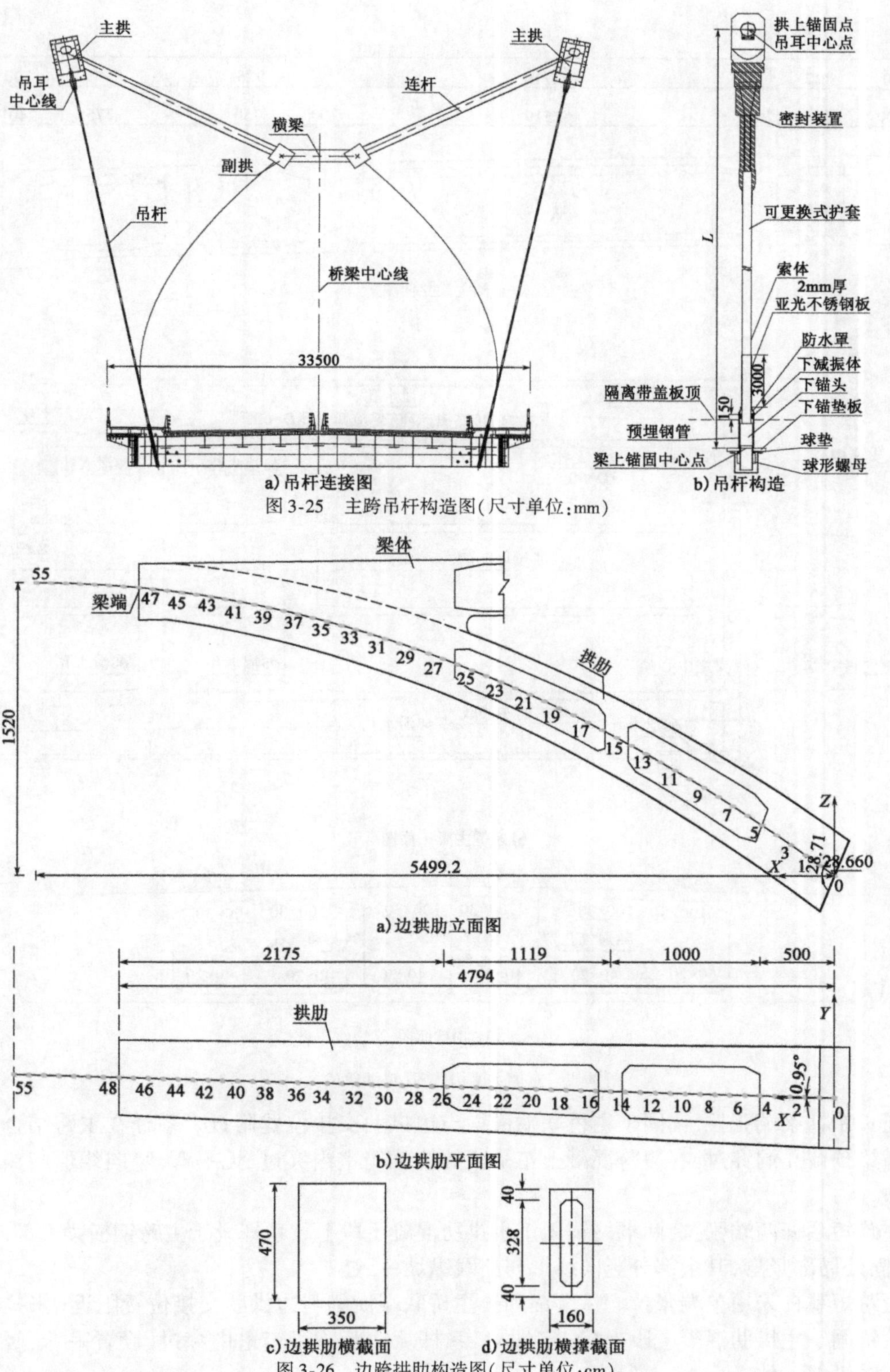

图 3-25 主跨吊杆构造图(尺寸单位:mm)

图 3-26 边跨拱肋构造图(尺寸单位:cm)

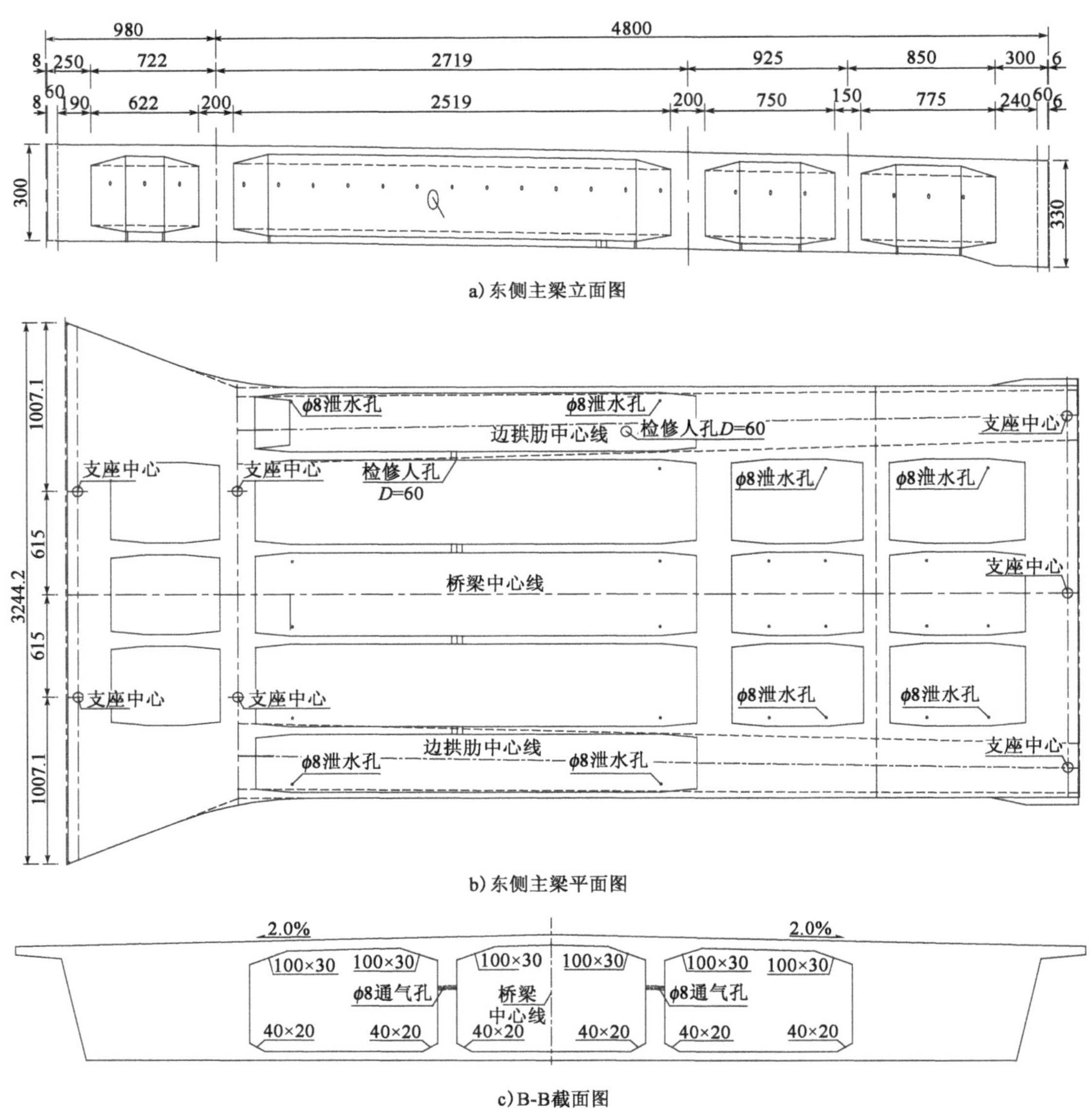

图 3-27　东侧主梁构造图(尺寸单位:cm)

通长系杆梁端张拉,锚固于主桥联端横梁与边拱肋交接位置附近。系杆在主跨结合梁段的钢横梁预留孔洞穿过,在边跨混凝土箱梁段的箱梁箱室内穿过,无平弯,竖向线形与路线纵坡一致。

主跨短系杆两端张拉,两端均锚固于主拱肋混凝土段上。系杆设于主跨钢横梁上部,无平弯,锚固处局部竖弯,其余部分竖向线形与路线纵坡一致。

边跨短系杆采用单端张拉。一端锚固于主桥联端横梁与边拱肋交接位置附近(张拉端),另一端锚固于主拱肋混凝土段上(固定端)。系杆从边跨箱梁箱室内穿过,设置平弯,竖向线形与路线纵坡一致。

(五)桥墩与基础

主桥主墩采用钢筋混凝土矩形桥墩,桥墩高度均为11.16m,截面尺寸接承台处为27.0m×0.7m,桥墩采用尖端形承台,横桥向40m,顺桥向14m,高4.5m,采用C35混凝土,承台底设3.0m厚C25水下封底混凝土。单个桥墩采用25根直径为2.2m的群桩基础,设计为嵌岩桩,桩基材料为C30钢筋混凝土。

主桥过渡墩每个墩位采用两个分离的桥墩墩身,承台及桩基由整体盖梁相连。桥墩为钢筋混凝土花瓶形,墩身高度20.3~24.5m,墩身基本截面4.8m×2.0m,采用C35混凝土;桥墩承台平面尺寸7.5m×7.5m,高2.8m,采用C35混凝土,承台底设1.5m厚C25水下封底混凝土。每个墩位采用8根直径群桩基础,设计为嵌岩桩,桩基长度为30m,桩基材料为C30钢筋混凝土。主墩承台如图3-28所示。

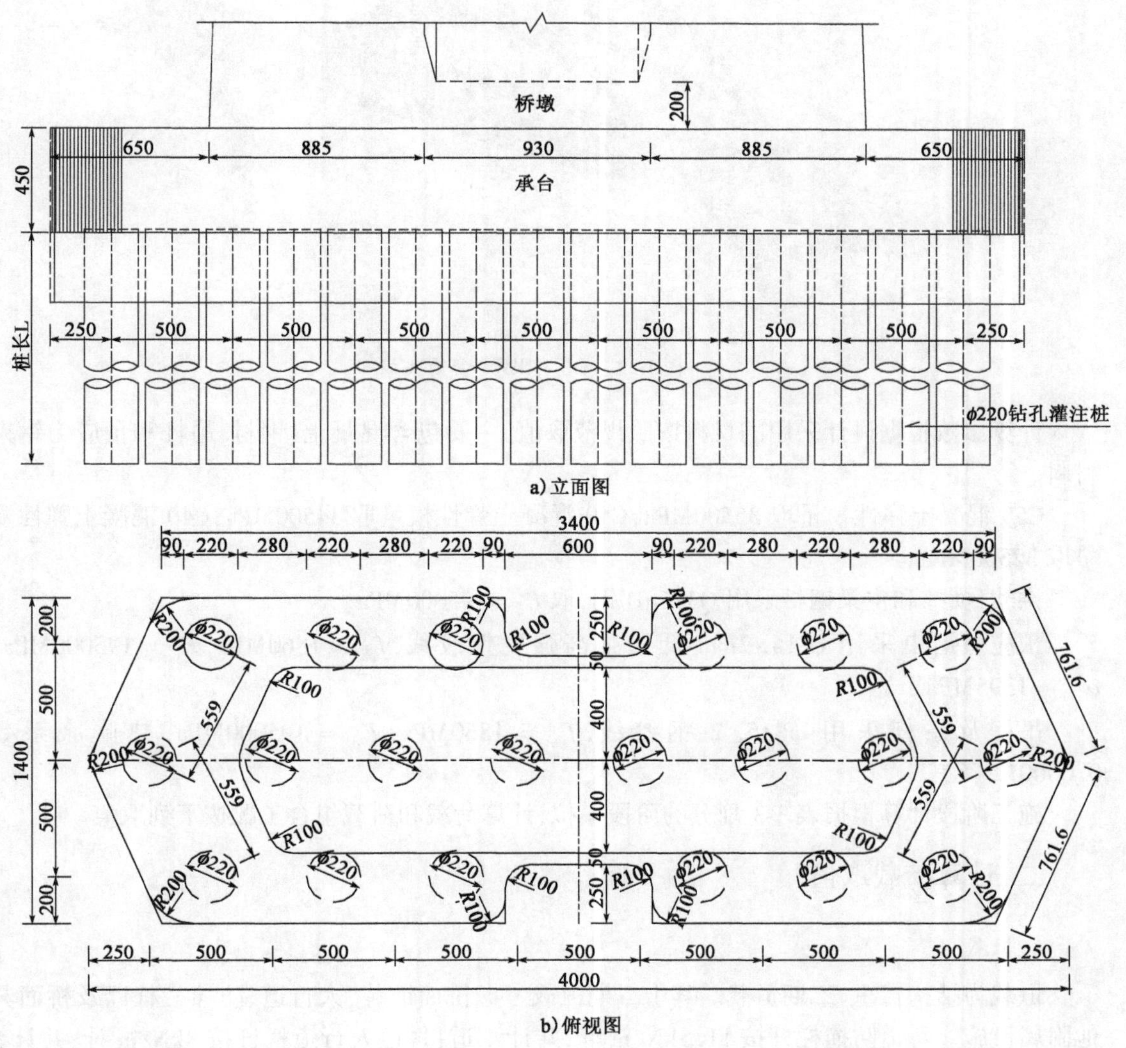

图3-28 主墩承台构造图(尺寸单位:cm)

第四节 飞燕式蝴蝶形拱桥总体结构计算要点

一、计算模型即参数取值

为了模拟桥梁空间受力，采用 MIDAS 软件对该桥进行设计和复核验算，如图 3-29 所示。在计算模型中，除吊杆及系杆采用桁架单元模拟，桥面板采用板单元模拟外，其余构件均采用梁单元模拟。不考虑桥面铺装的抗弯刚度，桥面铺装及桥面附属设施等均考虑其重量。模型共有 2376 个节点，3304 个单元，其中梁单元 2618 个，桁架单元 62 个，板单元 624 个。

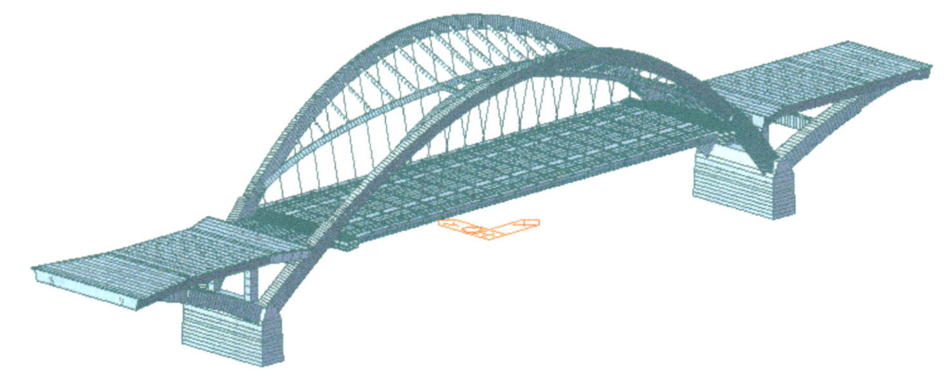

图 3-29 全桥有限元计算模型

计算参数根据设计采用的材料按照规范取值，主要包含混凝土、钢材、吊杆和预应力钢束材料。

C55 混凝土弹性模量取 35500MPa，C50 混凝土弹性模量取 34500MPa，C40 混凝土弹性模量取 32500MPa。

拱肋、横撑和主梁钢材采用 Q345qD 钢，取 $E_c = 195000\text{MPa}$。

预应力钢束采用 $\phi^s 15.2\text{mm}$ 低松弛高强度钢绞线，$f_{pk} = 1860\text{MPa}$，$E_p = 195000\text{MPa}$，$\sigma_{con} = 1395\text{MPa}$。

吊杆及系杆采用 $\phi^j 15.2$ 钢绞线，$f_{pk} = 1860\text{MPa}$，$E_p = 195000\text{MPa}$，热膨胀系数 0.000012/℃。

施工阶段计算根据表 3-3 划分的阶段模拟，计算荷载和荷载组合工况按下列取值。

二、计算荷载取值

1. 恒载

恒载为结构自重、二期恒载。其中二期恒载考虑桥面铺装、人行道、防撞栏杆以及桥面其他附属设施。每道防撞栏杆按 11.5kN/m 计，共计 4 道；每道人行道栏杆按 8kN/m 计，共计 2 道。人行道按 25.5kN/m 计，共 2 道。

施工阶段划分　表3-3

编号	施工工况	编号	施工工况
1	下部结构施工	10	拆除边拱肋支架
2	浇筑边跨拱肋及主跨混凝土段	11	安装吊杆、吊装桥面纵横梁
3	浇筑边跨第一部分箱梁	12	安装通长系杆 T1/T1′、T2/T2′并初次张拉
4	边跨第一部分箱梁预应力张拉	13	主跨系杆 T4 二次张拉
5	拆除第一部分支架,浇筑第二部分箱梁	14	桥面板施工
6	边跨第二部分箱梁预应力张拉	15	通长系杆 T1/T1′、T2/T2′二次张拉
7	安装边跨系杆 T3、T3′并张拉	16	桥面二期施工
8	吊装主跨主、副拱肋	17	通长系杆 T1/T1′、T2/T2′三次张拉
9	安装中跨系杆 T4 并初次张拉	18	收缩徐变 10 年

2. 活载

汽车荷载:城 A 级,双向 6 车道;汽车冲击系数:1.05;横向折减系数:0.55。

人行荷载:$3.5kN/m^2$。

3. 温度荷载

计算温度:20℃。

整体升温:30℃。

整体降温:20℃。

温度梯度:边跨混凝土主梁温度梯度按《公路桥涵设计通用规范》(JTG D60—2004)第 4.3.10 条计算。叠合梁按照《公路斜拉桥设计细则》(JTG D65-01—2007)5.2.5 条取钢梁与混凝土桥面板温差为 ±10℃。

4. 混凝土的收缩、徐变

该桥混凝土结构采用的徐变系数模式暂按《公路钢筋混凝土及预应力混凝土桥涵设计规范》(JTG D62—2004)的规定计算收缩徐变系数。收缩、徐变的终极时间取成桥后 1500d。

5. 风荷载

设计基本风速 V_{10} 为 23.9m/s,拱肋、主梁上风荷载按《公路桥梁抗风设计规范》(JTG/T 60-01—2004)的规定计算。当风荷载与汽车荷载组合时,桥面高度处 V_Z = 38.6m/s。

6. 汽车制动力

按照车道荷载使桥梁墩台产生最不利纵向力在加载长度上总重力的 10% 计入,同向行驶 3 车道为一个设计车道制动力的 2.34 倍。计算中转换为节点力施加于桥面节点。荷载工况组合根据《公路桥梁设计通用规范》(JTG D60—2014)的规定,运营阶段针对边跨主梁等混凝土结构主要考虑如下几种荷载组合。

组合Ⅰ:1.2 恒荷载 +1.0 收缩 +1.0 徐变 +1.4 汽车荷载 +1.12 人群。

组合Ⅱ:1.2 恒荷载 +1.0 收缩 +1.0 徐变 +1.4 汽车荷载(含汽车冲击力) +0.7 人群 +0.49 汽车制动力 +0.7 均匀升温 +0.7 梯度升温 +0.55 风荷载。

组合Ⅲ:1.2 恒荷载 +1.0 收缩 +1.0 徐变 +1.4 汽车荷载(含汽车冲击力) +0.7 人群 +0.49 汽车制动力 +0.7 均匀降温 +0.7 梯度降温 +0.55 风荷载。

组合Ⅳ:1.0 恒荷载 +1.0 收缩 +1.0 徐变 +0.7 汽车荷载(不含汽车冲击力) +1.0 人群 +1.0汽车制动力 +1.0 均匀升温 +0.8 梯度升温 +0.75 风荷载。

组合Ⅴ:1.0 恒荷载 +1.0 收缩 +1.0 徐变 +0.7 汽车荷载(不含汽车冲击力) +1.0 人群 +0.7汽车制动力 +1.0 均匀降温 +0.8 梯度降温 +0.75 风荷载。

其中,组合Ⅰ、Ⅱ、Ⅲ是验算结构在承载能力极限状态下的受力情况,组合Ⅳ、Ⅴ是验算结构在正常使用极限状态短期效应组合下的受力情况。

三、验算结果

1. 钢拱肋

在承载能力极限状态下,主拱肋及副拱肋设计正应力小于容许应力 200MPa,剪应力小于容许应力 120MPa,满足规范要求。

2. 主跨主梁

在承载能力极限状态下,中横梁、主纵梁及次纵梁的设计正应力均小于容许应力 200MPa,满足规范要求。

3. 系杆和吊杆

系杆的安全系数均大于 2.5,满足规范要求;吊杆的安全系数均不小于 3.3,满足规范要求。

4. 结构刚度

主跨钢-混凝土组合梁及边跨混凝土箱梁正负挠度绝对值之和均小于 $L/600$,主拱肋及副拱肋正负挠度绝对值之和小于 $L/800$,结构刚度均满足规范要求。

第五节　主要设计图纸

主要设计图纸见图 3-30 ~ 图 3-38。

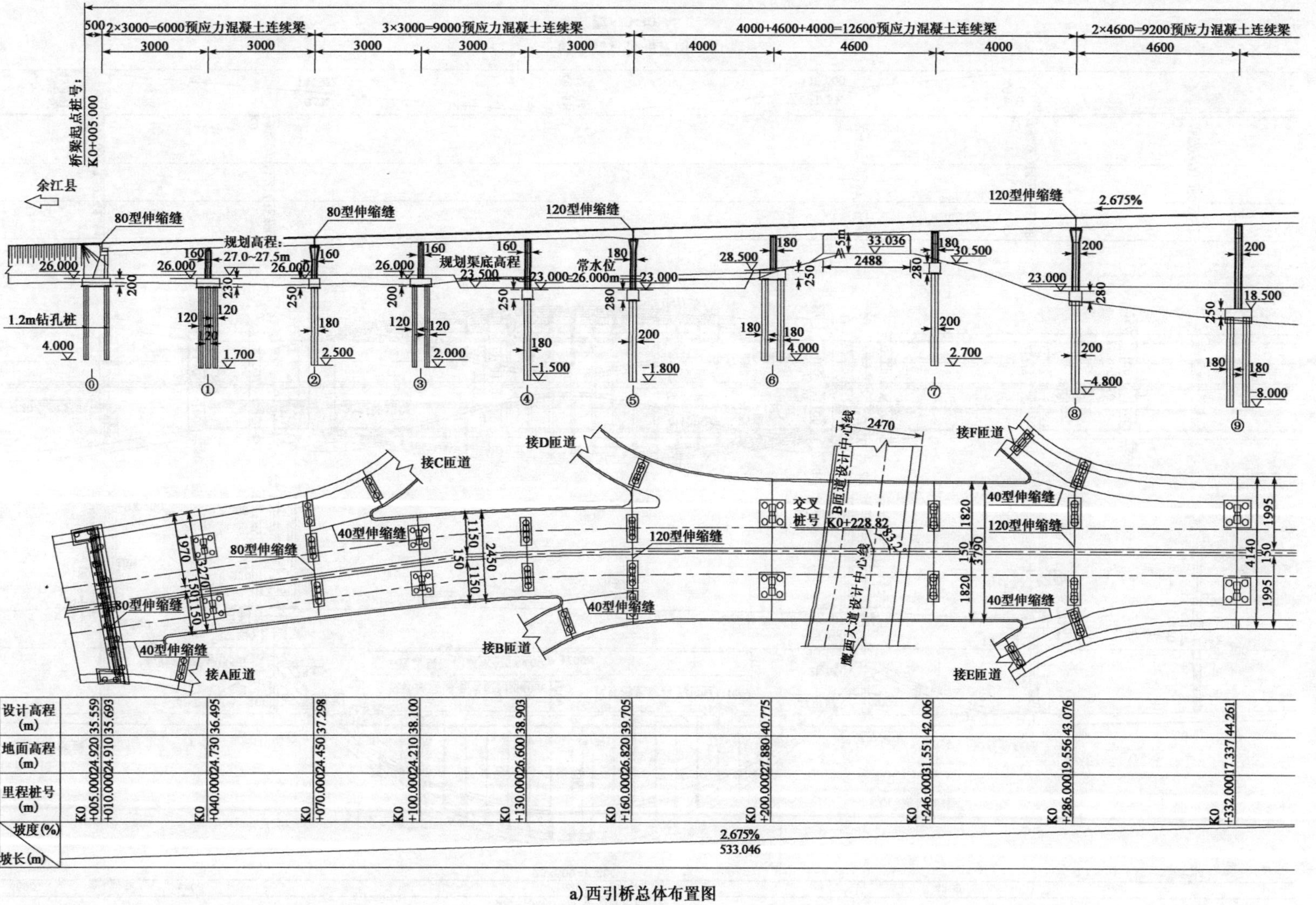

a)西引桥总体布置图

图 3-30

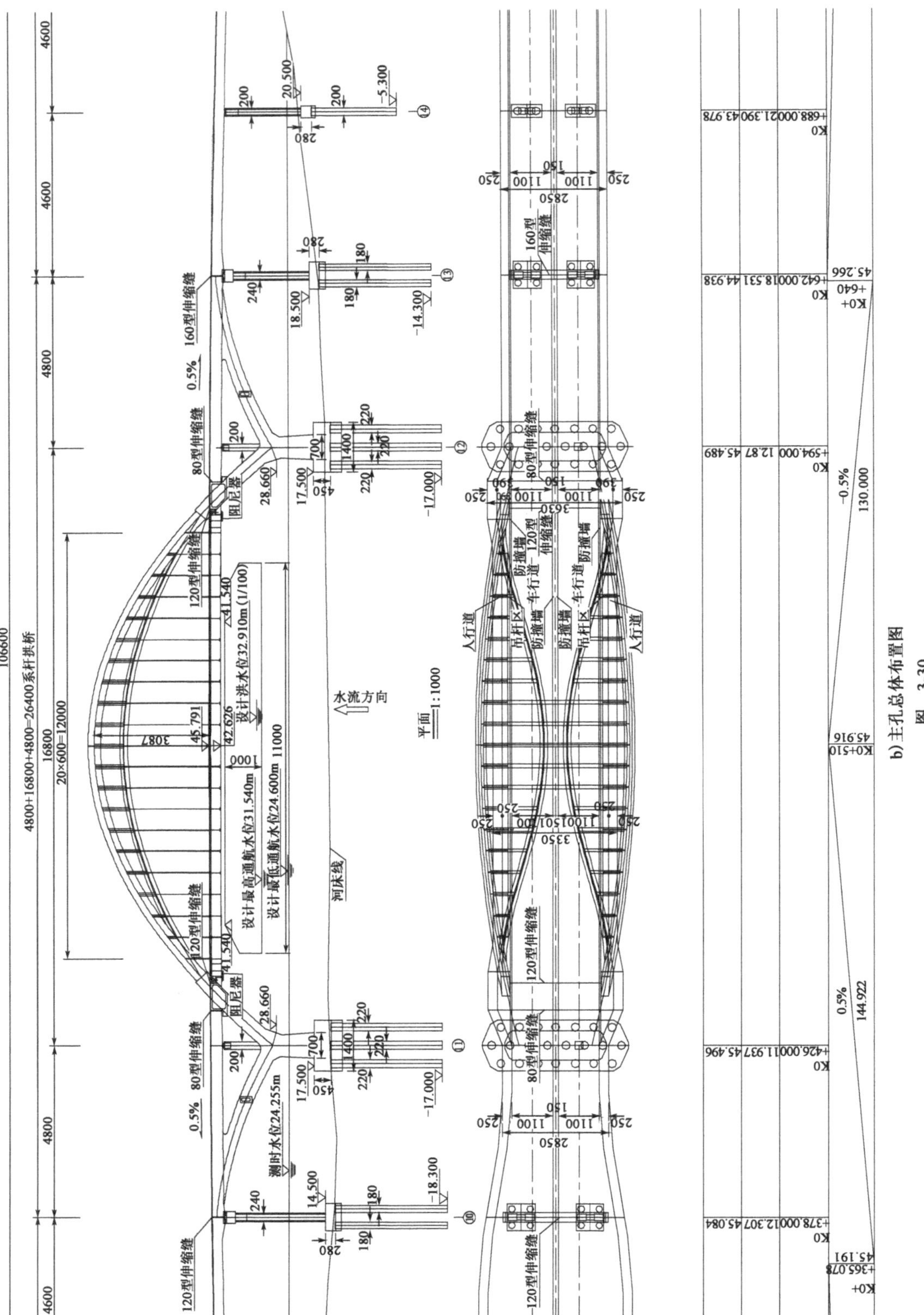

b) 主孔总体布置图

图 3-30

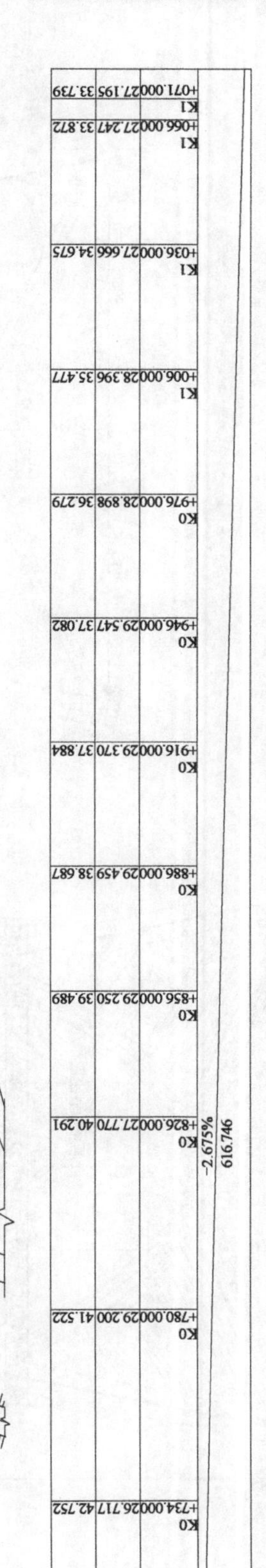

c) 东引桥总体布置图

图 3-30　主线桥总体布置图(尺寸单位:cm)

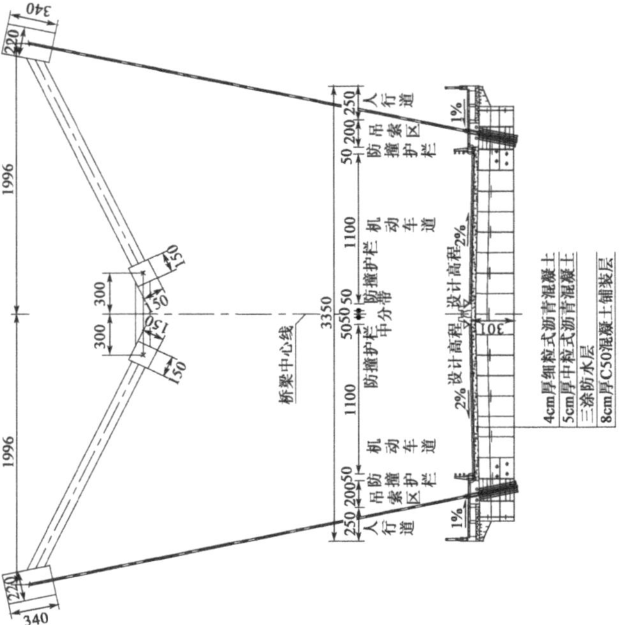

b) 主孔横截面图

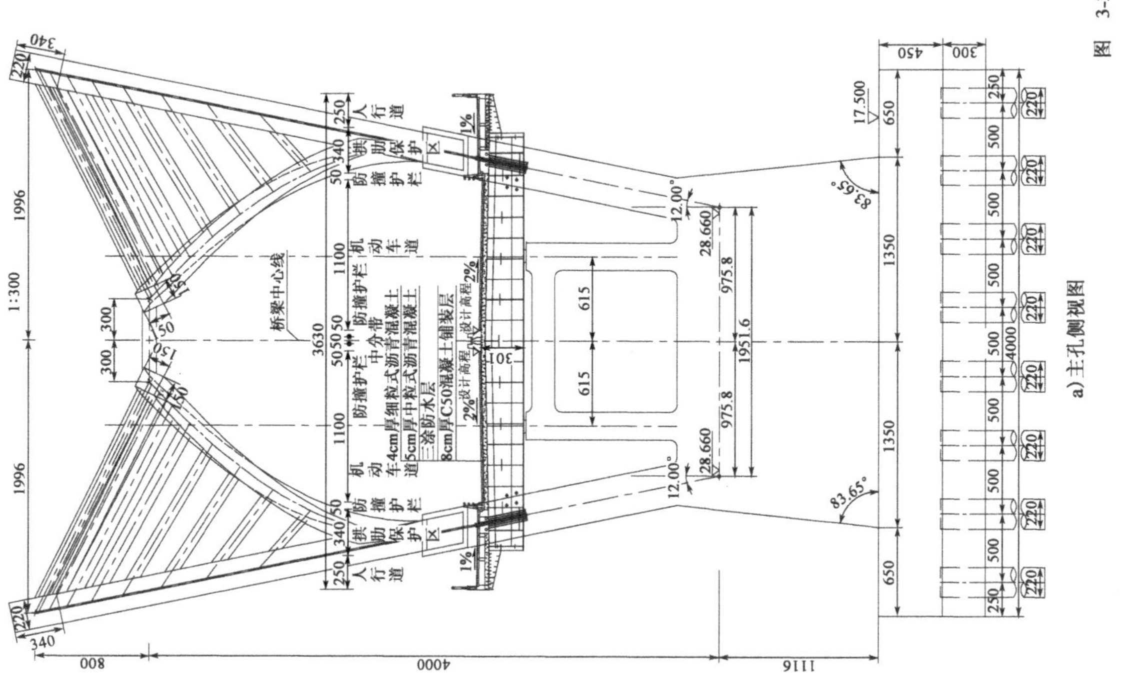

a) 主孔侧视图

图 3-31

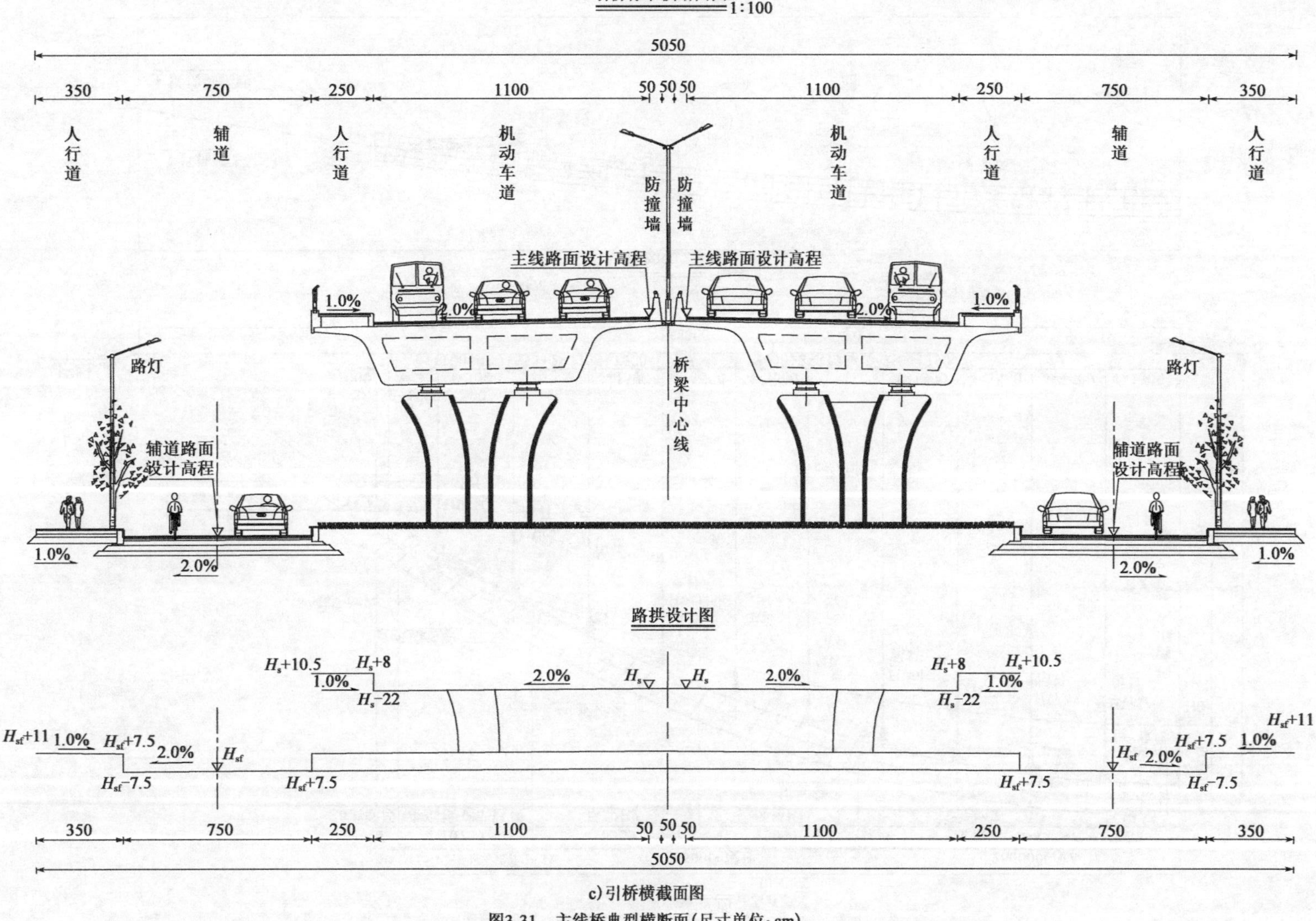

c)引桥横截面图

图3-31　主线桥典型横断面(尺寸单位:cm)

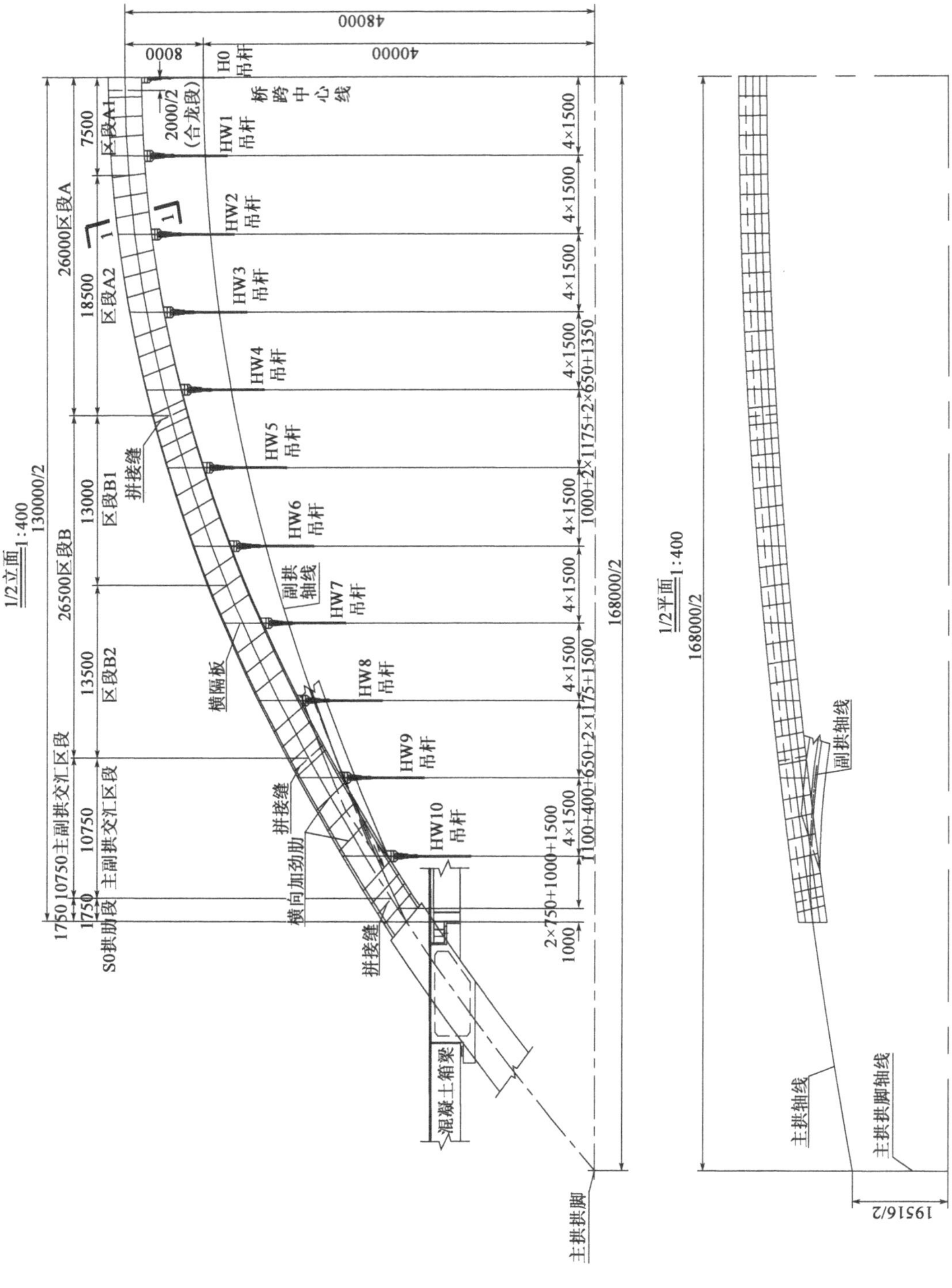

1/2立面 1:400

48000

8000 40000

H0吊杆 桥跨中心线

HW1吊杆 HW2吊杆 HW3吊杆 HW4吊杆 HW5吊杆 HW6吊杆 HW7吊杆 HW8吊杆 HW9吊杆 HW10吊杆

2000/2(合龙段)

7500 区段A1

18500 区段A2

26000区段A

13000 区段B1

13500 区段B2

26500区段B

10750 主副拱交汇区段

10750主副拱交汇区段

1750 S0拱肋段

1750

130000/2

168000/2

4×1500 4×1500 4×1500 4×1500 4×1500 4×1500 4×1500 4×1500

1000+2×1175+2×650+1350

1000+2×1175+1500

1100+400+650+2×1175+1500

2×750+1000+1500

1000

拼接缝 横隔板 副拱轴线 横向加劲肋 拼接缝 拼接缝

混凝土箱梁

主拱拱脚

1/2平面 1:400

168000/2

副拱轴线 主拱轴线 主拱拱脚轴线

19516/2

a) 主孔钢主拱肋构造图

图 3-32

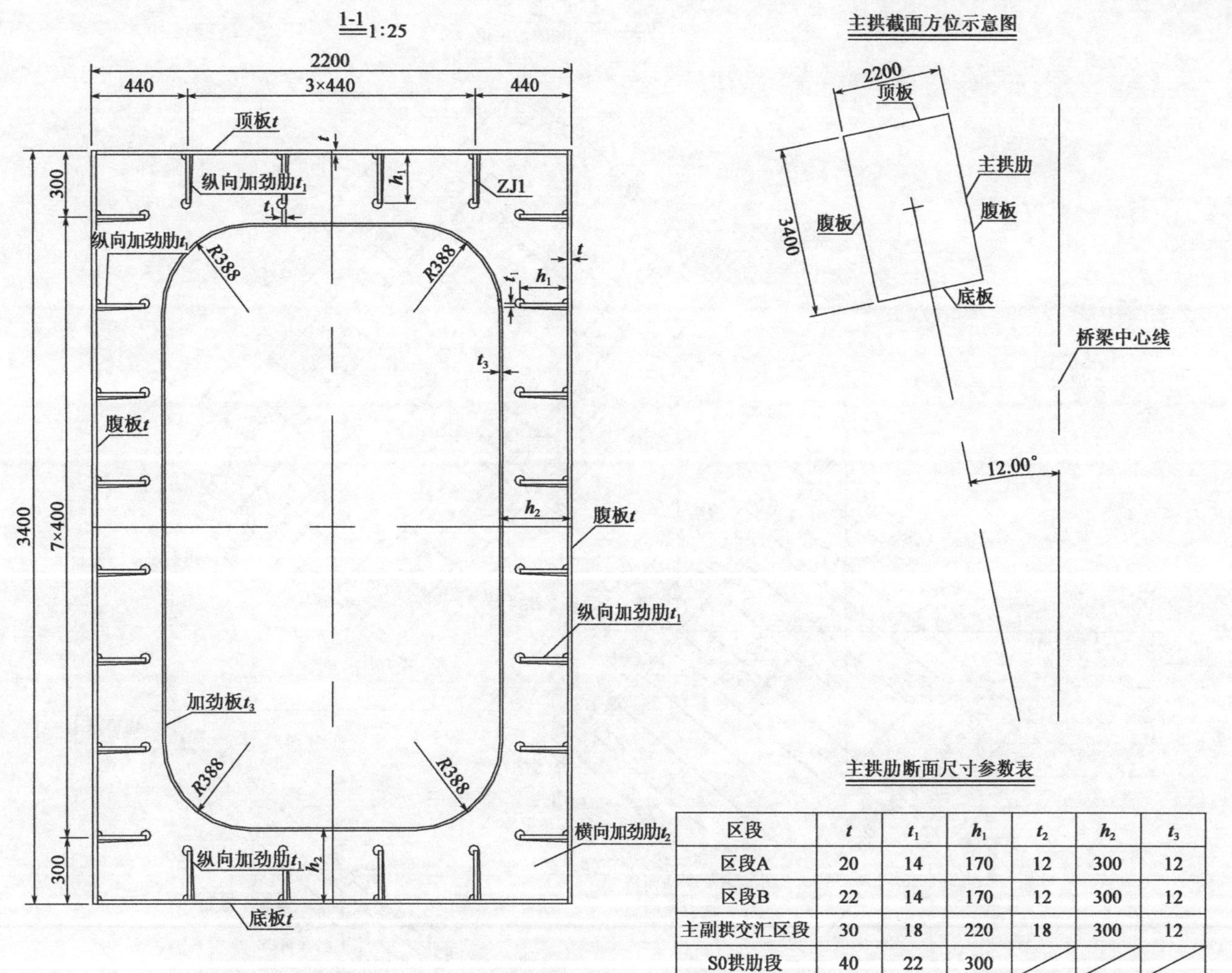

区段	t	t_1	h_1	t_2	h_2	t_3
区段A	20	14	170	12	300	12
区段B	22	14	170	12	300	12
主副拱交汇区段	30	18	220	18	300	12
S0拱肋段	40	22	300			

b）主孔钢主拱肋构横截面图

图3-32 钢主拱构造图（尺寸单位：mm）

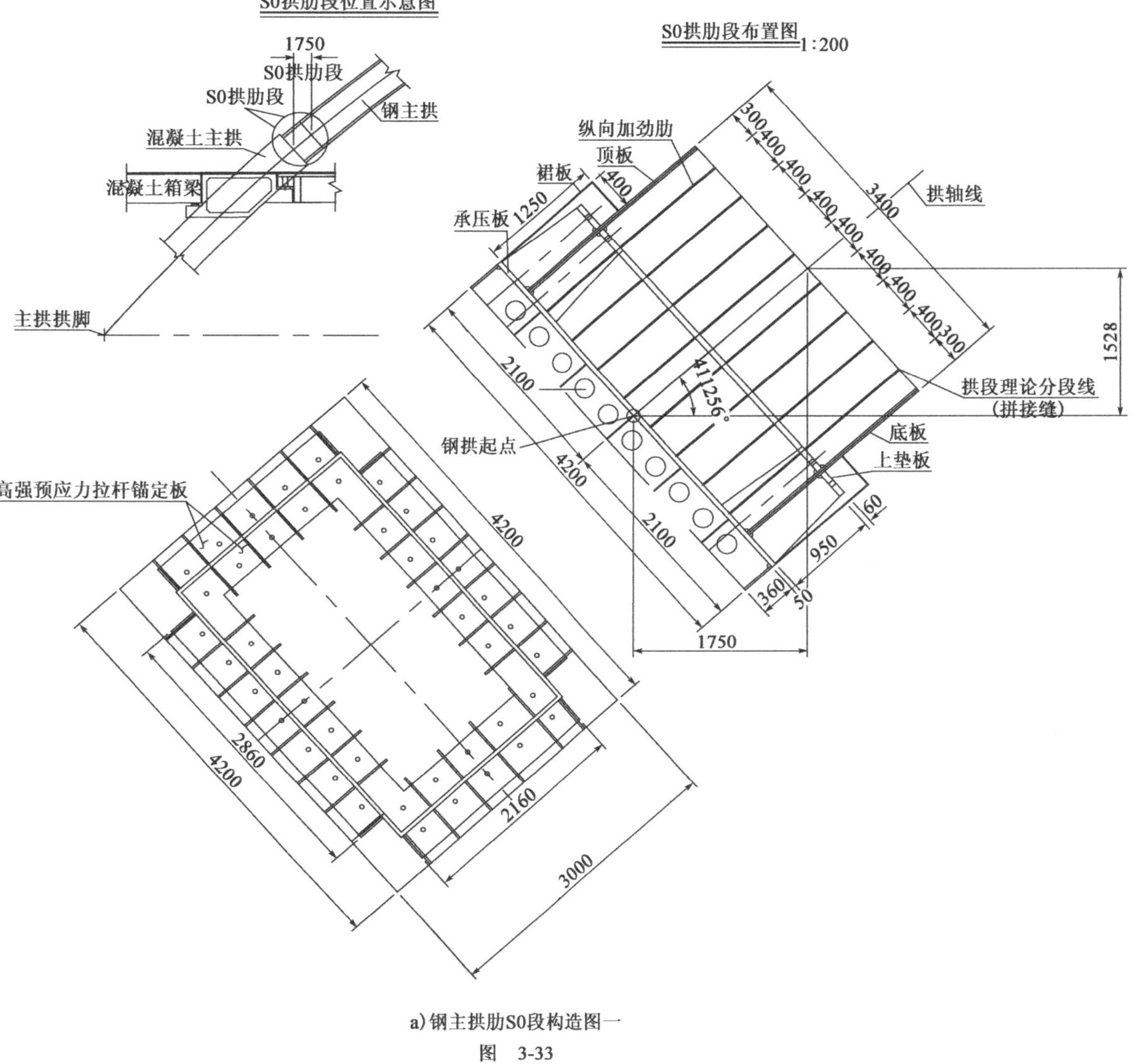

a) 钢主拱肋S0段构造图一

图 3-33

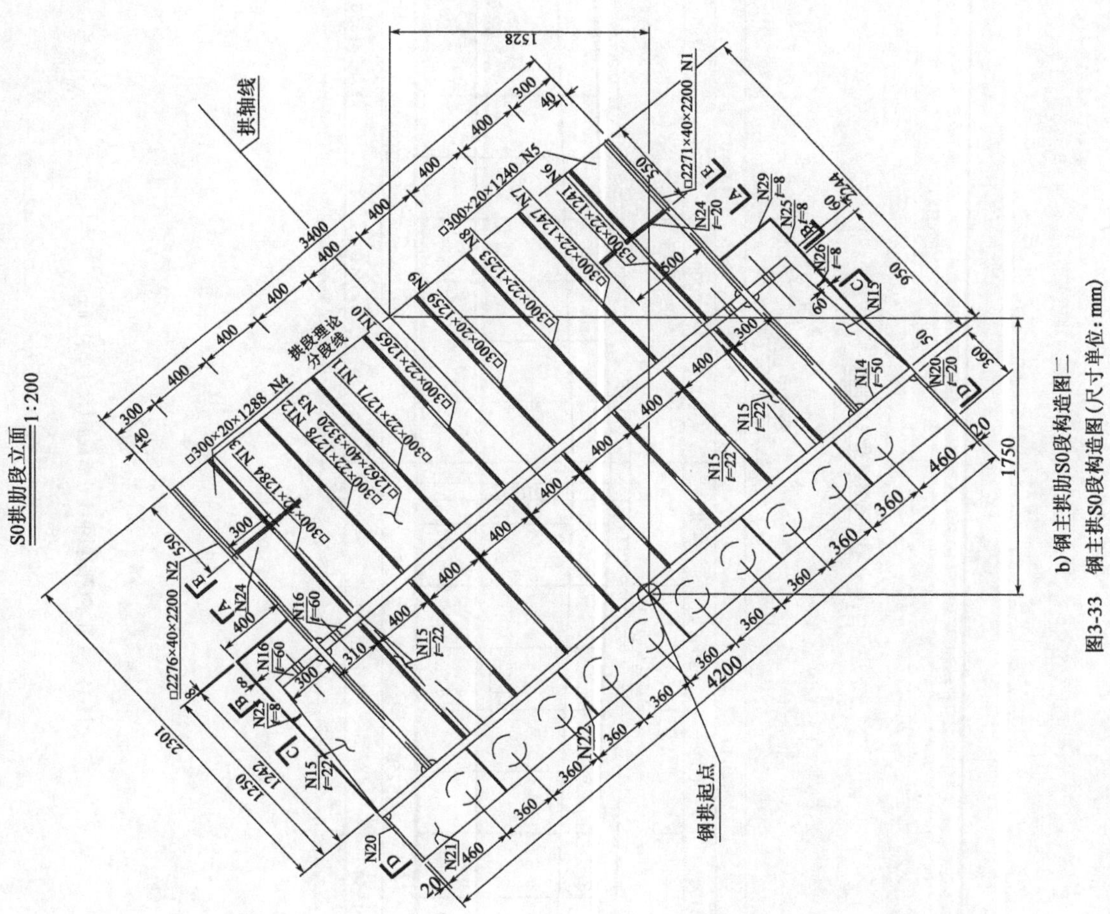

b) 钢主拱肋S0段构造图二

图3-33　钢主拱S0段构造图(尺寸单位:mm)

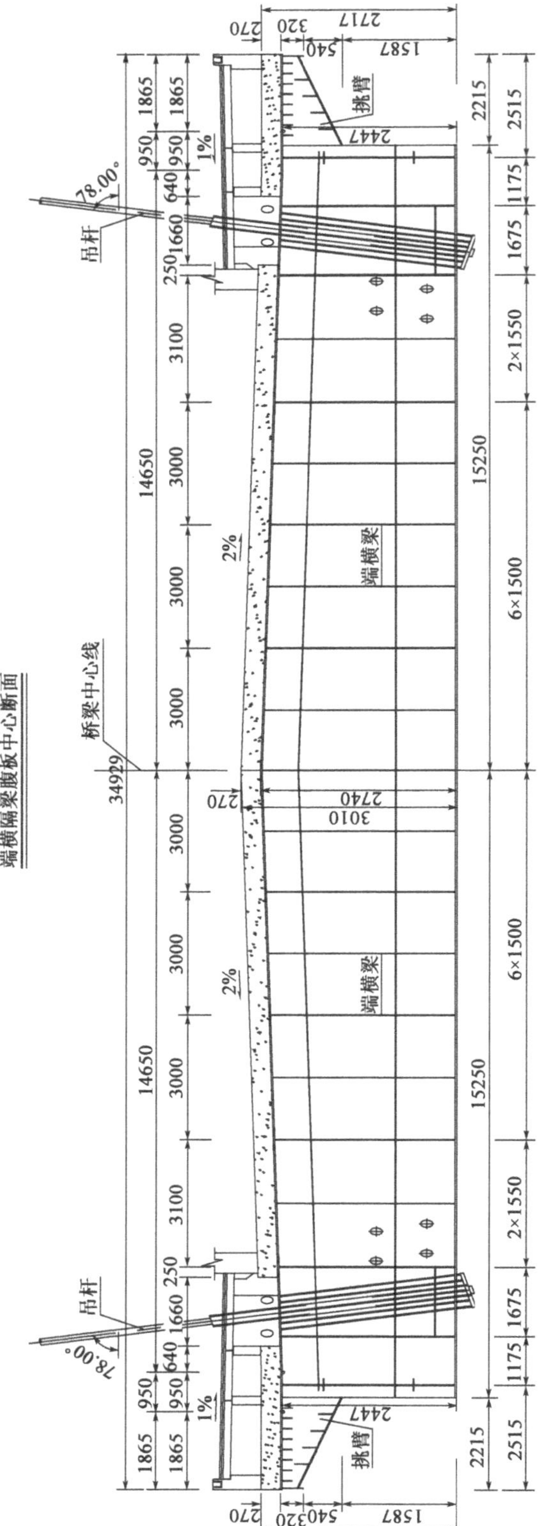

图3-34　主孔端横隔板中线处横截面(尺寸单位:mm)

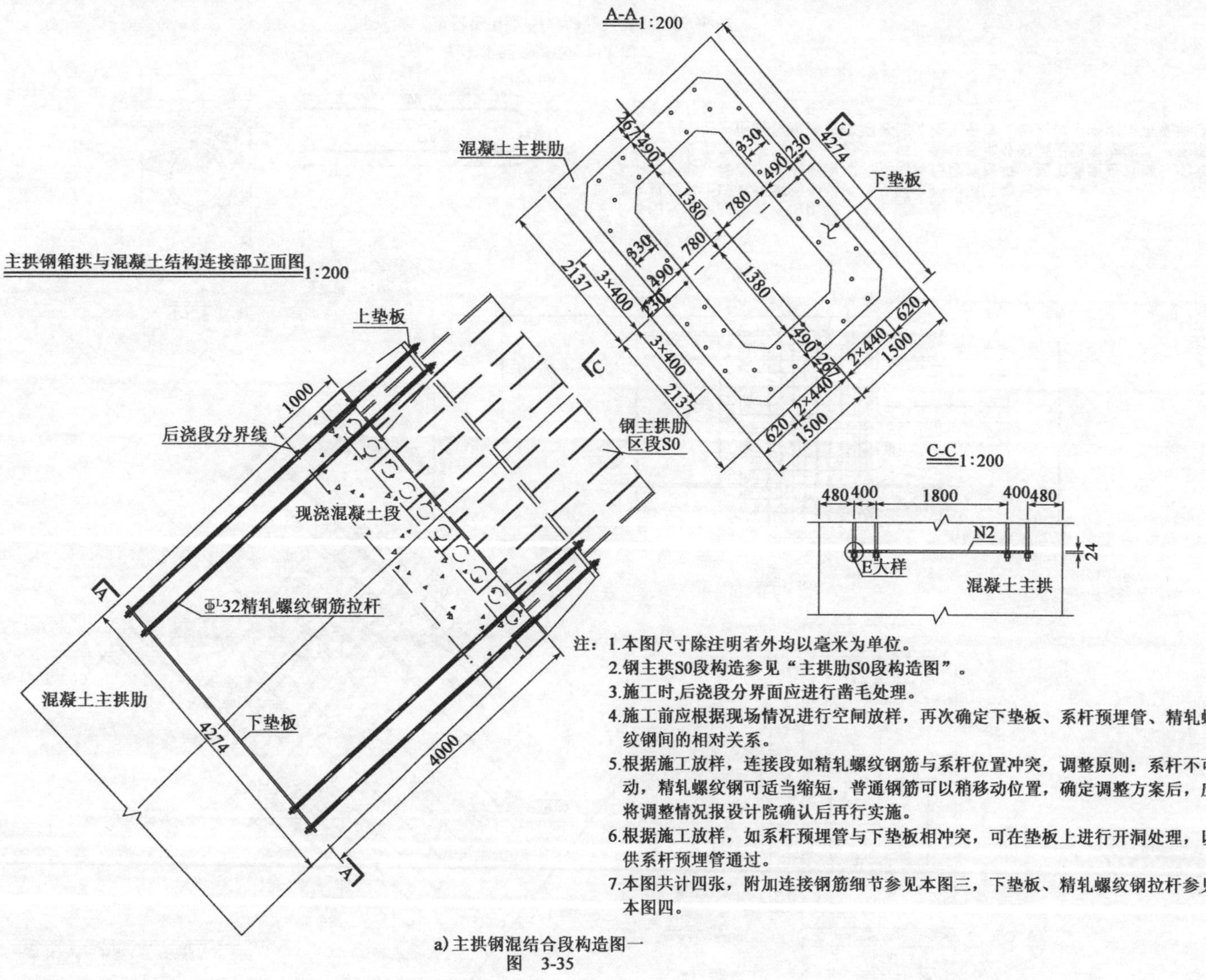

注：1.本图尺寸除注明者外均以毫米为单位。
2.钢主拱S0段构造参见“主拱肋S0段构造图”。
3.施工时,后浇段分界面应进行凿毛处理。
4.施工前应根据现场情况进行空间放样，再次确定下垫板、系杆预埋管、精轧螺纹钢间的相对关系。
5.根据施工放样，连接段如精轧螺纹钢筋与系杆位置冲突，调整原则：系杆不可动，精轧螺纹钢可适当缩短，普通钢筋可以稍移动位置，确定调整方案后，应将调整情况报设计院确认后再行实施。
6.根据施工放样，如系杆预埋管与下垫板相冲突，可在垫板上进行开洞处理，以供系杆预埋管通过。
7.本图共计四张，附加连接钢筋细节参见本图三，下垫板、精轧螺纹钢拉杆参见本图四。

a) 主拱钢混结合段构造图一

图 3-35

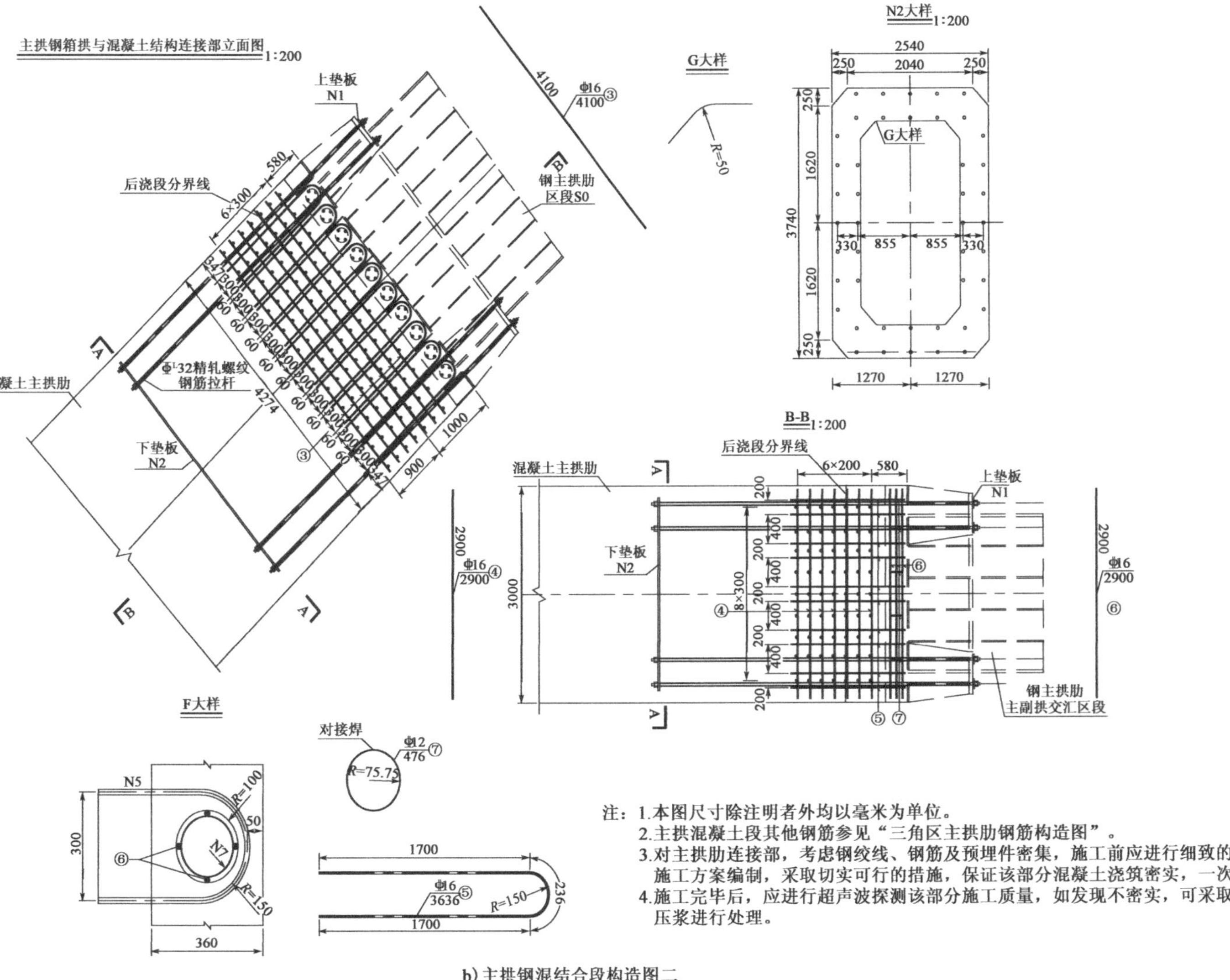

注：1.本图尺寸除注明者外均以毫米为单位。
2.主拱混凝土段其他钢筋参见“三角区主拱肋钢筋构造图”。
3.对主拱肋连接部，考虑钢绞线、钢筋及预埋件密集，施工前应进行细致的专项施工方案编制，采取切实可行的措施，保证该部分混凝土浇筑密实，一次成型。
4.施工完毕后，应进行超声波探测该部分施工质量，如发现不密实，可采取钻孔压浆进行处理。

b）主拱钢混结合段构造图二

图3-35 主拱钢混结合段结构图（尺寸单位：mm）

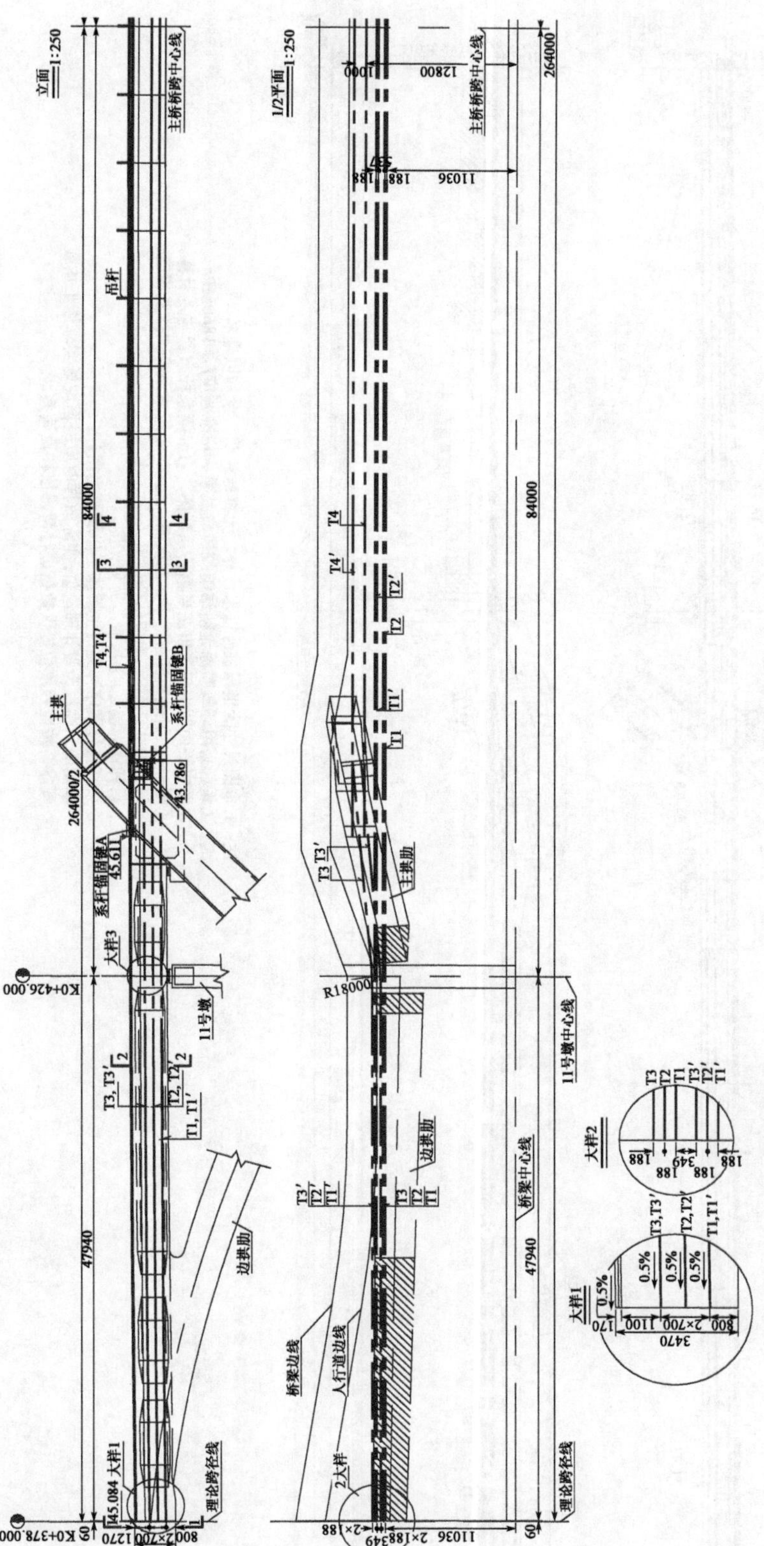

a)主跨系杆构造图一

图 3-36

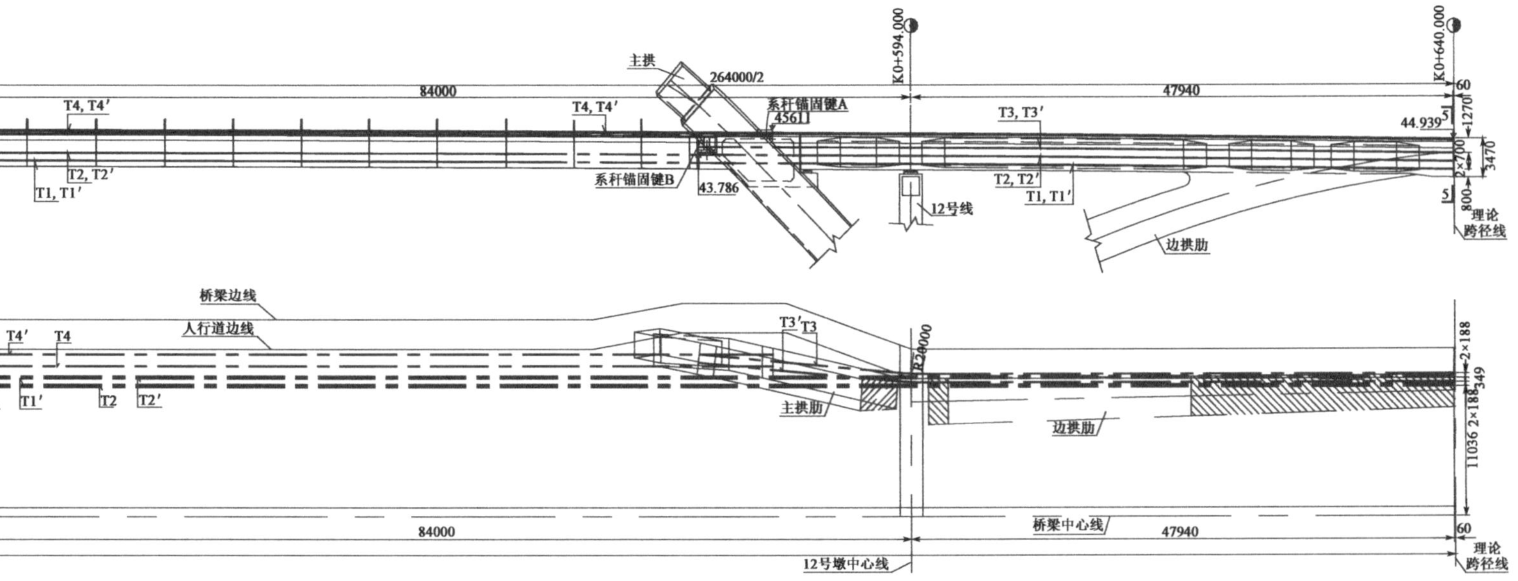

注：1.本图尺寸除里程桩号以米计外，无特殊注明，余均以毫米计。
2.系杆采用环氧喷涂无粘结钢绞线成品索，标准强度f_{pk}=1860MPa。
3.图中平面图中仅示出左半幅桥系杆图，右半幅系杆布置与之对称。
4.图一~三组成系杆布置平、立面图，图四~七组成系杆大样及相应构造细节。图一~七应结合使用。
5.系杆锚固键A、B构造，另见详图。
6.系杆张拉顺序详见《主桥施工步骤概略图》。
7.本图所示高程为设计理论值，实际放样时应根据现场实际施工加载顺序，按监控单位提供数据进行精确放样及调整。

b)主跨系杆构造图二

图 3-36

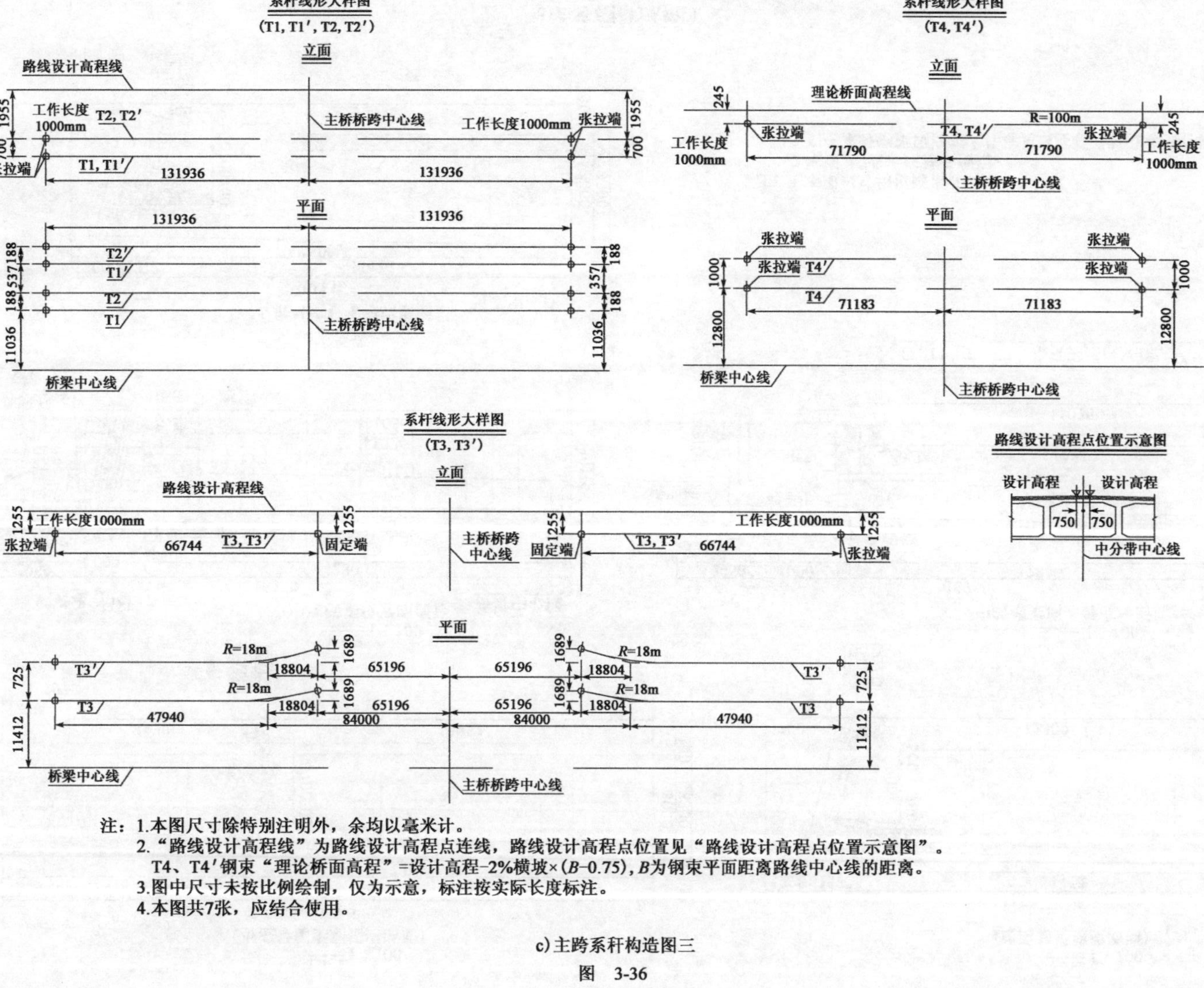

注：1.本图尺寸除特别注明外，余均以毫米计。
2.“路线设计高程线”为路线设计高程点连线，路线设计高程点位置见“路线设计高程点位置示意图”。
T4、T4′钢束“理论桥面高程”=设计高程-2%横坡×(B-0.75)，B为钢束平面距离路线中心线的距离。
3.图中尺寸未按比例绘制，仅为示意，标注按实际长度标注。
4.本图共7张，应结合使用。

c)主跨系杆构造图三

图 3-36

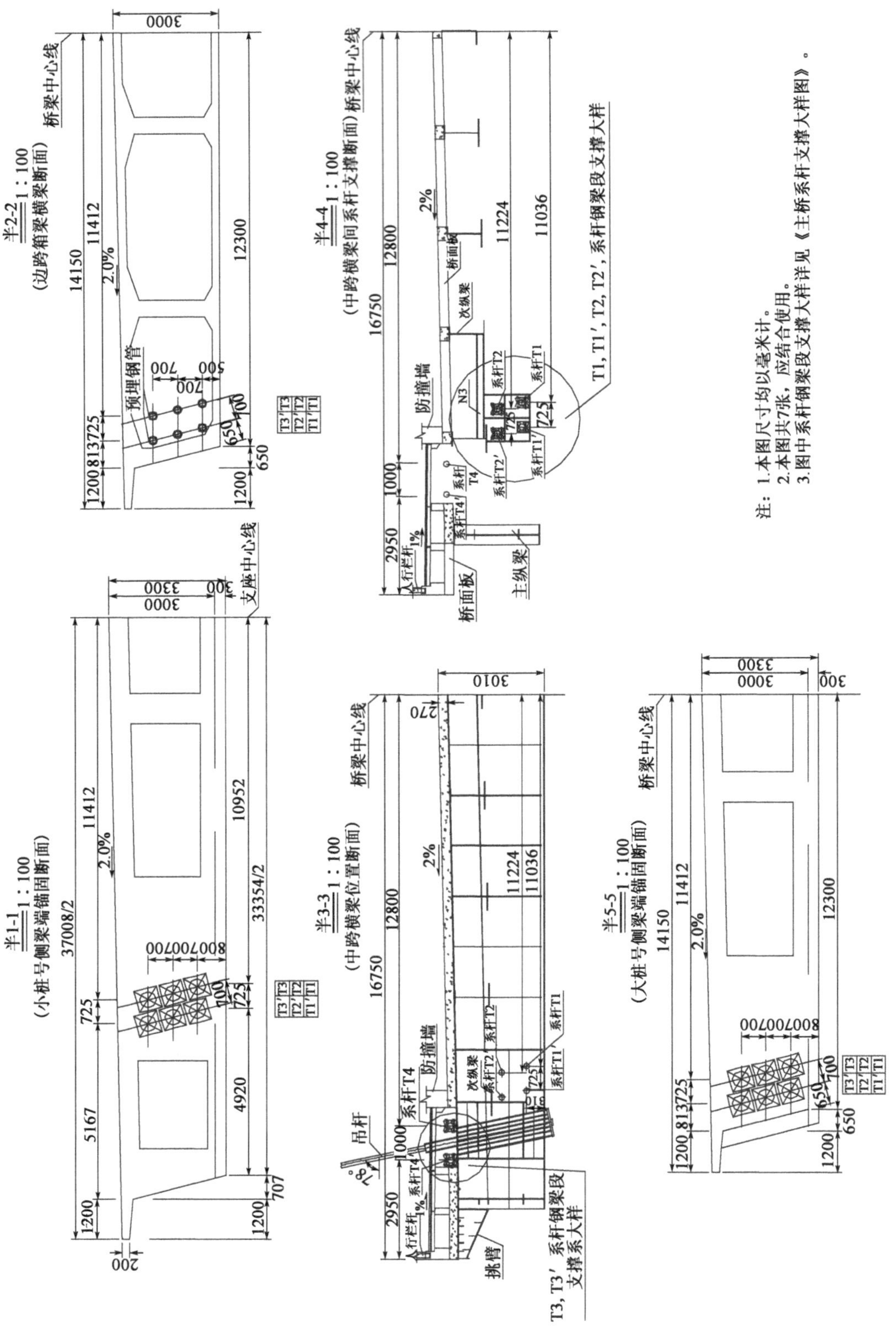

半1-1 1：100
(小桩号侧梁端锚固断面)

37008/2　1200　5167　725　11412　2.0%　200　3000　3300　800700700　700　725　300　4920　10952　1200　707　33354/2　支座中心线

T3′	T3
T2′	T2
T1′	T1

半2-2 1：100
(边跨箱梁横梁断面)

桥梁中心线　14150　1200 813 725　11412　2.0%　预埋钢管　700　700　500　3000　650　700　1200　650　12300

T3′	T3
T2′	T2
T1′	T1

半3-3 1：100
(中跨横梁位置断面)

吊杆　78°　桥梁中心线　16750　2950　1000　12800　系杆T4　人行栏杆　1%　系杆T4　防撞墙　2%　270　挑臂　次纵梁　系杆T2　系杆T2　11224　11036　3010　310　725　T3, T3′ 系杆钢梁段支撑系大样　系杆T1　系杆T1

半4-4 1：100
(中跨横梁间系杆支撑断面)

桥梁中心线　16750　2950　1000　12800　人行栏杆　1%　防撞墙　2%　桥面板　系杆T4′　系杆T4　桥面板　N3　次纵梁　主纵梁　系杆T2′　系杆T2　11224　725　系杆T1′　系杆T1　725　11036　T1, T1′, T2, T2′, 系杆钢梁段支撑大样

半5-5 1：100
(大桩号侧梁端锚固断面)

桥梁中心线　14150　1200 813 725　11412　2.0%　800700700　3000　3300　650　700　1200　650　12300　300

T3′	T3
T2′	T2
T1′	T1

注：1.本图尺寸均以毫米计。
2.本图共7张，应结合使用。
3.图中系杆钢梁段支撑大样详见《主桥系杆支撑大样图》。

d)主跨系杆构造图四

图 3-36

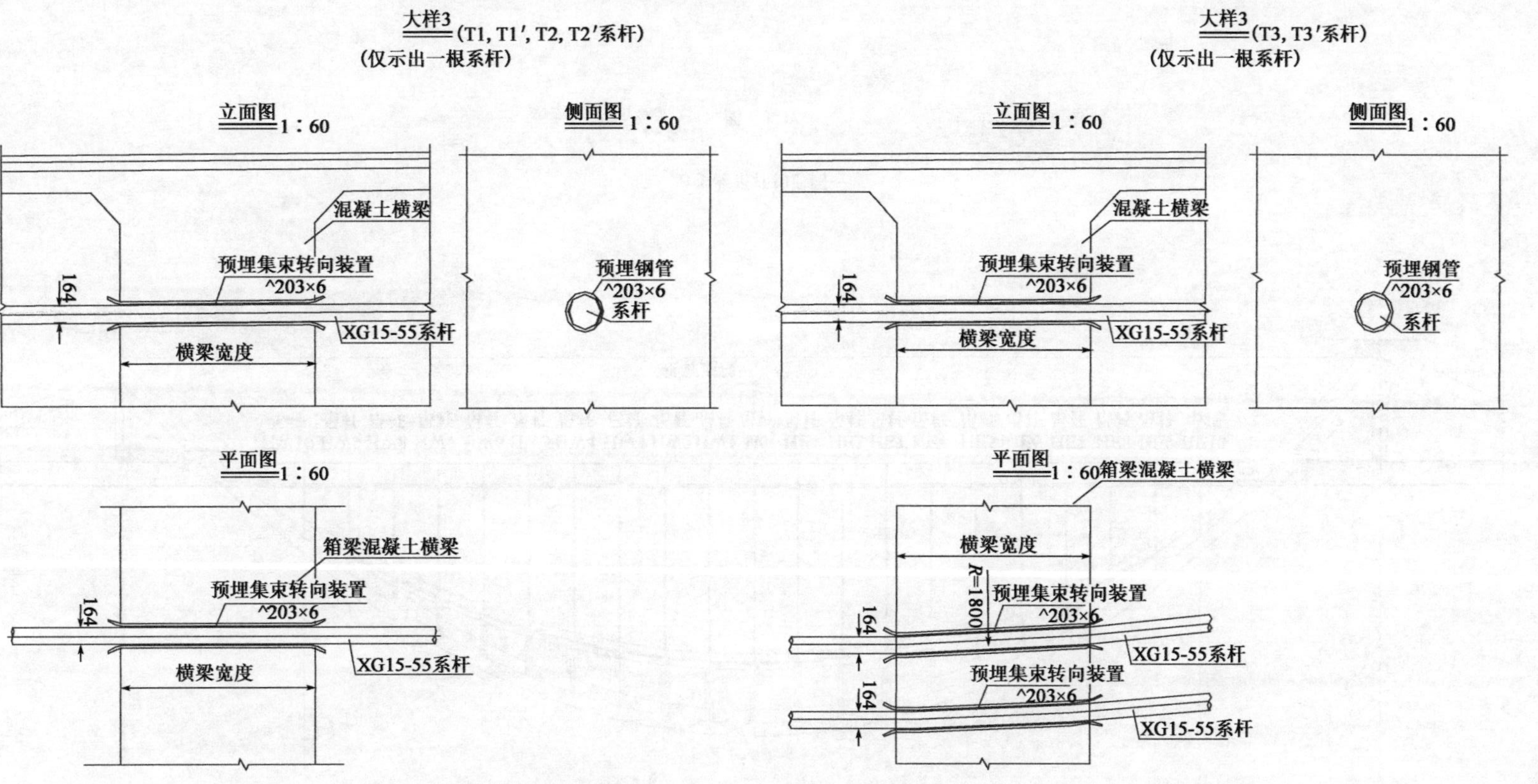

注：1.本图尺寸均以毫米计。
2.系杆在混凝土横梁位置处的构造处理，图中仅给出了大样3图，其余位置处参照大样3图，材料数量按实际统计。预埋钢管采用厂家成套定型产品。
3.预埋集束转向装置，应采用相应系杆配套定型产品。

e)主跨系杆构造图五

图 3-36 主跨系杆构造图(尺寸单位：mm)

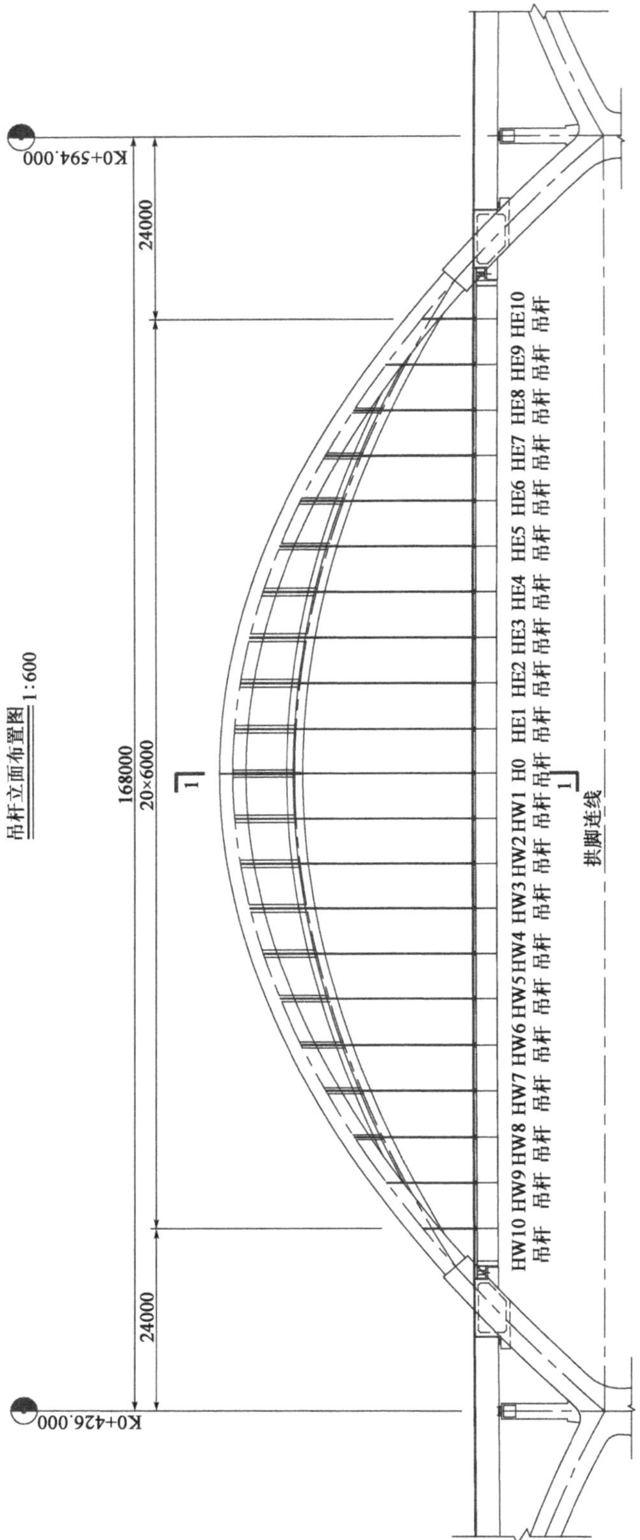

a) 主跨吊杆构造图一

图 3-37

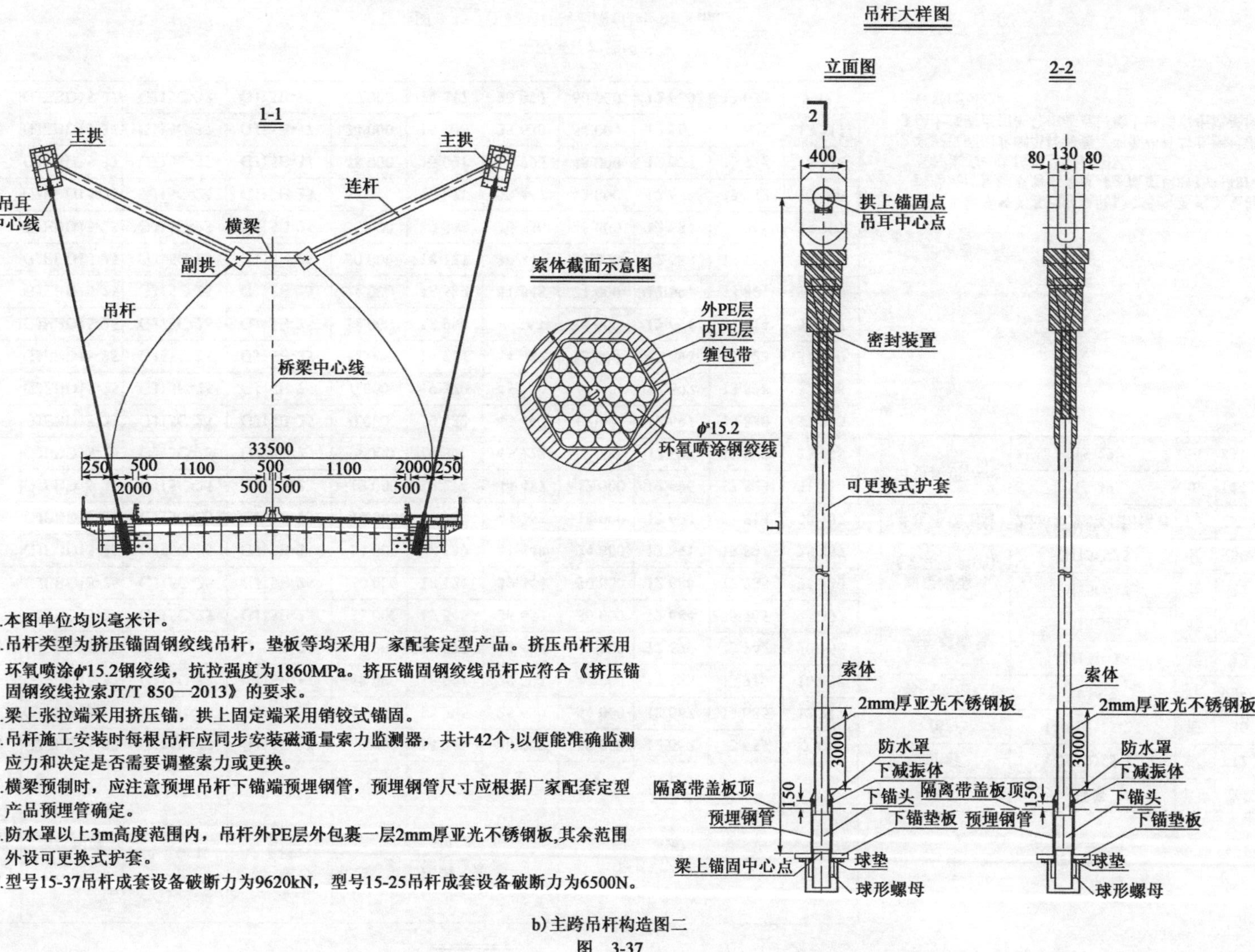

注：1.本图单位均以毫米计。

2.吊杆类型为挤压锚固钢绞线吊杆，垫板等均采用厂家配套定型产品。挤压吊杆采用环氧喷涂ϕ15.2钢绞线，抗拉强度为1860MPa。挤压锚固钢绞线吊杆应符合《挤压锚固钢绞线拉索JT/T 850—2013》的要求。

3.梁上张拉端采用挤压锚，拱上固定端采用销铰式锚固。

4.吊杆施工安装时每根吊杆应同步安装磁通量索力监测器，共计42个,以便能准确监测应力和决定是否需要调整索力或更换。

5.横梁预制时，应注意预埋吊杆下锚端预埋钢管，预埋钢管尺寸应根据厂家配套定型产品预埋管确定。

6.防水罩以上3m高度范围内，吊杆外PE层外包裹一层2mm厚亚光不锈钢板,其余范围外设可更换式护套。

7.型号15-37吊杆成套设备破断力为9620kN，型号15-25吊杆成套设备破断力为6500N。

b)主跨吊杆构造图二

图 3-37

吊杆参数表

连杆位置(对应的吊杆编号)	吊杆规格	拱上锚具规格	梁上锚具规格	拱上锚固点坐标(m)			梁上锚固点坐标(m)			L(m)
				X	Y	Z	X	Y	Z	
HW10	GJEBD15-37	GJ15C-37	GJ15B-37	-60.000	14.217	20.977	-60.000	12.660	13.655	7.485
HW9	GJEBD15-37	GJ15C-37	GJ15B-37	-54.000	15.206	25.630	-54.000	12.667	13.685	12.211
HW8	GJEBD15-37	GJ15C-37	GJ15B-37	-48.000	16.091	29.793	-48.000	12.673	13.715	16.438
HW7	GJEBD15-25	GJ15C-25	GJ15B-25	-42.000	16.871	33.467	-42.000	12.679	13.742	20.166
HW6	GJEBD15-25	GJ15C-25	GJ15B-25	-36.000	17.548	36.650	-36.000	12.684	13.765	23.397
HW5	GJEBD15-25	GJ15C-25	GJ15B-25	-30.000	18.121	39.344	-30.000	12.688	13.785	26.130
HW4	GJEBD15-25	GJ15C-25	GJ15B-25	-24.000	18.589	41.548	-24.000	12.691	13.801	28.367
HW3	GJEBD15-25	GJ15C-25	GJ15B-25	-18.000	18.954	43.263	-18.000	12.694	13.814	30.107
HW2	GJEBD15-25	GJ15C-25	GJ15B-25	-12.000	19.214	44.487	-12.000	12.696	13.823	31.350
HW1	GJEBD15-25	GJ15C-25	GJ15B-25	-6.000	19.370	45.222	-6.000	12.697	13.828	32.095
H0	GJEBD15-25	GJ15C-25	GJ15B-25	0.000	19.422	45.467	0.000	12.697	13.830	32.343
HE1	GJEBD15-25	GJ15C-25	GJ15B-25	6.000	19.370	45.222	6.000	12.697	13.828	32.095
HE2	GJEBD15-25	GJ15C-25	GJ15B-25	12.000	19.214	44.487	12.000	12.696	13.823	31.350
HE3	GJEBD15-25	GJ15C-25	GJ15B-25	18.000	18.954	43263	18.000	12.694	13.814	30.107
HE4	GJEBD15-25	GJ15C-25	GJ15B-25	24.000	18.589	41.548	24.000	12.691	13.801	28.367
HE5	GJEBD15-25	GJ15C-25	GJ15B-25	30.000	18.121	39.344	30.000	12.688	13.785	26.130
HE6	GJEBD15-25	GJ15C-25	GJ15B-25	36.000	17.548	36.650	36.000	12.684	13.765	23.397
HE7	GJEBD15-25	GJ15C-25	GJ15B-25	42.000	16.871	33.467	42.000	12.679	13.742	20.166
HE8	GJEBD15-37	GJ15C-37	GJ15B-37	48.000	16.091	29.793	48.000	12.673	13.715	16.438
HE9	GJEBD15-37	GJ15C-37	GJ15B-37	54.000	15.206	25.630	54.000	12.667	13.685	12.211
HE10	GJEBD15-37	GJ15C-37	GJ15B-37	60.000	14.217	20.977	60.000	12.660	13.655	7.485

吊杆参数表

名称	规格	单位	数量
吊杆	GJEBD15-37	根	12
吊杆	GJEBD15-25	根	30
环氧喷涂钢绞线	ϕ15.2	kg	36099
张拉端锚具	GJ15B-37	套	12
	GJ15B-25	套	30
固定端锚具(叉耳及销轴)	GJ15C-37	套	12
	GJ15C-25	套	30
外包不锈钢管	2mm厚亚光不锈钢管	kg	753.5
可更换式护套	15-37	m	144.5
	15-22	m	831.1

注：1.本图坐标系统为各点在拱肋局部坐标系内的坐标。拱肋局部坐标系的定义见《主航道(48+168+48)m系杆拱桥—主桥拱肋布置图》。
2.本表仅列出北侧吊杆参数，南侧吊杆与北侧对称。
3.拱上锚固点指吊耳中心点，梁上锚固点指锚垫板顶(吊杆中心)。

c)主跨吊杆构造图三

图 3-37　主跨吊杆构造图(尺寸单位：mm)

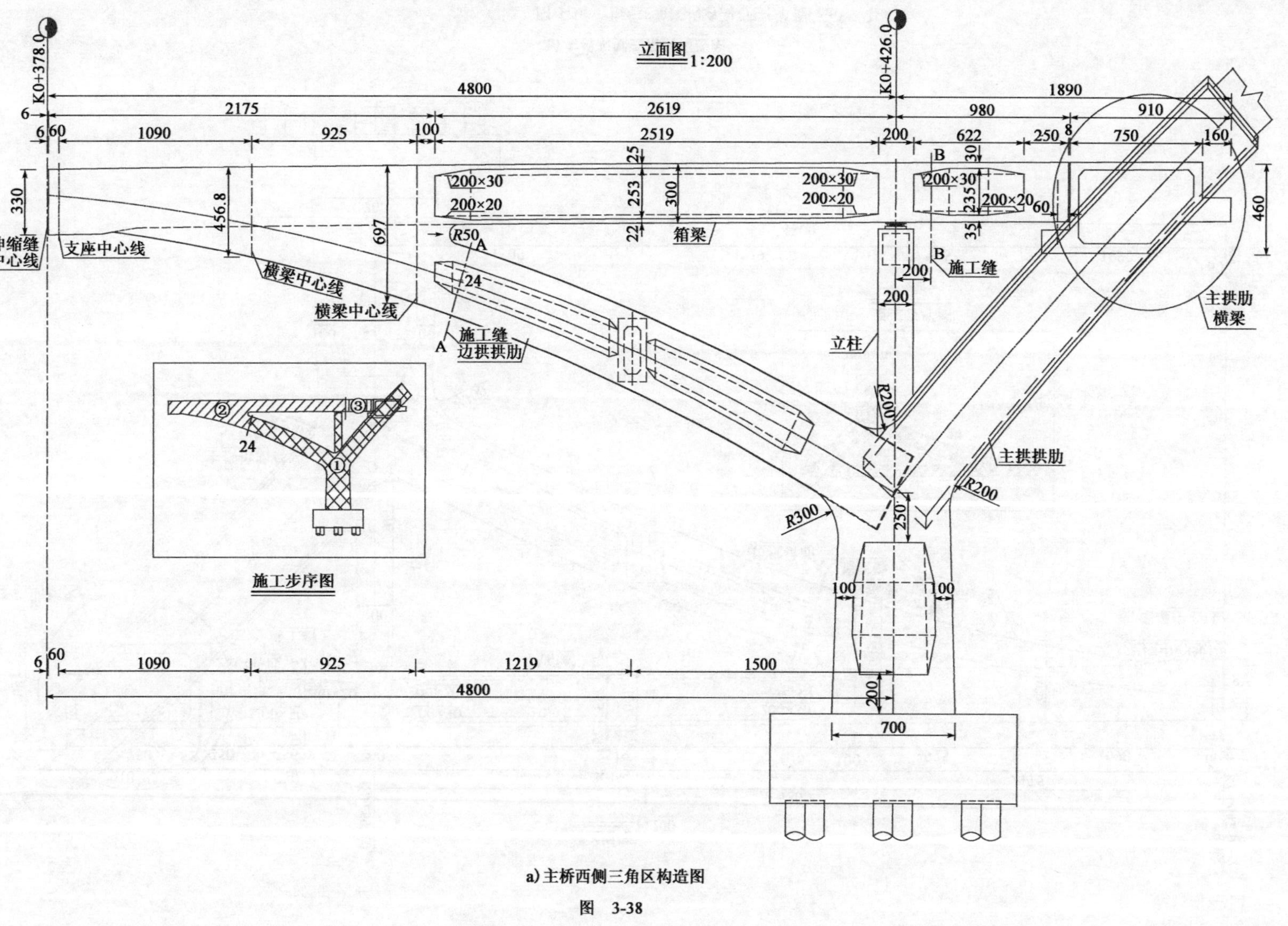

a)主桥西侧三角区构造图

图　3-38

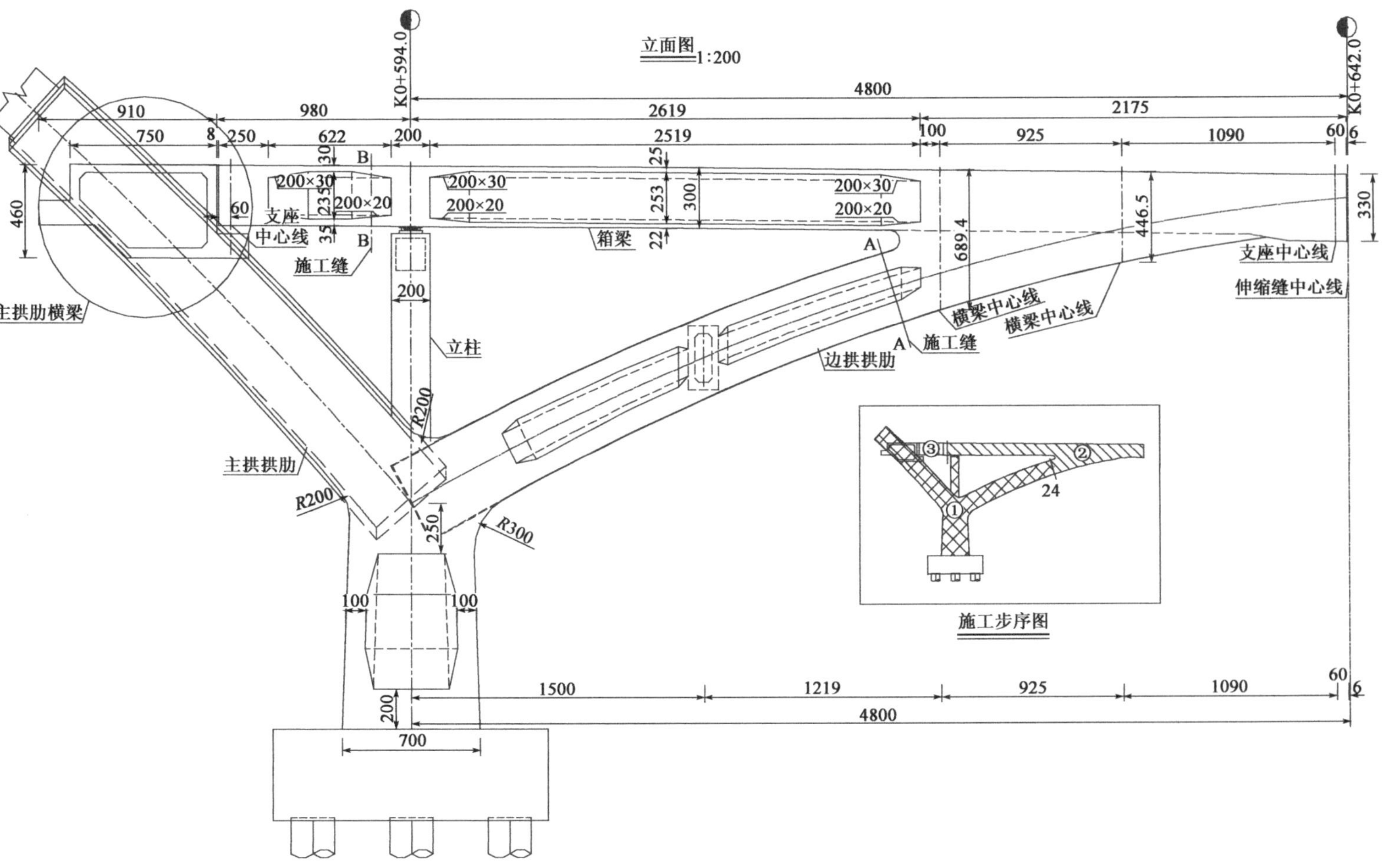

b) 主桥东侧三角区构造图

图 3-38 主跨三角区构造图(尺寸单位:cm)

第六节 设 计 小 结

鹰潭市余信贵大桥工程在设计过程中充分吸收了国内其他城市大跨度拱桥的经验和理念,以“安全、使用、经济、美观、促进可持续发展”为指导思想。

采取普遍调研、科研与业务建设、专题研究、专家论证会等有效措施,进行了多方案比选推敲,开展了系统攻关和总结,解决了诸多技术难题,为本工程的顺利实施提供了可靠的技术保障。

通过对拱肋三角区进行有限元拓扑分析及多工况节点光弹性模型试验优化了边跨结构内部刚度分配,稳定了全桥自由度释放条件;对拱肋钢-混结合段进行缩尺模型疲劳、破坏试验,明确了区域传力机理,验证了节点安全性;对主跨叠合梁混凝土板应用了超高强改性合成FC纤维成套技术,提高了结构耐久性,延长了全桥使用寿命。

该桥是国内首次将“三类系杆”一并应用于飞燕式拱桥全桥水平传力路径中的尝试,不但减小了基础的工程量并降低了施工难度,更为后期运营养护阶段提供了主动干预调整结构内力的可能性。

第四章　余信贵大桥施工技术

本章将结合成桥过程对拱桥主孔基础施工、拱桥三角区施工、拱桥过渡墩施工、钢箱的制造与安装、拱桥主梁施工及引桥施工等进行介绍。

第一节　拱桥主孔基础施工

11 号墩和 12 号墩均为拱桥主墩，其基础则为钢拱主孔基础。11 号墩和 12 号墩处经比选方案采用单壁钢围堰钻孔灌注桩基础。主墩基桩和承台为钢筋混凝土结构，承台为尖端形，横桥向长 40m，顺桥向宽 14m，高 4.5m。单个主墩设置 22 根直径为 2.2m 的钻孔灌注桩，桩间距 5m，桩长为 30m。主墩基础的地质、水文情况如下：

11 号墩和 12 号墩位于信江下游河床中部，基础地层从上到下依次为：中砂、圆砾、强风化砂岩、中风化砂岩、微风化砂岩。覆盖层为中砂，最大粒径 20mm，多为 0.25 ~0.5mm，层面高程 10.35 ~22.74m。

桥位处五年一遇洪水水位 30.10m，十年一遇洪水水位 30.90m，二十年一遇洪水水位 31.60m，五十年一遇洪水水位 32.30m，警戒水位 27.52m。最大流速 2 ~4m/s（泄洪期间），最小流速 0.065m/s，平均流速 0.6 ~0.7m/s。11 号墩和 12 号墩围堰施工期间水位为 24.0m。因下游建有界牌水电站，水流较慢，一般为 0.65m/s。

一、钢围堰设计及施工

11 号墩和 12 号墩基础都采用钻孔桩基础常用的施工方法——单壁钢围堰法，其结构和施工方法基本相同。为避赘述，本节内容均以 11 号墩为例予以论述。

（一）钢围堰设计

11 号墩钢围堰采用单壁自浮式结构，横桥向 40.64m，顺桥向 14.46m，壁厚 0.1m，高度为 14.5m。围堰顶、底面高程分别为 24.5m、10m。围堰沿高度方向分三节制造，从下向上依次第一节高 2.5m，第二节高 6m，第三节高 6m，节间连接采用∠180 ×110 ×12 角钢做连接法兰。法兰上设 2 排间距 20cmϕ20mm 的孔，按梅花形布置，用 ϕ18mm 螺栓连接。围堰壁板第一、三节采用 6mm 钢板、第二节段采用 8mm 面板，背面设[10 横肋、2[18 竖肋。围堰壁板四周设∠180 ×110 ×12 角钢法兰。竖肋间距 60cm，横肋间距 40cm。围堰内侧设 5 道内支撑，第一道内支撑设在距围堰底口 5.7m 高度处，再向上内支撑间距依次是：2.3m、2.3m、2.5m、1.5m。支撑处均采用 2[25a 做外腰带，用 2[30b 做内腰带；围堰横向内支撑杆第一、二层采用 ϕ820mm ×8mm 钢管，第三、四、五层采用 ϕ630mm ×8mm 钢管，钢管端头设 2[25a 斜撑；围堰纵向支撑杆第一、二层采用 ϕ630mm ×8mm 钢管，第三、四、五层采用 ϕ402mm ×6mm 钢管；围堰横向两端采用型钢支架做支撑，支架直撑为2I45b，斜撑为2[25a。纵、横内支撑平联处采用 ϕ820mm 钢管外包2[18 槽钢传力。主墩钢围堰结构见图4-1。

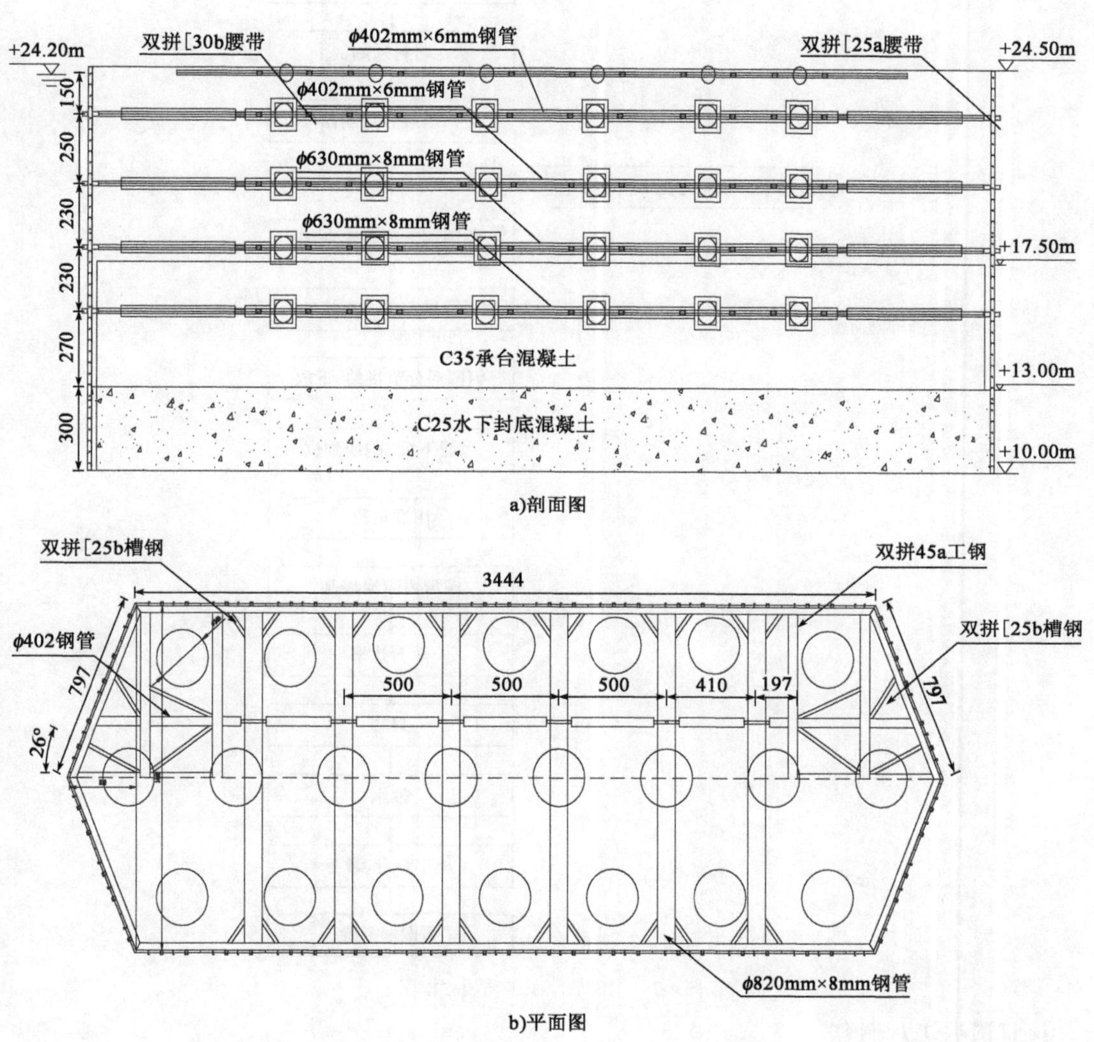

图4-1 11号墩基础钢围堰构造图(尺寸单位:cm)

(二)钢围堰施工

11号墩钢围堰在施工现场临时码头钢结构加工场内现场预制，利用钻孔平台改造作为围堰的拼装平台，然后完成导向定位系统的安装，采用型钢根据套箱大小统一在一平面上进行分块拼装，第一节段拼装完成后由8台卷扬机同步提升拆除钢牛腿支撑平台进行下放至水面再进行二、三节段拼装及沉放，着床吸泥下沉至设计位置，最后进行围堰外河床防护。施工流程见图4-2。

钢围堰施工按钢围堰工厂预制、钢围堰拼装、钢围堰水上拼装接高、钢围堰吸泥下沉、钢围堰施工应急预案等程序进行。

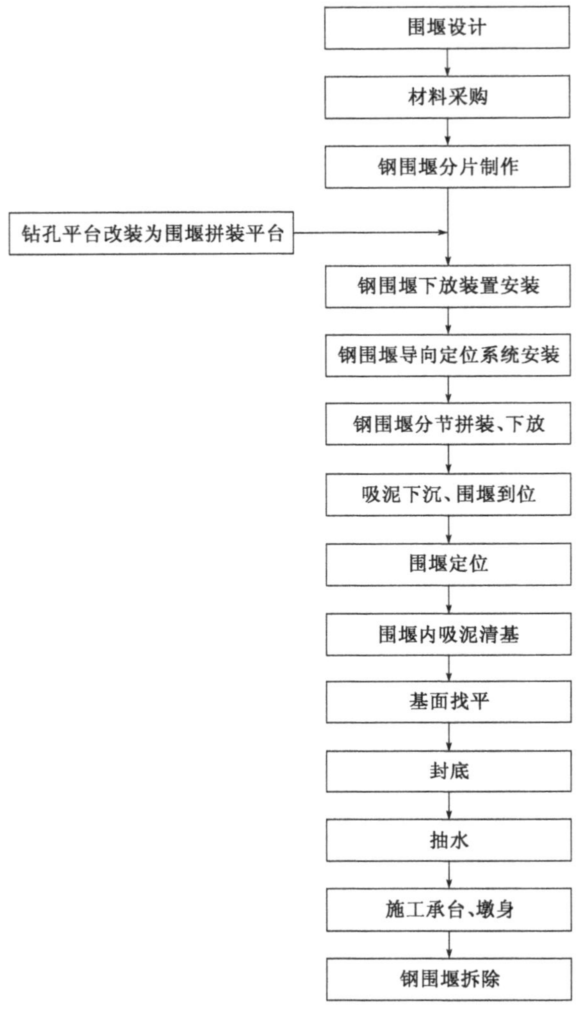

图 4-2　钢围堰施工工艺流程框图

1. 钢围堰工厂制作

单块钢围堰在现场专制胎架上制作,满足《钢结构设计规范》(GB 50017—2014)、《钢结构工程施工质量验收规范》(GB 50205—2001)和《钢结构焊接规范》(GB 50661—2011)要求。

1)壁体分块制作工艺流程

壁体分块制作工艺流程见图 4-3。

2)放样及画线

放样是保证钢围堰质量、提高劳动效率、节约材料的重要工作之一。放样在放样间进行,其主要作用是确定各构件的实际形状尺寸及相互间的关系。根据设计图放样绘制施工图作为板材、型材下料的依据和制作胎架的样板。

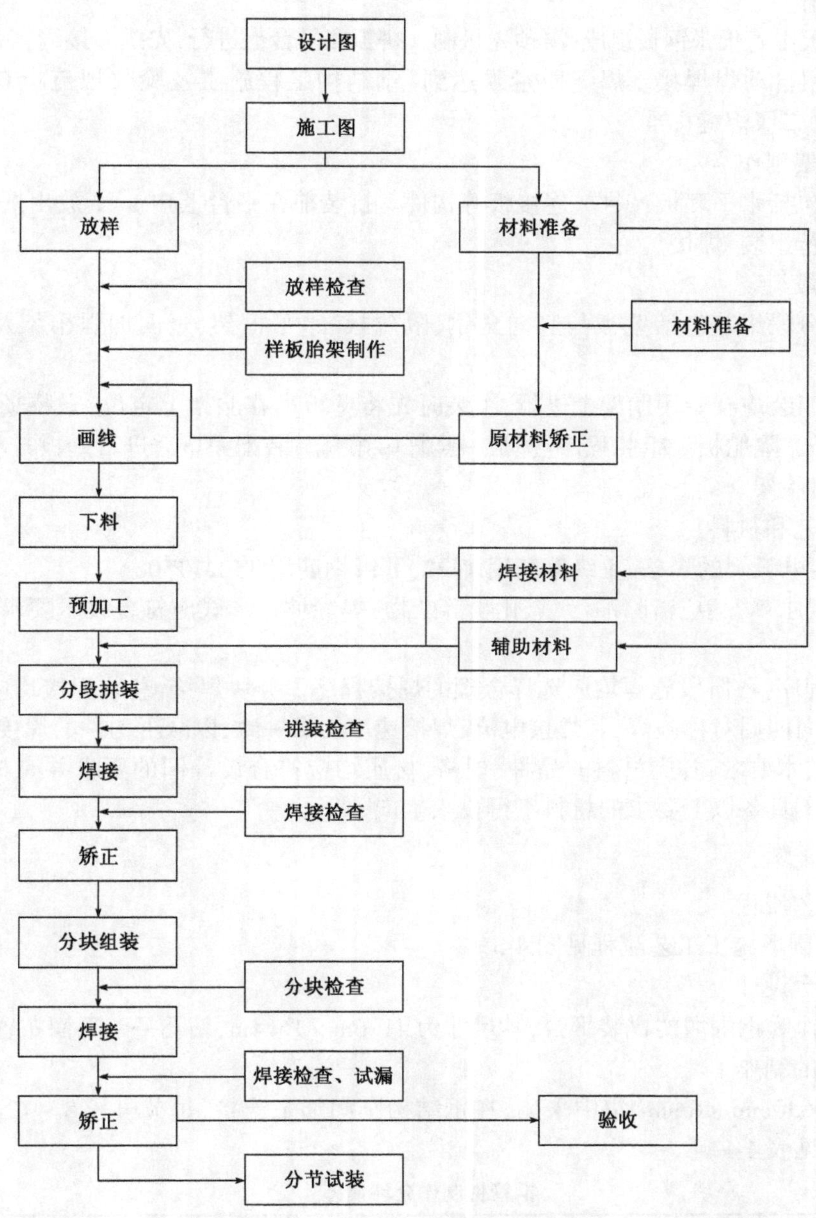

图 4-3　壁体分块制作工艺流程

3）下料及预加工

（1）型材采用联合冲剪床下料。

（2）直线板材采用半自动切割机。

（3）曲线板材下料采用数控切割机。

（4）无论采用何种形式下料，其边缘应平整光洁，无氧化物、缺棱等现象。

（5）下料时需进行构件编号，并用号料笔标示清楚。

4）壁板制作

壁体的壁板由若干张钢板组成，需预先拼制。拼板在平台上进行，先拼端接缝，后拼纵接缝，拼好后双面采用自动焊焊接。焊缝质量须达到《钢结构工程施工及验收规范》（GB 50205—2001）中规定的二级焊缝标准。

5）水平框架制作

水平框架包括水平环板、斜撑、连接板等构件。拼装前在平台上按1∶1放出框架的地样，然后按地样进行组装、焊接。

6）立体分段组装

壁板立体分段组装包括壁板与竖向角钢、隔舱板、水平框架、竖向加强桁架及节间水平环板。

立体分段组装应在专用胎架上进行，组装时先将壁板吊在胎架上定位，安装竖向角钢，最后吊装水平框架、隔舱板。组装程序：壁板→竖杆→吊耳。装配完毕后进行壁板与水平框架的焊接，然后吊离胎架。

7）焊接工艺和材料

焊接材料：电弧焊的焊条，Ⅰ级钢筋用T422，Ⅱ级钢筋用T502、T506。

（1）基本要求：焊缝应清除油污、氧化物等杂物；焊缝坡口形式应符合技术要求，过渡性坡口须光顺平滑。

（2）焊接程序：各阶段施焊均应选择合理的焊接程序。分块焊接、总装焊接均应选用双数焊工。从中央向四周对称施焊，其焊接电流、焊接速度力求一致，以减少构件的焊接变形。

（3）材料技术要求：各类材料的品种、规格、材质均应符合设计图的要求并有材质证明或产品合格证。不具备以上要求的材料不得投入生产。

2. 钢围堰拼装

1）施工工艺流程

11号墩钢围堰施工工艺流程见图4-3。

2）钻孔平台设计

钻孔平台作为钢围堰的拼装平台，其尺寸为41.6m×16.4m，钻孔平台平面布置见图4-4。

3）钢管桩的制作

钢管桩（ϕ630mm×8mm）集中采购，在钢结构车间加工连接，每节段长8～12m。钢管桩制作允许偏差见表4-1。

钢管桩制作允许偏差 表4-1

项目	允许偏差（mm）		检验频率	检验方法
外径	±5	每批抽检10%	4	用钢尺量
长度	+10 0		1	
桩轴线的弯曲矢高	≤1%桩长，且不大于20	全数		
端部平面度	2	每批抽检20%		沿桩身拉线，用钢尺量
端部平面与桩身中心线的倾斜	≤1%桩径，且不大于3			用直尺和塞尺量
			2	用垂线和钢尺量

钢管桩应按规格分别堆放(即上节桩、中节桩、下节桩),一般堆叠层数为三层(高度控制在2m以内)。支点处枕木两侧用木楔塞牢,防止变形。

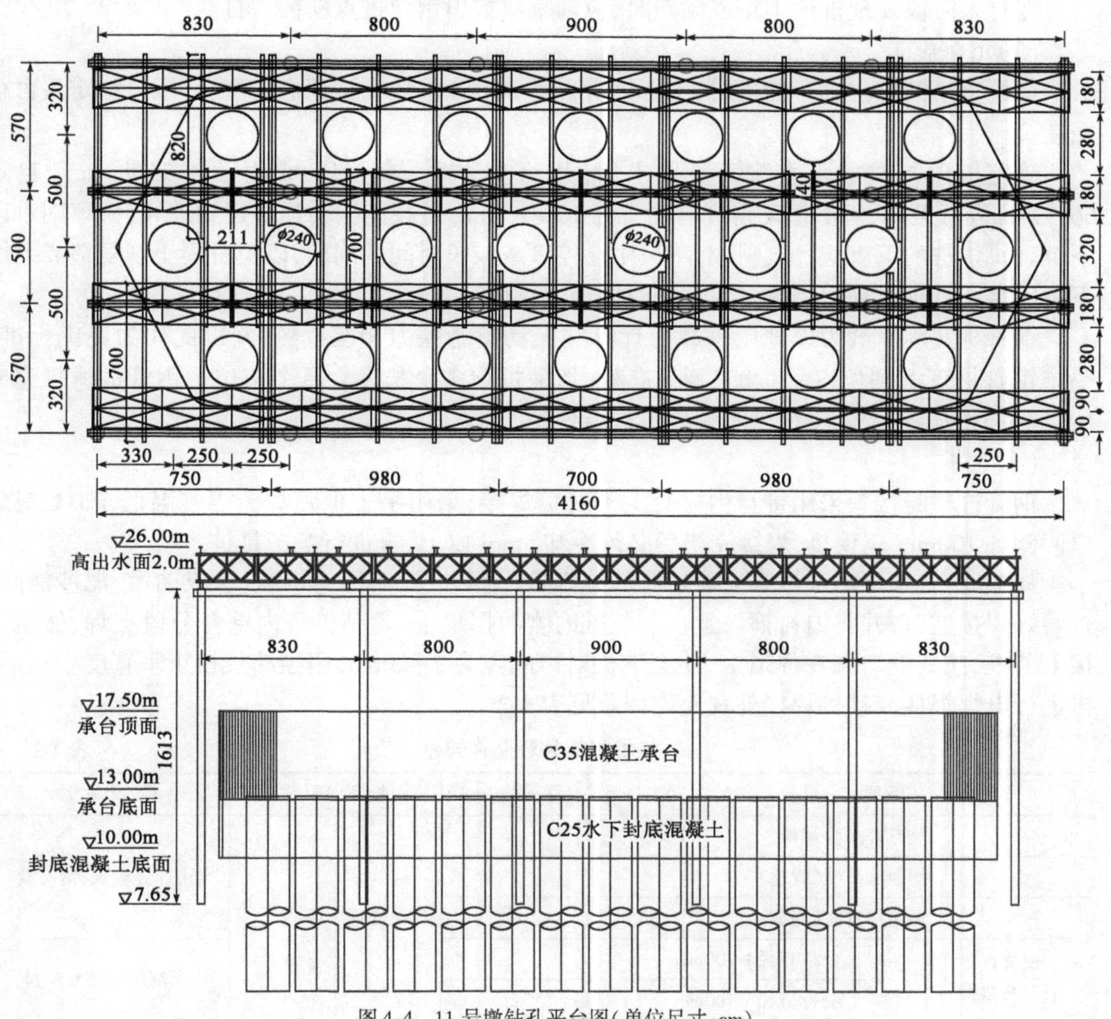

图4-4 11号墩钻孔平台图(单位尺寸:cm)

4)钢管桩下沉

(1)施工方法

钢管桩插打采用20t浮式起重机配以DZ90打桩锤插打,按钻孔平台设计跨度布置,保证其安全稳定性。

(2)测量控制

定位:打入钢管桩需精确定位,钢管施工时采用全站仪定位,水中钢管桩施工时采用GPS定位,以保证钢管桩的施工精确度。

垂直度控制:打桩时,必须用两台经纬仪,架设在打桩机的正面和侧面,校正钢管桩的垂直度,并保持桩锤与桩在同一纵轴线上。

钢管桩打入1~2m后,应重新用经纬仪校正垂直度;当打至一定深度并经复核打桩质量良好时,再连续进行击打,直至高出水面60~80cm停止锤击,进行接桩;再重复上述步骤直至达到设计高程。

在打入阶段发现桩位不正或倾斜时,应调整或拔出钢管桩重新插入打。

(3)下沉施工

钢管桩吊到桩位进行插桩时,由于桩身自重和桩锤放置在桩顶会自沉,待沉至稳定后再行振动。

确定桩位与桩的垂直度满足要求后,开动振动锤(采用DZ90振动打桩机,桩锤自重66.7kN)进行振动,每次振动持续时间宜为10~15min,过长则振动锤易遭到破坏,太短则难以下沉。每根桩的下沉应一气呵成,不可中途停顿或较长时间的间歇,以免桩周土恢复造成继续下沉困难。打桩过程中用测量仪器随时监控垂直度。

钢管桩实际承载力以理论承载力计算和振动锤激振力相互校核,并以此作为终锤标准。一排钢管桩下沉到位以后,及时测量高程,切除桩顶多余长度。每个墩位的钢管桩捶打完成后,应对桩的偏斜及入土深度按照要求进行检查。

(4)接桩

钢管桩桩身接头采用桩身内衬套上下对接焊接,采用手工电弧焊。当气温低于0℃时焊口两侧各100mm应预热,焊接完毕后必须冷却5min以上,再进行锤击打桩。

焊接前,必须将下节桩管变形损坏部分修整,上部桩管端部的锈蚀、水或油污、泥沙清除,打磨好焊接坡口,并将内衬箍放置在下节桩内侧的挡块上,紧贴桩管内壁并分段点焊,然后吊接上节桩,使其坡口搁在焊道上,使上下桩对口间隙为2~3mm,用经纬仪校正垂直度合格后,再进行电焊焊接。接桩焊接外观允许偏差见表4-2。

接桩焊接外观允许偏差 表4-2

项目		允许偏差(mm)	检验频率		检验方法
咬边深度(焊缝)		5	每条焊道	1	用焊缝量规、钢尺量
加强层高度(焊缝)		+3			
加强层宽度(焊缝)		0			
钢管桩上下节错台	公称直径≥700mm	3			用钢板尺和塞尺量
	公称直径<700mm	2			

5)搭设平台

钢管桩插打完成后,连接钢桩间联结系,并修整钢管桩顶面高程,使其在同一水平面上,再布设桩顶分配梁,在其上部安装贝雷桁架,联结成整体,桥面板采用10mm钢板。

6)钢围堰拼装

利用钻孔平台改造作为钢围堰的拼装平台。

钢套箱拼装利用周边钢护筒钢牛腿支撑,采用型钢根据套箱大小统一在一平面上进行分块拼装,第一节段拼装完成后由8台卷扬机同步提升拆除钢牛腿支撑平台进行下放至水面,再进行二、三节段拼装及沉放。

钢围堰节与节之间的接缝采用双面胶+18mm(宽)×4mm(厚)的熟胶填塞,确保接缝不透水。围堰拼装采用ϕ18mm螺栓,螺栓孔采用2排梅花形间距20cm布置。接缝螺栓连接见图4-5。

7)钢围堰拼装的质量要求

(1)钢围堰拼装时注意事项:

①在拼接时一定要控制好水平环板的水平度,全面调整其垂直、水平度等,务必使接头对准,所有误差均在允许范围之内。经检查认可后方可进行电焊。

②起吊钢围堰时,应按指定位置起吊,不得任意改动,以免扭曲变形。起吊时不得碰撞。

③拼装时如有钢板或型钢碍事,不利拼装,不得随意烧割,应及时反映,请示后再行处理。

④拼装时如发现接头不对,不准硬拉硬顶。调整钢围堰放置千斤顶或倒链滑车位置,应经值班技术人员检查同意后方可进行。

⑤定位焊和全面焊的立焊缝应全部由下向上进行。

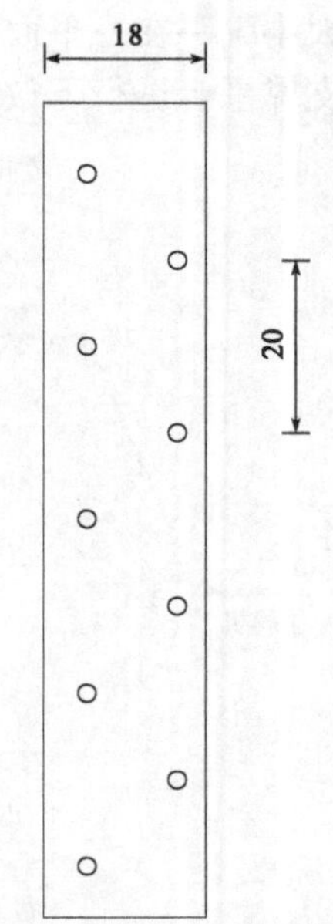

图4-5 接缝螺栓连接示意图(尺寸单位:cm)

(2)所有焊缝除满足设计要求外,还应在钢围堰所有的大合龙焊缝在焊接结束后,在下水前统一进行煤油试验,取石灰水涂刷壳体外部焊缝,待风干后,在内部对应焊缝处涂以煤油,15min后用肉眼观察渗透情况。若有渗至反面,则将该处焊缝铲除,重新按规定复焊。

(3)围堰标准节在总拼时,相互错开不应超过1mm,接缝缝隙为0~2mm,个别缝隙超限者也不准大于3mm。

(4)结构尺寸验收:钢围堰组拼完成后,必须进行结构尺寸检验。钢围堰的结构尺寸须符合表4-3的要求。

钢围堰主要尺寸允许偏差 表4-3

编号	项目	允许偏差(mm)
1	钢围堰平面尺寸	+40,0
2	垂直度	±h/1000(h:节高)
3	水平环对接	±2

3. 钢围堰下沉

1)钢围堰下放装置

由于江河吊装设备局限,采用钢套箱周边搭设平台安放8台10t 6滑轮组双组同步吊放,滑轮组选用80t 6轮滑轮组。按理论计算,ϕ22mm进口钢丝绳双向滑轮组每台起吊能力达80t,80t × 8 = 640t > 360t,能满足吊装要求。卷扬机转速22m/min,下放速度22 ÷ 12 = 1.83m/min。

8台10t卷扬机安放位置如图4-6所示。

2)钢围堰的吊装下放

钢围堰在围堰拼装平台上拼装。钢套箱拼装利用周边钢护筒钢牛腿支撑,采用型钢根据套箱大小统一在一平面上进行分块拼装,第一节段拼装完成后由 8 台卷扬机同步提升拆除钢牛腿支撑平台进行下放至水面,再进行二、三节段拼装及沉放,见图 4-7。

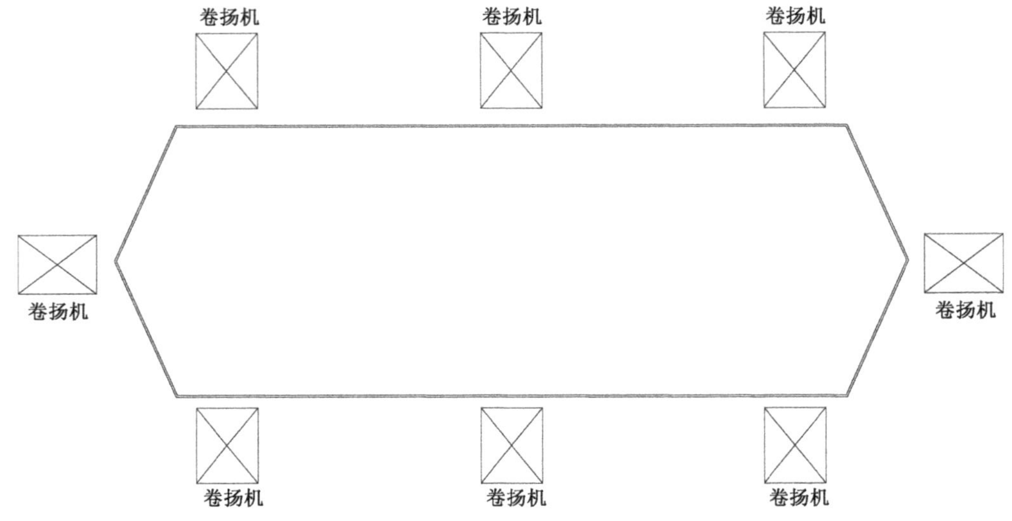

图 4-6　卷扬机安放位置示意图

3)导向定位装置的设置

为防止围堰下放过程中产生偏移,需设置下放导向装置,在围堰壁板上对应钢护筒的位置设置 8 个轴承装置,抵住钢护筒,以防止下放时产生偏移。导向装置布置见图 4-8。

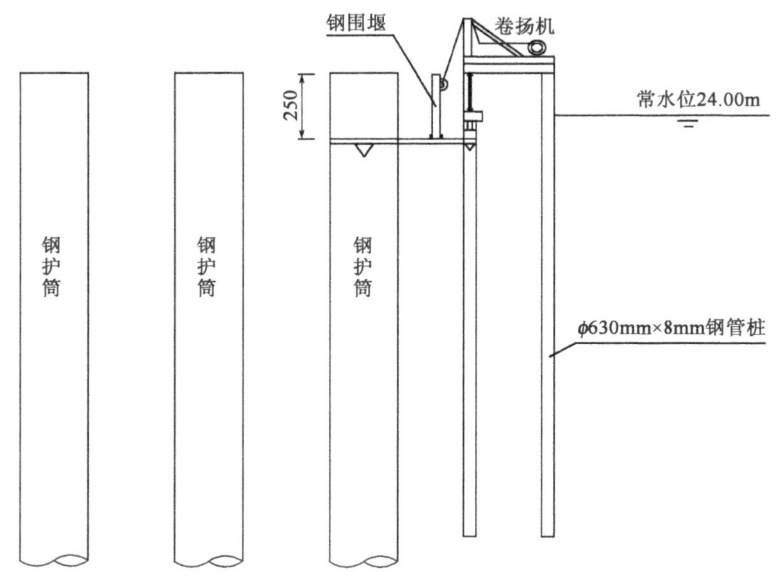

a)底节(2.50mm)拼装示意图

图　4-7

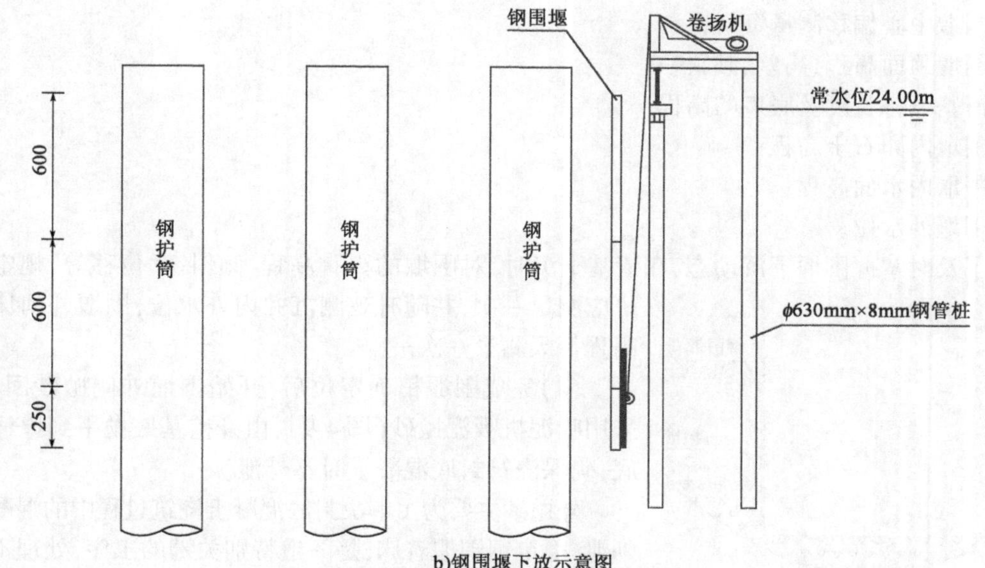

图4-7　钢围堰拼装及下放示意图(尺寸单位:cm)

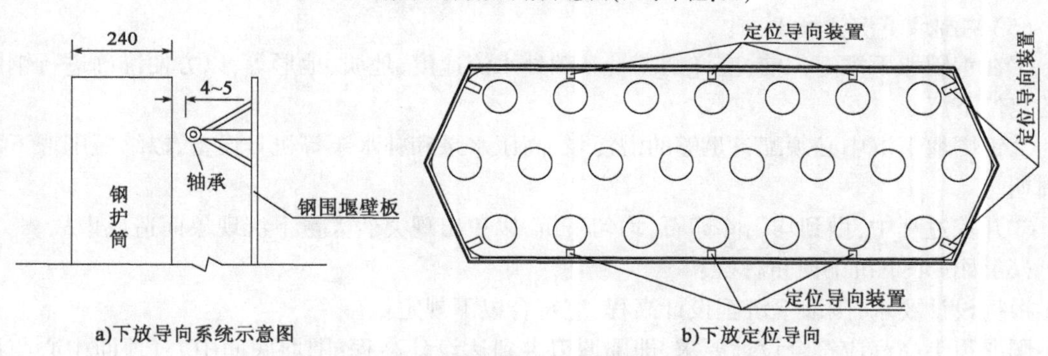

图4-8　下放导向系统布置图(尺寸单位:cm)

4)钢围堰吸泥下沉

钢围堰下放至河床后,采用吸泥机吸泥下沉。

(1)围堰着落河床后,结束了悬浮状态,进入覆盖层下沉施工,其初期是最容易产生倾斜和位移的阶段,应以调平、纠偏、校正位置为主。根据围堰内实测河床的情况,将围堰内的卵石清除。清除部位应视围堰的倾斜情况,使围堰高的一边首先下沉并逐步使围堰顶面调平,要一面测量,一面清除卵石调平下沉。下沉过程中对钢套箱定位严控,现场技术员对钢围堰随时监控。

(2)围堰在覆盖层中下沉的阻力来自两个方面:一是刃脚下卵石的下面阻力;二是围堰外壁与卵石层的摩擦力。围堰在覆盖层中下沉就是消除或减少刃脚下的正面阻力,靠围堰的自重克服外壁的摩擦力而下沉,而消除或减少下面阻力的方法就是从围堰内清除卵石,降低围堰内卵石高程。

(3)为指导围堰下沉,必须做好记录工作,将围堰下沉的有关资料随时记录在专用的记录表中,项目如下:

①围堰高度;

②围堰刃尖高程;

③围堰中心偏移测量资料；

④围堰顶面高程、高差、倾斜率；

⑤清基设备长度及底口的高程；

⑥围堰内卵石土高程；

⑦围堰内水面高程；

⑧围堰外水位。

为了及时掌握围堰下沉动态，在清基下沉时，对围堰的刃脚高程、倾斜率、位移等，规定每班应测量一次，并随时观测沉井内外水位，围堰外河床面高程每天测量一次。

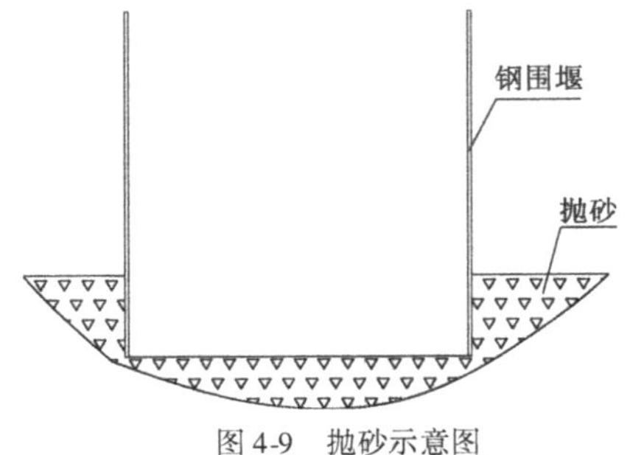

图 4-9　抛砂示意图

(4)完成围堰精确定位后，开始围堰外侧抛砂回填，采用吸泥机吸泥抛砂(图 4-9)，由开挖基底抛平到原河床底，确保浇筑封底混凝土时不外泄。

外抛砂主要为了解决封底混凝土浇筑过程中的混凝土外泄，稳定钢围堰着床，是一道特别关键的工序，处理不当将影响整个灌注质量，特别是在着床后存在空隙的情况。

(5)钢围堰下沉注意事项：

①在钢围堰下沉定位前，应详细测量基础处水流速度、地质、地形等，以方便准确进行钢围堰的定位下沉。

②钢围堰下沉中必须配备足够的潜污泵、高压水泵和补水泵等机具设备，以缩短围堰下沉的周期。

③开挖过程中，做到均匀除卵石，均匀下沉，以免出现突然大量下沉现象而造成事故。

(6)钢围堰下沉的质量标准：

根据设计要求，围堰下沉至设计高程，应符合以下规定：

围堰刃尖高程应符合设计要求，即围堰刃尖到达设计高程；围堰底面中心、顶面中心与设计中心在平面纵横向的偏差不大于围堰高度的1%；围堰倾斜率不大于2%；围堰平面扭角偏差不大于2°。

5)钢围堰内清基

围堰基底内清基采用直管吸泥机吸取围堰内的卵石土，清基从围堰中部开始，逐渐向围堰内移动吸卵石土。

采用2台12m^3空压机吸卵石土，48h完成围堰内清基。

清基完成后派潜水员下水将基底基本整平。

6)钢围堰封底混凝土浇筑

(1)封底混凝土浇筑前准备

搭设平台：便于灌注混凝土作业(灌注和安放、拔出导管)；便于测量(水位、混凝土灌注面)；确保作业安全的要求。

(2)清基检查

在浇筑水下封底混凝土之前，潜水员下水检查钢围堰刃脚与河床的密贴情况。若存在较大空隙，应支垫刃脚、堵塞空隙，以防封底时混凝土流失。用高压射水和吸泥机将围堰内沉渣、浮泥清除干净,最后由潜水员下水检查是否符合要求。

由于钻孔桩与钢围堰下沉施工时间较长,在钢护筒外壁及钢围堰内壁上会存有其他杂物,为使封底混凝土与钢护筒外壁、钢围堰内壁的结合紧密,在封底前需要潜水员用高压水枪进行清理。

围堰清基检查合格后即可进行水下混凝土封底准备工作。

4. 封底混凝土浇筑

基底处理后,采用垂直导管法进行封底混凝土灌注。11 号墩钢围堰封底采用 C25 水下混凝土,高程为 +10 ~ +13m,混凝土方量共计 1550.0m³。

1)封底混凝土材料技术要求

(1)封底混凝土,其配比可参照钻孔桩水下混凝土的有关规定执行,坍落度宜为 180 ~ 220mm,水灰比宜为 0.45 左右。

(2)混凝土和易性好,不泌水,流动性好,不离析。

(3)初凝时间必须保证大于混凝土到达下排导管并埋住其 0.5m 的时间,终凝时间也需大于单个导管灌注至设计高程所用的最长时间(即保证导管能顺利拔出)。若初凝、终凝时间满足不了需要,可掺加缓凝剂调整至满足需要。

(4)确保混凝土流动坡度(也叫压注度)在 1:7 ~ 1:10 之间,坡面与水平面夹角在 6° ~ 10°。

(5)确保施工温度在 +5℃ 以上。

2)导管的选择及布置

封底采用刚性导管法一次性封底。由于基底面积很大,所以导管口距基面宜控制在 15cm 左右,采用拔塞法压水,2 套设备布置在同一端(上游),同时灌注,向另一端(下游)推进。混凝土的扩散半径根据经验按 5m 考虑。施工时,应派专人测量,为导管的换位或提升提供正确数据。

为保证封底混凝土养护期间套箱内外水压平衡,预先在侧板水面以上约 20cm 处开洞,以自动调节水位变化,具体布置见图 4-10。

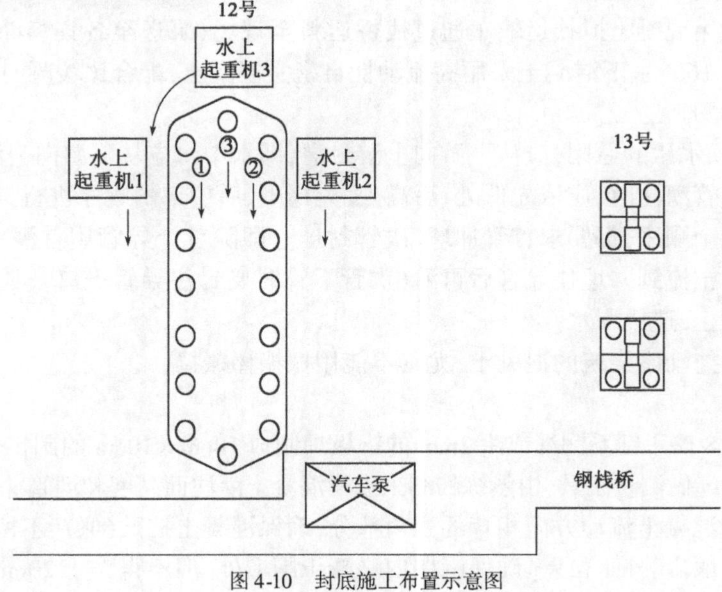

图 4-10 封底施工布置示意图

主墩布置3根ϕ300mm的快速接头导管，长度为16.5m，导管上口接1.5m^3的料斗，导管采用3台浮吊同步进行封底，导管底部离围堰底部10～15cm。

导管按以下原则进行布置：

(1)单根导管作用半径按4.5m考虑，全部导管作用范围覆盖整个混凝土浇筑区。

(2)导管与围堰内壁尽量保持一定距离，以利混凝土的均匀扩散。

(3)围堰内壁与最外围钢护筒布置一排导管，以保证该部分的混凝土厚度，防止渗水。

3)集料斗的布设

主墩封底布置3根导管，每根导管布置1个集料斗，集料斗容积为1.5m^3。

4)封底首批混凝土方量计算

首批混凝土需要数量应通过计算确定。封底首批混凝土方量按以下公式计算：

$$V = h_1 \times \frac{\pi \times d^2}{4} + h_c \times \frac{\pi \times R^2}{3} \tag{4-1}$$

$$h_1 = h_w \times \frac{\rho_w}{\rho_c} = \frac{h_w}{2.5} \tag{4-2}$$

式中：R——导管作用半径，取4.5m计算；

d——导管直径273mm；

h_c——首批混凝土灌注高度，按0.60m考虑(导管埋深0.40m)；

h_1——围堰内混凝土高度达到h_c时导管内混凝土柱与管外水压平衡高度，m；

h_w——围堰内水面至底部高度；

ρ_w——水密度；

ρ_c——混凝土密度。

5)封底混凝土的浇筑

封底混凝土的施工在单壁钢围堰下沉到位后即可进行，采用“多导管循环全断面斜坡推进连续浇筑一次封底”的方法。

封底混凝土采用混凝土搅拌运输车通过栈桥运料至现场，泵送至各集料斗进行封底。预计混凝土浇筑时间16h，水下混凝土采用高流动性自密实混凝土，配合比缓凝时间为36h。

(1)封底灌注顺序

①按逆水封、顶水压的原则，应从下游向上游封灌，即水中封应从下游向上游封的原则。

②采用多根导管灌注时，应依先低处、后高处，先周围、后中部的顺序进行。

③无论采用哪个顺序，都要求首管冲球、次管封球。即除首个导管用首灌混凝土埋管外，其余各管均需混凝土流到并埋住导管后再灌(次管下管时要封住导管下口)，防止形成混凝土叠层夹杂水泥混凝土，造成漏水。

④浇筑中不得搅动已浇筑的混凝土，尤其不能用振捣棒振捣。

(2)测量

①灌注中要用8磅手锤系测绳或用2mm的钢板焊制成10cm×10cm的圆锥体，里面装沙使其质量达4kg，系测绳做测量工具，由熟练的测工进行混凝土灌注面高度和埋管深度的测量。

②要重点测与混凝土流动方向相背的死角部分，确保混凝土挤贴到位，不留死角。

③同时要测围堰内、外水位差，确保围堰内略高于围堰外，但不得大于20cm。

④还要量测混凝土面的平整度,并做记录。

⑤末端断面的测量要求准确无误。

(3)抽拔导管

①每个导管周围混凝土灌注达到设计封底高度,即可拔出导管。拔出前要反复核对混凝土表面高度,确切后,缓慢拔出导管,不得过快,防止水顺拔出来后混凝土来不及封堵的孔洞进入封层。

②拔出时要小幅度(以不漏为准)抖动几下导管,以便混凝土填塞饱满,不留空心。

③灌注中要尽量控制散落混凝土,越少越好。

④水下混凝土面的最终灌注高度,应比设计值高出150mm以上,待混凝土强度达到设计要求后,再抽水凿除表面松弱层。

经核对浇筑量后,拔出最后一根导管,则封底即宣告结束。

5.抽水

1)围堰内抽水

承台施工时,围堰内水抽干是单壁钢围堰施工最不利的工况。待封底混凝土达到100%强度后,开始抽水。抽水时确保每小时围堰内水面下降50~60cm。

封底混凝土与钢围堰完全结合成一个整体,在钢围堰下部施加固结约束。将封底混凝土表面整平,凿平至承台底高程处。检查维修围堰四周及底板确定无渗漏现象,然后切割钢护筒,进行钻孔桩桩头处理。

2)桩基检测

割除钢护筒后,开始破桩头。破桩头前,应在桩体侧面用红油漆标注设计高程线,以防桩头被多凿,造成桩顶伸入承台内高度不够,桩基要伸入承台内15cm。破除桩头时应用空压机结合人工凿除,凿除过程中保证不扰动设计桩顶以下的桩身混凝土,不损坏检测管。

桩头破除完毕后应复测桩顶高程,进行桩基检测。

6.钢围堰施工应急预案及施工注意事项

1)钢围堰施工应急预案

(1)刃脚支垫。若河床覆盖层冲刷完后,岩面高低不平,围堰刃脚处要进行支垫。在刃脚处用12mm厚的钢板焊设倒牛腿,用ϕ630mm钢管柱进行支撑。

(2)倒牛腿设置12个,每个设置在围堰隔舱板处,高度80cm;ϕ630mm钢管立柱内加焊十字钢板(厚12mm),上下口焊设12mm厚钢板进行封口。围堰下沉到位后,先用袋装混凝土找平,再用钢管柱进行支垫。

2)围堰施工中的注意事项

(1)重点控制对象:钢围堰的加工质量及下沉,围堰接高和下沉定位,围堰刃脚封堵。

(2)加强观测对象:钢围堰下放时吊点变形及滑车组钢丝绳的异常,围堰振动情况,河床冲刷情况,导向装置的变形观测。

(3)质量控制对象:围堰的焊缝质量(超声波探伤及油浸试验),吊点的焊缝质量(水密性试验)、围堰内口尺寸、围堰下沉到位的精度。

(4)安全控制对象:人员高空作业的安全,钢围堰起吊工具索的安全检查。

二、钻孔桩及承台施工

11 号和 12 号主墩的基础均为钻孔桩基础,两者钻孔桩根数、直径、桩长均相同;且两者承台结构尺寸相同,承台均在钢围堰内施工。所以,下面仅以 11 号墩钻孔桩基础施工为代表,对主塔墩钻孔桩及承台施工进行论述。

(一)钻孔桩施工

11 号墩钻孔桩主要施工方法如下。

1. 钻孔平台搭设

11 号墩基础施工直接采用搭设钻孔平台进行施工,钻孔平台尺寸 41.6m×16.4m,设计采用 ϕ630mm×8mm 钢管桩基础,钢管桩间距最大为 9.0m,平台定位钢管桩进入风化岩层,在桩底用钻机钻孔,并灌注 3.5m 钢筋混凝土,与河床形成锚固,钢管桩之间设横撑及剪刀撑等联结系以确保稳定性。桩顶横桥向分配梁采用双 2I36a 工字钢,顺桥向分配梁采用 2I36a 工字钢,上部梁体为贝雷桁架,桥面板采用 10mm 厚钢板。钻孔平台布置见图 4-11。

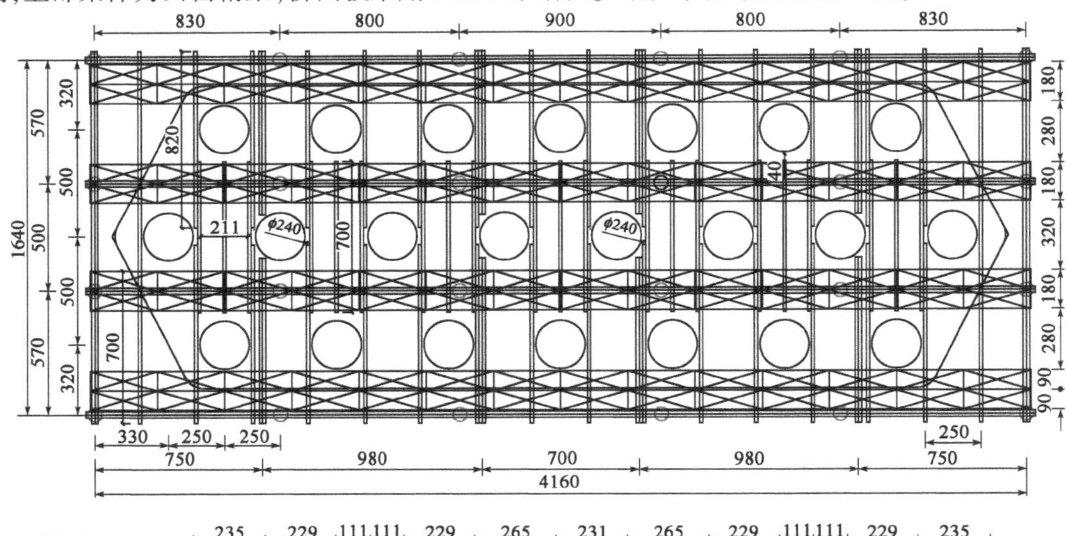

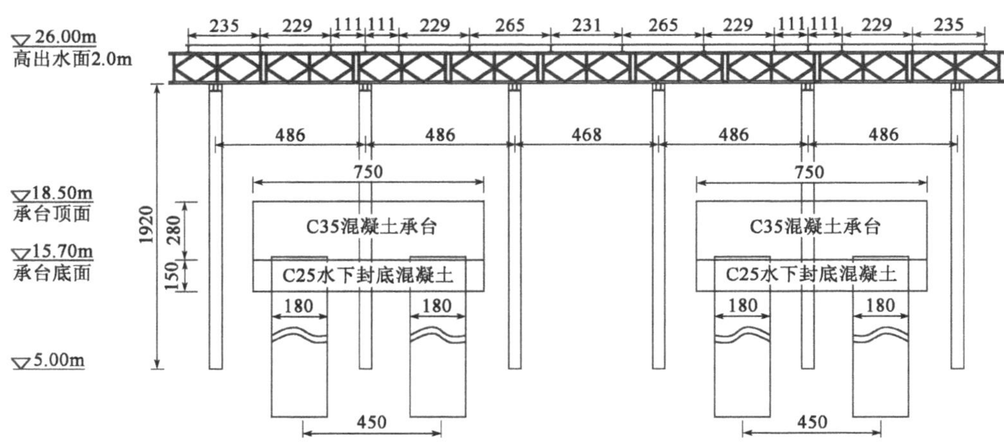

图 4-11　11 号墩钻孔平台图(尺寸单位:cm)

2. 钻孔施工

桩基施工工艺流程见图4-12。

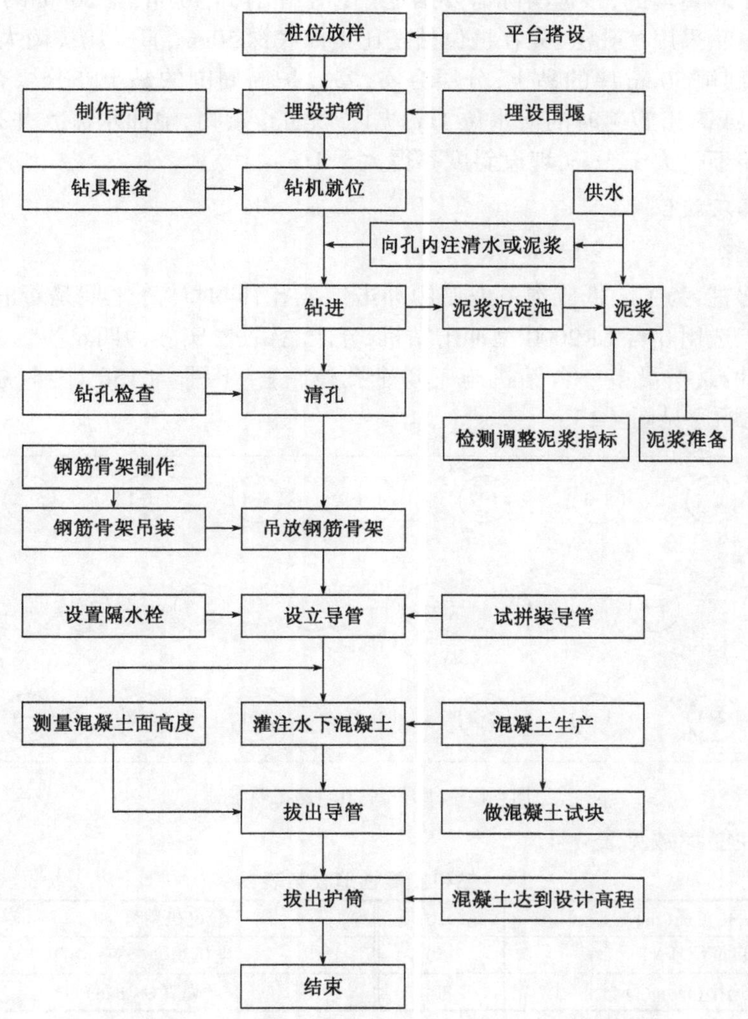

图4-12　桩基施工工艺流程图

3. 施工前期准备

(1)施工场地准备

根据墩位处的环境情况，桩位如落在陆地上，则平整场地，清除地表杂物，挖除地表层软土，夯压密实；如落在池塘中，则筑岛填土后，夯压密实。

(2)施工测量放样

对设计单位提供的坐标基点、水准基点及其测量资料进行检查、核对，引入工地。然后采用全站仪根据设计测量出各钻孔桩的中心位置，放设护桩，对护桩采取水泥砂浆加固，设立明显标志，随时用交汇法交出中心位置。

4. 埋设护筒

护筒采用钢护筒,壁厚10mm。使用冲击钻机时,护筒内径比钻头直径大40cm。护筒长度为3m(位于水中和鱼塘的,根据实际需要确定),顶端留有高40cm、宽20cm的出浆口。

护筒埋设方法采用挖孔法:先在桩位处挖比护筒底深50cm,直径比护筒大40~50cm的圆坑,然后在坑底回填50cm厚的黏土,分层夯实,安放护筒周围的黏土亦分层夯实。护筒顶面高出地面30cm或高出施工时的河水位1m以上,以防止杂物、地面水流入井孔内。护筒的孔口平面位置偏差不得大于5cm,埋设斜度不得大于1%。

5. 钻机选择及就位

(1)钻机选型

基桩为砂岩桩,为了降低成本考虑使用冲击钻成孔,同时计算工期是否满足要求。11号墩桩基成孔施工选用6台CK2000型冲击钻机,分四轮钻进,实际为四轮半。主墩工效以6台钻机连续施工计算,按最多一台钻机施工4个孔位,每个孔平均15d计算,总施工时间安排60d完成。钻孔顺序见图4-13。

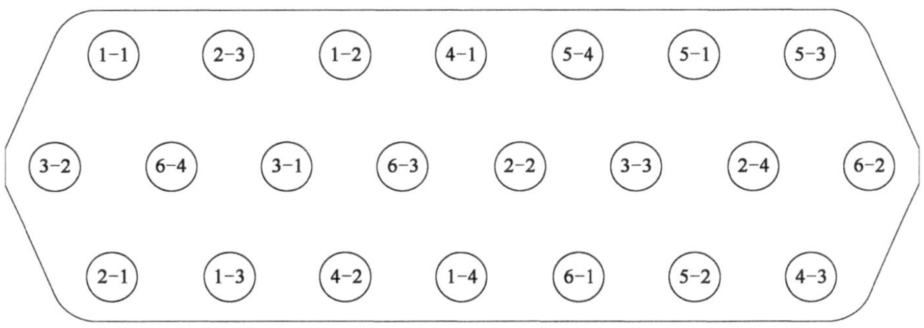

图4-13 11号墩钻孔桩施工顺序图

钻机主要性能参数见表4-4。

钻机主要性能参数表 表4-4

最大钻孔直径(m)	2.0	电机型号	CK2000
额定起重量(kN)	150	电机功率(kW)	90
钢丝绳速率(m/min)	30	钢丝绳直径(mm)	36

(2)钻机安装就位

钻机就位前对钻机各主要机具设备进行检查和维修,采用汽车吊吊装就位,测量检查对中满足要求,并将钻机与平台进行固定、限位,保证钻机在钻进过程中不产生位移。

(3)钻机调试

钻机就位后,对钻机钻架进行调整,以保证钻架吊点中心与孔位中心在同一铅垂线上;开动卷扬机,检查卷扬机及导向滑轮系统是否正常。

(4)钻机移位

钻机移位采用汽车吊作为起重工具,汽车吊盲区采用20t浮式起重机。

6. 钻进成孔

采用十字冲锤冲击碎岩成孔、泥浆反循环除渣、气举反循环清孔施工工艺。

(1)泥浆制备及循环

泥浆制备及性能指标:护壁泥浆在钻孔中非常重要,尤其是对本工程大直径桩基,土层为砂层、圆砾层,护壁难度大,泥浆控制显得尤为重要。施工采用不分散、低固相、高黏度的泥浆。为保证钻孔桩成孔施工的顺利进行,在正式开钻之前进行泥浆配比试验,选用优质黏土和不同比例的水、膨润土、碱、CMC、PHP 等进行试配,选择泥浆各项指标最优的泥浆配比,用于钻孔桩施工中。

余信贵大桥钻孔主要分为粉砂、中砂层内钻进,圆砾层内钻进,岩石层内钻进三种工作状态。由于钻孔平台面积小,无法在其上布置泥浆池,水上也没有可用船只作泥浆船,现场采用泥浆槽将相邻钢护筒连接起来,钻孔时两护筒互为泥浆池。钻孔施工前首先在钢护筒内造浆,当钢护筒内泥浆性能指标满足施工要求后开孔钻进。

冲击钻泥浆性能指标见表 4-5。

泥浆性能指标参数　　表 4-5

地　　层	相对密度	黏度(s)	含　砂　率	胶　体　率	pH　值
一般地层	1.20~1.25	22~24	4%以内	95%以上	8~11
易坍地层	1.20~1.40	22~30	4%以内	95%以上	8~11
卵石、浮石	1.40~1.50	25~28	4%以内	95%以上	8~11

(2)开孔

开孔具有导向作用,因此开孔的位置必须准确。钻进 2m 后对孔位中心进行校核,钻机顶部的起吊天轮中心、转盘中心、桩孔中心应在同一铅垂线上,其偏差不大于 2cm。

(3)钻进

①钻孔作业分班连续进行,认真填写施工记录。开孔及整个钻进过程中,孔内水位要求保持 1.5~2.0m 水头高度,并低于护筒预面 0.3m,以防溢出泥浆。清孔时应及时补水。每钻进 2m 和在地层变化处均应捞取渣样,以便与勘察设计时的地址剖面图进行核对。同时也为泥浆、钻锤及钻进速度的选择提供更为直接的资料。

②钢丝绳的长度要均匀地松放,一般在松软土层每次可松绳 5~8cm,在密实坚硬土层每次可松绳 3~5cm。为正确提升钻锤的冲程,在钢丝绳上做出长度标志,防止松绳过少,形成"打空锤",使钻机、钻架、钢丝绳及钻孔平台承受过大的冲击荷载;松绳过多,则会减少冲程,降低钻进速度,严重时使钢丝绳纠缠发生事故。

③由于地质情况细砂岩较多、较硬,并且为冲击钻,采取正循环除渣效率不高,岩渣难以浮起,因此采取泥浆反循环除渣;除渣时,提起钻头,下放导管和风管至孔底,吸出泥浆。同时孔内不间断补清水,保证水头高度;在除渣后,必须补填黏土,确保泥浆浓度,再进行钻进。

④在掏渣后或因其他原因停钻后再次开钻时,应由低冲程逐渐加大到正常冲程,以免卡钻。

(4)终孔

钻头钻至设计高程、桩基嵌入微风化岩层的深度不小于 6m 且基底岩石强度不小于 25MPa 时,停止钻孔,捞取渣样,请监理工程师认可后方可进行下步操作。

钻孔灌注桩成孔允许偏差见表 4-6。

钻孔灌注桩成孔允许偏差 表 4-6

编　号	项　　目	允 许 偏 差
1	桩位	群桩 10cm;单排桩 5cm
2	孔径	不小于设计桩径
3	倾斜度(%)	<1
4	孔深(m)	比设计深度超深不小于 0.05
5	孔内沉淀厚度(mm)	支撑桩 ≤50

(5)清孔

清孔分 2 次进行,以第一次清孔(气举清孔)为主,第二次清孔(混凝土浇筑导管清孔)为辅。

钻孔达到设计图纸规定深度或根据桩基终孔原则经监理工程师批准同意终孔后,立即进行清孔。

清孔采用换浆法。用换浆法清孔不需另加机具,钻到设计高程后,将钻头提起离孔底10 ~ 20cm 空转,并保证泥浆正常循环,以中速将相对密度 1.03 ~ 1.10 的较纯泥浆压入,把钻孔内悬浮钻渣较多的泥浆换出。

清孔后泥浆指标符合《公路桥涵施工技术规范》(JTG/T F50—2011)要求:相对密度 1.03 ~ 1.10(冲击钻不宜超过 1.15),黏度 17 ~ 20s,砂率 <2%,胶体率 >98%,且孔底沉渣厚度不大于 50mm 时,即可终止清孔。

清孔应彻底,一定要保证清孔时间及清孔质量,避免出现缺陷桩。

(6)检孔

第一次清孔完毕后,采用检孔器检查桩径、倾斜度、孔深等,根据《公路桥涵施工技术规范》(JTG/T F50—2011)及设计文件清孔允许偏差见表 4-7。

清孔允许偏差表 表 4-7

项　　目	孔中心位置	孔　　径	倾　斜　度	沉 淀 厚 度	孔　　深
允许偏差	25mm	不小于 3.0m	1%	5cm	>设计深度 5cm

(7)钻孔过程中注意事项

①冲程要根据地层土质情况来定。一般在通过厚的土层时,用高冲程;通过松散、砂砾石土层时,用中冲程;在易坍塌或流沙地段用小冲程。冲程过高,对孔底扰动大,易引起塌孔;冲程过小,则钻进速度较慢。为正确提升冲击锥的冲程,须在钢丝绳上进行标志。

②通过漂石或岩层时,如孔底表面不平整,须先投入小片石将表面垫平,再用十字形冲击锥进行冲击钻进,防止产生斜孔、坍孔故障。

③要注意均匀放松钢丝绳的长度,否则松绳过少,形成"打空锤",使钻机、钻架、钢丝绳受到较大意外冲击荷载,遭受损害;松绳过多,容易引起钢丝绳纠缠事故。

④经常检查泥浆的浓度及排渣情况。泥浆太浓,将吸收大量的冲击能,并妨碍冲击锥的转动,使冲击进尺明显下降,或形成梅花孔、偏孔。

⑤冲击锥起吊时要平稳,避免冲撞护筒和孔壁;进出孔口时,严禁孔口附近站人,防止发生撞人事故。

⑥经常捞取渣样,判断地质情况并与图纸对照,做好钻孔进尺和地质情况记录,留存影像

资料;如与图纸不符及时上报。

7. 成桩施工

(1)钢筋笼制作

①钢筋笼的允许偏差见表 4-8。

钢筋笼骨架的制作和吊放的允许偏差　　表 4-8

编号	项　目	允许偏差	编号	项　目	允许偏差
1	主筋间距	±20mm	5	骨架保护层厚度	±10mm
2	箍筋间距	±10mm	6	骨架中心平面位置	20mm
3	骨架外径	长 ±10mm 直径 ±5mm	7	骨架顶端高程	±20mm
4	骨架倾斜度	±0.5%	8	骨架底面高程	±50mm

②制作:采用箍筋成型法,在每段钢筋笼两端及一个中部箍筋或加强箍筋内将主筋位置作上记号,依次将主筋与它们焊牢,然后再焊其他箍筋及加强箍筋。

③焊接:焊接时,主筋内缘光滑,钢筋接头不得侵入主筋内净空。钢筋笼下端整齐,宜用加强箍筋全部封住不露头,使混凝土导管及吸泥管能顺利升降,防止与钢筋笼卡挂。钢筋笼上端的弯钩宜在未成型前弯成,避免以后弯筋困难。

④保护层:钢筋笼吊装就位,为了保证钢筋笼具有足够的保护层厚度,采用直径 18cm、厚度 10cm 的圆柱形混凝土定位块,定位块每隔 2m 设置一组,每组 4 块均匀设置于钢筋笼的加强筋四周。

⑤声测管的安装:在安装钢筋笼的同时,安装超声波无损检测管。声测管的接头及底部进行封闭,顶部用木塞封闭,防止砂浆、杂物堵塞管道。

⑥安设:钢筋笼采用钻机吊装。为防止在起吊时钢筋笼变形,在钢筋骨架内设若干个圆形和十字支撑加强钢筋,吊装时临时绑扎钢管以增加骨架刚度。起吊时竖直对准孔位轻放,慢放。若遇阻碍,可徐起徐落和正反旋转使之下放,防止碰撞孔壁而引起坍塌。下放过程中,要注意观察孔内水位情况,如发现异样,马上停止,检查是否坍孔。

由于钢筋笼比较长,需分节安装,一般每节 15m,各节在孔口焊接接长,入孔接长采用单面搭接焊,使上下节主筋轴线在同一直线上。钢筋笼入孔定位高程应准确,允许误差 ±5cm,并使钢筋笼底部处于悬吊状态下浇灌混凝土。

骨架最上端定位,由测定的孔口高程来计算定位筋的长度,并反复核对无误后再焊接定位,然后在定位钢筋骨架顶端的顶吊圈下面插入两根平行的工字钢或槽钢,将整个定位骨架支托于护筒顶端。两工字钢或槽钢的净距大于导管外径 30cm。其后撤下吊绳,用短钢筋将工字钢或槽钢及定位筋的顶吊圈焊于护筒上。一方面可以防止导管或其他机具的碰撞而使整个钢筋骨架变位或落入孔中;另一方面也可起到防止骨架上浮的作用。

(2)钢筋骨架吊装就位

①吊架加工

为了防止钢筋笼下放吊装中钢丝绳成夹角发生变形,加工一吊架与钢筋笼直径一致,保持钢丝绳受力时成平行状态。吊架示意见图 4-14。

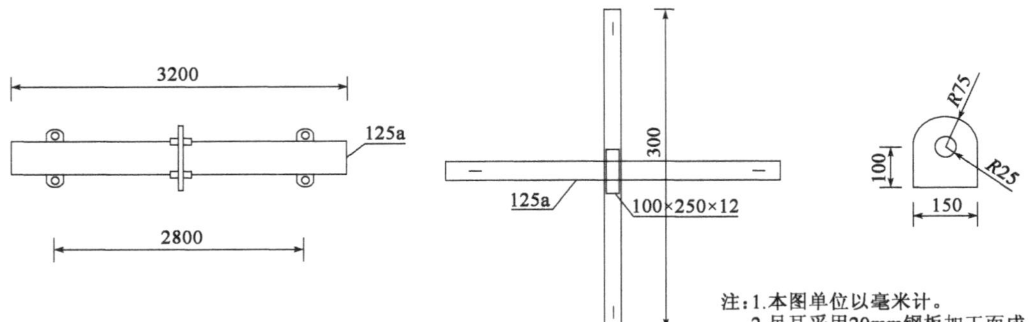

图 4-14　钢筋笼吊架示意图

②钢筋笼吊耳安装

用 20mm 厚的钢板和较粗直螺纹套管焊接成 4 个吊耳，每次起吊时只需要将 4 个吊耳等间距地与钢筋笼连接好即可起吊。4 个吊耳可以周转使用，钢板与套筒要求双面满焊，吊耳示意见图 4-15。

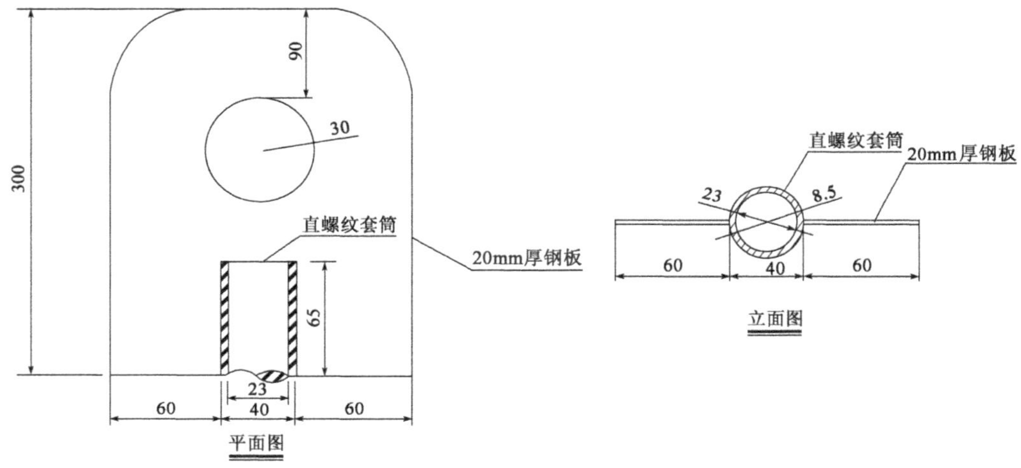

图 4-15　吊耳示意图（尺寸单位：mm）

③钢筋笼下放

为防止钢筋笼吊安运输过程中变形，每节端头用∠75mm×75mm×5mm 角钢箍加强，待钢筋笼起吊至孔口时，将支撑割除。钢筋笼通过平板车运至码头，驳船运至现场，用 20t 浮吊吊插于护筒内，待钢筋笼最后一个加劲圈降至钻孔平台时，采用 2 根长 4m 的[20a（截面成"口字形"并做腹板加强）作为扁担横穿钢筋笼加劲圈，将其担在护筒顶口。

④钢筋笼定位与抗浮

钢筋笼接长完毕，吊安工具笼与之对接。将钢筋笼下放到位后，依靠 4 根钢筋焊接在护筒顶口以支承钢筋笼自重，并与护筒一起抗浮。工具笼长 12m。采用 8 根 ϕ32mm 钢筋作为主筋，加劲圈与钢筋笼同规格。为了便于工具笼水下割除。在钢筋笼与工具笼对接的 8 根主筋顶端焊接 50cm 长 ϕ32mm 钢筋，短钢筋一端与钢筋笼焊接，双面焊缝长 16cm，另一端镦粗后与工具笼套筒连接。在桩基混凝土浇筑完成终凝后，由潜水工水下割断短钢筋，吊出工具笼转移到下一根桩继续使用。

(3)水下混凝土灌注

钢筋笼下放定位完成后下放混凝土导管,检测沉渣厚度判断是否要进行二次清孔,清孔完后,进行灌注前的检查,包括:孔底沉渣厚度、钢筋笼长度与顶底高程等,检查合格后填写水下混凝土灌注前检查表,并经监理工程师签认后方可进行水下混凝土灌注。

水下混凝土采用导管法灌注。混凝土使用商品混凝土,混凝土运输车运至现场,经检查合格后方可使用。

①原材料选用与混凝土性能要求

桩基混凝土设计为C30水下混凝土。

选用P·O42.5普通硅酸盐水泥,20~40mm卵石作粗集料,中砂作细集料,含砂率采用0.4~0.5,水胶比采用0.50~0.60。

混凝土性能要求:按泵送混凝土配备,坍落度取18~22cm,坍落度损失6h内不超过4cm。掺适量缓凝型减水剂,保证初凝时间不小于10h。混凝土试配强度、配合比参照执行《普通混凝土配合比设计规程》(JGJ/T 55),通过试配确定,经多次试配选择最佳配合比。

②灌注混凝土工具

导管:采用ϕ273mm×8mm无缝钢管加工成刚性混凝土下料导管,并用快速接头连接,内设两道"O"形橡胶密封止水圈。管分节长度为0.5m、1.0m、2.0m、3.0m、4.0m五种,所有导管必须进行水密承压和接头抗拉试验后,方可使用。进行水密试验的水压应不小于孔内水深1.3倍的压力,亦不应小于导管壁和焊缝可能承受灌注混凝土时最大内压力p的1.3倍,p按下式计算:

$$p = \gamma_c h_c - \gamma_w H_w \tag{4-3}$$

式中:p——导管可能受到的最大内压力,kPa;

γ_c——混凝土拌和物的重度,kN/m^3,取24kN/m^3;

h_c——导管内混凝土柱最大高度,m,以导管全长或预计的最大高度计;

γ_w——桩孔内水或泥浆的重度,kN/m^3,取11.5kN/m^3;

H_w——桩孔内水或泥浆的深度,m。

③导管定位卡

采用[22槽钢及20mm厚钢板加工而成的活动板式的支架定位。

④下料漏斗

用δ=10mm钢板加工成储料斗,用于首批混凝土的灌注。根据桩基直径按规范公式计算首批混凝土需用量。

(4)灌注首批混凝土

测量控制导管底距孔底30~40cm,将储料斗内储满混凝土(满足首批混凝土要求),用钻机拔出球塞,混凝土下落后检测导管内和孔内混凝土面高程,确保导管埋深在1.0m以上,方可换小下料漏斗继续灌注混凝土,否则应采用空气吸泥器清除已灌注混凝土,重新灌注首批混凝土直至合格。

首批混凝土方量计算如下:

$$V = \frac{\pi D^2}{4} \times (H_1 + H_2) + \frac{\pi d^2}{4} \times h_1 \tag{4-4}$$

式中：V——灌注首批混凝土所需数量，m^3；

D——桩孔直径，m；

H_1——桩孔底至导管底端间距，m，一般为0.3～0.4m；

H_2——导管初次埋置深度，m；

d——导管内径，m；

h_1——桩孔内混凝土达到埋置深度H_2时，导管内混凝土柱平衡导管外（或泥浆）压力所需的高度，m。

$$h_1 = H_w \frac{\gamma_w}{\gamma_c} \tag{4-5}$$

式中：H_w——桩孔内水或泥浆的深度，m；

γ_w——桩孔内水或泥浆的重度，kN/m^3，取11.5kN/m^3；

γ_c——混凝土拌和物的重度，取24kN/m^3。

（5）混凝土灌注过程控制

水下混凝土灌注过程中，应经常测量检测混凝土面高程和埋管深度，并做好水下混凝土灌注记录，指导拔管，根据《城市桥梁工程施工与质量验收规范》（CJJ 2—2008）要求，埋管深度始终保持在2～6m，严禁将导管拔出混凝土面。

在灌注混凝土的同时，现场取混凝土用标准轴心抗压试模制作混凝土试块，试块初凝后，脱模转至标准养护室养护。

（6）终止灌注水下混凝土

按施工要求，桩基水下混凝土灌注至超出设计桩顶高程1.0m以上（以备凿除桩顶松散混凝土）时，终止水下混凝土的灌注。

（7）水下混凝土灌注要点

①采用商品混凝土。灌注前，对商品混凝土站的水泥、砂石料等原材料备料情况进行检查，应准备充分，保证混凝土连续灌注。

②导管使用前必须进行水密承压和接头抗拉试验，合格后方可使用。

③采用商品混凝土，安排项目部试验员现场全过程监督。

④严格保证首批混凝土的灌注，发现导管内进水，应拔出导管、钢筋笼，重新钻孔清孔，并找出原因，重新下放钢筋笼和导管，重新灌注混凝土。

⑤正常灌注过程中严格按照操作规程施工，正确指挥导管的提升与拆除，并做好原始施工记录。

⑥灌注混凝土前认真检查各种机械设备状况，并派维修人员跟班作业。所有设备均另备有一套，备用大功率发电机一台，防止混凝土浇筑中断。

8. 桩基的检测

（1）每根桩做混凝土试件两组，并及时进行养护。

（2）当钻孔灌注桩的混凝土达到设计强度以后，承包人应委托监理工程师同意的、具有资质的检验单位作超声波无破损检验。检测的桩数、引桥桩基根数100%。

（3）如果监理工程师对混凝土整体性检验有异议，或在施工过程中遇到异常情况而怀疑桩的质量时，监理工程师可以决定进行取芯检验。取芯部位由监理工程师确定，可以取桩的顶部，也可以取中间某一段，甚至取全桩长。取芯后压注同标号水泥砂浆。灌注桩内超声波检测管布置见图4-16。

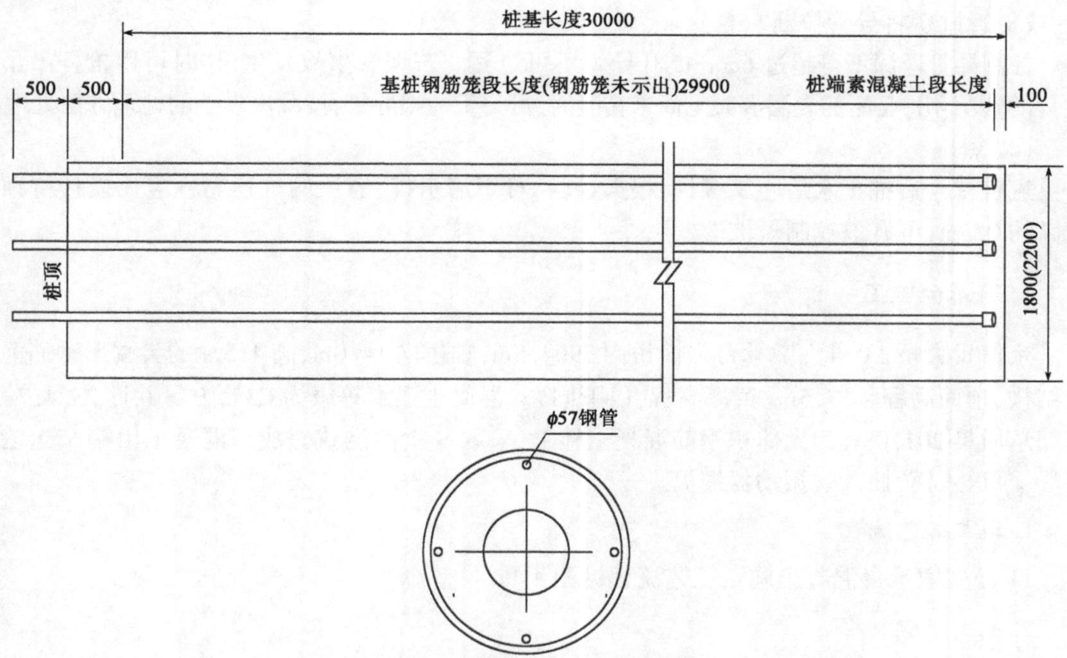

图4-16 灌注桩内超声波检测管布置图(尺寸单位:mm)

9. 水下混凝土灌注事故的预防与处理

(1)导管漏水

导管进水的主要原因:

①首批混凝土储量不够，或导管底口距孔底的间距过大，混凝土下落后不能埋设导管底口，以致水从底口进入，规范规定导管底口距孔底的间距宜为20~40cm，根据经验，一般控制在10~20cm较好。

②导管接头不严，接头间橡皮垫被导管内高压气囊挤开，或焊缝破裂，水从接头或焊缝中流入。

③导管提升过猛或测深错误，导致导管底口超出原混凝土面，水从底口涌入。

④若是①原因引起，立即将导管提出，将散落在孔底的混凝土拌和物用空气吸泥机清出，然后重新灌注；若是②、③两种原因引起，应视具体情况，拔换原管重下新导管插入混凝土中1m深以上，二次封底续灌。

(2)卡管

由于机械故障或其他原因使混凝土在导管内停留时间过久，或灌注时间持续过长，最初的混凝土已初凝，混凝土面“翻拱”困难。其预防方法是加速灌注速度。出现卡管事故，孔内混凝土又近初凝，此时将导管上下抽插破坏表层“假凝”混凝土，并加大混凝土供应量使混凝土灌注正常。若出现机械故障较长时间不能修理好，需计算导管埋深，间隔一定时间提升导管一次,提升高度不易过大。

(3)埋管

发生埋管的原因:导管埋入混凝土过深,导管外混凝土已初凝使导管与混凝土间摩阻力过大,或提管过猛将导管拉断。

控制导管埋深不得超过6cm,提升导管不可过猛。若埋管事故发生,初时可用枪杆吊吊试拔,若仍拔不出,已灌的表层混凝土尚未初凝时,可另下一根导管,按漏水事故的处理方法处理。

(4)短桩

短桩待今后抽干水后施工接桩,根据经验,对于清水桩,灌注的桩顶高程应比设计桩顶高程高约0.5m,可有效控制短桩的发生。

(二)承台施工

余信贵大桥11号主墩承台为横桥向3964.8m,顺桥向14.0m,高4.5m的尖端形钢筋混凝土结构,顶面高程+17.5m(黄海高程,以下同)。混凝土强度等级为C35,方量共计2324.7m^3,钢筋总质量201.08t,为大体积钢筋混凝土施工,采取一次性浇筑完成。混凝土由罐车运输至现场,泵送入模,插入式振动器振捣。

1. 施工工艺流程

11号主墩承台混凝土施工工艺流程见图4-17。

2. 施工步骤

施工准备:

(1)在桩基施工完毕,完成钢围堰内全部混凝土浇筑,保证在围堰内抽水时,钢围堰内混凝土均达到设计强度。

(2)桩基施工过程中,对已成桩基分批进行桩身质量检测,并按规范要求进行灌浆封闭声测管道,对混凝土龄期14d未达到检测要求的桩基,在承台施工过程中进行检测。

(3)桩基施工完毕,采用20t浮式起重机拆除钻机。

(4)11号墩承台施工前,应全面、充分地做好各项准备工作。首先将承台的结构用材备齐,如钢筋、砂、石料、外加剂、粉煤灰等;其次,在机械设备方面应养护、维修完好,如混凝土拌制的配料机、搅拌机等,保证承台施工时混凝土浇筑的连续、及时,确保承台施工质量。另主墩承台施工时的各种辅助材料及承台施工中各种混凝土保护层垫块等,均应一应俱全。

3. 钢围堰内清淤

(1)由于钻孔施工时间长,钢围堰内淤积的泥沙和浮浆多,将钻孔工作平台改为钢围堰施工平台后,采用浮式起重机起吊吸泥管配射水气举反循环清淤。围堰顶周边焊设栏杆,以便吸泥管接长及保证施工人员作业安全。

(2)清淤时吸泥管管口距淤泥顶面约0.5m(可根据现场淤泥层厚度做相应调整),吸泥管前进距离控制在1m范围内,使吸泥更充分。吸完一层后,再下落吸泥管,根据出泥颜色深浅适当起落吸泥管。同时,在出泥口前端系白棕绳作为缆风绳,以便控制泥水喷出方向。

(3)堰内无法采用吸泥管清除的残存淤泥待抽水后人工清除。

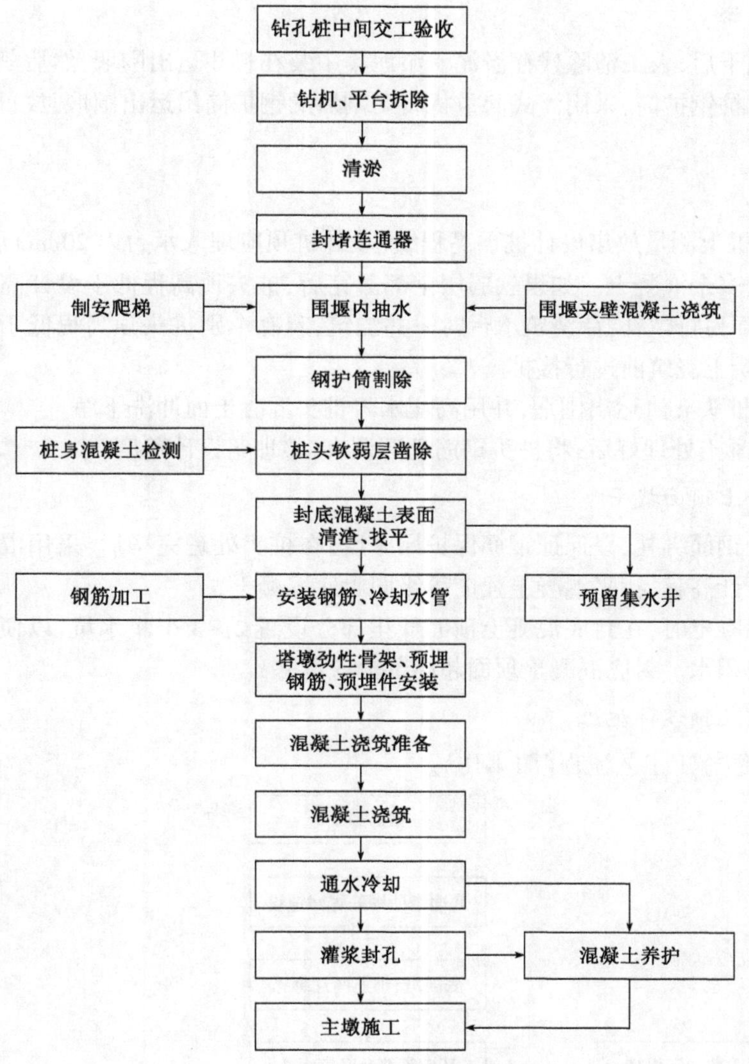

图 4-17　11 号墩承台施工工艺流程框图

4. 抽水

在吸泥管清淤不再有明显效果时，拆除吸泥管开始围堰内抽水。潜水工水下封堵钢围堰4 个连通器后，用 4 台扬程 $H = 30\text{m}$、流量 $Q = 60\text{m}^3/\text{h}$ 的离心泵进行围堰内抽水。围堰内抽水时，严格控制围堰内外水头差。在抽水过程中，应进行抽水试验。每隔 4h 观察一次钢围堰结构变形情况，如发现异常，立即停止抽水或回灌，处理后再继续进行钢围堰抽水。当围堰内水位下降 5m 时，停抽 24h，观测围堰内水位变化情况，若围堰内水位变化明显，应查找漏水原因，处理后方能继续抽水。抽水完成后观察围堰和封底混凝土是否有较好的水密性，如有少许渗水应采取排水措施保证承台干施工。

抽水过程中，将预先将加工好的爬梯分段沿围堰内壁逐段向下安装焊接，以便后续施工中操作人员上下。

5. 钢护筒割除

围堰内水抽干后，人工清除残存淤泥。淤泥集中装在料斗运出围堰，然后割除封底混凝土顶面以上的钻孔桩钢护筒，采用浮式起重机将切割后的钢护筒吊运出围堰，放置在停泊于围堰旁的驳船上。

6. 桩头处理

(1)在灌注桩上测量放出设计桩顶高程线(设计桩顶应埋入承台内20cm)后，采用风镐凿除桩头软弱层及多余混凝土。如果软弱层全部凿完后，桩头顶高程低于设计高程但不低于找平层底高程，则不另行填补，待浇筑承台时一并浇筑；若有个别桩头顶高程低于找平层底高程的，则在找平混凝土浇筑前进行接桩。

(2)凿除的桩头弃渣运出围堰，并用高压水将桩头混凝土面冲洗干净。

(3)桩头混凝土处理好后，将桩头钢筋理顺调直，整理至设计角度。

7. 封底混凝土顶面找平

为便于承台钢筋绑扎，以保证钢筋保护层厚度，在桩头处理完毕后，采用混凝土找平封底混凝土顶面至设计高程，找平混凝土强度等级同封底混凝土。

浇筑找平混凝土时，在封底混凝土顶面低洼部分设置2～3个集水坑，以便在承台施工过程中排出围堰内积水。封底混凝土顶面超高部分应凿除。

8. 钢筋工程及预埋件施工

(1)承台钢筋施工工艺流程(图4-18)。

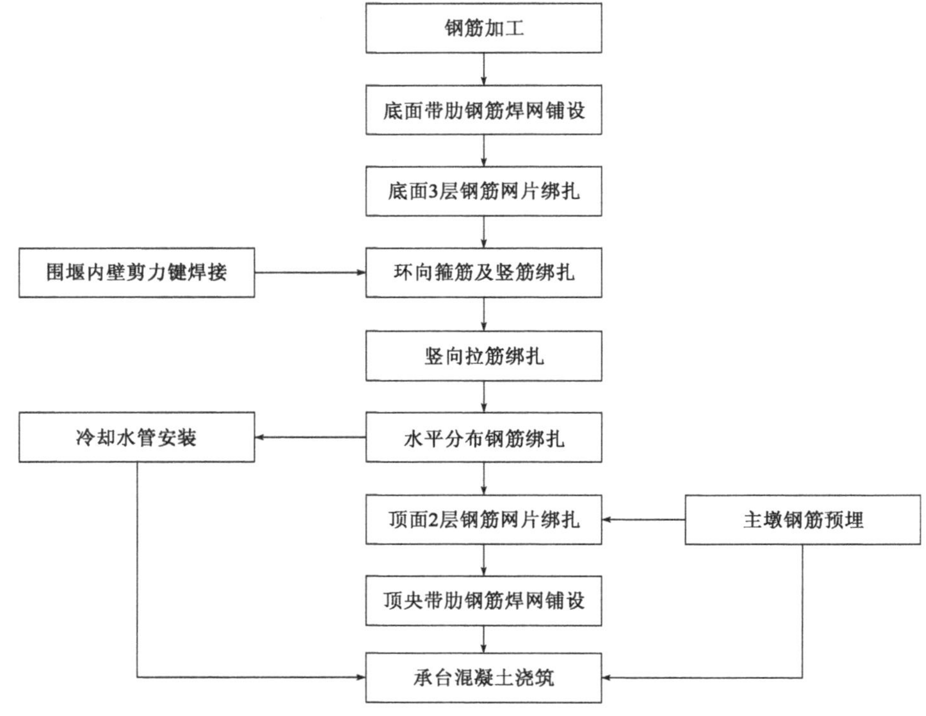

图4-18　承台钢筋施工工艺流程图

(2)钢筋的加工。

钢筋工程施工应满足《公路桥涵施工技术规范》(JTG/T F50—2011)要求。对设计要求采用机械连接的钢筋施工,还应满足现行《镦粗直螺纹钢筋接头行业标准》(GJ/T 3057—1999)要求。

主墩承台钢筋施工中,对直径28mm的Ⅲ级螺纹钢采用镦粗直螺纹接头,其余钢筋采用冷搭接或焊接施工。粗钢筋在加工车间进行顶端螺纹加工,先将钢筋一端装上连接套筒,另一端现场连接。其余钢筋均加工成成品、半成品,分类编号堆放,需要时运至现场。钢筋吊运过程中,注意对镦粗钢筋端螺纹进行保护,严禁碰撞。

(3)钢筋等强直螺纹接头施工工艺流程见图4-19。

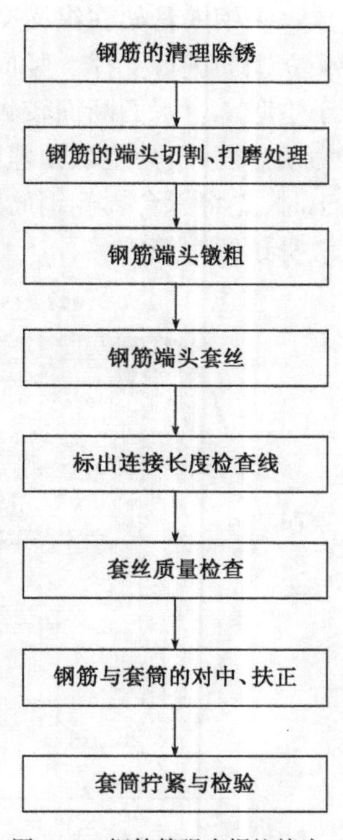

图4-19 钢筋等强直螺纹接头施工工艺流程图

9. 加工接头施工如下

(1)钢筋应先调直后再下料,钢筋切口应垂直于钢筋轴线,不得有马蹄形或翘曲端头,不允许用气割进行钢筋下料。

(2)钢筋套丝。套丝工人必须持证上岗。套丝过程必须用钢筋接头提供单位的卡规或环规逐个检查钢筋套丝质量。要求牙形饱满、无裂纹、无乱牙及秃牙缺陷,牙形与牙形规吻合,丝头小端直径在卡规或环规的允许误差范围内。

(3)经检查合格的钢筋直螺纹丝头,应一头戴上保护帽,另一头拧紧与钢筋规格相同的连接套,并按规格堆放整齐,以便质检或监理抽查。

(4)抽检钢筋直螺纹丝头的加工质量。质检人员用钢筋套丝工厂的牙形规和卡规或环性规对各种规格加工批量随机抽检10%,且不少于10个,并做好记录。如有一个接头不合格,应对该加工批全数检查。不合格丝头应重新加工,并经再次检验合格后方可使用。

10. 承台钢筋转运

承台钢筋采用汽车运输至承台施工对应栈桥位置,由浮式起重机吊至围堰内。直螺纹接头钢筋,在堆放和转运过程中均应在丝口端戴上塑料帽进行保护。塑料帽在进行主墩钢筋绑扎施工前应摘除,避免掉落在围堰内,造成污染。

11. 承台钢筋施工

在底层钢筋绑扎时,首先在找平混凝土顶面放线,并做好钢筋绑扎的标志线,然后铺设混凝土保护层垫块及底层带肋钢筋焊网。钢筋焊网采用D5型,间距10cm×10cm,距承台底面净距为7cm,最后按设计图纸要求进行底层钢筋绑扎。

底面三层钢筋网片在安设时需要设置架立筋。第一层网片在桩头处直接铺设在桩顶;没有桩头处,在垫层顶面搁置ϕ12(Ⅲ级)钢筋制成的"Ⅱ"形架架立钢筋,纵横间距2m。

第二、三层钢筋网片均用ϕ12(Ⅱ级)制成"Ⅱ"形架架立,支承于下层钢筋网片上,纵横间距2m。

为保证侧面竖向钢筋保护层厚度,将围堰内壁所设剪力键部分作为支架,然后在其上点焊ϕ12(Ⅱ级)钢筋,对侧面钢筋进行定位。钢筋定位见图4-20。

水平钢筋骨架在纵横交接处应绑扎紧密、结实，各层钢筋骨架之间采用 $\phi20$ 竖向拉筋作为架立钢筋进行支撑。竖向拉筋一次安装到承台顶面，与水平钢筋之间交接处应焊接牢固。由于主墩承台平面断面较大，钢筋较难控制，可能会出现东倒西歪现象，故除了采用竖向拉筋作为架立筋外，与主墩预埋钢筋相交处采用劲性骨架作为支撑，保证钢筋牢固稳定。钢筋骨架施工时，先将承台周侧钢筋绑扎至承台顶面，承台内水平分布钢筋分层绑扎至顶层，再绑扎主墩墩身预留钢筋。

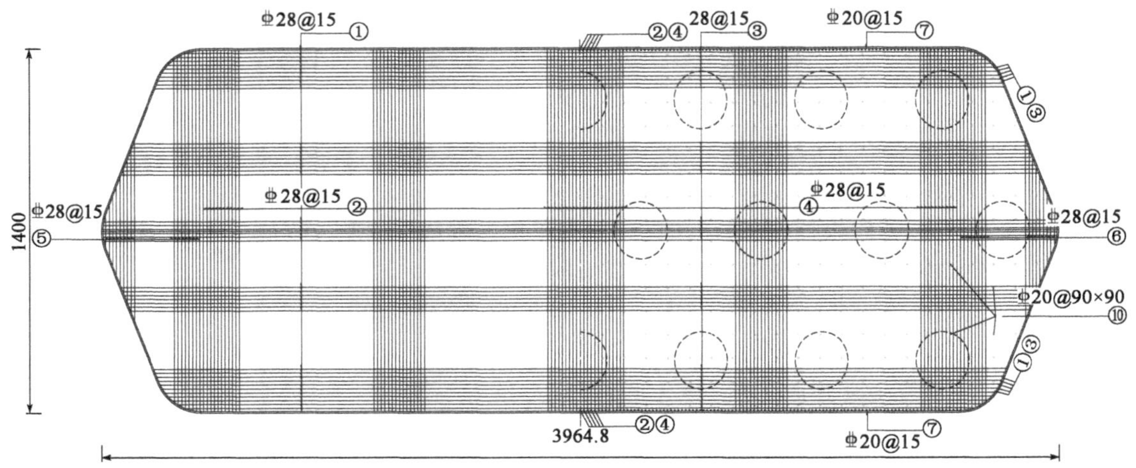

图 4-20　钢筋定位图（尺寸单位：cm）

桩基深入承台的钢筋与承台钢筋冲突时，可适当调整承台钢筋。

12. 主墩钢筋预埋

为了准确固定主墩预埋钢筋，在承台内安装劲性骨架作为预埋筋架立支架。劲性骨架采用角钢焊制成单元桁架，桁架现场安装完毕，采用型钢连接成整体。

劲性骨架单元在后场加工车间加工，单福高度 10m，转运至现场，塔吊起吊安装支承于封底混凝土顶面。在封底混凝土顶面找平后，由测量放样出劲性骨架的角点，通过拉广线确定其他点位置，并在混凝土面上用红油漆做好标记。在劲性骨架平联过程中进行测量控制，调整劲性骨架杆件位置，确保劲性骨架位置精确，为高质量预埋墩身钢筋打好基础。

主墩钢筋预埋时，均要求底端支承于劲性骨架平联型钢顶，并根据劲性骨架的平联位置，依次对预埋筋进行绑扎或点焊固定。

13. 防雷接地钢筋

在绑扎承台底板钢筋的同时，按照“余信贵大桥防雷工程”设计图纸要求进行防雷接地钢筋的连接。根据设计文件要求采用拱肋作为接地引线，要求施工时拱肋钢管与拱座型钢及钢筋焊接，接地良好，接地电阻值小于 10Ω。避雷针采用 $\phi25$ 钢筋，除锈镀锌后焊于拱顶，上下游侧各一根，每根长度 1.0m。

14. 冷却水管埋设

根据混凝土内部温度分布特征，承台混凝土内布设 3 层冷却水管（0.75m、2.25m、3.75m 处）。冷却水管采用直径为 $\phi40\text{mm} \times 2.5\text{mm}$，具有一定强度、导热性能好的普通钢管制作，管间连接采用黑橡胶管。接头胶管内径等于钢管外径,接头处采用铁丝捆紧后缠粘胶带,确保其不漏水。

冷却水管固定可采用钢筋与承台内的水平分布钢筋连接,或挂在上层钢筋上,或支撑在下层钢筋上,且水平向要与承台四周钢筋连接,确保其不能移位,冷却管固定要牢固,不得有上浮移位现象,管道连接应通畅,接头可靠,不漏水、阻水。冷却水管安装完成后,进行通水检查。

冷却水管的出水口和进水口采取集中布置、统一管理(图4-21),并标识清楚。水管由潜水泵供水。

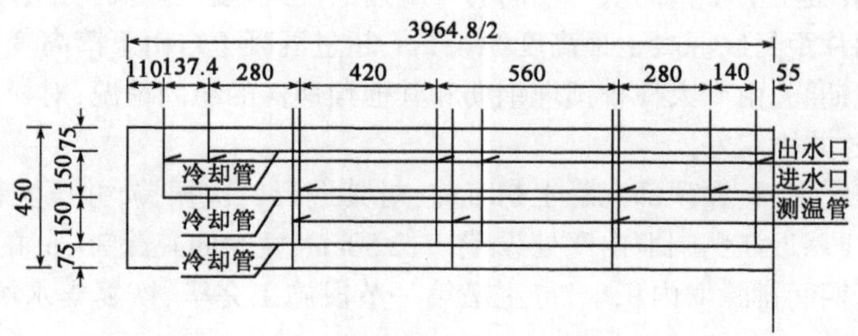

图4-21　11号墩承台冷却管布置图(尺寸单位:cm)

自浇筑之日起半月内不间断通水循环降温,进出水管的水温控制在相差5～10℃之间。混凝土养护完毕后,冷却管内压入C30水泥净浆。

15.混凝土施工

合理选择混凝土原材料,选择级配良好的砂、石料,降低水泥用量。选择优良的混凝土外加剂,是降低混凝土内部水化热温升的重要环节,因此必须进行混凝土配合比优化设计。混凝土原材料选择及质量要求如下。

(1)水泥:采用P·O42.5号普通硅酸盐水泥,根据以往大体积混凝土施工经验,水泥使用温度应是55℃。

(2)粉煤灰:在规范允许范围内尽量增加粉煤灰掺量,以推迟水化热峰值的出现,降低混凝土绝热温升,选用硌磺Ⅱ级粉煤灰。

(3)细集料:采用中砂,细度模数为2.5～2.9,含泥量必须小于2%。

(4)粗集料:采用20～40mm连续级配卵石。

(5)外加剂:采用缓凝高效减水剂FJW-4。

(6)水:拌和用水为净化后信江水。

(7)混凝土配制施工要求。大体积混凝土的配合比设计遵循以下原则:大体积混凝土应采用低水化热水泥;采用"掺技术"(即掺加粉煤灰及外加剂);降低混凝土的入仓温度以改善混凝土的性能,减小混凝土的水化热。

混凝土的性能要求如下:

(1)坍落度18～22cm,满足可泵送性。

(2)具有良好的流动性、和易性。

(3)根据现有搅拌能力与浇筑速度要求,缓凝时间要大于50h。

16.承台混凝土设计配合比

混凝土应具有良好的黏聚性,不离析、不泌水,入模坍落度控制在18～22cm,初凝时间不小于10h。混凝土设计配合比为C:F:S:W:G:E=405:78:694:332:772:138。

17. 混凝土生产

混凝土由混凝土运输车运至现场,混凝土的浇筑强度可达112m^3/h,能够满足承台混凝土浇筑强度的要求。

混凝土浇筑施工:11号墩承台混凝土分两次浇筑完成,泵送入围堰后,用泵管前端接软管布料,经串筒入仓,混凝土采用ϕ50、ϕ70插入式振捣棒振捣密实。混凝土浇筑顺序为:水平分层,斜向推进。混凝土沿横桥向从一端向另一端逐层浇筑、逐层振捣,分层厚度不大于0.3m。

顶层钢筋网片距封底混凝土顶高度约4.5m,超过混凝土自由下落高度规定容许值(2m)。

混凝土浇筑期间,由专人检查预埋钢筋和其他预埋件的稳固情况,对松动、变形、移位等情况,及时将其复位并固定好。

混凝土浇筑完毕后,在顶部混凝土初凝前,对其进行二次振捣,并压实抹平。在承台混凝土顶面,沿桥轴线靠近江侧围堰内壁处设置一长50cm、宽50cm、深30cm的集水坑,以便在主墩第一节段施工期间排除堰内积水,待主墩第一节段施工完毕,恢复集水坑处钢筋,采用C35混凝土填补。

18. 混凝土温度应力分析

混凝土水化热绝热温升值1~7d增长较快,随着龄期的增长,其绝热温升值梯度逐步减少,10d以后慢慢趋于稳定。

影响混凝土温度应力的因素较多,其中混凝土弹性模量、混凝土最大综合温度差和外约束条件影响较大。而混凝土弹性模量随着龄期而增长,与混凝土强度等级直接相关,即强度等级高则弹性模量大;外约束条件已由设计确定,不能变更。因此,混凝土最大综合温差则是控制混凝土温度应力的关键因素。

19. 承台大体积混凝土温控措施

(1)采用改善集料级配、降低水灰比,掺加混合料、掺外加剂等方法减少水泥用量。

(2)采用水化热低的粉煤灰水泥、低强度水泥。

(3)在施工间歇期间,为防止混凝土表面出现裂缝,在混凝土终凝后将冷却水管的循环水抽入堰内约10cm深,进行蓄水养护。

(4)在混凝土内埋设冷却管通水冷却,遇气温骤降的天气或寒冷季节浇筑混凝土,还应注意覆盖草袋和塑料薄膜等材料保温,降低内表混凝土温差。承台混凝土浇筑完毕后,立即采用彩条布、土工布等覆盖,必要时用碘钨灯对混凝土进行烘烤保温。

(5)冷却水管施工:冷却水管安装后,通水试压,保证在0.5MPa压力下不渗漏。当混凝土浇筑到水管高程后,应立即开始通水降温,以确保混凝土体内外温差小于25℃,冷却水管通水由专人负责,并做好施工记录。内外温差通过预埋在混凝土中的测温元件测量。

20. 承台混凝土温控标准

(1)混凝土浇筑温度T_{cv}≤20℃。

(2)承台内部最高温度T_{max}≤55℃。

(3)承台混凝土最大内表温差≤25℃。

(4)温度下降速率≤1.5℃/d。

21.混凝土温控施工现场监测

为做到信息化施工,真实反映各层混凝土的温控效果,以便出现异常情况及时采取有效措施,在承台混凝土中布设温度测点,沿承台半径水平布置7层36个温度测点。

(1)监测仪器及元件

仪器选择依据使用可靠和经济的原则,在满足监测要求的前提下,选择操作方便、价格便宜的仪器。

温度监测仪采用智能化数字多回路温度巡检仪,温度传感器为PN结温度传感器。

应力监测即在混凝土内埋入应变计和无应力计,应变计和无应力计选用差动电阻式应变计。测量混凝土的应变,通过混凝土的应变值进一步计算温度应力,从而判断混凝土的应力状态和抗裂能力,预测产生裂缝的可能性,以便及时采取防护措施。

(2)现场观测

①监测元件的埋设

参照《混凝土大坝安全监测技术规范》(SDJ 336—1989),并根据桥梁大体积混凝土的特点加以改进,由具有埋设技术和经验的专业人员操作。为保护导线和测点不受混凝土振捣的影响,设置减振装置进行保护。

②现场监测要求

在监测混凝土温度变化的同时,还应监测气温、冷却水管进出口水温、混凝土浇筑温度等。

各项测试项目应在混凝土浇筑后立即进行,连续不断。混凝土的温度监测,峰值出现以前每2h一次,峰值出现后每4h一次,持续5d,然后转入每天测2次,直到温度变化基本稳定。

混凝土的应力监测,在浇筑完成一周内,每2h监测一次,四周内每4h监测一次,以后每天测一次直至一周测一次。

第二节　飞燕式蝴蝶形拱桥三角区施工

主、边拱肋混凝土部分采用钢管立柱支架现浇施工;拱肋间横梁、三角区预应力混凝土箱梁采用“钢管立柱接贝雷梁”支架现浇施工。三角区施工时需编制专项施工方案,报监理工程师审批后方可施工。按设计图纸要求,三角区施工顺序如图4-22所示。

一、支架体系设计

三角区拱肋、横梁、箱梁采用钢管立柱支架现浇施工,确保承载力满足支架的设计应力。注意主拱肋钢混凝土结合段及预埋件的安装。

三角区边拱的支承结构所有荷载由ϕ630mm×8mm钢管立柱传递至承台或河床底硬岩上。

边拱肋部分钢管立柱顶设置2I45a工字钢横向分配梁,横向分配梁上布置I45a工字钢作为纵向分配梁,纵向分配梁上再以32a工字钢作为横向分配梁。32a工钢上搭设贝雷片,贝雷片上设16a工字钢作为横向分配梁。I16工字钢横向分配梁上布置间距30cm的ϕ48mm×

3.5mm钢管,钢管上为横向的 15cm×15cm 的方木,其上为 10cm×10cm 的纵向方木,纵向方木上是 1.8cm 厚的竹胶板作为模板。

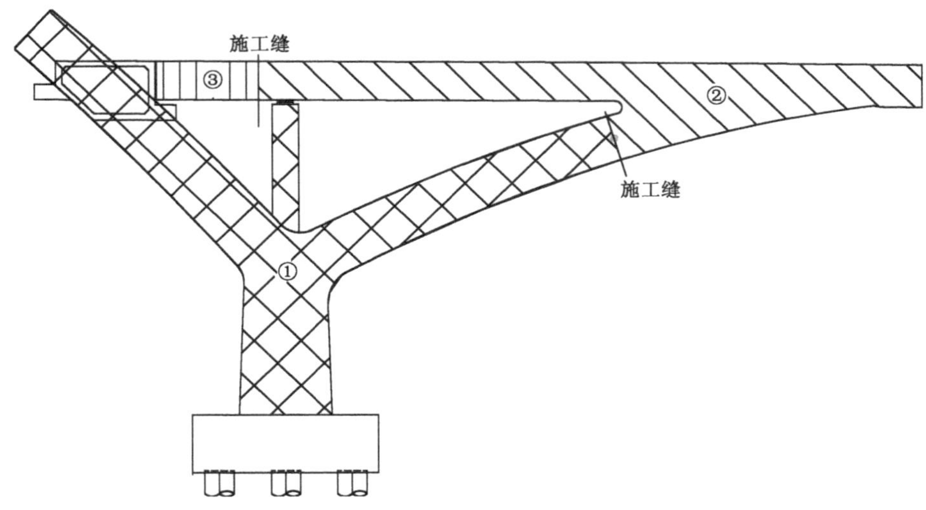

图 4-22　三角区施工顺序图

主拱肋部分采用的是钢模板,钢模板下采用的 45 工钢纵梁支承在 ϕ630mm×8mm 钢管桩顶 45 工钢横梁上。由于主拱外倾 12°,浇筑混凝土时产生横向水平推力,施工中应采取支架加固措施。

拱上箱梁采用竹胶板作为模板,下面是 10cm×10cm 的方木,方木下面是 16 工字钢作为横向分配梁,16 工字钢支承在贝雷片上,贝雷片下设双拼 45 工字钢作为横梁。立柱采用 ϕ630mm×8mm 钢管桩。钢管桩间用 ϕ273mm×6mm 钢管和[20a 槽钢作为连杆连接成整体。

三角区钢管立柱支架布置见图 4-23。

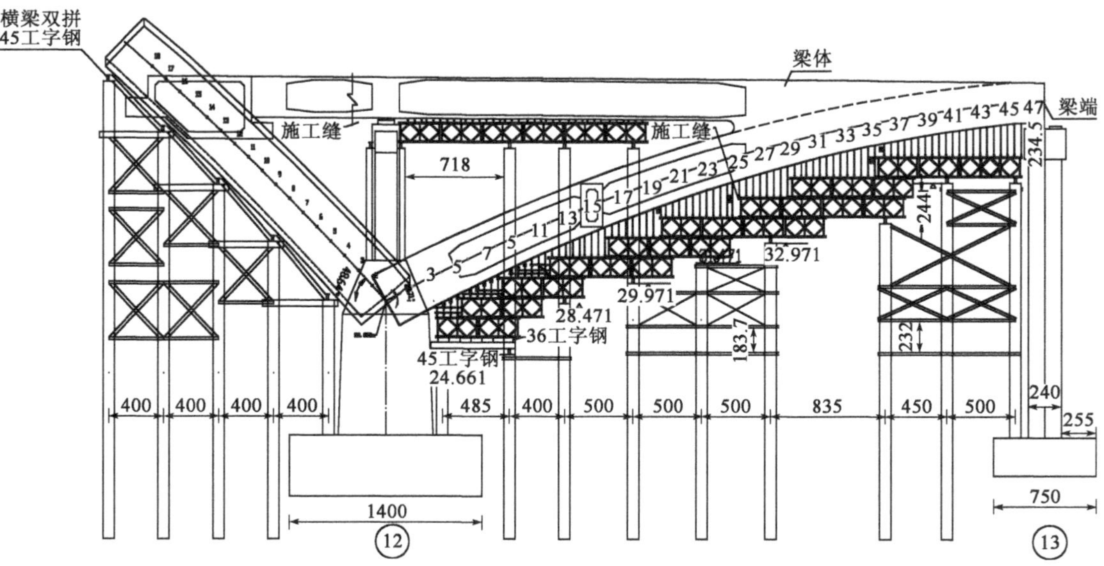

图 4-23　三角区钢管立柱支架布置图(尺寸单位:cm)

二、三角区施工

1. 支架预压

用相当于浇筑梁重 1.30 倍的砂袋对支架预压，以检查支架的承载能力，并减少和消除支架体系的非弹性变形及沉降，待此非弹性压缩稳定后撤除预压，并再次调整支架顶托高程。

2. 模板

为保证模板不致锈蚀而影响混凝土外观质量，根据过去行之有效的类似施工经验，底模、侧模采用 1.4cm 厚覆膜竹胶板。

3. 钢筋加工

(1)混凝土拱肋、箱梁钢筋用量大，规格多。当不同钢筋相互重叠干扰时，应保证主要钢筋如纵横向受力钢筋或大直径钢筋的位置，次要钢筋或小直径钢筋位置可进行局部调整，但不得任意切断。切断钢筋要作等强度补强，补强钢筋两端锚固长度均不小于 $35d$(d 为钢筋直径)。

(2)纵横向受力钢筋接长时，其接头不超过该钢筋总根数的 1/2。不同断面电焊接头相互间距离应大于 $30d$。

(3)防撞墙预埋件的横桥向位置应注意保持正确。

(4)预应力束在平弯段必须设置防崩钢筋，防崩钢筋弯弧内侧必须与管道贴紧，并用铁丝绑扎牢固，防崩钢筋本身与梁内钢筋可靠连接。

(5)拱脚处以及主拱钢-混凝土结合部，钢筋密集，不可避免地会有普通钢筋与拱肋、拱脚骨架、预埋钢板等冲突。普通钢筋与以上各构件位置上冲突时必须保证拱肋位置准确，可对普通钢筋进行局部移动避让或与拱肋钢管、预埋钢板焊接处理。

(6)预应力安装。

(7)自检合格报监理工程师检查合格后，方可浇筑混凝土。

4. 混凝土浇筑

采用商品混凝土，混凝土采用 C55，混凝土生产时由项目部派试验工程师全过程监控，严格控制水灰比和搅拌时间。由混凝土罐车运输至现场，混凝土泵输送布料、浇筑。

(1)混凝土拱肋浇筑

结合设计图纸施工顺序，三角区混凝土拱肋因倾斜度较大，主拱混凝土拱肋分三段浇筑，边拱分两次浇筑。

①拱脚及 S0 段是本桥受力最集中、复杂的部位。拱脚施工的核心问题是必须将拱肋、拱座施工成整体，以使二者间的力可靠传递，必须一次浇筑成型。

②振捣：拱脚等位置构件众多、钢筋密集，浇筑拱脚混凝土时须加强振捣，保证拱脚混凝土浇筑的密实。

③拱脚混凝土属大体积混凝土，应注意大体积混凝土的水化热问题，加强混凝土的养护，防止出现收缩裂缝。

④主拱肋、S0 段存在后浇段，施工前制定详细的专项浇筑方案。

(2)边跨箱梁混凝土浇筑

①严格按设计图纸浇筑顺序施工，边拱与梁体交接部分必须一次浇筑成型。

②混凝土振捣采用插入式振捣棒进行振捣。振捣时,应避免振捣棒碰撞模板、波纹管及其他预埋件。混凝土振捣应密实,不漏振、欠振或过振。当混凝土浇筑临近结束时,要严格控制其顶面的高程。箱梁顶面的混凝土应在其初凝前进行拉毛处理。

③为了保证桥面的纵、横坡度,需在箱梁顶面中间布置一排间距为3.0m的高程控制点(采用与钢筋焊接的短钢筋作为控制点),通过端头模板及钢筋控制点来保证桥面的纵横坡度。

④混凝土浇筑前和混凝土浇筑过程中安排专人检查支架、模板、钢筋和预埋件等的稳定情况,如有松动、变形、移位时,应及时处理。

⑤每次混凝土浇筑需制取试块进行强度试验,试块制作不少于规范要求,同时另制作与箱梁混凝土在同条件下养护的试件多组,以了解箱梁混凝土的强度变化情况。

5. 钢绞线预应力施工

(1)波纹管安装

预应力孔道采用预埋塑料波纹管成型。

孔道的规格尺寸应符合设计规定,且其内横截面积应不小于预应力筋净截面积的2倍。

管道应按设计规定的坐标位置进行安装,并采用定位网钢筋固定,使其能牢固地置于模板内的设计位置,且在混凝土浇筑期间不产生位移。当波纹管受到普通钢筋的影响时,适当调整普通钢筋的位置,不得改变管道的设计坐标位置。定位筋采用“#”字形ϕ12钢筋,在直线段按0.8m间距布置,曲线段按0.4m间距布置。

后张法预应力管道安装的允许偏差见表4-9。

后张法预应力管道安装允许偏差　　表4-9

项目		允许偏差(mm)
管道坐标	梁长方向	30
	梁高方向	10
管道间距	同排	10
	上下层	10

安装好的波纹管要注意保护,在钢筋绑扎、混凝土浇筑过程中,不得踏压波纹管;波纹管安装好后,严禁焊接作业,以防烧伤管壁而漏浆。

混凝土浇筑前,要仔细检查波纹管的位置、数量、接头质量及固定情况;检查直管是否顺直,弯管是否顺畅;检查波纹管是否已被破坏,发现问题要及时处理。

(2)锚垫板安装

锚垫板进场时,应按要求进行检查验收,满足要求后才能使用。

锚垫板应边测量边安装,将压浆口朝下、出浆口朝上,当定位完成后,将其固定。锚垫板与波纹管必须垂直,并用防水胶布封闭。

(3)钢绞线下料、安装

钢绞线进场后,按规范要求进行检查验收,对其强度、引伸量、弹性模量及外形尺寸进行检查、试验检测,满足要求后才能使用。

钢绞线的下料长度通过计算确定。计算时考虑孔道的长度、锚夹具长度、千斤顶工作长度和外露长度等因素。实际下料长度为理论长度+锚夹具长度+预留长度。

下料采用钢卷尺精确量测、砂轮切割机切割。下好的钢绞线单根盘起，经分类编号后进行临时存放。钢绞线临时存放时，必须在其下垫木枋，并全面覆盖，以防雨、防潮。下好的钢绞线必须及时使用，尽量减少临时存放时间。

(4)张拉

①按设计要求待混凝土强度达到设计强度100%且龄期达到14d后方可进行张拉。

②预应力张拉程序：

0→张拉初应力($0.1\sigma_{con}$)→张拉控制应力σ_{con}(持荷2min)→锚固。

预应力钢束锚下张拉控制应力σ_{con}按$0.75f_{pk}$计算，所有钢束张拉时还要计入锚圈口摩阻损失。

③预应力束张拉顺序。

主拱与主拱间横梁内预应力张拉顺序：主拱间横梁→主拱内预应力筋。按照分批对称、先长束后短束的设计要求进行。

边拱、边拱间横梁、拱上箱梁、拱梁交接段竖向预应力筋张拉顺序：边拱间横梁→边拱内预应力筋→拱上箱梁内预应力筋→拱梁交接段竖向预应力筋。按照分批对称、先长束后短束的设计要求进行。

拱上箱梁内预应力张拉：按照先长束后短束，先腹板后底、顶板，先中心后两边的原则进行。

④预应力束张拉采用张拉力为主，钢绞线伸长量作为校核，实际伸长量与理论伸长量的偏差应控制在±6%以内。

⑤张拉技术质量要求见表4-10。

后张预应力筋断丝、滑移限制 表4-10

类　别	检查项目	控制数
钢丝束、钢绞线束	每束钢丝断丝或滑丝	1根
	每束钢绞线断丝或滑丝	1丝
	每个断面断丝之和不得超过该断面钢丝总数的百分比	1%
螺纹钢筋	断筋或滑移	不容许

⑥张拉注意事项。

张拉机具应与锚夹具配套使用，千斤顶与压力表应配套校验，以确定张拉力与压力表读数之间的关系曲线，压力表精度不宜低于1.5级；校验千斤顶用的试验机或测力计的精度不得低于±2%。

张拉机具应经常维护、定期校验。当张拉机具长期未使用时，使用前必须全面进行校验。

a.在下述几种情况下，张拉设备需重新校验：

a)使用时间超过6个月或张拉次数超过200次；

b)千斤顶或压力表在使用过程中受振；

c)千斤顶或压力表经过检验维修以后；

d)钢绞线伸长值与设计计算伸长值相差较大时；

e)张拉时，预应力钢束经常出现断丝；

f)千斤顶漏油严重；

g）油压表指针不能退回零点；

h）千斤顶调换油表。

b.张拉施工要有安全防护措施，施工现场应有明确的警告标志，严禁与工作无关人员围观，操作人员应在千斤顶侧面操作。

c.锚具必须保持干净，不得粘有杂质，工作锚具工作前应定时涂一些退锚灵，或采取其他方法，便于拆卸工作锚具。

d.千斤顶安装必须与端部垫板接触良好，位置垂直对称，垫板面与孔道垂直。油泵开动过程中，操作员不得擅离岗位，如需离开，必须关掉阀门。

（5）孔道压浆

按照设计要求采用真空压浆以确保压浆密实。

①水泥浆技术要求

压浆采用强度等级不低于PO.42.5的低碱硅酸盐或低碱普通硅酸盐水泥，其主要的技术要求为：

a.标准养护条件下，水泥浆体28d抗压强度不低于梁体混凝土强度。

b.水胶比控制在0.26~0.28之间；稠度值在14~18s之间。

c.泌水率最大不得超过2%，泌水应在24h内重新全部被浆吸回。

d.水泥浆里掺入适量的高效减水和微膨胀剂，配比由试验确定并报监理审核。

②主要压浆机具

真空灌浆主要施工设备包括SK-1.5型真空机、GLB3型螺杆式灌浆泵和黑旋风高速拌浆机。

③压浆

在压浆前应对孔道进行抽真空，真空度宜稳定在-0.06~-0.10MPa范围内。

对水平或曲线孔道，压浆的压力宜为0.5~0.7MPa；对超长孔道，最大压力不宜超过1.0MPa；对竖向孔道，压浆的压力宜为0.3~0.4 MPa。

压浆的充盈度应达到孔道另一端饱满且排气孔排出与规定流动度相同的水泥浆为止，关闭出浆口后，宜保持一个不小于0.5MPa的稳压期，该稳压期的保持时间宜为3~5min。

孔道压浆过程中，应及时检查邻近管道是否出现窜浆、漏浆等情况，一旦出现，应及时采取措施，妥善处理，以免堵塞管道。

压浆过程中及压浆后48h内，结构或构件混凝土的温度及环境温度不得低于5℃，否则应采取保温措施，并按照冬期施工要求处理，浆液中可适量掺用引气剂，但不得掺用防冻剂。当环境温度高于35℃时，压浆宜在夜间进行。

（6）填封张拉槽口

所有张拉槽口在预应力钢束张拉完毕后，将原有截断的钢筋等强度复位、绑扎、电焊，如果采用焊接连接，则须严格保证双面焊缝的长度不得小于$5d$（d为钢筋直径），单面焊缝的长度不得小于$10d$。槽口用C40细石子混凝土进行封填。施工过程中锯齿块外露锚头应用混凝土封住，以防锚头生锈，混凝土强度等级为C40。

6.精轧螺纹钢预应力施工

主拱肋钢混连接部、拱梁交接段竖向预应力采用JL32高强精轧螺纹粗钢筋。

(1)锚具、波纹管:精轧螺纹钢筋采用 YGM 锚具,配用金属波纹管成型,波纹管内径 45mm。

(2)张拉:精轧螺纹钢筋抗拉强度标准值 $f_{pk}=930\text{MPa}$,$E_s=2.0\times10^5\text{MPa}$,控制张拉应力 $\sigma_{con}=0.9f_{pk}=837\text{MPa}$。

(3)压浆:张拉完毕后及时压浆密实。压浆采用真空压浆,标准养护条件下,水泥浆体 28d 抗压强度不低于 50MPa。

图 4-24 为三角区拱梁交接段竖向预应力布置图。

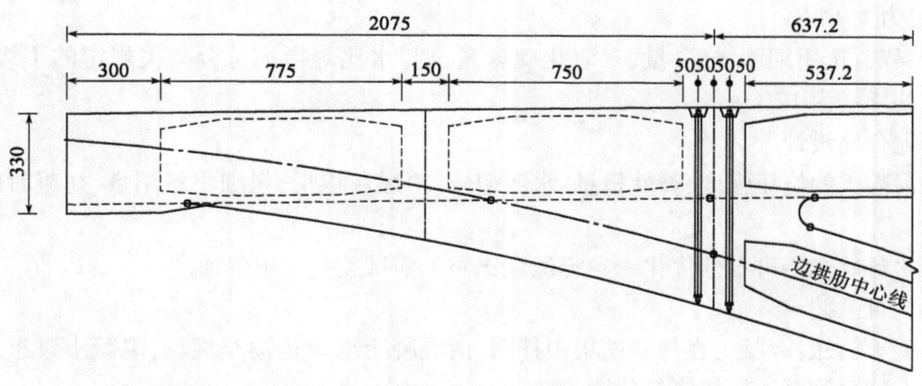

图 4-24　三角区拱梁交接段竖向预应力布置图(尺寸单位:cm)

7.施工注意事项

(1)拱脚段拱肋定位最为关键,对整个拱轴线线形影响最大。支架施工时,应确保混凝土拱肋坐标和倾角准确无误,还必须考虑拱肋预拱度的设置在拱脚处的体现。

(2)普通钢筋与拱肋、拱脚骨架、预埋钢板等构件位置上冲突时必须保证拱肋位置准确,可对普通钢筋进行局部移动避让或与拱肋钢管、预埋钢板焊接处理。

(3)拱脚等位置构件众多、钢筋密集,浇筑拱脚混凝土时须加强振捣,保证拱脚混凝土浇筑的密实。

8.预应力工程及三角区测量控制系统

(1)预应力工程

三角区预应力体系有:三角形拱肋预应力体系、三角区拱梁交接段竖向预应力体系及三角区东、西侧箱梁纵向预应力体系及三角区箱梁横向预应力体系。

钢束公称直径 15.2mm,分别有 12、15、17 束;竖向预应力体系采用 JL32。锚具采用 YGM 锚具及 M15 型群锚体系。塑料波纹管;竖向预应力体系采用 JL32;预应力钢束标准强度 $f_{pk}=1860\text{MPa}$,弹性模量 $E_p=1.95\times10^5\text{MPa}$,控制张拉应力 $\sigma=0.9f_{pk}=1674\text{MPa}$。

预应力钢束采取张拉力与伸长量双控的张拉方式,以张拉力为主,伸长量为辅。

(2)高强度等级混凝土配合比设计

三角区混凝土设计为 C55,总方量约 13065m³。

①原材料比选

水泥选用 P·O42.5 普通硅酸盐水泥,水泥用量 423kg/m³。

粗集料选择 5 ~ 25mm 连续级配碎石，满足泵管及钢筋最小间距等对最大粒径的要求；砂选择洞庭湖中砂，细度模数 2.85。集料要求清洁而不含杂质。

含泥量：砂子不超过 3%，石子不超过 1%。拌和水采用深层长江水，水质经过检测，满足混凝土拌和需要。

混凝土的和易性根据高温浇筑环境及远距离泵送的要求，需混凝土具有较高的和易性和坍落度指标，坍落度控制在 18 ~ 22cm。混凝土的初凝时间大于 10h。

外加剂：使用 FJW-4 型缓凝高效早强减水剂，具有减水率大，缓凝、早强的功能，适合泵送，掺量为 1.1%。

粉煤灰：选用细度、烧失量、三氧化硫含量及需水比等指标符合有关规定的 Ⅰ 级粉煤灰。粉煤灰的掺量为 12%。

②配合比设计

按混凝土的抗压强度、弹性模量、水泥型号、粉煤灰掺量、粗细集料用量、初凝时间来设计配合比。

原材料比选→可泵性优化→确定配合比→工前试配→工中验证。

③浇筑工艺

混凝土输送：混凝土在拌和站集中拌制，由混凝土罐车运输至现场，混凝土泵车通过设置于栈桥上的泵管泵送至待浇筑位置。

三角区混凝土拱肋因倾斜度较大，混凝土采用分段浇筑方法，主拱混凝土拱肋分三段浇筑，边拱分两次浇筑。边拱与梁体交接部分必须一次浇筑成型。混凝土振捣采用插入式振捣棒进行振捣，振捣时，应避免振捣棒碰撞模板、波纹管及其他预埋件。

其他要求：配合比确定后，原材料应保持一致性，不得随意调整，确保整个三角区外观颜色一致。预应力施工完成后，及时封锚，确保封锚混凝土与三角区混凝土颜色一致。加强混凝土的养护，洪水期间，不得用混浊的江水养护三角区混凝土。

(3)三角区测量控制系统

三角区施工精度要求高，测量控制难度大，需要精确定位的项目多，诸如模板、三角区外形的转折点等。要精确完成这些项目，除建立一个全桥控制测量系统外，针对三角区施工，还建立了一个局部测量控制体系。

测量控制是三角区施工过程中至关重要的一环，不仅影响桥梁施工的精度，还能通过测量工作把握桥梁的变形规律，从而指导施工控制。

在三角区施工前除对设计院提供的控制点及全桥控制网进行复核联测外，还应对控制点进行加密。

在三角区开始施工前，完成跨河水准测量工作，并将水准点引至各自的桥面，便于三角区施工的高程控制。三角区施工中，认真熟悉各种安装要求的精度及施工放样的工作内容及方法。当三角区拱肋施工到一定高度时，要加强例行测量工作；在气温变化大、施工荷载发生明显变化及预应力施工后的情况下，要进行测量监控，并做好记录，分析变化规律。

三角区施工测量的主要内容包括：钢管立柱支架定位、模板调校和混凝土体检测。采用全站仪三维极坐标法直接测量。

第三节　钢箱的制造与安装

主拱肋跨中130m段为钢结构，两侧各19m段为钢筋混凝土结构。

主拱钢结构段材料为Q345qD，主拱肋采用矩形截面，宽2.2m，高3.4m，腹板及顶板厚度为20～40mm。主拱肋纵向加劲肋采用钢板加劲，顶、底板纵向加劲肋间距440mm，腹板纵向加劲肋间距400mm，加劲肋高度170～300mm，板厚14～20mm。横向加劲肋与拱轴线垂直，板厚12mm。吊杆处设横隔板，横隔板厚24mm。主拱混凝土段材料为C55混凝土，拱肋采用矩形截面，宽3.0m，高4.2～4.7m。钢拱肋与混凝土拱肋在结合部通过预应力精轧螺纹钢筋、普通钢筋、钢板及混凝土连接。

副拱轴线为空间曲线，跨径130m，矢高20.742m，矢跨比1/6.268。副拱肋采用方形截面，边长1.5m。由于副拱肋轴线为空间曲线，副拱肋为空间弯扭构件。

副拱肋面板厚度16～20mm，副拱肋纵向加劲肋为钢板加劲，间距500mm，高度170～220mm，板厚为12～18mm。横向加劲肋除在主拱肋与副拱肋交汇段与相应位置主拱肋横隔板方向相同外，其余段均与拱轴线垂直，板厚12mm。副拱肋与横向撑杆连续处设横隔板，横隔板厚度20mm。副拱肋在交汇区截面逐步缩减，直至与主拱完全交汇。

主、副拱肋之间连杆采用圆钢管，直径600～1000mm，壁厚20～28mm，连杆在拱肋连接位置设置预留段。副拱之间在跨中位置设5道横撑，横撑为900mm×900mm矩形截面，壁厚40mm。

一、钢箱制造

1.钢箱拱肋制造方案

钢梁、钢箱拱选择具有生产资质的专业厂家加工，施工现场组拼。

对钢箱拱肋的加工制造，在钢结构加工前，加工厂应编制焊接工艺评定报告、拱肋制造规则等报建设单位审批。

2.总体制造思路

(1)端横梁为箱形横梁，均在厂内匹配制造成立体分段，采用“反造法”(分段总装时，以顶板面为胎架面进行“反造”)，分段在厂内完成喷砂除锈、涂装后发运至现场。

(2)中横梁整体为工字形构件，每个中横梁分为2个分段，采用腹板为胎架面制造，分段在厂内完成喷砂除锈、涂装后发运至现场，现场组装后吊装。

(3)主纵梁、次纵梁整体为工字形构件，每个纵梁分为1个分段，采用腹板为胎架面制造，工地，分段在厂内完成喷砂除锈、涂装后发运至现场。

(4)主拱肋为箱形拱肋，均在厂内匹配制造成立体分段，采用腹板为胎架面制造，分段在厂内完成喷砂除锈、涂装后发运至现场。

(5)副拱肋为箱形拱肋，均在厂内匹配制造成立体分段，采用腹板、底板为胎架面制造，分段在厂内完成喷砂除锈、涂装后发运至现场。

(6)主、副拱肋连杆为钢管结构，在厂内完成喷砂除锈、涂装后发运至现场。

(7)横撑为箱梁结构，均在厂内制造成立体分段，采用腹板为胎架面制造，分段在厂内完成喷砂除锈、涂装后发运至现场。

3. 钢箱拱肋制作工艺流程

号料→切割→边缘加工→焊缝(纵缝,超声波检测及X射线拍片)→拼接(接长,焊接对接焊缝)→超声波检测及X射线拍片→组装(焊成大段,超声波检测、X射线拍片检查)→试拼(含横向连杆试拼装)→防腐涂装→运输→安装就位。

4. 分段方案

(1)钢梁

桥面系中端横梁分段制造及运输最大宽度约为3.76m,最大运输长度为10.9m,最大运输箱形分段重量约为31.3t,最大吊装吨位约为31.3t;中横梁分段制造及运输最大宽度约为3.71m,最大运输长度为16.25m,最大运输箱形分段重量约为16.6t,最大吊装吨位约为16.6t。如图4-25所示为分段图。

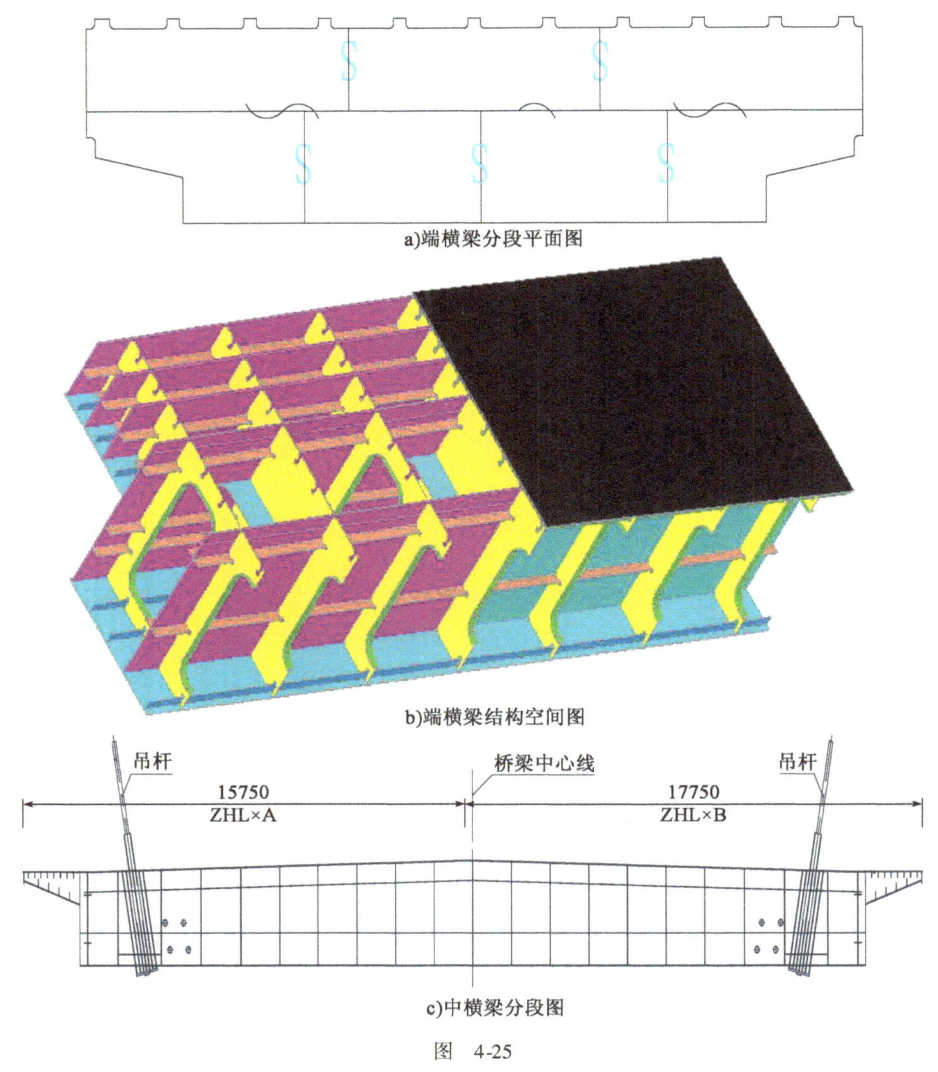

a)端横梁分段平面图

b)端横梁结构空间图

c)中横梁分段图

图 4-25

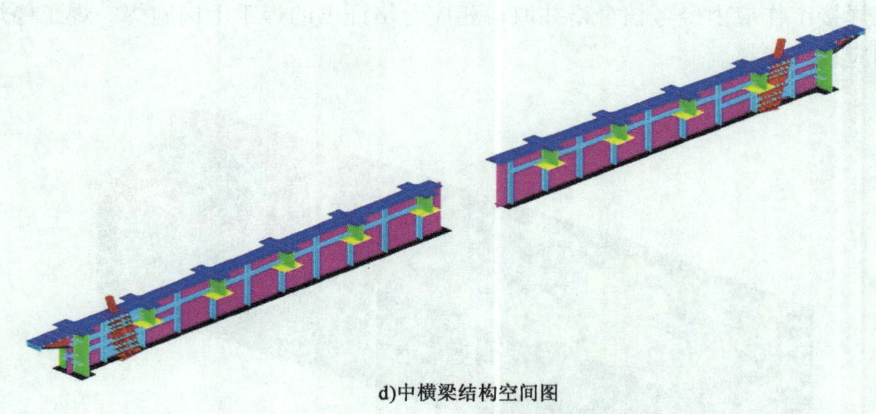

d)中横梁结构空间图

图 4-25　分段图(尺寸单位:cm)

(2)钢箱拱

拱肋为箱形拱,由主拱、副拱、横向连杆以及拱顶横撑等构件组成。

主拱划分成 13 个分段(含拱脚 S0 段),副拱划分成 9 个分段;横向连杆及拱顶横撑散件加工。主拱最大分段重量约为 48.2t,副拱最大分段重量约为 35.5t。

钢箱拱分段制造及运输最大宽度约为 3.94m,最大运输长度为 16.86m,最大运输箱形分段重量约为 48.2t,最大吊装吨位约为 48.2t,如图 4-26 所示。

5. 钢结构的加工

(1)钢材下料及焊接

连杆钢管采用 Q345qD 钢板卷制的直缝焊接管,卷管方向应与钢板压延方向一致。钢管的卷制和焊接必须由专业厂家在工厂制作。

板材需与《质量证明书》(原件)同时进场。

材料进场后需按同一厂家、同一材质、同一板厚、同一出厂状态每 10 个炉(批)号抽检一组试件进行复检,检查的内容至少包含钢厂所提供的证书内容,经审查合格后再用于施工。

所有管节均采用直缝坡口焊焊接(埋弧自动焊),焊缝等级为一级。

(2)钢构件热处理

原则上要求较均匀地加温至略高于再结晶温度进行热处理,基本上消除焊接热应力及因焊接等产生的硬化、脆性。

(3)吊杆导管

吊杆下导管及锚垫板在横梁施工时应精确定位安装。

6. 钢结构焊接

主、副钢箱拱肋结构的连接主要依靠焊缝,系本桥施工的关键所在。

(1)焊接材料

①焊接材料应结合焊接工艺,通过工艺评定实验进行选择。

②所选焊剂、焊条、焊丝均应符合相应国家标准的要求。

③CO_2气体保护焊的气体纯度应大于 99.5%。

④所有焊接工作应由经考核合格并取得相应合格证书的焊工上岗施焊。焊工停焊时间超过6个月的应重新考核。

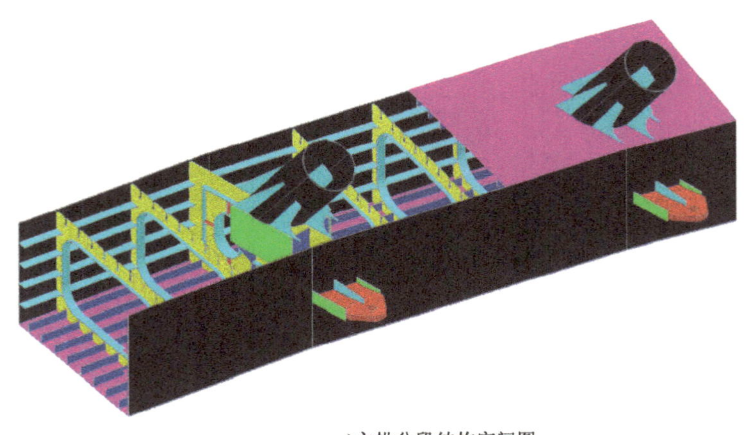

a)主拱分段结构空间图

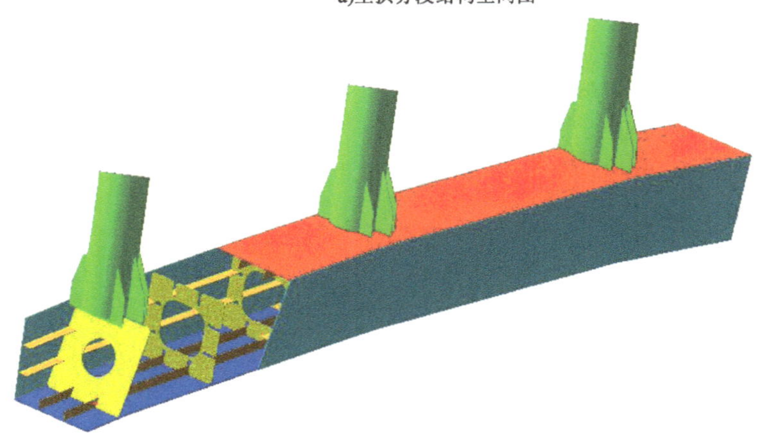

b)副拱分段结构空间图

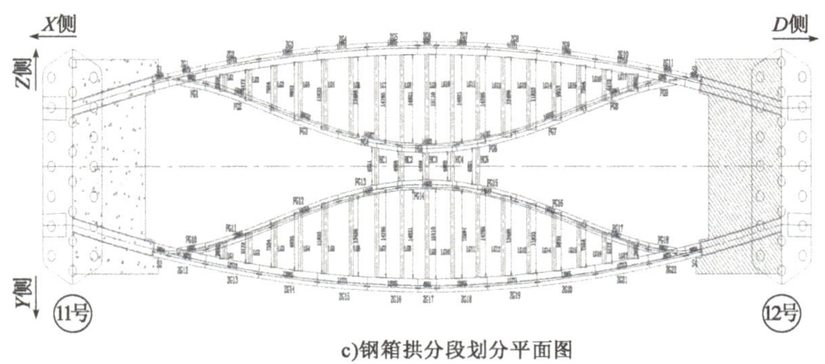

c)钢箱拱分段划分平面图

图4-26　钢箱拱分段划分及空间图

(2)焊接工艺

拱肋、横撑的纵缝、对接环缝要求采用埋弧自动焊、全熔透。

焊缝为全熔透焊，有条件的采用自动焊；横撑与拱肋的焊缝均为熔透焊缝，有条件的可采用自动焊；吊杆锚座钢板与钢管的焊接采用熔透焊带角焊缝。

①所有坡口焊接的坡口形式及尺寸均参照规范的要求处理，对坡口焊接的贴角焊缝，当未给出贴角尺寸时，一般以不小于 $1.5(t)^{1/2}$ 考虑取值，t 为两焊件中较厚焊件的厚度。

②采用焊接变形小和焊缝收缩小的焊接工艺。

③施焊工艺应注意消除焊接残余应力，可采用砂轮打磨。

④焊缝同一部位返修次数不得超过两次；超过两次的构件应作废，重新下料制作。

(3)节段组装

拱肋的组拼在刚性的平台上进行，按节段施工图在平台上以 1∶1 比例放出大样(按拱肋平面内大样放样)，包括拱肋上边轮廓线、拱肋中心线、下弦管边轮廓线，拱肋端部接口控制线，并设置好定位挡块；为保证节段工地焊接顺利，节段制造中端口匹配制造。

(4)拱肋大拼

为了保证拱肋节段间的精密配合，确保节段的准确定位，达到拱肋总拼后拱轴线符合设计要求，拱肋大拼采用 >1/4 孔“卧拼”的方式进行，大拼必须在刚性平台上进行。

(5)拱肋连杆拼焊

在平台上按 1∶1 比例放样，对线定位直撑管和腹管位置。采用手工焊(E5015)的方法焊接相关接头。

(6)焊接检查

拱肋、横撑的纵缝、对接环缝，缀板与拱肋的对接焊缝，吊杆锚座钢板与钢管的焊缝，焊缝质量按《钢结构工程施工质量验收规范》(GB 50205—2001)规定的一级办理；横撑与拱肋焊缝质量按《钢结构工程施工质量验收规范》(GB 50205—2001)规定的二级办理。

①所有焊缝必须在全长范围内进行外观检查，不得有裂纹、未熔合、夹渣、未填满弧坑和焊瘤等缺陷，并符合《钢结构工程施工质量验收规范》(GB 50205—2001)的规定。

②焊缝采用 100% 超声波探伤，并加射线检验(一级 100%、二级 50%)。

③超声波检查在焊完 24h 后进行，检验等级符合《钢焊缝手工超声波探伤方法和探伤结果分级》(GB 11345)规定的 B 级要求，评定等级按Ⅱ级。

④射线检验数量：为焊缝长度小于等于 1200mm 者每条焊缝透照 1 张，焊缝长度大于 1200mm 者每条焊缝透照 2 张，环向与纵向对接焊缝交叉处必须透照 1 张。

⑤射线探伤应符合现行《钢熔化焊对接接头照相和质量分级》(GB 3323)规定的射线照相质量等级 AB 级要求，评定等级按Ⅱ级。

⑥用射线和超声波两种方法检验的焊缝，必须达到各自的质量要求，该焊缝方可认为合格。

7. 钢结构的防腐

本桥钢结构外表面、桥面以上主、副拱及连杆，栏杆等钢结构全部采用电弧喷涂复合涂层防护方案。

具体桥梁钢结构防腐方案见表 4-11。

主桥钢结构防腐方案

表 4-11

部 位	涂装用料	道数(道)	d(μm)
钢结构外表面(桥面以上的主、副拱及连杆等钢结构件外表面除外)	2 次表面处理喷砂除锈(清洁度 Sa3 级,粗糙度 Rz 60 ~100μm)		
	大功率 2 次雾化电弧喷铝		≥180
	纳米改性环氧封闭漆		≥40(渗入铝涂层孔隙中,检测不计厚度)
	环氧云铁中间漆	1	≥80
	丙烯酸脂肪族聚氨酯面漆	2	≥2 × 40(颜色待定)
	总干膜(涂层)		≥340
桥面以上的主、副拱及连杆等钢结构件外表面	2 次表面处理喷砂除锈(清洁度 Sa3 级,粗糙度 Rz 60 ~ 100μm)		
	大功率 2 次雾化电弧喷铝		≥180
	纳米改性环氧封闭漆		≥40(渗入铝涂层孔隙中,检测不计厚度)
	环氧云铁中间漆	1	≥80
	氟碳面漆	2	≥2 ×40(颜色待定)
	总干膜(涂层)		≥340
钢结构内表面及桥面铺装下钢梁顶面	2 次表面处理喷砂除锈(清洁度 Sa3 级)		
	耐磨环氧厚浆漆	1	≥180
	总干膜(涂层)		≥180
钢梁翼缘及表面等部位	2 次表面处理喷砂除锈(清洁度 Sa3 级)环氧玻璃鳞片漆		500

8. 涂装前处理

所有需表面处理的钢结构在涂装之前不得有油污、盐分,如有必须彻底清除。无论何种处理方式,钢结构必须经检验合格才能进入喷涂场地进行喷涂作业。

(1)预处理

①自由边不允许有锐边,用风动或电动磨机打磨成曲率 2mm 的圆角。

②焊缝周边的飞溅、飞珠必须铲除打磨干净。

③手工焊缝表面锋利的凸出位置必须打磨光顺。

④手工切割部位产生的锋谷应打磨光顺,不超过 1mm。

⑤焊缝深窄的咬边,必须补焊或打磨处理。

(2)除锈处理

①除锈标准应达到 Sa3 级,表面必须呈灰白色的金属光泽,底材表面无附着物。

②喷砂后钢材表面粗糙度必须达到 Rz30 ~ 70μm。

(3)除尘

用清洁刷子或干燥的压缩空气清除表面灰尘及杂物。

9. 涂装时间及环境要求

钢材进厂后在下料前,要求进行一次表面预处理:喷砂除锈到 Sa3 级,并大功率 2 次雾化电弧喷铝 180μm。

(1)涂装时间

表面处理后的钢材表面在涂装前保持清洁干燥,并尽快(要求在 8h 之内)喷涂作业,如涂装前已返锈,需重新处理。

(2)涂装环境

①涂装环境条件一般温度为 5 ~ 38℃、空气相对湿度不大于 80%,如采用露点管理,钢材表面温度应高于露点头 3℃以上(防止钢材表面在涂装时有凝露)。

②温度和湿度应在底材附近测量。

③当雨天、风沙较大时,必须有有效的防护措施,否则不能进行喷涂作业。

④整个涂喷现场应保证空气对流。

10. 涂装

(1)油漆施喷的准备及喷涂要求达到的标准

①检查油漆材质证明(合格证及批号)并做好记录,并按要求进行抽样复验。开罐后对质量有异议时,申报监理及业主代表,必要时再做化验复检。

②钢构件在正式施喷涂前,先进行试喷涂,并做附着力试验,试验合格后方可进行正式喷涂作业。

③清除表面浮尘和油污(如果有)。

④对双组份涂料要明确混合物比例,混合后即用风动或电动搅拌机均匀搅拌,熟化后才能施涂,搅拌后如超过规定的使用时间,则不能使用。

⑤涂料应按照批准的涂装方案规定的涂装工艺施工,施工时应严格控制环境温度、湿度以及油漆配套的稀释剂施工。

⑥根据涂料性能选择正确的高压无气喷涂设备,在使用前应仔细检查喷枪和喷漆设备系统是否正常。

⑦在大面积喷涂前对钢构件的边角位及焊缝做预涂。

⑧喷涂工艺严格按照设计及工艺要求执行,每道涂层喷涂间隔时间必须符合油漆供应商提供的指导性文件规定,以保证每道涂层的实干,每道涂层应无漏涂,无流挂,表面光顺。油漆涂层之间的附着力按相关规定执行。

(2)喷涂质量及检测要求

①电弧喷铝、封闭漆、中间漆要求平整、均匀,漆膜无气泡、裂纹,无严重流挂、脱落、漏涂等缺陷,面漆颜色与比色卡一致。

②用电子涂层厚度仪和磁性测厚仪、横杆式测厚仪等测量漆膜厚度。

③每涂完一层后,必须检查干膜厚度,出厂前检查总厚度,每 $10m^2$ 测 5 个点,每点附近测 3 次,取平均值,每个点的测量值如小于设计值应加涂一道涂料。

④钢结构外表面所测点的值必须有 90% 达到或超过规定漆膜值,未达到规定膜厚的测点值不得低于规定膜厚要求 90%,钢结构内部所测点的值必须达到两个 85%。

二、钢箱安装

1. 支架设计

(1)门机吊机轨道支架

根据拼装方案,主梁及钢箱拱肋均采用1台60t龙门吊机进行拼装。门吊参数如下:跨度为48m,额定起吊能力60t,单侧双轨,轨距为100cm,顺轨道方向大车轮箱中心间距15m,门吊自重120t。

门机轨道支架位于主桥两侧,支墩纵桥向最大跨度10.5m,轨道总长207m。支架自上而下依次为钢轨、轨道梁、横梁、贝雷梁、分配梁、钢管桩和联结系等。贝雷梁采用321型3m长标准节段,单层布置,横向布置为5片,间距4×900mm,用支撑架连接为整体。分配梁采用2I45工字钢。钢管桩采用ϕ630mm×8mm钢管,钢管桩之间设置槽钢联结系。贝雷梁上横向设置I16横梁,在横梁上设置轨道梁。门机轨道外侧铺设钢板作为人行通道。为增强门吊轨道支架的稳定性,门吊轨道支架钢管桩与钢梁拼装支架钢管桩用联结系联结为整体。支架系统布置如图4-27所示。

(2)主跨钢梁支架

主跨钢梁支架纵桥向最大跨度10.5m,除端横梁处采用双层贝雷梁外,其余均采用单层贝雷梁,整个横断面布设20片(中间10片,每侧5片)。下部均采用ϕ630mm×8mm钢管桩,钢管桩间设置联结系,如图4-28所示。

(3)钢箱拱支撑架

主拱肋分段间临时支撑墩,每个支墩采用4根ϕ630mm×8mm螺旋钢管,管钢质材为Q235B钢,对钢梁临时支架在拱肋分段处的钢管桩接长搭设,架拱支架立柱钢管间采用槽钢及角钢连接成整体。

副拱肋分段间临时支撑墩,每个支墩采用4根ϕ235mm×8mm钢管,以桥面混凝土预制板为基础搭设,钢管间采用槽钢及角钢连接成整体,如图4-29所示。

2. 支架搭设

(1)管桩下沉方法

钢管桩下沉采用悬打法施工,用浮式起重机配合振动锤施打钢管桩。浮式起重机停放在支架下游,打入支架基础钢管桩,测量组确定桩位与桩的垂直度满足要求后,开动振动锤振动,在振动过程中要不断地检测桩位与桩的垂直度,发现偏差要及时纠正。每根桩的下沉应一气呵成,中途不可有较长时间的停顿,以免桩周土扰动恢复造成沉桩困难。桩顶铺设好上部结构后,浮式起重机后移,进行插打下一跨钢管桩。按此方法,循序渐进的施工。

(2)沉桩施工要点

①沉桩开始时,可依靠桩锤的自重下沉,然后吊装振桩锤和夹具与桩顶连接牢固,开动振动锤使桩下沉。当最后下沉速度与计算值相距不多,且振幅符合规定时,即认为合格,施工过程中采用设计桩长与贯入度法进行双控。

②每根桩的下沉一气呵成,不可中途间歇时间过长,以免桩周的土恢复造成继续下沉困难。每次振动持续时间过短,则土的结构未被破坏,过长则振动锤部件易遭破坏。振动的持续时间长短应根据不同机械和不同土质通过试验决定,一般宜为10~15min。

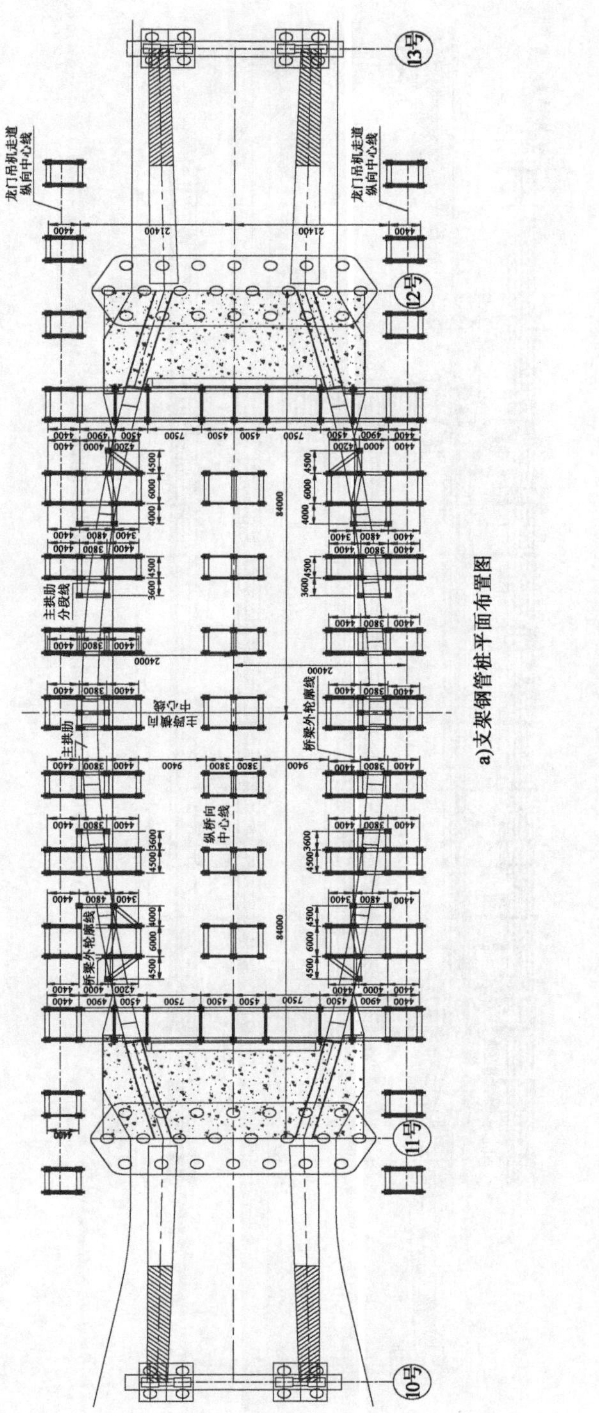

a)支架钢管桩平面布置图

图　4-27

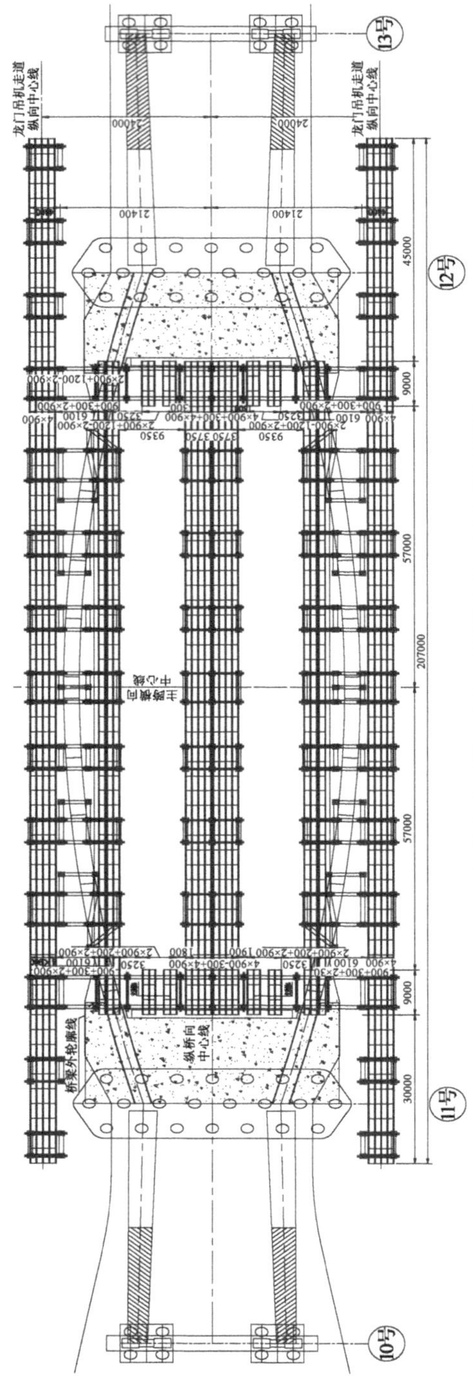

b)龙门吊机走道、钢梁、钢箱拱支架贝雷梁平面布置图

图 4-27

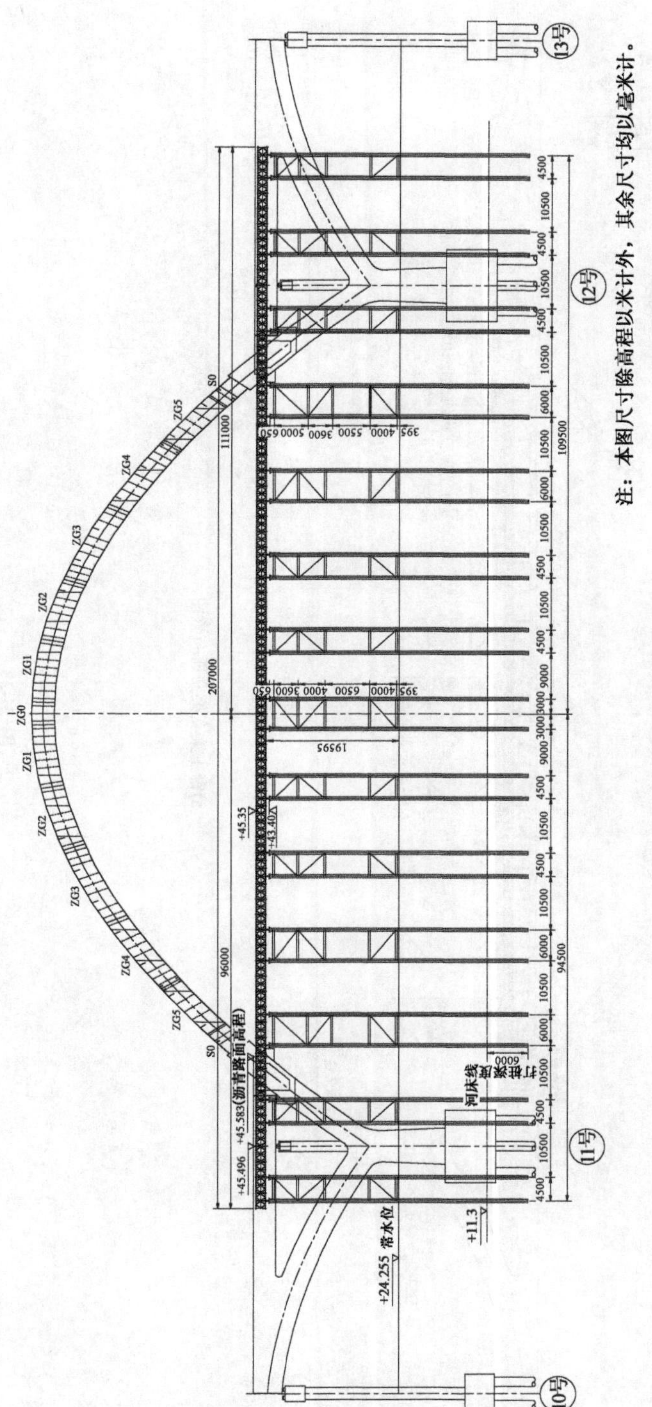

c)龙门吊机走道立面布置图

图4-27　龙门吊机走道布置图

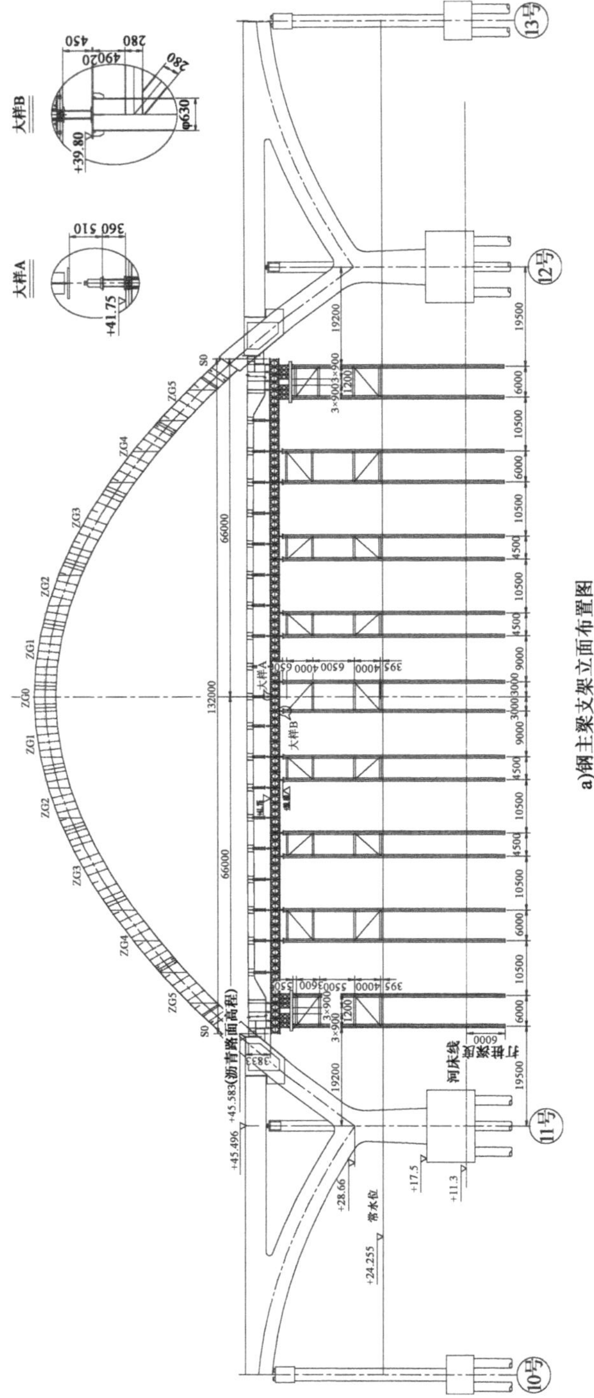

a)钢主梁支架立面布置图

图 4-28

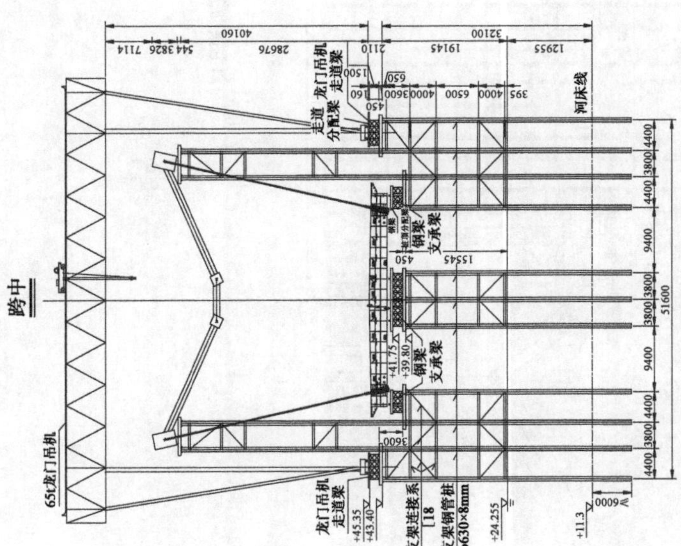

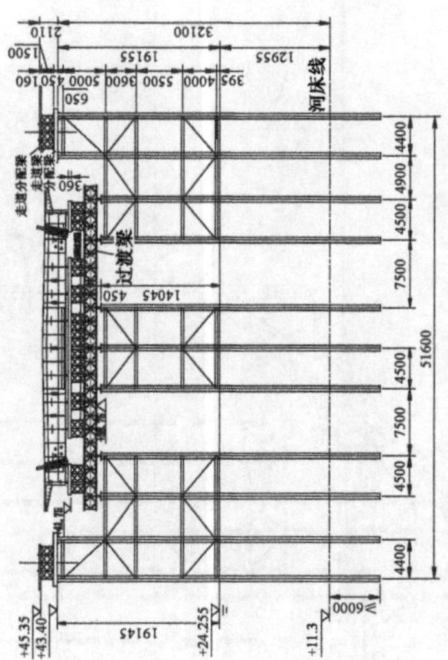

b)支架横断面布置图

图4-28 钢梁支架布置图(尺寸单位:mm)

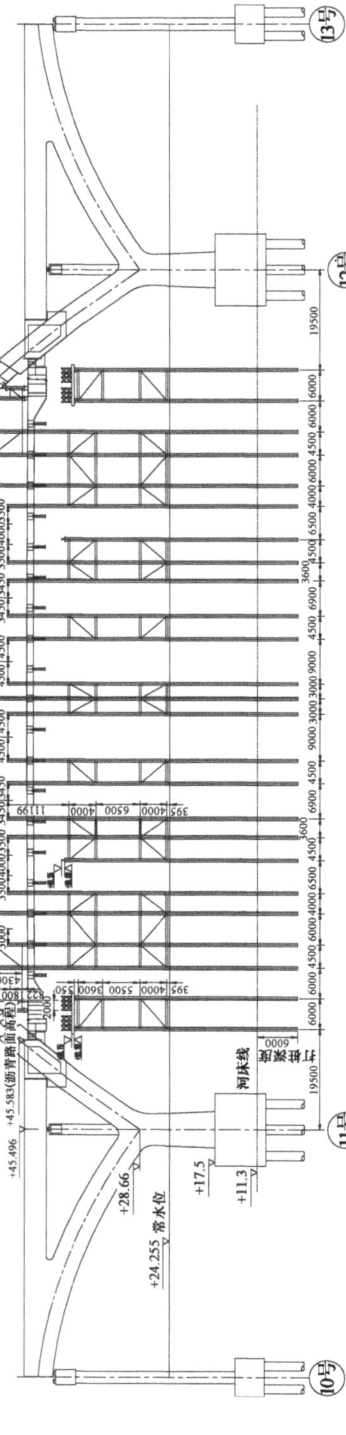

注：本图尺寸除高程以米计外，其余尺寸均以毫米计。

a)主拱肋分段间支撑墩立面布置图

图 4-29

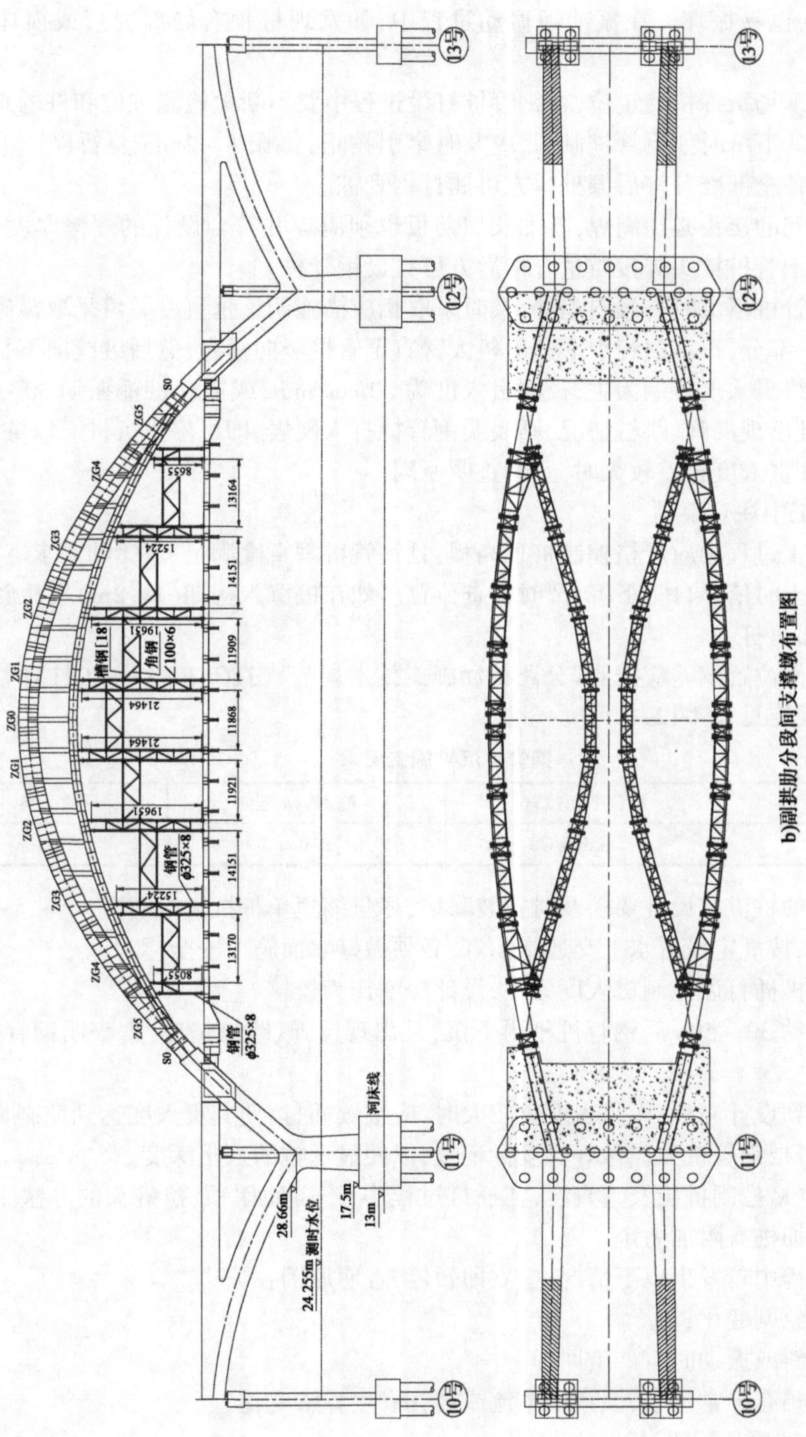

b)副拱肋分段间支撑布置图

图4-29　钢箱拱肋支撑架布置图(尺寸单位:mm)

③振动锤与桩头必须用液压钳夹紧,无间隙或松动,否则振动力不能充分向下传递,影响钢管桩下沉,接头也易振坏。在振动锤振动过程中,如发现桩顶有局部变形或损坏,要及时修复。

④测量人员现场指挥精确定位,在钢管桩打设过程中要不断地检测桩位和桩的垂直度,并控制好桩顶高程。下沉时如钢管桩倾斜,应及时牵引校正,每振 1 ~ 2min 要暂停一下,并校正钢管桩一次。设备全部准备好后振桩锤方可插打钢管桩。

⑤钢管桩之间的接头必须满焊,各加长加劲板也须满焊并符合设计的焊缝厚度要求。经现场技术员检查钢管桩接头焊接质量合格后方可打设钢管桩。

⑥如发现钢管桩下沉时有倾斜趋势,及时采取相应措施调整垂直度。可采取措施如:停止下打,向上拔出一部分,拔出过程中摆动吊机大臂直至管桩竖向垂直,然后继续向下打入。

钢管桩以最终贯入度控制为主,控制贯入度为 20mm/min,或振动桩锤振动 30 ~ 50s 后钢管桩不再下沉,且出现反弹、跳桩情况,则表明钢管桩打入硬岩,即可停止沉桩。以桩尖高程为准,当控制高程和贯入度相差较大时,及时查明原因。

(3)沉桩施工中注意事项

①钢管桩施工过程中应严格控制桩顶高程,且钢管桩垂直度满足 <1% 的要求。

②插桩初入土时依靠自重下沉,及时检查位置。如在桩沉入初期(1 ~ 2m)发生较大倾斜,及时修正,或拔出重打。

③钢管桩平面位置偏差应按照《公路桥涵施工技术规范》(JTG/T F50—2011)的相关规定进行控制,具体规定见表 4-12。

钢管桩沉桩施工要求 表 4-12

项　　目	桩位平面位置	桩 顶 高 程	倾　斜　率
允许偏差	±3cm	±10cm	1%

④插打就位的桩应按设计要求及时安装联结,尽量缩短单桩抗流时间。

⑤施工期间,按规定设置水上交通指示灯,必须做好水面施工安全标志。

⑥现场钢管桩插打以控制贯入度为主,设计深度作为校核。

振动桩锤振动 30 ~ 50s 后钢管桩不再下沉,且出现反弹、跳桩情况,则表明钢管桩打入硬岩,即可停止沉桩。

当桩底已达到设计高程,而贯入度仍较大时,应继续插打,使其贯入度达到控制贯入度。

⑦插打前,每根钢管桩上应做好长度标记线,以便显示桩的入土深度。

插打前,应严格控制桩位及垂直度,在插打过程中,不得使用顶、拉桩头的办法来纠偏,以防接头开裂并增加桩身附加力矩。

⑧在插打过程中若发生以下情况,应立即暂停,查明原因:

贯入度发生急剧变化;

桩身突然倾斜或振动时有严重回弹;

振动设备振幅有异常现象,振动机电流或声音发生异常变化。

(4)剪刀撑、桩顶分配梁、横梁安装

支架一个墩位处钢管桩施工完成后,立即进行该墩钢管桩间剪刀撑、桩顶分配梁、横梁施工。

①在钢管桩上进行剪刀撑位置的测量放样。技术员实测桩间长度并在后场下料，同步进行耳板加工、焊接及剪刀撑、桩顶分配梁、横梁的加工。

②用浮式起重机悬吊剪刀撑，到位后电焊工焊接剪刀撑。现场技术员及时检查焊缝质量，合格后进行承重梁及纵横梁架设。

③浮式起重机悬吊分配梁到测量放样位置后安装并简易固定，电焊工按测量放样位置焊接固定，技术员检查合格后，再进行下道工序。所有焊缝均要满足设计要求。

④对于群桩墩，在分配梁上测量放样后，浮式起重机悬吊横梁并安放至分配梁顶，电焊工将分配梁和横梁焊成一体。技术员检查合格后，再进行下步工序施工。

(5)贝雷梁的拼装

将拟安装的贝雷梁抬起，放在已装好的贝雷梁后面，并与其成一直线，两人用木棍穿过节点板将贝雷梁前端抬起，下弦销孔对准后，插入销栓，然后再抬起贝雷梁后端，插入上弦销栓并设保险插销。贝雷拼装按组进行，每次拼装一组贝雷(横向两排)，每组贝雷长15m，贝雷片间用花架连接好。拼装在后场进行。

贝雷梁架设：由于贝雷梁重量不大(12m跨径3排贝雷梁重约3.4t)，吊机有足够的起重量，故单跨3排贝雷梁作为一组同时架设。

①下部结构顶横梁上进行测量放样，定出贝雷架准确位置。

②将拼装好的一组贝雷主桁片装船并运至浮式起重机后面。

③贝雷每三片分为一组，20t浮式起重机首先安装一组贝雷，准确就位后先牢固捆绑在横梁上，然后焊接A、B型限位器，再安装另一组贝雷，同时与安装好的一组贝雷用贝雷片剪刀撑进行连接。依此类推完成整跨贝雷梁的安装。

(6)钢箱拱临时支架

主拱肋各分段间临时支撑架施工：每个支墩采用4根$\phi 630mm \times 8mm$螺旋钢管，对钢梁临时支架在拱肋分段处的钢管桩接长搭设，钢管间采用[20a槽钢及角钢连接成整体。支架制作采用25t汽车吊配合，转运至桥位后，采用60t龙门吊进行安装。

副拱肋分段间临时支撑墩施工：每个支墩采用4根$\phi 235mm \times 8mm$钢管，以桥面混凝土预制板为基础搭设，钢管间采用[20a槽钢及角钢连接成整体。采用25t汽车吊配合制造，转运至桥位后，采用60t龙门吊进行吊装。

3. 钢箱安装

(1)吊机选择

根据分段划分及现场实际情况，全桥分段吊装采用额定起吊能力60t的龙门吊，跨度48m，净高度40m。龙门吊采用单侧双轨，轨距为100cm，顺轨道方向大车轮箱中心间距15m，门吊自重120t。拱肋支撑架制造采用25t的汽车吊配合制造。

60t龙门吊性能参数如表4-13所示。

60t龙门吊主要技术参数　　表4-13

序号	项目名称	参数	序号	项目名称	参数
1	额定起吊重量	60t	3	主起升电动功率	22kW
2	跨度	48m	4	主起升制动形式	电力液压块式制动器

续上表

序号	项目名称	参数	序号	项目名称	参数
5	主起升钢丝绳卷筒直径	26mm	10	大车行走制动形式	电力液压块式制动器
6	主起升速度	1.19m/min	11	大车行走轮直径	400
7	大车驱动轮数量	4	12	小车行走速度	5.5m/min
8	大车行走驱动电动功率	4×5.5kW	13	总功率	55.9kW
9	大车行走速度	0~5.5m/min			

(2)钢箱拱安装流程

龙门吊机轨道支架钢箱拱在桥面以下部分临时支架的搭设,并完成60t龙门吊机组装,如图4-30所示。

三、主拱肋安装

(1)制作并安装钢主拱节段间支撑架(每个支墩采用4根ϕ630mm×8mm螺旋钢管,自钢梁支架钢管桩接长),如图4-31a)所示。

(2)主拱钢混结合段,拱脚段S1-S4安装,采用1台60t龙门吊吊装就位,如图4-31b)所示。

(3)主拱肋各节段,采用1台60t龙门吊,依次从拱脚向跨中对称吊装。安装完成后,在主拱肋内侧拉缆风绳固定,如图4-31c)所示。

(4)吊装主拱肋合龙段Y-ZG0段,如图4-31d)所示。

(5)精确调整主拱拱各分段高程,焊接节段之间的环缝,如图4-31e)所示。

四、副拱肋安装

(1)制作并安装钢箱副拱肋节段间支撑架(每个支墩采用4根ϕ325mm×8mm钢管,以桥面混凝土预制板为基础),如图4-32a)所示。

(2)采用1台60t龙门吊,吊装主、副拱交汇段Y-FG1分段,如图4-32b)所示。

(3)采用1台60t龙门吊,依次从交汇段向跨中对称吊装副拱肋,如图4-32c)所示。

(4)吊装副拱合龙段Y-FG5。副拱合龙,如图4-32d)所示。

(5)精调副拱各节段高程,焊接节段间环缝。

(6)依次吊装主拱与副拱间连杆,如图4-32e)所示。

(7)依次对称吊装副拱肋之间的横撑,如图4-32f)所示。

五、吊杆、系杆及其他施工

(1)安装吊杆(安装但不张拉)。

(2)通长系杆T1、T2及主跨间短系杆T4第一次张拉(系杆安装在钢梁合龙后进行)。

(3)主副拱脱架,拆除桥面系以上临时支撑架,如图4-33所示。

(4)桥面混凝土预制板全部吊装就位。

(5)T1、T2及T4系杆第二次张拉。

(6)张拉吊杆(每根吊杆张拉力300kN)。

(7)龙门吊机、桥面以下钢管桩支架拆除,如图4-34所示。

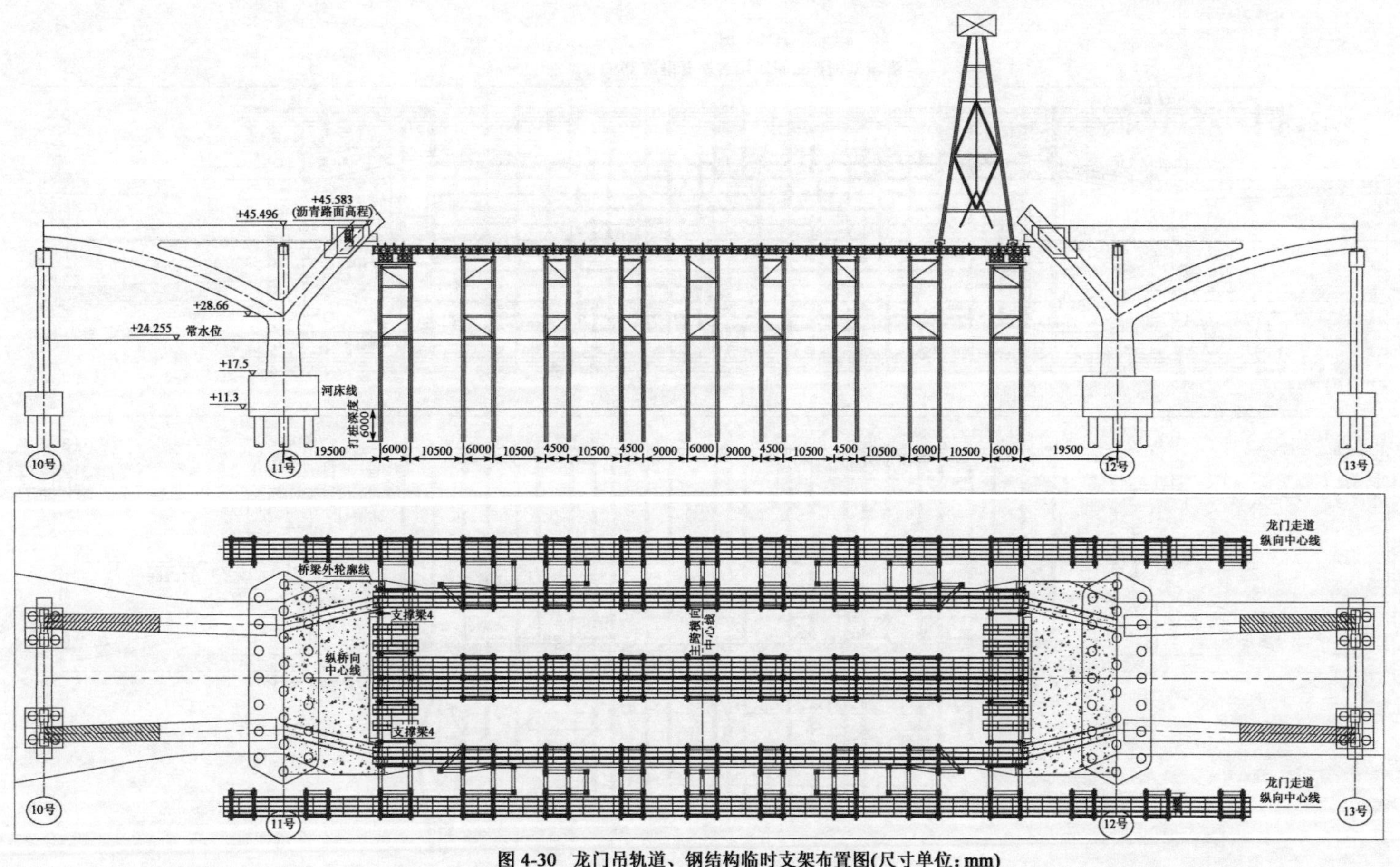

图 4-30 龙门吊轨道、钢结构临时支架布置图(尺寸单位：mm)

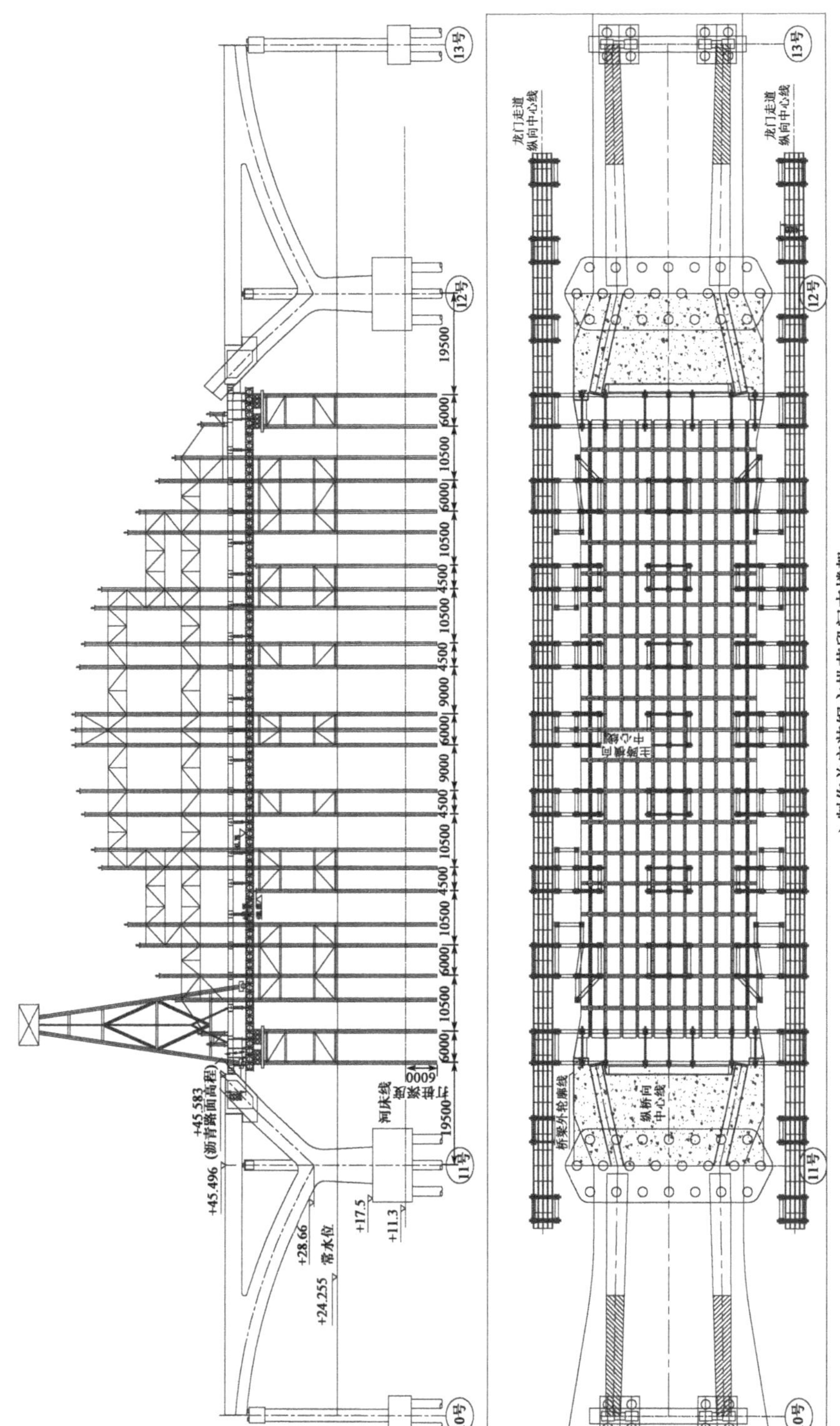

a) 制作并安装钢主拱节段间支撑架

图 4-31

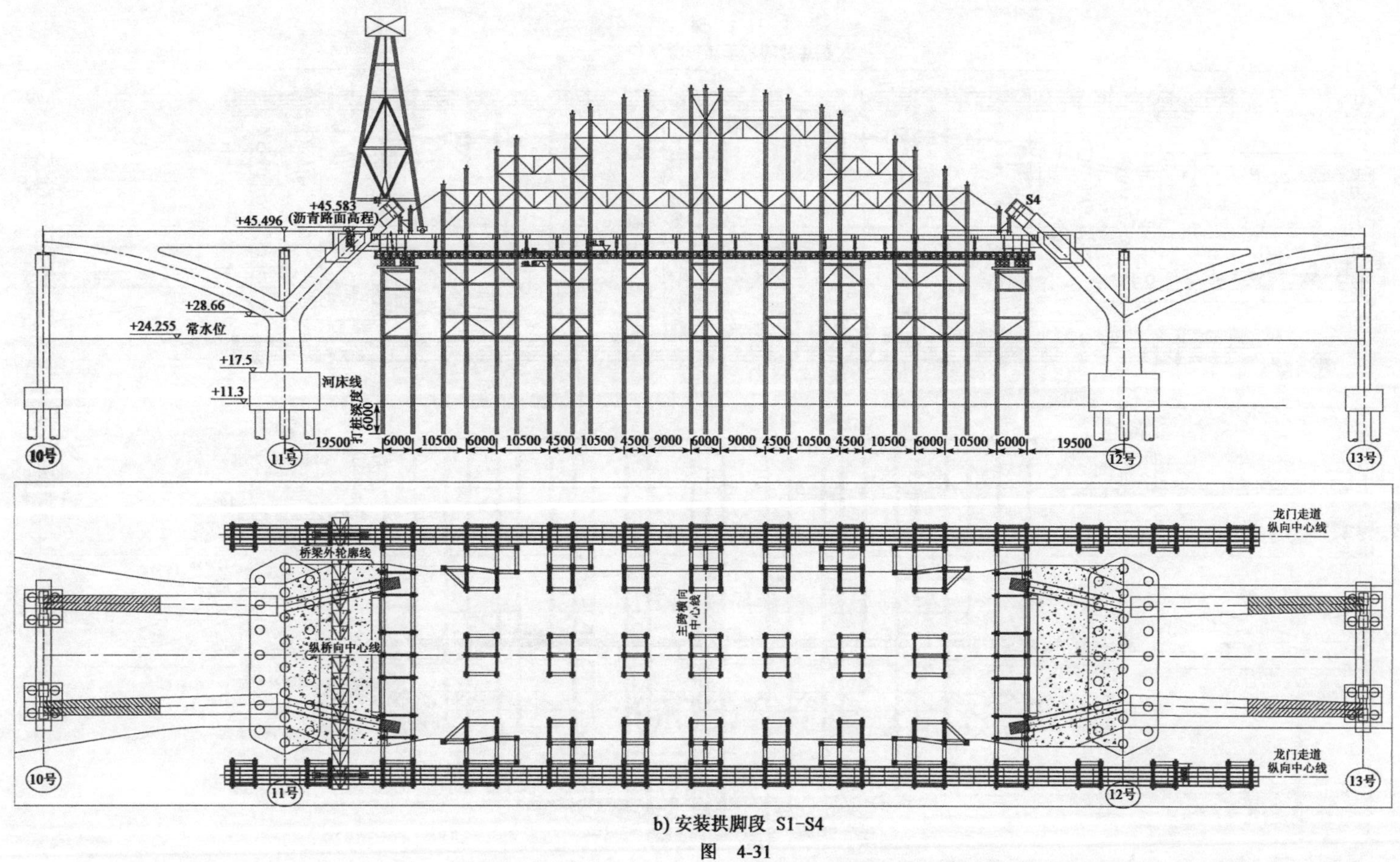

b) 安装拱脚段 S1-S4

图　4-31

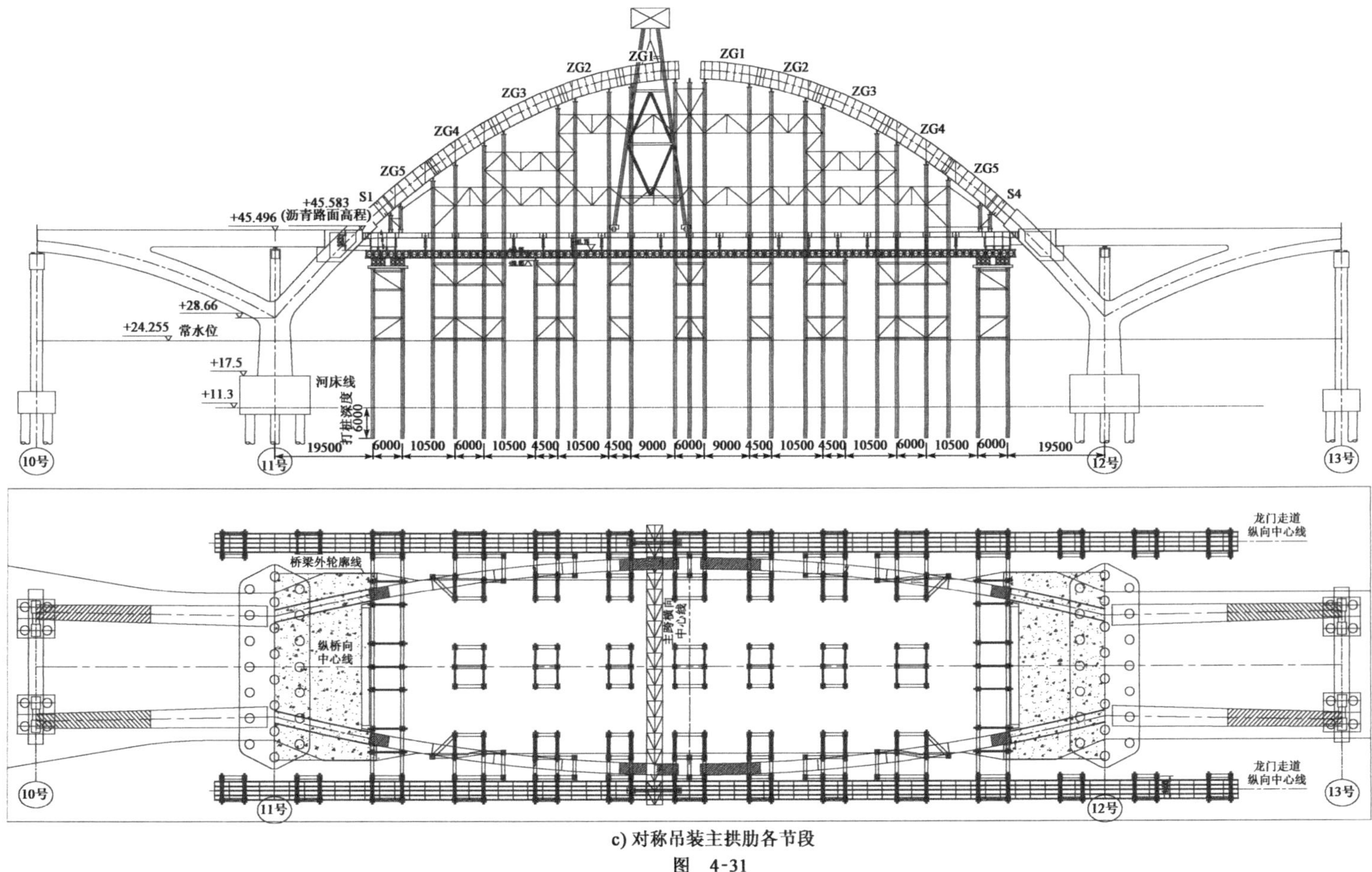

c) 对称吊装主拱肋各节段

图 4-31

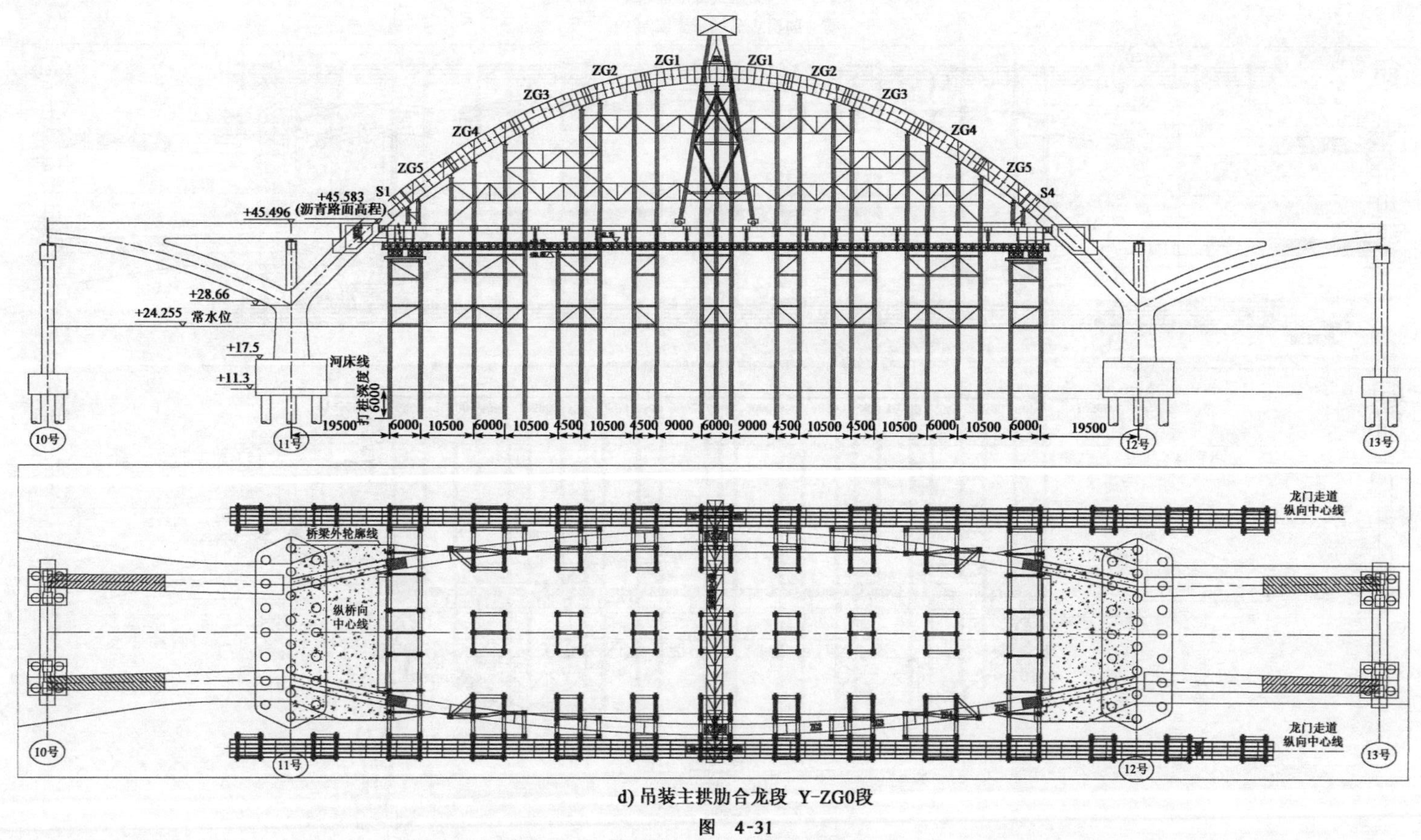

d) 吊装主拱肋合龙段 Y-ZG0段

图 4-31

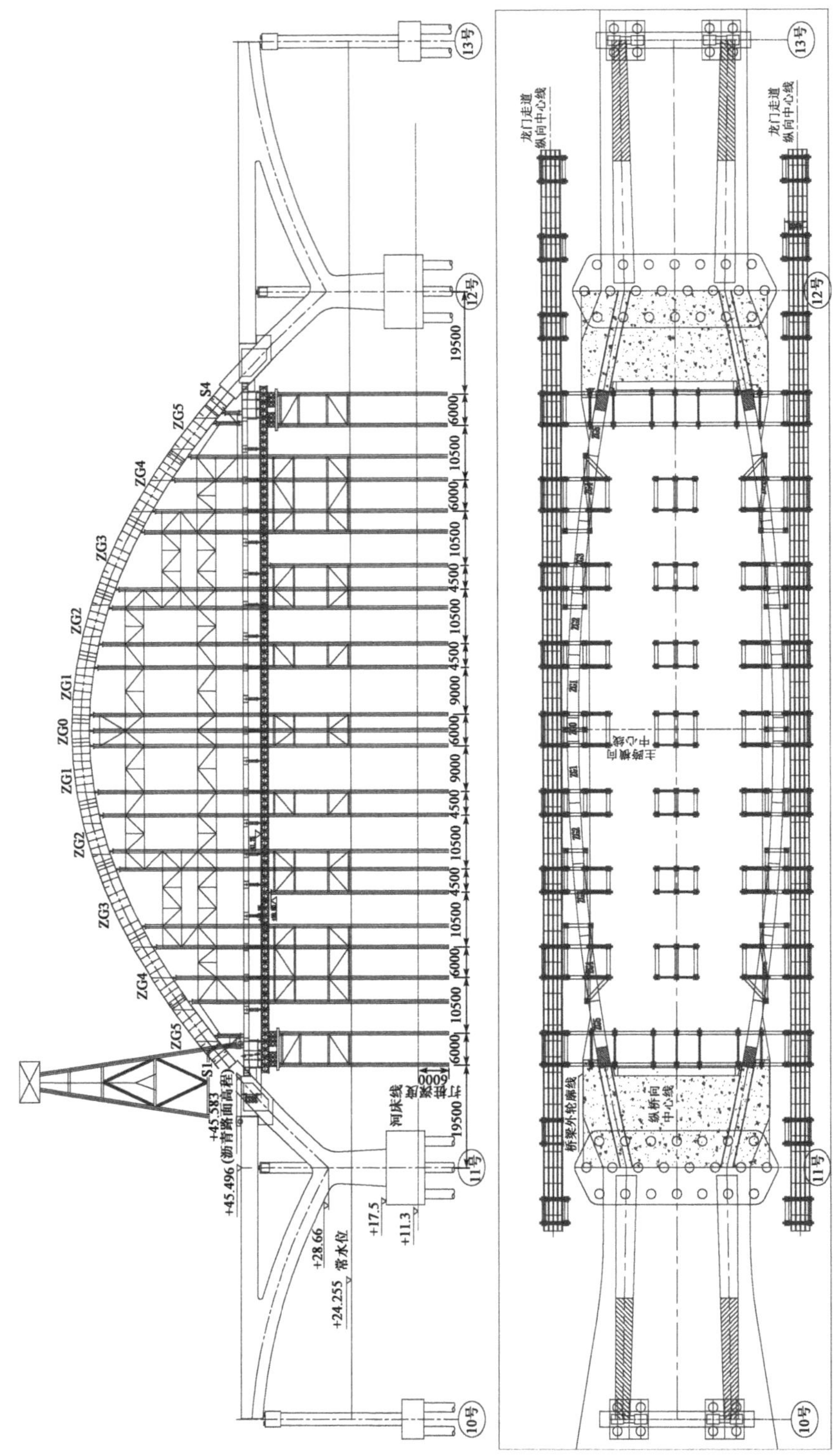

e) 焊接主拱肋各节段间环缝

图4-31　主拱肋安装流程图(尺寸单位：mm)

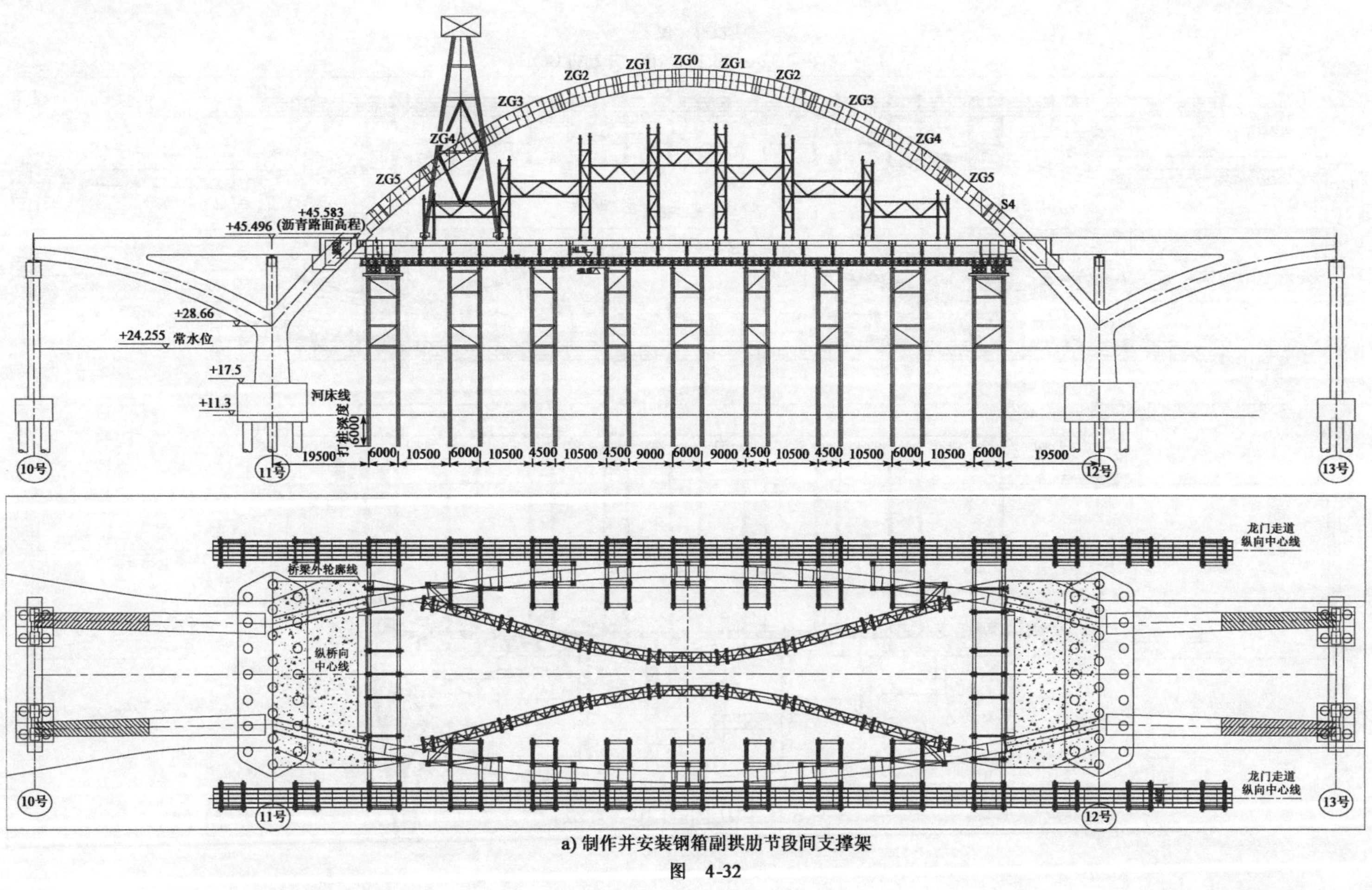

a) 制作并安装钢箱副拱肋节段间支撑架

图 4-32

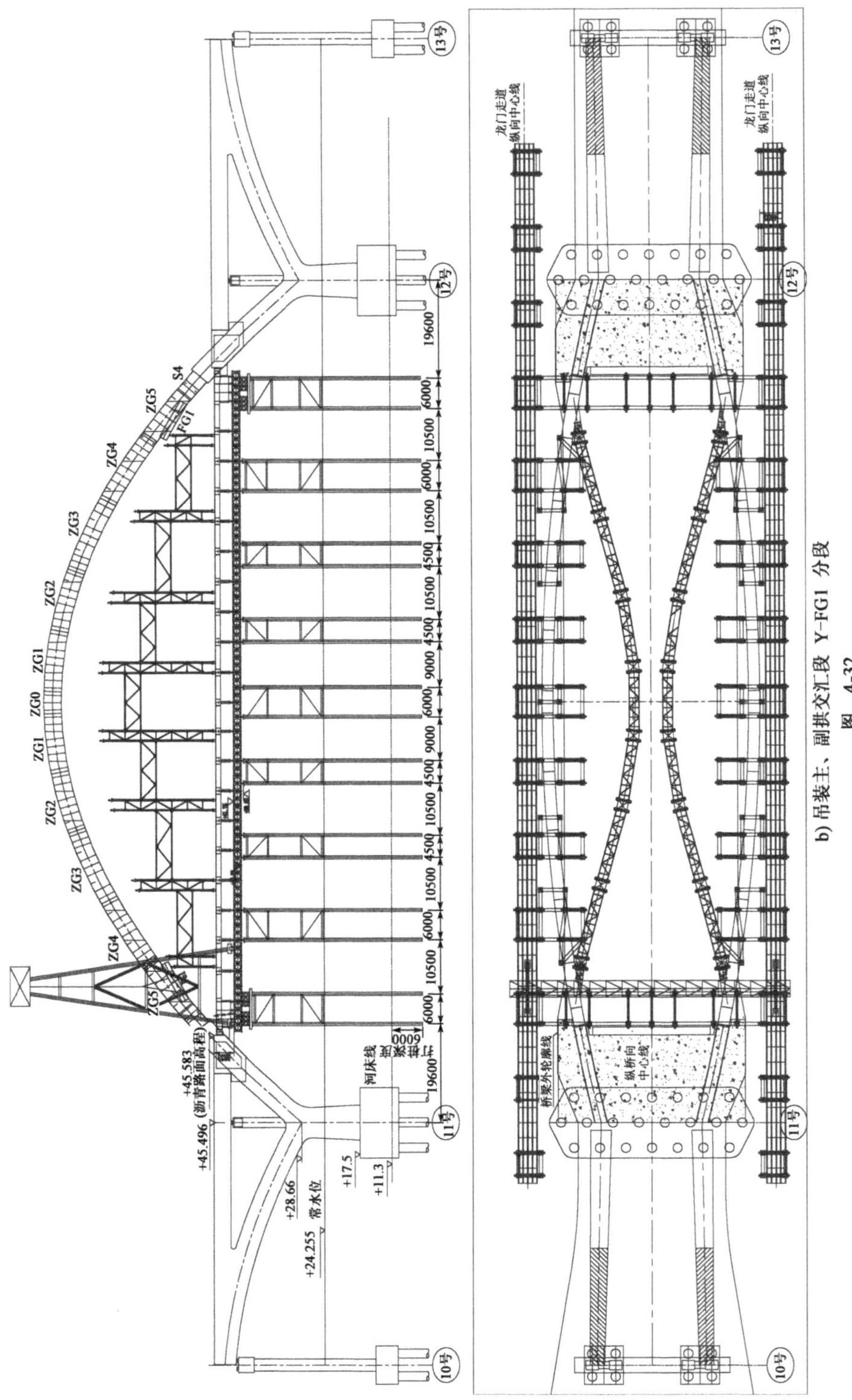

b) 吊装主、副拱交汇段 Y-FG1 分段

图 4-32

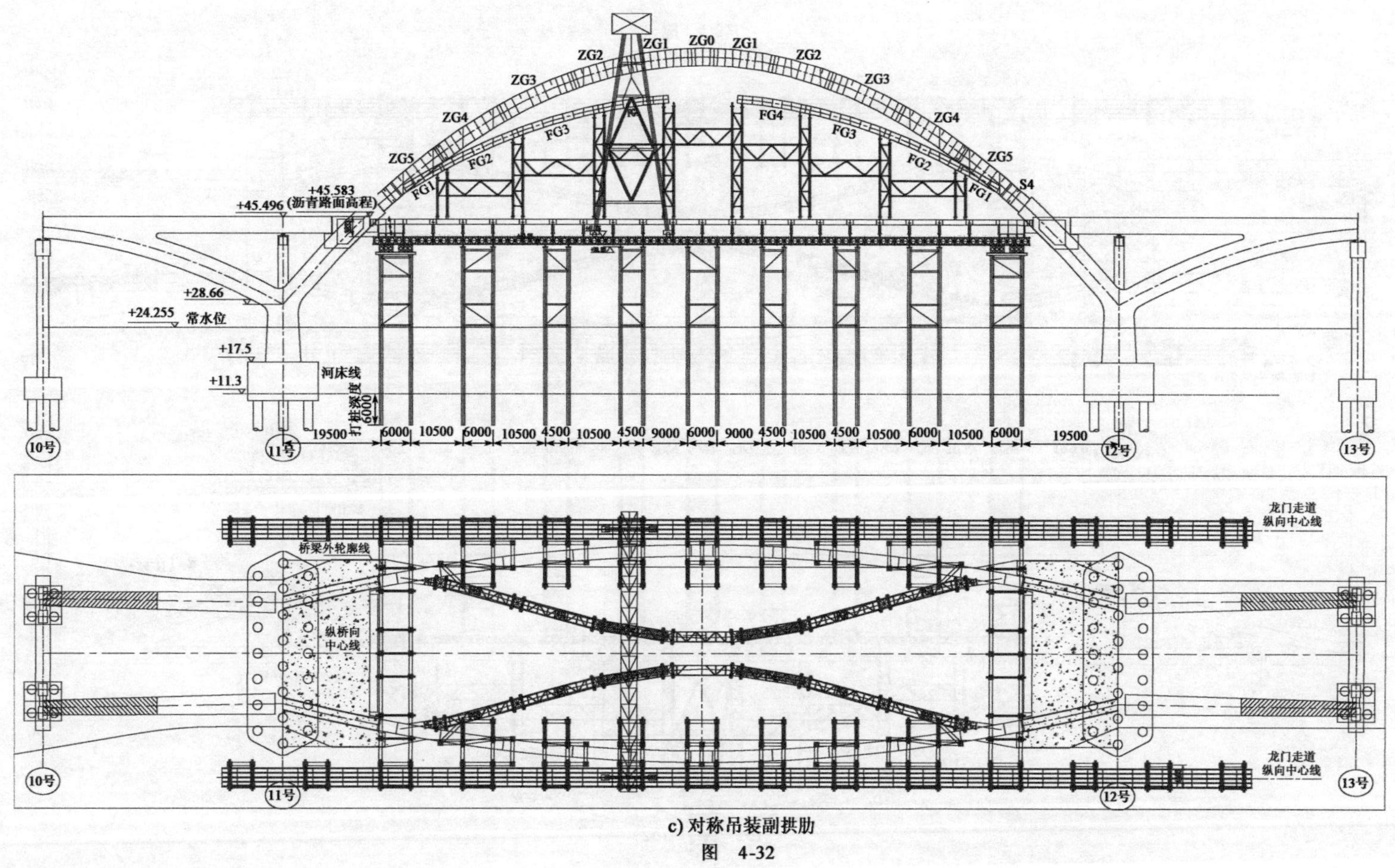

c) 对称吊装副拱肋

图　4-32

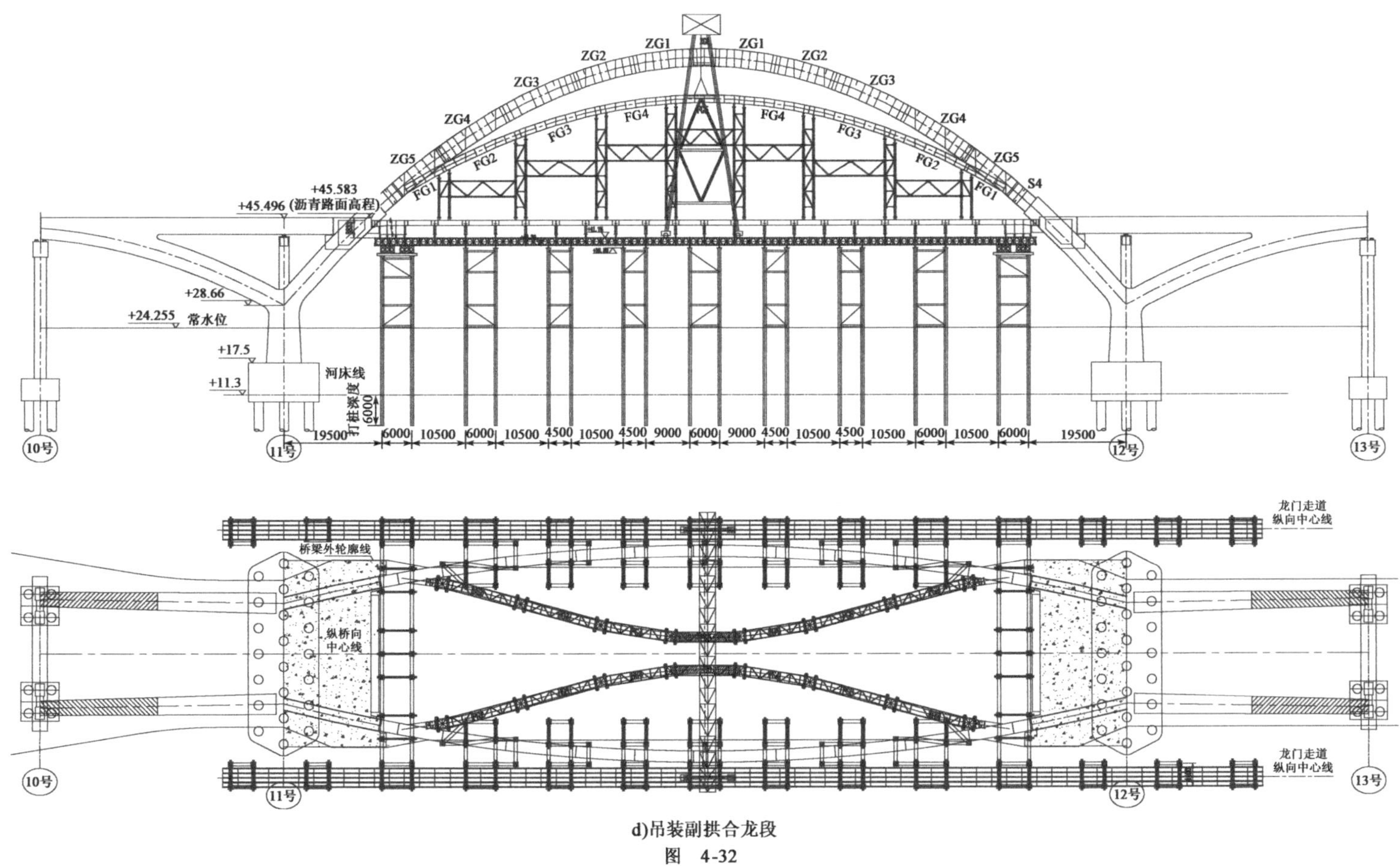

d)吊装副拱合龙段

图 4-32

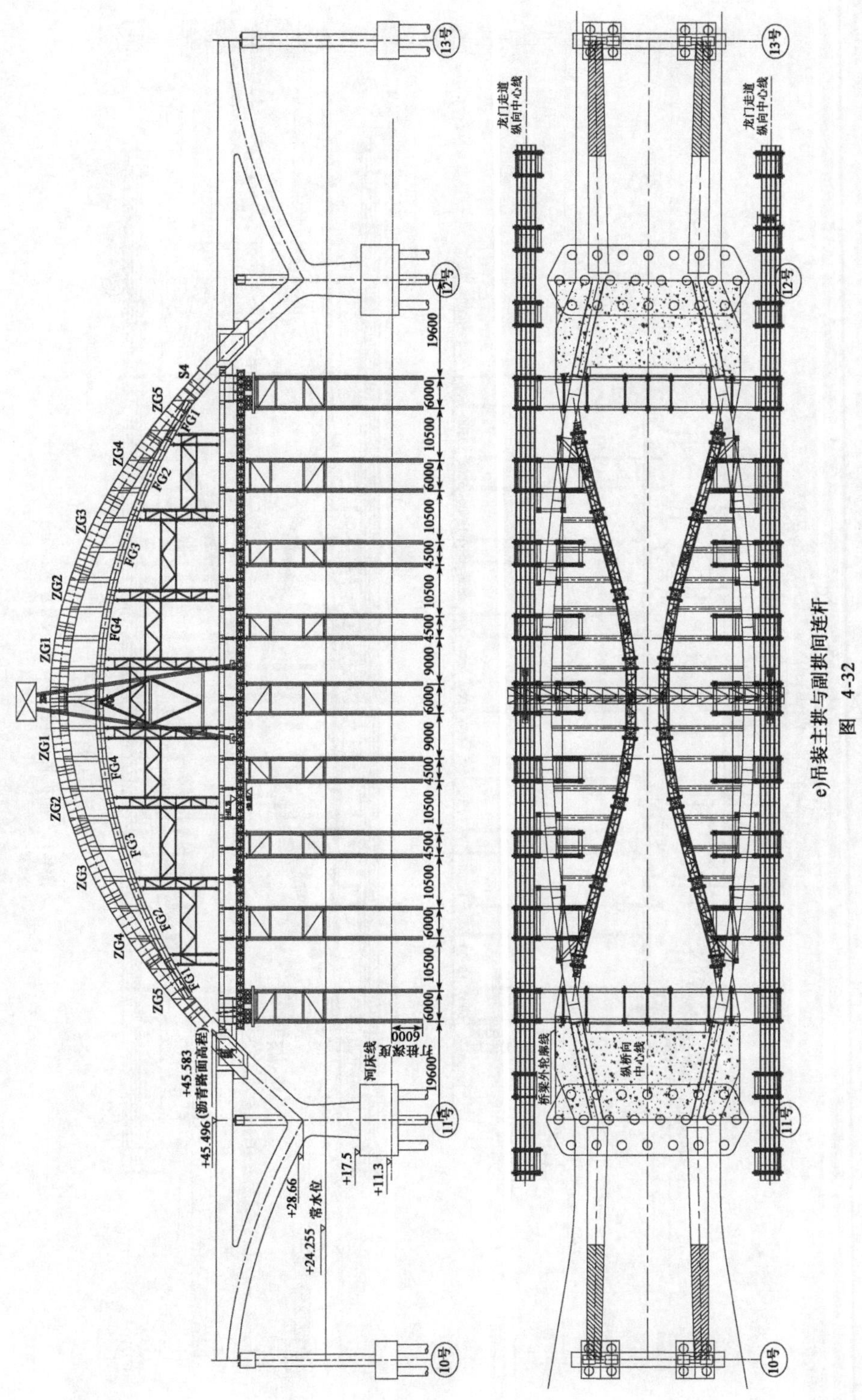

e)吊装主拱与副拱间连杆

图 4-32

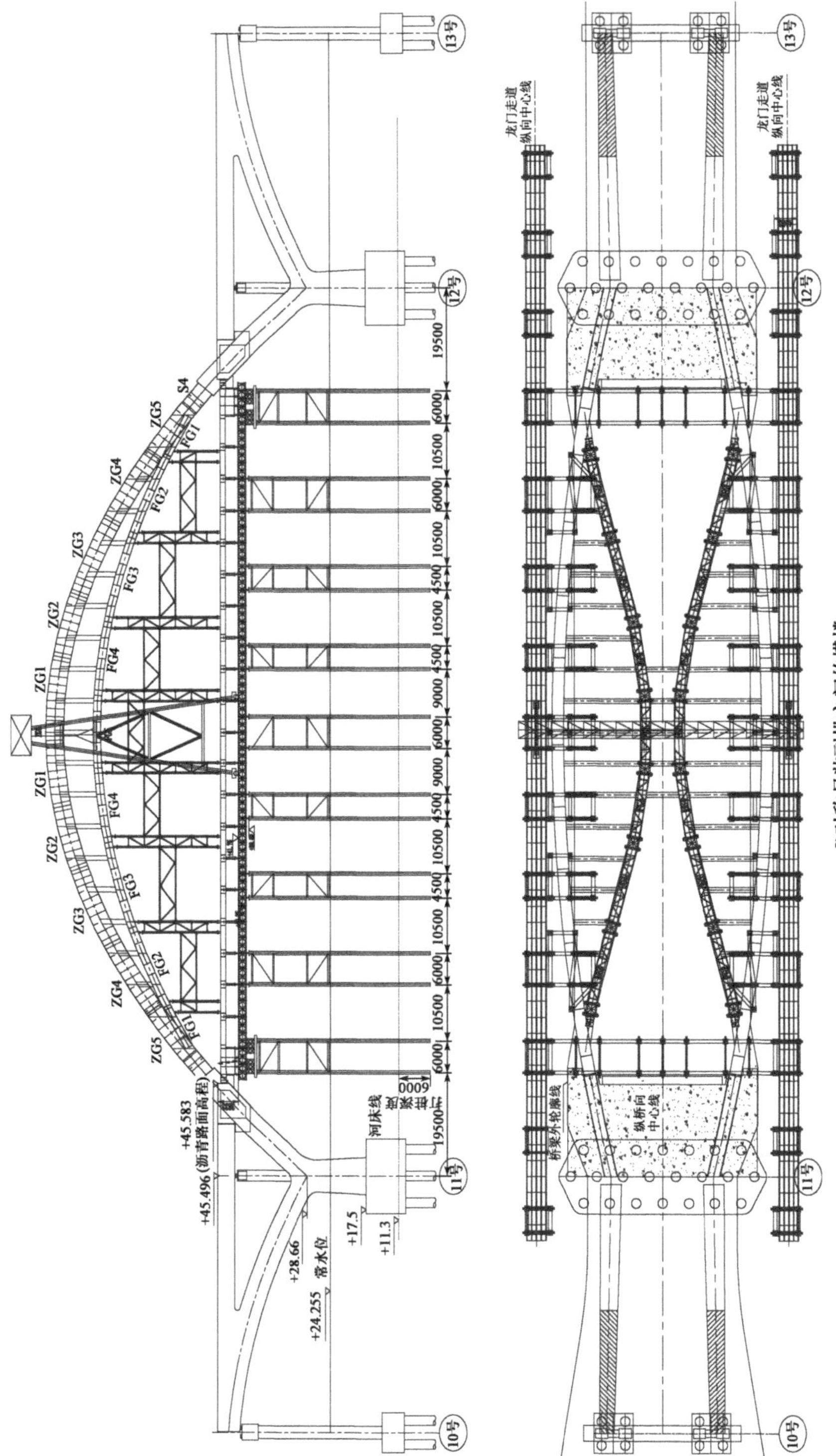

f)对称吊装副拱之间的横撑

图4-32 副拱肋及连接件安装(尺寸单位:mm)

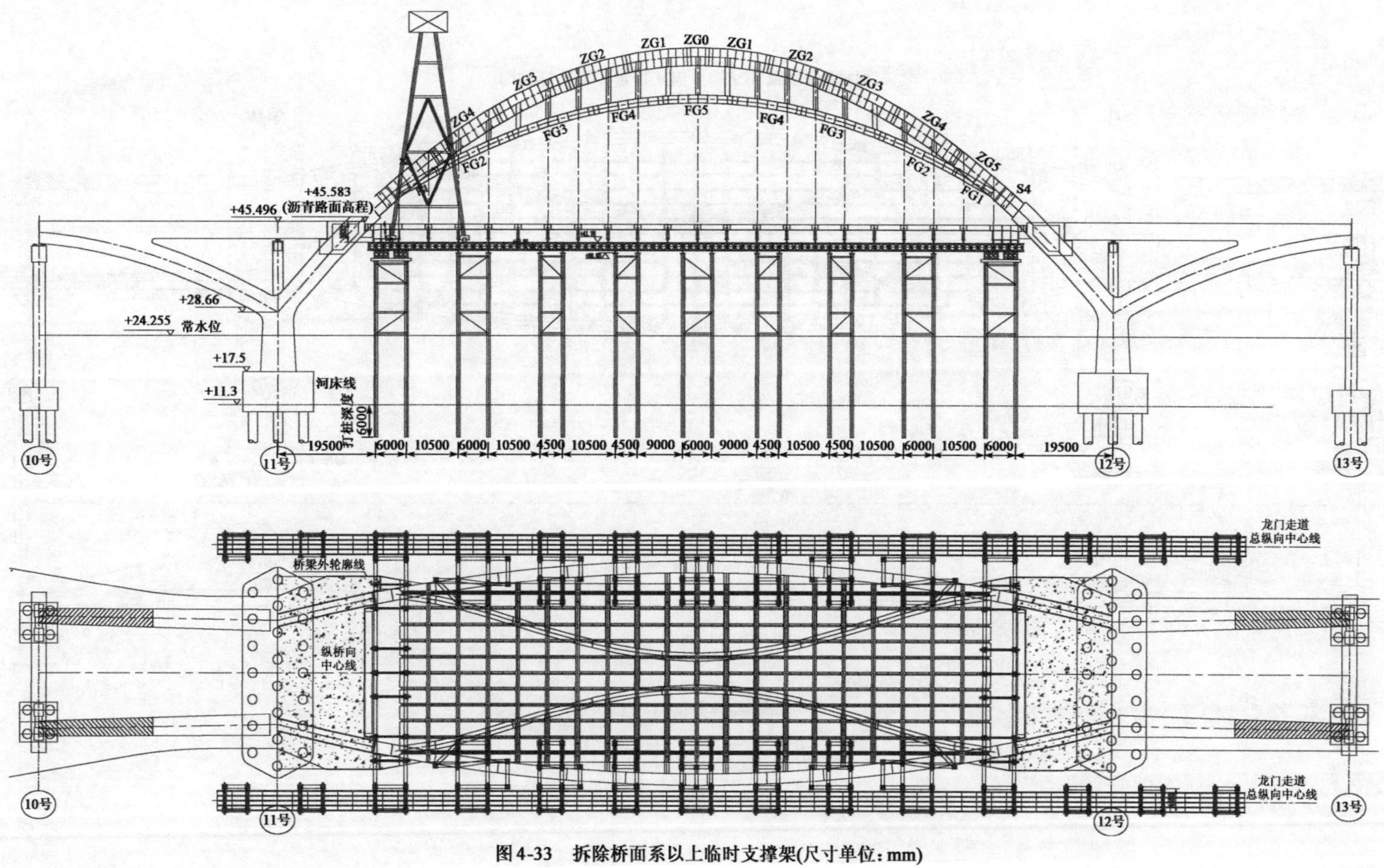

图 4-33　拆除桥面系以上临时支撑架(尺寸单位：mm)

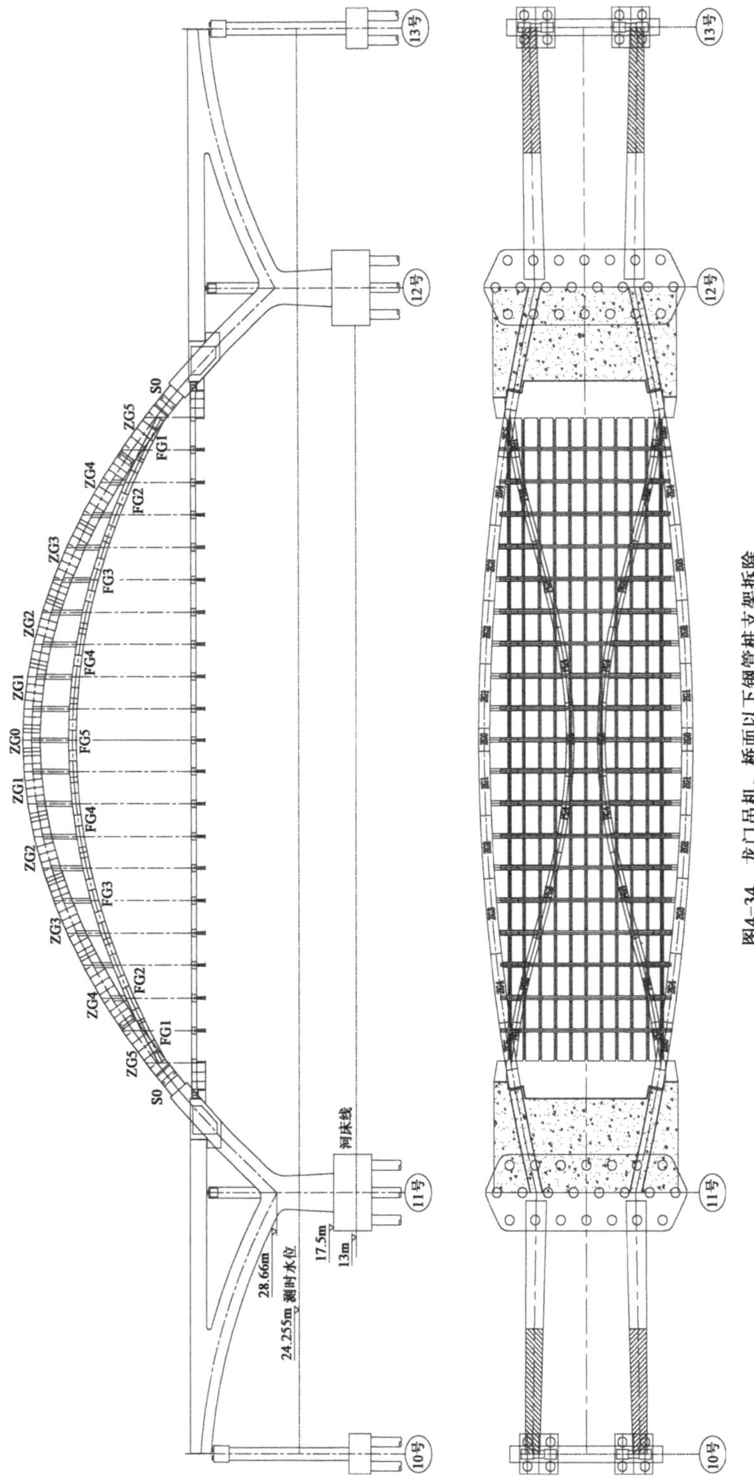

图4-34　龙门吊机、桥面以下钢管桩支架拆除

(8)最后一道面漆涂装。

(9)桥面预制板间湿接缝现浇施工。

(10)T1、T2 及 T4 系杆第三次张拉。精确调整索力及线形后,全桥验收。

六、钢结构现场焊接

1. 一般要求

(1)焊工资格

参与本项目的焊工必须取得焊工资格等级证书,且只能从事上岗证书中认定范围内的工作,并在上岗前接受工艺人员的技术交底。

(2)焊前准备

①焊接前应将待焊区域及两侧 20～30mm 范围内的铁锈、氧化皮、油污、油漆等有害物打磨清理干净,露出金属光泽。

②封闭部位施焊时应采取良好的通风及排烟措施,以防中毒。

③焊接设备及电源的使用符合规定。

④切割坡口要求打磨光顺,不得有超标的凹陷或凸起。

⑤早晚空气湿度大于 80% 或钢板潮湿时要经过去潮处理后才能焊接(包括点焊)。

⑥定位焊接要求定位焊焊脚尺寸厚度不宜超过设计焊缝的 1/2,薄板及中厚板定位焊焊缝的尺寸见表 4-14。

焊缝尺寸要求　　表 4-14

板厚(mm)	焊脚尺寸(mm)	定位焊缝长度(mm)	间距(mm)
≤4	<4mm	10～30	200～300
4～12	3～4	40～60	300～500
≥12	4～6	50～80	400～600

(3)焊接

①多层多道焊中的各层各道之间的焊渣必须彻底清除干净。

②引熄弧板的规范要求用同材质、同板厚、同坡口的钢板制作。

③未要求缓焊的角焊缝转角处(含过焊孔)包角应良好,焊缝的起落弧处应回焊 20mm 以上。

④CO_2气体保护焊在风速超过 2m/s 的时候应采取良好的防风措施。CO_2气体纯度不低于 99.5%。

⑤埋弧自动焊焊接时应使用焊剂漏斗。焊剂覆盖在焊缝上的厚度不小于 20mm,且不大于 60mm,焊接时不应急于敲去焊渣。如果焊接过程中出现断弧现象,必须将断弧处刨成 1:5 的坡度,搭接 50mm 再施焊。

⑥施焊时母材的非焊接部位严禁焊接引弧。

⑦施工人员如果发现焊缝出现裂纹,应及时通知工艺员,查明原因后才能按工艺员制定的方案施工。

⑧焊后清理:焊缝焊接完,应及时清理熔渣及飞溅物。

(4)火焰矫正

火焰矫正时,矫正温度控制在 600～800℃,并应自然冷却到环境温度,温度未降至环境温度时,不得锤击钢料,严禁水冷却。

2. 焊接材料

焊接材料的种类、材质及规格或用途见表4-15。

焊接材料属性　　表4-15

材料种类	材　质	规格/用途
埋弧自动焊焊丝+焊剂	H10Mn2	ϕ5.0mm+SJ101
CO_2气体保护焊实芯焊丝	ER50-6	ϕ1.2mm
CO_2气体保护焊药芯焊丝	E501T-1	ϕ1.2mm
手工电弧焊焊条	E5015	ϕ4.0mm
陶质衬垫	TG2.0	用于钢板拼板对接焊缝
	TG2.02M	用于钢板大间隙对接焊缝

3. 焊接材料保管与领用

(1)焊条及焊剂必须按照其产品说明书的要求进行烘焙。

(2)焊丝应存放在通风、干燥的地方,锈蚀焊丝必须将锈蚀清除干净后才能使用。

(3)焊条、焊剂的一次领用量,应以不多于4h的工作所需量为准,焊条使用应存放在保温筒内,随用随取。不得使用受潮焊条、焊剂。

4. 焊接检验

(1)焊接完成后,应按自检、互检、专检、监督检查程序进行检验。

(2)所有焊缝必须在全长范围内进行外观检查,不得有裂纹、未熔合、夹渣、焊瘤和未填满弧坑等缺陷,并应符合表4-16的规定。

(3)焊缝经外观检验合格后进行无损探伤。

焊缝外观检验标准　　表4-16

<table>
<tr><th>项目</th><th>焊缝种类</th><th colspan="2">质量标准</th></tr>
<tr><td rowspan="3">气孔</td><td>横向及纵向对接焊缝</td><td colspan="2">不允许</td></tr>
<tr><td>纵向对接焊缝主要角焊缝</td><td>直径小于1</td><td rowspan="2">每米不多于3个,间距不小于20m,但焊缝端部10mm之内不允许</td></tr>
<tr><td>其他焊缝</td><td>直径小于1.5</td></tr>
<tr><td rowspan="4">咬边</td><td>受拉杆件横向对接焊缝及竖加劲肋角焊缝(腹板侧受拉区)</td><td colspan="2">不允许</td></tr>
<tr><td>受压杆件横向对接焊缝及竖加劲肋角焊缝(腹板侧受压区)</td><td colspan="2">≤0.3</td></tr>
<tr><td>纵向对接及主要角焊缝</td><td colspan="2">≤0.5</td></tr>
<tr><td>其他焊缝</td><td colspan="2">≤1.0</td></tr>
<tr><td rowspan="2">焊脚尺寸</td><td>主要角焊缝</td><td colspan="2">K^{+2}_{0}</td></tr>
<tr><td>其他角焊缝</td><td colspan="2">K^{+2}_{-1}</td></tr>
<tr><td>焊波</td><td>角焊缝</td><td colspan="2">≤2.0(任意25mm范围高低差)</td></tr>
<tr><td rowspan="2">余高</td><td rowspan="2">对接焊缝</td><td colspan="2">焊缝宽b>12mm时,Δ≤3.0</td></tr>
<tr><td colspan="2">焊缝宽b≤12mm时,Δ≤2.0</td></tr>
</table>

第四节 飞燕式蝴蝶形拱桥主梁施工

主跨主梁为钢—混凝土结合梁结构如图4-35。

结合梁钢梁材质Q345qD,为主纵梁、中横梁、端横梁、次纵梁组成的梁格体系。除端横梁为闭口箱梁外,其余钢梁均为工字形截面梁。其中,纵梁每6m一个节段,每间隔6m设置一道横梁,每两道横梁之间设置2道主纵梁和9道次纵梁。主纵梁中心间距为29.9m。

混凝土桥面板采用C55混凝土,厚度26cm。

一、横梁施工

桥面系中端横梁分段制造及运输最大宽度约为3.76m,最大运输长度为10.9m,最大运输箱形分段重量约为31.3t,最大吊装吨位约为31.3t;中横梁分段制造及运输最大宽度约为3.71m,最大运输长度为16.25m,最大运输箱形分段重量约为16.6t,最大吊装吨位约为16.6t,如图4-36所示。

二、钢梁施工

1.施工准备

(1)技术准备

①编制安装施工组织设计及吊装方案,经审批后,认真向班组交底。

②检查地脚螺栓外露部分,若有弯曲变形、螺牙损坏,必须对其修正。

③建立基准控制点,将柱子就位轴线弹测在柱基表面,对柱基高程进行找平。

④建立复测制度,各基准点、轴线、高程等都要进行两次以上的复测,以误差最小为准。

⑤采用统一的测量仪器、钢尺等,并取得计量单位检定证明。

⑥根据图纸及现场实际情况确定钢结构安装的次序。

⑦熟悉图纸,了解钢构件间的节点。

(2)材料准备

①按构件明细表核对进场构件的数量,查验出厂合格证及有关技术资料。

②检查构件在装卸、运输及堆放中有无损坏或变形。损坏和变形的构件应予以矫正或重新加工。被碰坏的防腐底漆应补涂,并再次检查办理验收。

③对构件的外形几何尺寸、制孔、组装、焊接、摩擦面等进行检查做出记录。

④构件应按安装顺序成套供应,现场堆放场地满足现场拼装及顺序安装的需要。在现场组拼时应搭设拼装平台。

⑤构件分类堆放,刚度较大的构件可以铺垫木水平堆放。多层叠放时垫木应在一条垂线上。钢梁和钢桁架宜立放,紧靠立柱,绑扎牢固。

⑥钢结构焊接施工之前应对焊接材料的品种、规格、性能进行检查,各项指标应符合现行国家标准和设计要求。检查焊接材料的质量合格证明文件、检验报告及中文标志等。对重要钢结构采用的焊接材料应进行抽样复验。

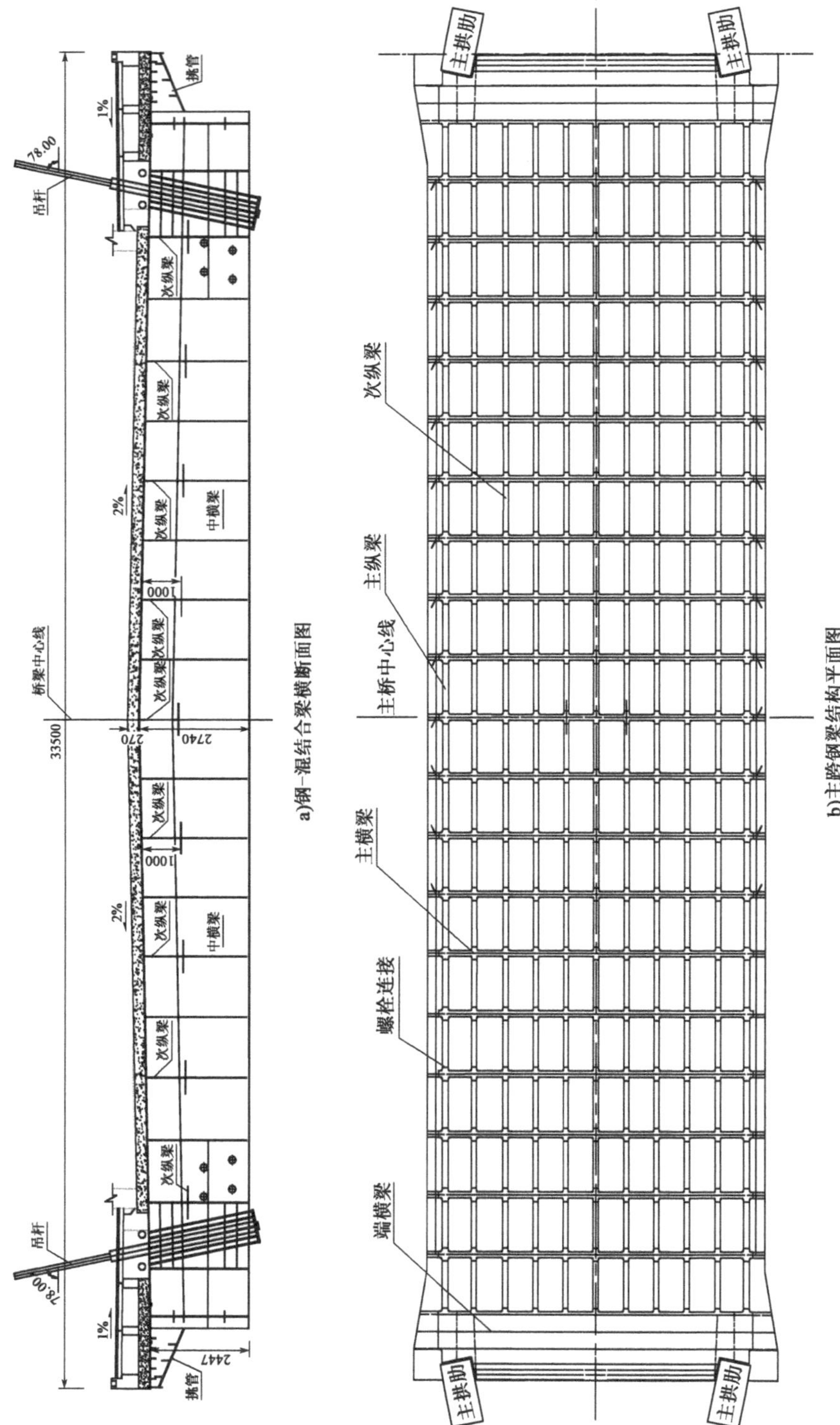

a)钢-混结合梁横断面图

b)主跨钢梁结构平面图

图4-35 主梁钢结构构造图(尺寸单位:mm)

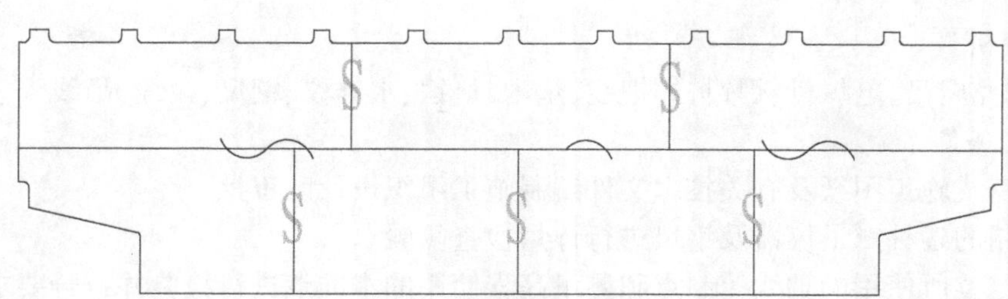

a)端横梁分段

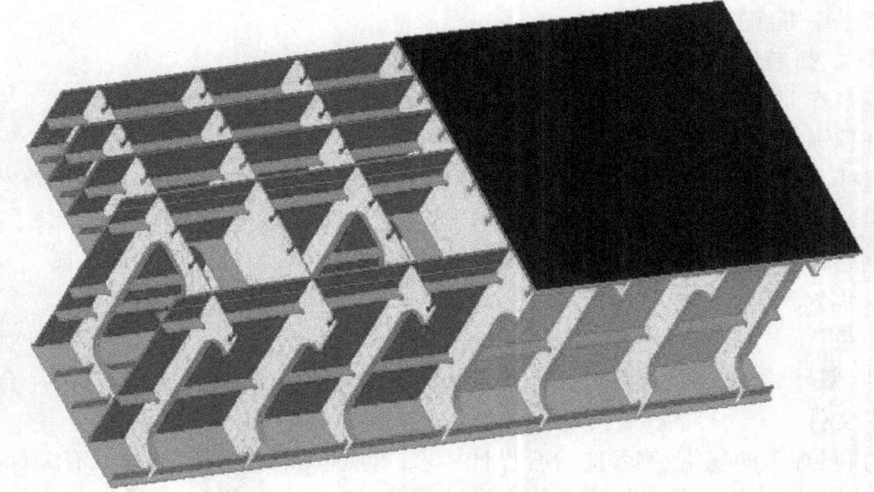

b)端横梁结构空间图

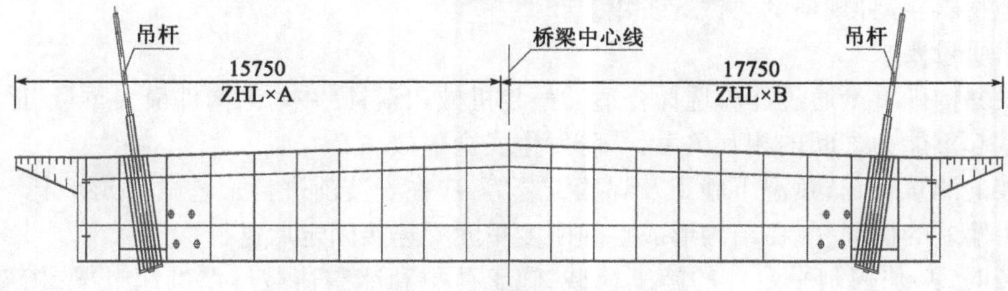

c)中横梁分段

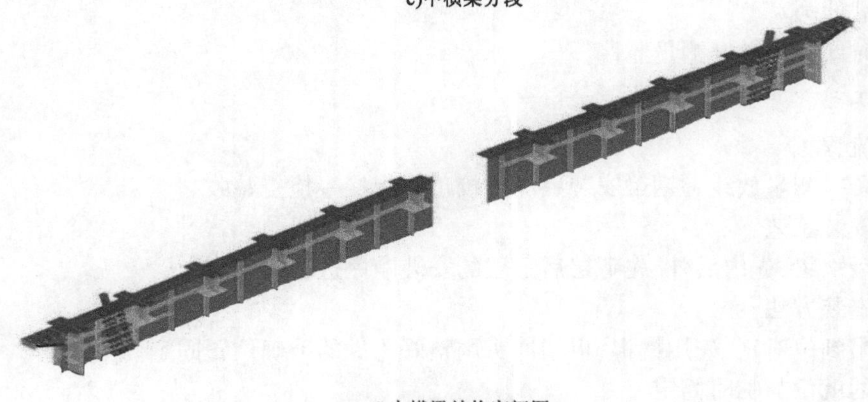

d)中横梁结构空间图

图 4-36　横梁分段及空间图(尺寸单位:mm)

(3)主要机具

汽车吊、龙门吊、电焊机、焊钳、焊把线、垫木、垫铁、水准仪、钢尺、拉线、吊线等。

(4)作业条件

①根据正式施工图纸及有关技术文件编制施工组织设计已审批。

②对使用的各种测量仪器及钢尺进行计量检查复验。

③安装定位所使用的轴线控制点和测量高程使用的水准点进行检验并符合要求。

④按施工平面布置图划分材料堆放区、拼装区,构件按吊装顺序进场。

⑤场地要平整夯实并设排水沟。

⑥在制作区、拼装区、安装区设置足够的电源。

⑦搭好高空作业操作平台,并检查牢固情况。

⑧放好柱顶纵横安装位置线及调整好高程。

⑨预埋螺杆,其轴线、高程、水平度、位置及伸出长度等,超出允许偏差时,应做好技术处理。

⑩检查吊装机械及吊具,按照施工组织设计或施工方案要求搭设操作平台或脚手架。

⑪参与钢结构施工的特种工、测量工、电焊工、起重机司机、指挥工要持证上岗。

(5)材料和技术质量要求

①材料要求

a. 钢构件:型号、制作质量应符合设计要求和施工质量验收规范的规定,有出厂合格证并附有有关技术文件。

b. 连接材料:焊条的规格、型号应符合设计要求,有质量证明书并符合国家有关标准规定。

c. 涂料:油漆、防火涂料技术性能应符合设计要求和有关标准规定,并有产品质量证明书。

d. 其他材料:各种规格的垫铁等备用。

②技术质量要求

a. 应根据构件重量通过计算选择合适的吊装机械和索具,并列出构件最大重量、最远距离与吊装机械起重能力之间的相互关系,严防发生安全事故。

b. 安装的测量校正、负温下施工及焊接工艺等,应在安装前进行工艺试验或评定。

c. 安装偏差的检测,应在结构形成空间刚度单元并连接固定后进行。

d. 安装时,必须控制平台等的施工荷载,施工荷载和冰雪荷载等严禁超过梁、桁架、平台铺板等的承载能力。

e. 安装时要即时做好测量监控。

2. 施工工艺

①工艺流程

施工准备→测量放线→钢梁安装→测量校正→焊接→检查验收。

②钢梁安装工艺

先主梁后次梁,先内后外、先下层后上层的安装顺序进行安装。

③钢梁安装方法

主梁起吊到位对正,先用撬棍,再用冲头调整好构件的准确位置固定。

④钢梁的就位与临时固定

a. 钢梁吊装前,应清理钢梁表面污物;对产生浮锈的连接板和摩擦面在吊装前进行清除。

b. 待吊装的钢梁应装配好附带的连接板，并用工具包装好螺栓。

c. 钢梁吊装就位时要注意钢梁的上下方向以及水平方向，确保安装正确。

d. 钢梁安装就位时，及时夹好连接板，对孔洞有偏差的接头应用冲钉配合调整跨间距，然后再用普通螺栓临时连接。普通安装螺栓数量按规范要求不得少于该节点螺栓总数的30%且不得少于两个。

e. 当一个框架内的钢梁安装完毕后，及时对此进行测量校正。

⑤钢梁安装注意事项

a. 在钢梁的高程、轴线的测量校正过程中，一定要保证已安装好的标准框架的整体安装精度。

b. 钢梁安装完成后应检查钢梁与连接板的贴合方向。

c. 钢梁的吊装顺序应严格按照先主梁后次梁的顺序进行。

3. 质量标准

(1)钢构件应符合设计要求和施工验收规范的规定。运输、堆放和吊装等造成的钢构件变形及涂层脱落，应进行矫正和修补。

检查方法：用拉线、钢尺、游标卡尺现场实测或观察。

(2)设计要求顶紧的节点，接触面不应少于70%紧贴，且边缘最大间隙不应大于0.8mm。检验方法：用钢尺及0.3mm和0.8mm厚的厚薄规现场实测。

(3)桁架、梁及受压杆件的垂直度和侧向弯曲矢高的允许偏差应符合规范中的规定。

4. 钢梁安装

(1)依次自12号墩向11号墩吊装钢主梁。边吊装边将纵梁与横梁间栓接，焊接横梁间的焊缝。

(2)安装桥面混凝土预制板，边安装边连接板缝间钢。

三、桥面叠合梁施工

桥面板采用分块预制、板间现浇湿接缝连接的方式。横向分为10块预制板，共11道现浇缝。预制桥面板厚260mm，采用C55混凝土。预制板基本尺寸为5500mm×2800mm。预制桥面板必须存放6个月后方可安装，以减省混凝土收缩、徐变对结合梁带来的不利影响。现浇湿接缝厚260mm，采用C55微膨胀混凝土。

桥面板采用在预制场集中预制，平板车运输，汽车吊吊装铺装的方案施工，施工时注意事项如下：

(1)预制板混凝土的浇筑日期、时间及浇筑条件都应有完整的记录，供监理工程师随时检查使用。预制板应标明编号、制作日期等，以防各块板在吊装时混淆。安装前务必仔细核对，对号入座，防止差错。

(2)预制板需在预制场地内存放6个月方可安装，故外露钢筋及管道的防锈必须予以重视。应采用简便有效的方法进行处理，且需满足预制板起吊至桥上后接缝内钢筋的焊接要求。应减少日晒、雨淋对预制板的不利影响，并保持板面整洁。安装的桥面板必须将外露的钢筋水泥浆等杂物清除，并进行除锈处理，吊装前应检查每块预制板是否有异常情况，以便及时妥善处理。

(3)为减少混凝土徐变、收缩,应控制水灰比和水泥用量。应以尽可能低的水灰比,采用合理的、最少水泥用量获得需要的强度、不透水性、耐久性及和易性。混凝土板各个部分应得到均匀、充分的振捣,要确保混凝土的密实性,也不应过振而产生集料的离析。预制板有预应力锚固块部位,钢筋密集,要特别注意振捣密实。

(4)应尽量避免在气温低于5℃及高于32℃时浇筑混凝土,不得不在上述低温及高温期间浇筑混凝土时,必须采取特别措施,以保证混凝土板的各项性能与指标良好。每块预制板浇筑时,要求一次完成,中间不设施工缝。浇筑混凝土后应及时加以覆盖,并由专人负责养护,至少在14d内保持混凝土呈潮湿状态,防止预制板表面水分蒸发而影响混凝土的强度。

(5)预制板顶面必须拉毛,其粗糙度应符合桥面铺装层的黏结要求。

(6)预制板的堆放一般情况下不得超过6块,板底应采用橡胶块支承,支承块高宽比应选择得当以适应板的收缩和徐变。

(7)预制桥面板安装前,应事先将 $d=20$mm 的橡胶条牢固粘胶在钢梁上翼板的外边,板安装后应检查橡胶条四周是否压紧,避免出现浇筑接缝混凝土出现漏浆现象。

(8)预制板的实际强度达到40MPa后,方可起吊移位。起吊移位应尽量水平、平稳,起吊后应称量、记录每块预制板的重量,并在板上标示和做好记录。

(9)混凝土板吊装到位后吊环应予以切割除,切割后剩余高度一般不宜超过10mm,切割后预埋件应做防腐处理。

(10)预制现场应留出与浇筑预制板同样配合比、振捣和养护条件的混凝土试块,每批不少于5组(每组3个试块),其中3组按现场预制板同样条件养护,2组按标准养护,供检查龄期3d、7d、28d强度之用。每一组立方体试块,应取自混凝土随机选择的单独试件制成,混凝土取自搅拌器的流出口处。另外,每月至少做一次抗折、弹性模量的测定(随机取自商品拌和站现场拌和的混凝土)。整个预制过程中,应在前期及后期各做一组混凝土收缩、徐变测量的试件。

预制桥面板的容许偏差见表4-17。

预制桥面板的容许偏差 表4-17

项目	容许偏差(mm)	项目	容许偏差(mm)
板厚(脱模后)	±3	板的侧向弯曲矢度	<5
边长	+5	外露钢筋的偏差	厚度方向±1.5
板面对角线	±6	预应力管道中心位置偏差	±2
板底面的平整度	±1	混凝土预埋钢板上螺帽偏差	±1

第五节 引桥施工

余信贵大桥引桥有东引桥及西引桥两部分。东引桥(13~25号墩)上部由左、右两幅组成,东引桥有三联,跨径布置分别为4×46m+4×30m+4×30m;西引桥(0~10号墩)有四联,跨径布置分别为2×30m+3×30m+(40+46+40)m+2×46m。其中,西引桥2×30m右幅和3×30m预应力混凝土连续梁采用单箱单室斜腹板截面,2×30m左幅、(40+46+40)m和2×46m预应力混凝土连续梁采用单箱多室斜腹板截面;东引桥4×46m+4×30m等宽段预应力混凝土连续梁采用单箱双室斜腹板截面。引桥箱梁使用C50混凝土浇筑而成。其中,7~8

号、8~10号、13~15号墩连续梁位于信江河中。

下部结构采用花瓶式实体墩，桩基接承台基础，桩基均采用钻孔灌注桩。钻孔灌注桩直径有1.2m、1.8m、2.0m三种，桩长在20~26m之间。每个桥墩为两个分离式花瓶式实体墩。桥台采用扶壁式轻型桥台。

一、桥台施工准备

0号和25号桥台均为扶壁式轻型桥台，桥台台帽采用C35混凝土，台身、侧墙、承台采用C30混凝土，垫层采用C20混凝土。

施工前需进行以下测量

1. 导线点复测

(1)根据设计院提供的相关文件资料和基本控制点，在监理工程师现场旁站下，对已知的控制点进行导线复测工作，满足精度者方可采用。

(2)根据本工程特点，选用最新计算机汉显全站仪进行观测。

(3)导线复测精度达到以下要求：角度闭合差(1″) $\pm 16\sqrt{n}$，n为测点数；坐标相对闭合差±1/15000。

(4)对于不能满足精度要求的控制点，分析原因，组织力量重测，并重新建立满足精度要求的控制点。

2. 导线加密控制点

(1)由于原有导线点不能完全满足施工需要，因此沿公路路线布设加密控制点，形成附和导线。为保证测量精度和减少工作量，应避免设支线点。

(2)增设的加密控制点尽量做到方便现场施工测量放样。

3. 施工高程控制测量

(1)根据设计院交付的水准点，对现场点进行高差复核测量，并与高级水准点闭合。闭合差达到四等以上要求：$\pm 20L^{1/2}$，其中L为水准点路线长度，以km计。

(2)为满足施工需要，施工路线沿线增设水准点。增设的各水准点间距小于500m，尽量做到施工测高时不加转点为准。

(3)增设的水准点设在便于对测的坚硬基岩或永久建筑物的牢固处，或埋入土中至少0.8m深的混凝土桩上。全线导线点埋设稳定以后进行观测。

(4)以上工作均在监理工程师参加的前提下完成。

4. 施工测量放样

采用全站仪极坐标法放样。

二、桥台施工

1. 桥台施工工艺流程

桥台施工工艺流程见图4-37。

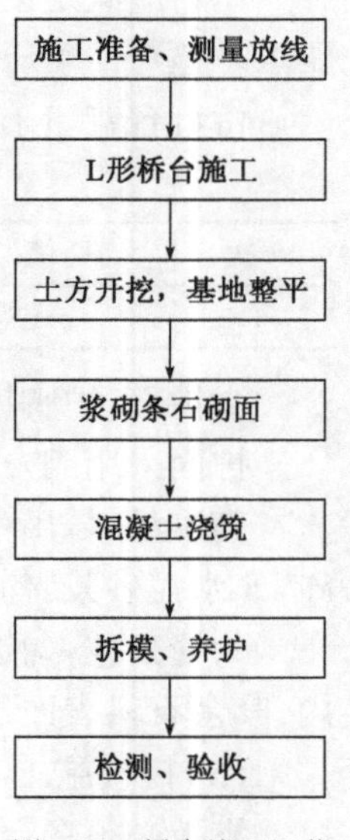

图4-37　桥台施工工艺流程图

2. 桥台施工方法

(1)基础施工

基础采用挖掘机或人工开挖。当挖至岩面时,用小剂量浅眼松动爆破,接近设计基底线约1m时,改用光面微差松动爆破,清渣后,人工开挖至基底。基坑开挖完毕后,在基底铺筑一层低强度等级混凝土或水泥砂浆。基坑开挖前先在基坑周围开挖集水排水沟。

开挖到设计底高程后,试验基底岩样强度,强度达到0.5MPa以上就可满足要求。

基础混凝土施工前,首先将基槽清理干净,并用水将整个基槽底面润湿,然后混凝土入槽、铺筑、摊平、抛筑片石。片石应均匀埋置在混凝土中,其净间距不小于10cm,且片石表面离基础的表面距离不小于15cm。片石混凝土施工过程中,填充片石的数量不超过总片石混凝土体积的25%。

(2)台身施工

台身表面设计已修改成条石镶面,这样就用镶面条石作浇筑混凝土的模板。

台身混凝土根据台身设计尺寸分层施工。每层混凝土的浇筑高度考虑镶面条石的稳定性,一般不超过2m,如此循环。台顶部分埋设台帽预埋钢筋不得遗漏。

台身混凝土体积较大,混凝土浇筑后应加强养护,养护期不少于7d。

(3)台帽施工

台帽顶部的支座垫石钢筋预埋位置准确,不得错埋、漏埋。支座垫石混凝土施工时必须确保其位置和高程的准确性。

(4)台背回填及锥坡、护坡铺砌

①台背回填

台背回填量有2708.1m^3。台背与路基之间的遗留部分,采用透水性好的砂砾石或砂性土分层回填,分层厚度一般为15~20cm。

填料应满足设计及规范要求;用符合要求的小型设备压实,每层的压实度满足设计及规范要求。整个回填压实过程中,应保持桥台的完好无损。

桥台台背填土的质量标准见表4-18。

桥台台背填土的质量标准 表4-18

项次	检查项目	项目规定值或允许偏差	检查方法
1	压实度	95%	每50m^2压实层至少检查一点

②护面、护脚铺砌

护面采用M7.5砂浆砌30号片石;护脚采用M7.5砂浆砌30号块石。

砌筑材料:用于砌筑锥坡基础的片石规格应满足设计及施工技术规范的要求,砌筑砂浆为M7.5水泥砂浆,勾缝砂浆为M10水泥砂浆。

勾缝工艺:勾缝前将原砌筑砂浆掏2cm深,保证勾缝砂浆与石料粘连牢固。除勾缝宽度内,其余石料表面不得有砂浆,严防砂浆污染石料表面。

(5)搭板施工

搭板必须在台背回填夯实、沉降稳定后施工,防止搭板施工后造成沉降。为保证桥面混凝土的外观质量,搭板最好与桥面铺装混凝土同时施工。

搭板采用现浇施工。

三、桥墩施工

引桥桥墩的施工，主要为墩柱施工，墩身均为分离式花瓶式实体墩。东、西引桥墩墩身高度见表4-19。

东、西引桥墩墩身高度　　表4-19

桥位类型	桥墩编号	墩身高度(m)	桥位类型	桥墩编号	墩身高度(m)
东引桥	14	20.079	西引桥	1	7.646(左幅)
	15	13.353			7.716(右幅)
	16	9.623		2	8.519
	17	8.892		3	9.321
	18	8.690		4	13.124
	19	7.888		5	13.326
	20	7.085		6	8.829
	21	6.283		7	8.060
	22	5.480		8	16.630
	23	6.178		9	22.298
	24	3.876			

墩柱均采用C35混凝土。每个墩身施工段都为左右幅各一段。墩柱施工工艺流程见图4-38。

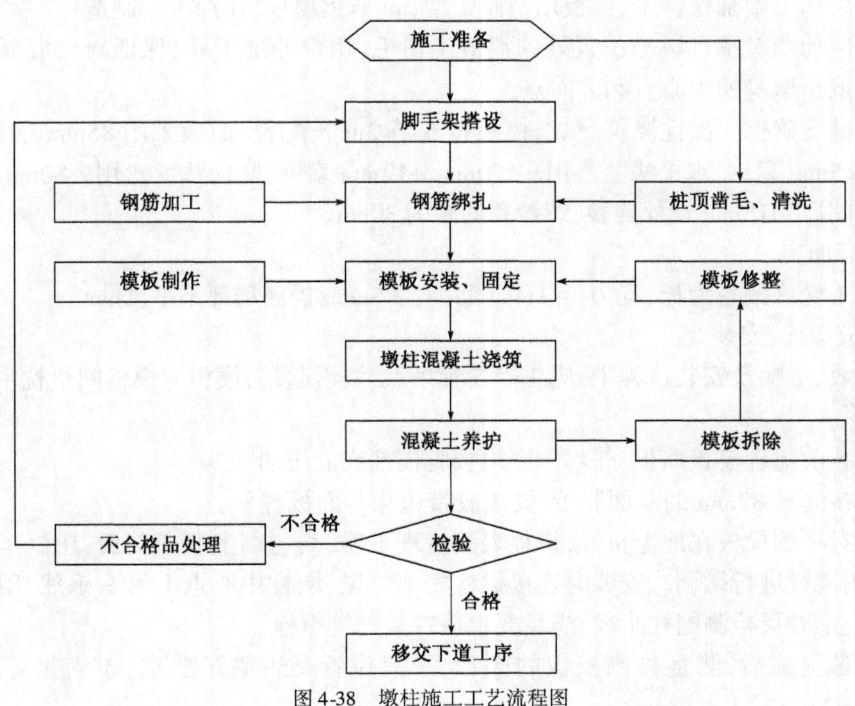

图4-38　墩柱施工工艺流程图

1. 钢筋工程

(1)检查钢筋出厂合格证,进场所有钢筋均按试验规范要求进行取样试验,合格后方可进场堆放,并挂设标牌,注明钢筋品牌、进场时间、数量、检验人员、检验状态等。钢筋进场后,分类整齐堆放,便于取用。钢筋堆放时,垫设枕木或条石隔水,钢筋顶面铺盖帆布避免日晒雨淋。

(2)在墩身四周搭设简易井字形脚手架作为施工支架,脚手架搭设应规范牢固,每隔5m高度与已浇墩身附墙一次。

(3)钢筋在车间加工成半成品,人工或汽车运到施工现场绑扎成型,墩身竖向主筋采用临时简易支架定位。主筋连接采用剥肋直螺纹接头,在钢筋接头1m区段内,钢筋接头数量不能超过钢筋根数的50%。钢筋保护层厚度3cm。

(4)主筋间距的控制,在加强筋位置用粉笔画出主筋位置。箍筋间距的控制,在主筋上用石笔画出箍筋每层间距位置,或把扎钩做成20cm在绑扎过程中用于间距控制。钢筋连接工程开始前及工程中对每批钢筋接头进行工艺检验,目的是检验接头技术提供单位所确定的工艺是否与进场钢筋相适应。抗拉强度应满足大于等于0.95倍钢筋母材的抗拉强度。

(5)钢筋下料时,切口端面与钢筋轴线垂直,不得有马蹄形。连接时用管钳或扳手拧紧,应使两个丝口在套筒中央位置相互顶紧;连接完成后,套筒每端不得有一扣以上完整丝扣外露。

2. 模板工程

(1)模板设计

墩身均采用支架翻模施工,模板用精制定型2m节钢模板,在加工厂制造。

模板安装前要对承台墩身位置处的混凝土凿毛,用水冲洗干净,保证新老混凝土接合完好。由测量放出墩身的中心点和方向点。

墩身混凝土确保一次性浇筑完成,模板按6节2m长配置,面板采用85mm钢板,次肋采用—75mm×5mm扁钢,水平法兰盘用—120mm×12mm扁钢,竖向法兰盘用∠80mm×7mm的角钢。模板间以M16mm螺栓连接,螺栓孔间距为30cm。

(2)模板加工

模板加工允许偏差为长、宽:0,-1mm;肋高:±5mm;板面局部不平:1mm。

(3)模板运输、安装

模板堆放、运输及安装过程中,应正确设置吊点,缓慢起吊,模板与模板间垫枕木或脚手板等,防止变形。

模板安装前清理模板面板,并均匀刷模板脱模剂或液压油。

模板间接缝贴82mm的双面胶带,要求胶带边缘与面板齐平。

每节两对半圆模板在地上拼好,模板表面清理干净,均匀刷上脱模剂后,用汽车吊吊装就位,人工再用撬棍进行微调。安装时连接螺栓先不拧紧,墩柱中心点上吊一垂球,用垂球检测模板垂直度,钢卷尺检测圆柱半径,满足要求后拧紧连接螺栓。

模板安装完成后,测量检测模板的高程、平面位置是否满足要求,不满足要求则进行调整。

(4)施工工艺

墩身应一次性浇完混凝土。

工艺流程:钢筋绑扎→模板安装就位并固定→浇筑混凝土。

(5)模板就位

待钢筋检验合格后,绑扎待浇节段钢筋,清理模板表面并涂抹脱模剂,然后安装待浇处的模板,并测量调整。当浇筑段混凝土强度达到2.5MPa后,用汽车吊将翻模拆除。

(6)模板固定

模板调整到位后用螺栓连接牢固,扭紧螺母,测量校核模板安装精度;用锚固在地面上4根钢丝绳拉住模板上口,通过绳上的花篮螺栓调节模板位置,并固定其上端。固定完成后对内外模板的几何尺寸、连接螺栓、支架等做最后一次检验,防止出现意外。

(7)模板拆除

待浇段混凝土强度达到2.5MPa后,用2t手拉葫芦配合汽车吊拆除模板。

(8)施工注意事项

模板施工注意事项如下:

①模板拆除前应清理模板操作平台上的杂物,将随模板一起上升的物体固定牢固。

②模板拆除时,操作人员必须系好安全带;吊挂模板的钢丝绳应挂设牢固,手拉葫芦应保证完好,经常检查钢丝绳、葫芦、卡环等工、索具是否正常、完好。

③模板起吊前应检查模板连接螺栓、平台支撑是否完全拆除,相邻模板的焊缝是否完全割除。

④必须待操作人员离开所拆除模板时方可起吊,严禁人员随模板一起吊,模板提升时应带缆风绳,以避免模板大幅晃荡。严禁模板剧烈碰撞。

⑤模板安装时,须将上下模板间连接螺栓临时连接,待施工脚手架搭设好后操作人员才能上去作业。

⑥操作脚手架上不得堆放重物。

⑦模板及脚手架应经常进行清理。

⑧风力大于6级时不得进行翻模作业。

3.混凝土工程施工

(1)配合比设计

墩身为C35混凝土,混凝土要满足强度、和易性等性能要求。

为确保墩身混凝土的内在和外观质量,其配合比须严格试配,并根据施工季节、输送高度等实际情况的变化进行调整,以确保混凝土施工质量,并且严格混凝土水灰比。混凝土坍落度为18~22cm,初凝时间大于10h。

(2)混凝土浇筑工艺

采用商品混凝土,混凝土罐车运输至现场,泵送入模,插入式振动器振捣。施工时严格控制混凝土振捣质量。根据温度情况采用洒水养护或覆盖养护。

(3)混凝土养护及施工缝处理

采用养护剂或浇水养护。墩身混凝土按季节的不同,采用相应的养护方法。高温天气采用浇水养护,低温天气墩身包缠塑料薄膜养护。同时加强保温、保湿工作,降低结构物内外温差,并根据施工时具体条件制定针对冬季、夏季和雨季混凝土养护方法。

墩身混凝土施工缝采用人工凿毛处理,压力水清洗,满足规范要求。

(4)混凝土外观质量保证措施

影响混凝土外观质量的因素是多方面的,经综合比较、分析,其控制环节主要包括以下几个方面:

①原材料的选用及混凝土配和比设计。

②钢筋的下料及绑扎、预埋件的埋设定位。

③模板的设计、加工、安装及拆除和脱模剂的使用。

④混凝土的拌制、输送、浇筑和养护。

⑤施工接缝的处理。

⑥预埋件处理、螺栓孔及缺陷修补。

⑦成品保护。

对以上几个环节制定严密的控制措施,确保混凝土外观质量。

四、现浇梁施工

东引桥两幅平面线形位于直线段上。4×46m 和 4×30m 等宽段预应力混凝土连续梁采用单箱双室斜腹板截面,4×46m 箱梁顶板宽 13.9m,底板宽 6.78m,4×30m 箱梁顶板宽 13.9m,底板宽 7.1m,设置单向横坡 2%。主梁为等高度箱梁,4×46m 箱梁中心线处梁高 2.6m。4×30m 箱梁中心线处梁高 2.0m。主梁两侧悬臂均为 3.0m,悬臂端部厚度 20cm,悬臂根部厚度 50cm。顶板全联等厚,厚度为 25cm。箱梁底板在跨中部分厚度为 22cm,在横梁处渐变至 62cm,腹板在跨中部分厚度为 40cm,在横梁处渐变至 60cm。在桥墩墩顶处设有横梁,中横梁厚度 2.0m,端横梁厚度 1.5m,除 13 号桥墩墩顶端横梁和 25 号桥台处端横梁不设置人孔外,其余横梁处均留有人孔。除 13 号桥墩墩顶端横梁和 25 号桥台处端横梁不设置人孔外,其余横梁处均留有人孔。

西引桥平面线形分别位于圆曲线、缓和曲线和直线段上。2×30m 右幅和 3×30m 预应力混凝土连续梁采用单箱单室斜腹板截面,2×30m 左幅、40m+46m+40m 和 2×46m 预应力混凝土连续梁采用单箱多室斜腹板截面。2×30m 右幅箱梁顶板宽 11.9~12.856m,底板宽 5.1m,左幅箱梁顶板宽 18.1~20.6m,底板宽 11.3~14.4m,3×30m 左幅箱梁顶板宽 11.9~12.804m,底板宽 4.8~5.1m,右幅箱梁顶板宽 10.7~11.9m,底板宽 4.8~5.1m;40m+46m+40m 左幅箱梁顶板宽 15.9~26m,底板宽 11.5~19.5m,右幅箱梁顶板宽 16~19.4m,底板宽 11.5~12.8m;2×46m 左幅箱梁顶板宽 18.3~25.6m,底板宽 12.6~19m,2×46m 右幅顶板宽 18.3~26m,底板宽 12.6~19.5m;桥面单向 2% 横坡,由梁体刚性旋转形成。主梁为等高箱梁,2×30m 和 3×30m 箱梁中心线处梁高 2m,40m+46m+40m 和 2×46m 箱梁中心线处梁高 2.6m。主梁两侧悬臂均为 3.0m,悬臂端部厚度 20cm,悬臂根部厚度 50cm。2×30m 和 3×30m 箱梁顶板厚度为 28cm,40m+46m+40m 和 2×46m 箱梁顶板厚度为 28cm。2×30m 和 3×30m 箱梁底板厚度跨中为 25cm,在横梁处渐变至 62cm;40m+46m+40m 和 2×46m 箱梁底板厚度跨中为 25cm,在横梁处渐变至 72cm;西引桥箱梁腹板在跨中部分厚度为 50cm,在横梁处渐变至 70cm。在 5 号和 10 号墩顶处连续梁设有渐变段与两侧箱梁梁高接顺。在桥墩墩顶处设有横梁，除9号桥墩墩顶中横梁厚度2.5m，10桥墩墩顶端横梁厚度2.5m外，其余中横梁厚度均为2.0m，端横梁厚度均为1.5m。

第六节　桥面铺装施工

余信贵大桥全长1251.39m，主桥结构形式为48m+168m+48m飞燕式蝴蝶形钢箱拱肋混合梁系杆拱桥，跨中130m为钢结构，全长264m。采用8cm厚混凝土作为桥面铺装调平层，上铺沥青混凝土铺装层。具体结构形式及材料类型由上到下分别为：4cm厚细粒式沥青混凝土(AC-13)、5cm厚中粒式沥青混凝土(AC-20)、FYT-Ⅱ型防水层、8cm厚混凝土调平层。桥面铺装组合见表4-20。

桥面铺装结构组合　　表4-20

序号	结构层位	厚度(cm)	结构形式与混合料类型
1	表面层	4	细粒式沥青混凝土(AC-13)
2	中面层	5	中粒式沥青混凝土(AC-20)
3	渗透性防水层	—	FYT-Ⅱ型防水层
4	调平层(土建)	8	C50防水混凝土

一、水泥混凝土基面喷砂粗糙处理

(一)施工技术要求

桥面水泥混凝土调平层施工结束，养护完毕后，用打砂机打磨基面，去掉表面浮浆、杂质，使表面具有微观粗糙度。

桥面调平层打砂粗糙处理后的构造深度不小于0.8mm。

(二)喷砂粗糙施工准备

喷砂施工前准备工作如下。

1.人员配备

主要管理人员5人，试验检测人员3人，专职安全员1人，操作工15人。

2.机械进场

机械进场后组织相关技术人员对施工机械的工作性能进行检查，确保各施工机械能够正常使用，对存在质量问题的机械应及时组织人员进行修理。主要机械设备见表4-21。

主要机械设备表　　表4-21

序号	名　称	数量(台)	序号	名　称	数量(台)
1	喷砂机	2	4	牵引车	2
2	空压机(吸尘机)	2	5	森林吹风机	2
3	柴油发电机	2			

3. 施工现场清扫除尘

去除工作面表面杂物、障碍物，对堆积较厚的碎屑石渣进行处理，喷砂施工开始之前应该保证工作面处于干燥状态。

(三)施工工艺

1. 施工目的

清除工作面杂质、浮浆等，对混凝土表面进行打毛处理，使之形成均匀粗糙的表面，提高防水层与混凝土的黏结强度。

2. 喷砂机工作原理

通过机械方法将高强度钢砂以很高的速度喷射到工作面上，利用钢砂的冲击力撞击表面，从而形成均匀粗糙的构造面，以起到凿毛、去浆的效果(图4-39)。

3. 施工方法及控制

(1)采用纵横结合的施工方式进行作业：沿桥面纵向(前进方向)每10～15m作为一个工作区段，各区段作业开始时喷砂机械应处于桥面外边沿一侧，开始施工作业后从桥面一侧到另一侧进行施工(图4-40)；在各区段施工作业期间不得中途抬起或中途改变工作方向；喷砂作业不应漏掉边角，对喷砂机械无法达到的部位应由人工进行粗糙处理。

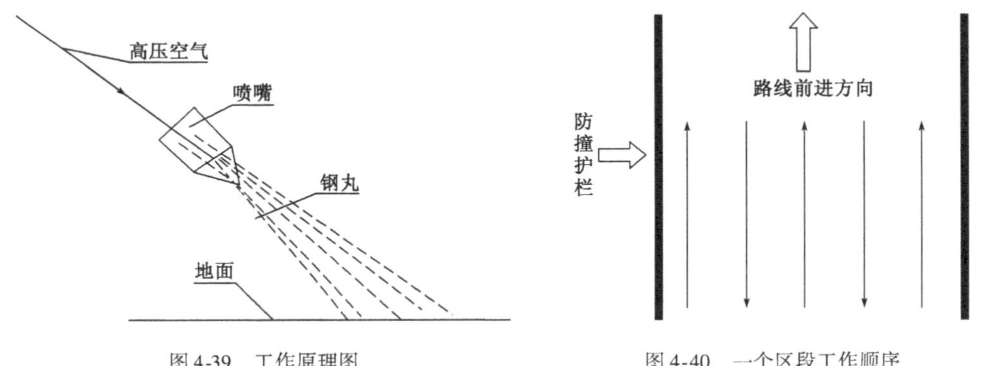

图4-39　工作原理图　　　图4-40　一个区段工作顺序

(2)工作时通过控制和选择丸料的颗粒大小、形状，以及调整和设定机器行走速度，控制丸料抛射流量，以得到不同抛射强度，获得不同的表面处理效果。

(3)喷砂施工时，施工速度应控制在160～200m^2/h，以取得较好的粗糙效果。

4. 施工技术指标

桥面调平层经粗糙处理后的构造深度不小于0.8mm。

5. 施工注意事项

(1)施工人员工作时必须佩戴安全帽、防护面罩及防尘设备。

(2)施工前应对柴油发电机进行全面检查，防止施工时漏油对工作面造成污染。

(3)时刻注意吸尘机对粉尘的吸收情况，收集满后应及时处理。

(4)注意对抛头、气刷等易损构件的检查，发现损坏后应及时更换。

(5)各种交通控制标志应在施工前设置完毕,以确保施工安全。

二、桥面水泥基防水涂层

(一)施工方案与技术要求

桥面调平层经喷砂粗糙处理,表面浮浆、突出物已清除,凹坑填补好,扫除灰尘杂质,形成平整洁净的混凝土基面。

用专用喷雾器喷洒防水剂,用量为250g/m²;防水剂性能见表4-22。

防水剂性能要求 表4-22

序号	名称	数量
1	外观	无色半透明、无味无毒、不燃水性溶液
2	密度(g/cm²)	≥1.10
3	表面张力(mN/m)	≤26.0
4	储存稳定性(10次循环)	无明显变化
5	抗渗压力(28d)(MPa)	≥0.8
6	二次抗渗压力(58d)(MPa)	≥0.6
7	渗透压力比(28d)(%)	≥200

(二)防水涂层施工

(1)人员配备

主要管理人员5人,试验检测人员3人,专职安全员1人,操作工12人。

(2)设备、器材

主要设备见表4-23。

主要设备 表4-23

序号	名称	数量(台)	序号	名称	数量(台)
1	喷雾器	3	3	森林吹风机	2
2	水车	1			

(3)工艺原理

堵塞混凝土毛细孔和微细裂纹,使混凝土桥面板整体防水抗渗性得到明显提高。

(4)防水剂渗透硬化机理

①当防水剂渗入混凝土孔隙后,防水剂首先与混凝土溶解的$Ca(OH)_2$和$Mg(OH)_2$反应,生成白色胶体——氢氧化钠、水化硅酸钙和水化硅酸镁。这种反应无论是在稀的或是浓的溶液中都很容易而且能较快发生,从而堵塞混凝土内部空隙,封闭毛细孔道,增加密实度,形成可靠的永久的防水层。

②在施工后期,渗入混凝土空隙而未与$Ca(OH)_2$和$Mg(OH)_2$反应的胶体将在潜伏型硬化剂作用下生成硅酸凝胶。

由于上述两种胶体均不溶于水,因而使混凝土具有永久的防渗透、防腐功能。

(5)施工前准备

①基面混凝土浇筑后应进行喷砂粗糙处理,喷涂防水层前应清除表面浮浆、打磨突出物、扫除灰尘杂质,形成坚实、平整、洁净的混凝土基面。

②拆除工作面上设备及各项设备,并处理由于施工工艺需要而设的预埋件、工艺孔等。

③清扫垃圾及其他杂物、油污等。

④用风力灭火器吹尘或用清水冲洗桥面,验收合格后封桥。

(6)施工方法及控制

①当基层表面呈干饱和状态时,用喷雾器或用人工涂刷对基层表面进行仔细均匀地喷涂第一遍防水剂,涂刷方向应由上至下,以防止防水剂倒流。

②当防水剂已进入基层,基层表面已无明显湿润状态时,再均匀喷涂第二遍防水剂。

③待第二遍防水剂将干、未干的时候再用喷雾器对基层表面喷洒适量清水,以湿润为准。

④连续养护 8h,若有白色析出物,应用清水洗涤基层表面。

(7)施工注意事项

①施工人员工作时必须戴安全帽,穿安全背心。

②各种交通控制标志应在施工前设置完毕,以确保施工安全。

三、桥面沥青铺装施工

中面层沥青混凝土设计采用 Super-20 沥青混合料。施工中通过设置控制点,控制集料级配不得超出规定的区间,控制点分别放设于公称最大尺寸筛、中等筛(2. 36mm)和最小筛(0. 075mm)处。限制区在最大密度级配线中等筛和 0. 3mm 筛之间,是一个级配不能通过的带。由于限制区特有的驼峰形,所以通过这个区域的级配称为"驼峰级配"。设置限制区的目的有两个:一是为了限制砂的用量,二是为了提供足够的矿料间隙率 VMA。

高性能沥青路面在施工工艺方面和普通热拌沥青路面基本一致,没有特别的要求。在施工技术方面其突出特色是混合料体积设计,没有采用马歇尔试验配合比设计方法,引入旋转压实机压实成型试件的新方法。

原材料要求如下。

(1)沥青

沥青采用韩国 SK70 号道路石油沥青,沥青密度 1. 039g/cm^2。其技术指标要求见表 4-24。

A 级 70 号沥青的技术指标要求 表 4-24

试验项目	单位	指标要求
针入度(25℃,100g,5s)	0. 1mm	60 ~ 70
针入度指数 Pl	—	-1.5 ~ +1.0
延度(5cm/min,15℃)	cm	≥100
软化点	℃	≥47
动力黏度 60℃	Pa · s	≥190
闪点	℃	≥260
含蜡量	%	≤2.2

续上表

试验项目		单　位	指标要求
溶解度		%	≥99.5
密度(15℃)		g/cm^3	实测记录
RTFOT	质量变化小于	%	±0.8
	针入度比25℃	%	≥61
	延度10℃	cm	≥6

(2)粗集料

粗集料采用硬质石灰岩轧制,粗集料技术指标要求见表4-25。

粗集料技术指标要求　表4-25

技术指标		单　位	指标要求
压碎值	≤	%	26
磨耗损失	≤	%	28
对沥青的黏附性	≥	级	四级
针片状颗粒含量	≤	%	12
水洗法(0.075mm,颗粒含量	≤	%	1
软石含量	≤	%	3.5
表观密度		g/cm^3	≥2.6
坚固性		%	≤12
吸水率		%	≤2

(3)细集料

细集料采用硬质石灰石经专门设备加工而成的机制砂,技术指标要求见表4-26。

细集料技术指标要求　表4-26

检测指标		单　位	技术要求
砂当量	≥	%	65
压碎值		%	—
表观相对密度	≥	g/cm^3	2.5

(4)矿粉

矿粉技术指标要求见表4-27。

矿粉技术指标要求　表4-27

项　目		单　位	技术要求
表观密度		g/cm^3	≥2.5
含水率		%	≤1
粒度范围	<0.6mm	%	100
	<0.15mm	%	90~100
	<0.075mm	%	75~100
外观			无团块、结块
亲水系数			<1
塑性指数			<4

第五章 主桥施工监控

施工监控的总目标是确保结构在施工中应力、变形与稳定状态在允许范围内，从而确保施工阶段桥梁结构的安全以及竣工后桥梁的内力和线形最大限度符合设计目标状态。余信贵大桥主桥为钢箱拱桥，最大跨径达到 168m，本桥所采用的钢箱拱结构新颖，施工工艺较复杂，技术难度较大，有时甚至要根据施工观测应力及位移的情况及时修正施工方案，因此，施工监测监控的作用更为突出。

在实际施工过程中，桥梁的结构体系、内力和线形随不同施工阶段而改变，由于本桥的结构复杂，施工工序较多，每个施工阶段桥梁结构的线形、受力都会对下一施工阶段和成桥状态产生重大影响，而每一施工阶段结构的实际参数（如材料特性等）与设计值会存在一些差异，加上现场施工荷载及环境变化的不确定性将使结构的应力状态和线形偏离设计值，这种偏离累积到一定程度，会影响桥梁成桥时的目标线形和受力状态，严重时还有可能危及施工过程中结构的安全。因此，在每一个施工阶段过程中，必须通过精确的监控计算，并对系杆和吊杆索力、拱轴和桥面线形等进行调整，从而确保施工阶段桥梁结构的安全以及竣工后桥梁的内力和线形最大限度符合设计目标状态。为了确保余信贵大桥主桥安全施工和成桥线形美观，使成桥的线形和内力符合设计要求，将其建设成为一流工程，须进行全桥的施工控制工作。

第一节 主桥施工监控重点分析

一、施工工序

参照招标文件和设计图纸，余信贵大桥钢梁主要采用临时墩加履带吊机的拼装方案，其主要施工工序如表 5-1 所示。

余信贵大桥钢梁架设主要施工工序　　表 5-1

阶 段	施 工 内 容
1	施工钻孔灌注桩基、承台、墩身及桥台、辅助墩、交界墩等下部结构施工
2	利用浮式起重机和钢平台在三角区拼装支架
3	浇筑边跨拱肋、主跨混凝土拱肋和箱梁混凝土，混凝土形成刚度后张拉预应力束
4	在河中搭设临时支墩，用龙门吊安装桥面纵向和横向工字钢梁
5	安装桥面板并连接施工缝、安装系杆
6	桥面板上搭设支架依次安装拱肋直到拱顶合龙段
7	第一次张拉主跨通长系杆和短系杆
8	安装吊杆、拆除桥面以上支架

续上表

阶　段	施工内容
9	张拉吊杆、二次张拉系杆
10	施工桥面铺装层和附属设施
11	进行吊杆和系杆力的调整
12	涂装钢结构第二道面漆
13	拆除所有支架及桥面施工临时设备、机具等
14	进行成桥荷载试验和测试

二、监控重点分析

1. 测量和测试精度的保证

监测数据是确定和调整监控参数的依据。由于本桥跨度大，控制点与测点距离远，使得测量精度较难保证。主要的对策是制定合理的测量方案、加密测量频次；采用 GPS、全站仪、精密水准仪等几种先进手段相互配合和补充；综合利用天顶距、坐标法、水准测量法进行测量，保证测量结果的精度。

对于应力、温度监测，由于交叉施工的影响，经常导致测点损坏，数据缺失，另外传感器的温飘、时飘效应也会导致数据精度降低，在监控中尽量建立自动化测试无线传输系统，提高测试效率，选用性能稳定的高精度测试元件和传感器，采用可靠的安装和埋设工艺等。

采用频谱法对拉索力进行监测。由于拉索的弯曲刚度、拉索的锚固边界条件及有效长度的测定、外包防护材料的重量估算都将对索力的测试精度造成一定的影响。本桥针对系杆索力测试采用振弦式压力环。对于吊杆力的测试，结合健康监测需要，选取部分吊杆安装高精度光纤光栅压力环进行监测。同时吊杆还将采用频谱法测试，两种方法校核测试成果，保证测量结果的准确性。

2. 三角刚架施工监控

在余信贵大桥施工过程中，三角区支架的拼装、灌注三角区混凝土过程中对三角区线形的控制是保证整座桥梁施工顺利完成，并且最大限度达到设计要求的最基本、最重要的环节，因此必须在施工三角区时对其进行严密的监控。

3. 钢箱拱肋和桥面系施工监控

余信贵大桥主桥为钢箱中承式拱。在施工过程中存在以下几个技术重点和难点：

(1) 实时监控钢箱拱肋在安装过程中拱肋的应力和位移，确保结构安全；为拱肋合龙提供可靠的数据，指导拱肋的合龙施工工艺确保成拱线形满足要求。

(2) 系杆是余信贵大桥重要的受力构件，起到平衡拱脚巨大水平推力的作用，必要时根据实际施工情况对系杆的张拉时机和张拉索力进行优化，以使结构整体的内力分配满足设计要求。

(3) 吊杆横梁及桥面纵横梁安装过程中，纵、横向高程及线形控制。

(4) 吊杆张拉对拱肋及纵横梁内力的影响，以及后张吊索对先张吊索的索力影响均较大。

通过对该桥施工期间的线形、应力及索力等内容进行有效控制和调整，协助施工单位安全、优质、高效地进行施工，确保在全桥建成以后桥梁的几何线形、应力状态与设计预期相符。

第二节　施工监控的组织结构体系

一、监控实施组织形式

施工控制涉及业主、设计、施工、监理和监控等多个部门和单位，而且各个部门和单位在施工控制过程中也发挥着不同的作用。而施工控制工作是靠建桥各方密切合作、团结协调、共同努力来实现的。因此，为确保监控过程中各项工作的有序、协调、有效开展，必须事先建立完善的施工控制组织体系。为此，在施工控制阶段，成立由大桥建设单位、设计单位、施工单位、监理单位和监控单位有关人员组成的“施工控制领导小组”，负责施工控制工作过程中的总体协调工作。

为使本桥施工控制工作渠道畅通、令行禁止、高效运作、责权清晰，拟定各单位主要职责如下。

1. 业主单位

全面协调设计、监理、监控、施工各方面的关系。

2. 设计单位

提供设计成桥目标状态，对施工控制内容、目标提供参考意见，对关键监控指令进行审阅和校核。

3. 监理单位

接收并签发监控指令，监督监控指令的实施，协调施工和监控之间的关系。

4. 施工单位

及时对各施工阶段有关参数进行测量，并及时掌握现场施工荷载的变化情况，及时提供给施工控制方，同时配合施工监控的工作，并做好现场元器件的保护工作。

5. 施工监控单位

施工监控单位主要职责是进行监控计算分析，并与设计核对关键数据，拟定监控指令，进行施工监测和数据分析等，具体要求如下。

(1)监控单位应本着科学严谨、一丝不苟、热情服务的原则，以监控合同文件和施工监控细则等为依据，独立、公正、有效地开展施工监控任务。

(2)监控单位应根据监控合同文件、施工图纸、国家相关主管部门现行的技术标准、规范的有关规定履行监控服务。监控单位在履行服务过程中行使的权利或所需的授权，应符合监控合同的相关条款规定。

(3)监控单位应根据工程进度、难易程度、现场条件以及运营状态等因素，建立现场监控机构，配备相应的人员和设备。监控单位应合理调配监控人员的人数及进出场时间，以便很好地满足各阶段施工监控的需要。

(4)对于影响监控工作正常开展的重大问题,监控单位必须及时以书面方式向业主请示,经业主同意后方可予以决策和决定。

施工控制组织体系见图5-1。

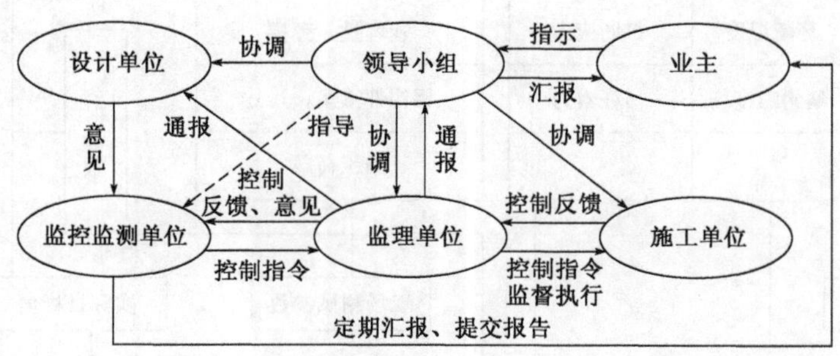

图5-1　施工控制组织体系

二、工作体系

桥梁的施工监控与设计、施工、监理及业主等参建各方是密切联系的。通过实时测量体系和现场测量体系,可以采集到桥梁施工过程中的各类控制所关心的数据信息。借助桥梁施工控制的计算体系,对采集的数据信息进行分析,尤其是对施工中各类结构响应数据(如变形、内力、应力、温度场等)的分析。可以对施工误差作出评价,并根据需要研究制订出精度控制和误差调整的具体措施。最后以施工监控联系单的形式为桥梁的施工提供指导信息。施工监控工作实施体系见图5-2。

三、人员安排

选派经验丰富的技术人员参加本项目的工作。施工监控过程中,项目负责人或相关分项负责人应长驻现场,确保不发生由于监控人员缺席而影响工程进展的情况。在特殊情况下,主要监控人员的请假、更换需征得业主的批准。

(1)保证按照投标书成立专门的施工监控项目组,项目负责人由从事过钢拱桥施工监控监测工作的高级工程师担任。

(2)进行精密的施工控制组织规划,开展工作时责任到人,在最大限度上保证施工监控工作的高效、精确运行。

(3)施工监控项目负责人长期从事大跨度桥梁结构理论研究,并长期从事施工监控工作,负责过国内数座大跨度钢拱桥施工监控工作,具有丰富的工程监控经验。

(4)选派经验丰富的技术人员参加本项目的工作。分项负责人均有中级以上职称且必须从事过多年相关工作,其他的监控人员均由具有监控、监测经验技术人员组成。

(5)成立监控现场工作小组,派驻具有中级职称的技术人员任现场工作小组组长;并保证在监控工作中人员到位,驻现场人员的暂离、调换等事先须得到业主同意。

在施工控制开始之前制定完善的监控工作细则,明确项目成员的工作和责任。定期检查各监控人员工作,保证工作细则严格执行。定期组织监控人员培训和学习。

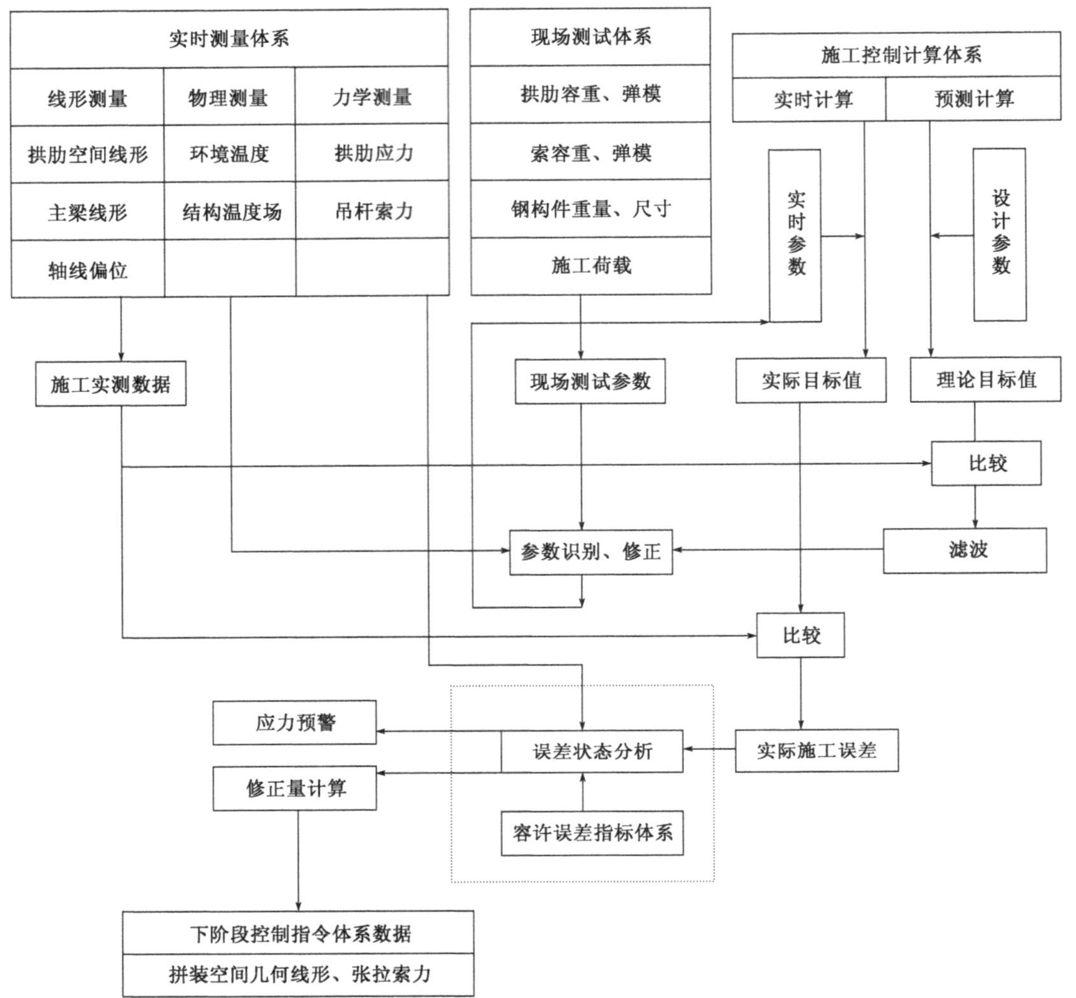

图 5-2　施工监控工作实施体系

四、设备配置

根据实际工作要求配备先进的测试仪器和设备，选用高精度、稳定性好的测试元件和传感器。监测仪器和设备在投入项目之前和使用过程中要进行严格的标定，并制定详细的仪器设备使用规程，保障测试数据的真实性。施工监控主要仪器设备见表 5-2。

施工监控主要仪器设备清单表　　表 5-2

序号	设备名称	规格型号	数量	分辨率(精度)	产地
1	结构计算分析软件	MIDAS/Civil	1 套		韩国
2	结构计算分析软件	Dr. Bridge	1 套		中国
3	细部分析软件	ANSYS	1 套		美国
4	自动安平水准仪	Wild NA2	2 台	±0.7mm/100km	瑞士

续上表

序号	设备名称	规格型号	数量	分辨率(精度)	产地
5	全站仪	GTS601/LP	2 台	角度：±1″ 测距：±(2mm+2×10⁻⁶L)	日本
6	表贴式应力传感器	ZX-205T	220 个	灵敏度:1 με 或 0.1Hz	中国
7	综合测试仪	JMZX-300X	1 台	频率精度 0.1% ±0.1Hz,温度精度 ±0.5℃	中国
8	穿心式传感器		16 个	灵敏度:1kN	中国
9	手持式应变仪		3 台	1/1000mm	瑞士
10	索力动测仪	JMM-268	1 台	0.5% ±0.01Hz	中国
11	数字温度传感器	DS18B20	106 个	0.1℃	中国
12	红外测温仪		2 台		中国
13	无线/有线测控仪采集接收系统		2 台		中国
14	台式电脑	HP	1 台		中国
15	INV 动力测试系统		1 套		中国
16	笔记本电脑	HP	2 台		中国
17	打印机	HP	1 台		中国

第三节 施工控制计算

一、计算方法

1.整体计算

结构计算就是利用建立的结构计算体系对施工过程中每一阶段结构的应力、内力和位移状态以及施工监控参数进行计算。在结构计算中考虑施工误差、材料属性差异等因素的影响，根据计算结果为各节段施工提供施工监控目标值，保证节段施工的顺利进行，从而保证结构最终达到或接近设计要求的成桥状态。

本桥监控计算准备采用多套软件进行，对该桥复核计算和施工架设过程采用“桥梁博士”和“MIDAS/Civil”进行平面和空间计算。本桥的监控计算采用两种分析方法。首先通过对设计成桥状态倒拆，以获取各施工节段结构的内力、线形等，即所谓“倒拆计算法”；然后利用“倒拆法”获得的各施工阶段内力、线形，按照架设顺序及相应工况进行正装计算，整个计算步骤按主桥施工架设过程进行，直至合龙，即所谓“正装计算法”。正装计算需进行多次迭代，逐步逼近，最终达到理想的符合设计要求的成桥内力及线形。

由于按照倒拆所获得的系杆索力和吊杆的张拉力、拱肋预拱度、桥面线形等数据，进行正装计算分析所实现成桥内力，与原成桥目标值存在一定差异，因而在正装计算阶段需进行多次迭代修正，获得每个安装阶段的控制高程和索力，作为该阶段监控计算所需要确定的目标，逐步逼近或最终达到理想的符合设计要求的成桥内力及线形。

为了与设计单位的计算结果进行核对和保证施工安全，首先，我们将根据本桥的结构特点设计浮式起重机施工架设方案，进行施工架设合龙直至桥面施工完毕的全过程监控计算，得出该桥在各个施工阶段、各种荷载作用下，不同结构体系的桥梁构件的内力、变形，与设计院进行相互校核，确保桥梁施工质量和安全，使成桥的最终内力和线形满足设计要求的理想状态。

2. 利用参数识别系统对计算参数进行识别、修正

桥梁在施工过程各阶段及体系各部分施工顺序及相互关联，不论是在施工阶段之间还是结构内部都相互影响。由于存在各种各样的误差以及环境方面的影响，使得施工过程中实际结构与理论状态总会存在一定偏差，因此，还需要根据理论计算数据和实测成果，采用控制理论分析方法来调节偏差，使整个施工过程中结构状态始终在受控状态并处于控制安全范围内，并尽量接近设计和计算理论值。本桥采用的施工控制技术采用自校正调节法。该办法是将自适应控制和预测控制结合起来，实现最优控制。自校正调节法控制流程见图 5-3。

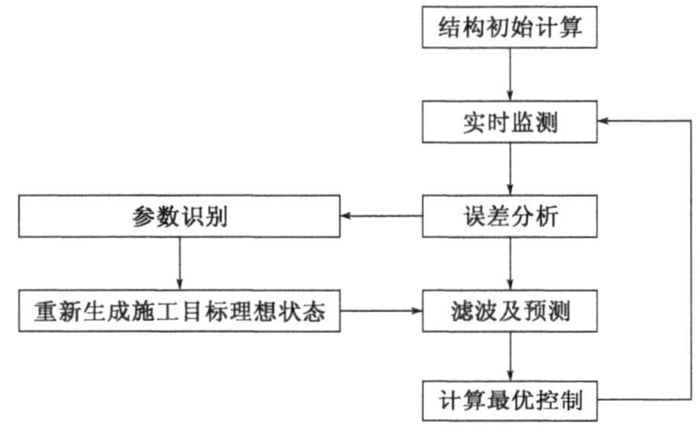

图 5-3　自校正调节法控制流程图

（1）计算参数估计

首先根据影响程度分析确定需进行参数估计的各物理量（如主梁、拱肋的刚度、吊杆的弹性模量，梁段和拱肋的重量，施工临时荷载参数及预应力损失量等）；然后根据大量的实测数据，采用最小二乘法确定最优估计值；最后将最优估计值重新带入安装计算模型重新计算，得到一套与实际更为符合的理论计算数据。

（2）实测数据滤波

通过参数估计，基本上消除了计算误差（系统误差），但实际施工中由于测量手段、施工工艺的限制，实际的测量数据中会有一些随机干扰（噪声）。因此，需通过卡尔曼滤波法，建立随机的数学模型和性能指标，用递推滤波的思想，从被噪声污染的状态中估计出真实的状态。

（3）优化调整与控制预报

通过滤波、估计出来的状态变量，按确定性的最优控制规律构成闭环状态反馈系统，求出最优控制变量值，得到各施工阶段的预拱度值及主梁安装高程和拱肋各节段的高程和轴线与吊杆张拉前、后的预测变形。但是实际的施工状态与设计的施工状态是有差别的，已施工的节段可能会与所要求的状态还有一定差别。这时，需要建立具有反馈控制的实时跟踪分析系统，采用适当手段（如调整索力、梁段立模高程等）进行最优调整，既可使误差不至于积累，又使得最终的成桥状态与理想设计状态的差别最小。

3. 确定适用的施工误差容许指标和应力预警机制

施工监控的目标就是在施工过程中控制结构的受力状态和变形始终处于安全范围内，成桥后结构的线形与内力达到设计要求，结构本身又处于最优的受力状态。

实际施工过程中，线形测量及应力测试容易受干扰，因此得到的实测值在一定范围内有波动是正常的，可以制定误差容许度指标，在误差范围内的忽略不计。对测得应力较大，对施工安全构成一定威胁的，则应启动应力预警机制，采取措施消除影响。根据本桥的实际情况，确定施工误差容许度指标和应力预警指标。一旦启动预警机制，应将所有实测值、施工阶段和状态及异常情况上报设计方，要求对目前阶段的桥梁拱肋和主梁的应力、吊索和系杆的索力等进行复核。同时将实际情况上报业主、监理单位和施工单位，各方相互分析原因，商讨解决措施，最后在消除异常并各方认可之后，撤除预警信号。

4. 利用施工控制实时计算调整控制目标值

施工控制就是对桥梁施工过程实施控制，确保在施工过程中桥梁结构的内力和变形始终处于容许的安全范围内，确保成桥状态（包括成桥线形和成桥结构内力）符合设计要求。根据本桥梁的结构形式、施工特点及具体控制内容，可以采用桥梁施工自校正控制法。

自校正预测控制法是指在全面考虑影响桥梁结构状态的各种因素和施工所要达到的目标后，对结构的每一个施工阶段（节段）形成前后的状态进行预测，使施工沿着预定状态进行，同时根据实际测量与测试情况，进行反馈自校正。由于预测状态与实际状态间免不了有误差存在，某种误差对施工目标的影响则在后续施工状态的预测予以考虑，以此循环，直到施工完成和获得与设计相符合的结构状态。在实际施工中，每一个阶段完成后，可以对桥梁的实际信息进行测试，测试的结果又可以反馈给预测控制。通过反馈得到的实测值与预测值进行对比，在排除仪器误差、测试原理等非结构因素引起的误差以外，就可以判断实际施工的误差状态，然后重新调整计算，力争在下个阶段中减小或消除误差。实际的施工控制就是在重复预测—反馈—调整后预测过程中，最终保证桥梁结构的内力和变形始终处于容许的安全范围内。

二、监控计算基本内容

监控计算是施工监控工作的核心，利用三维空间结构分析程序计算分析施工全过程、成桥状态的内力及变形等，考虑结构空间的扭转效应等对变形和内力的影响。监控计算的成果需要与设计计算结果比较分析，差别应在容许范围内。根据工程进展，监控计算工作主要包括以下内容。

1. 计算模型的建立

计算模型是施工监控计算的基础。一个好的计算模型首先应该尽可能真实地模拟设计图纸的各个构造（包括截面和边界条件等），将结构离散；然后根据现场施工方案划分施工阶段。在划分施工阶段的时候应该区分一般施工工况和重点施工工况。为了简化计算模型，对于一般工况可以在施工阶段中不单独列出，但重点工况必须有单独的施工阶段。计算参数在施工计算前期可以结合规范和经验取值，在施工过程中应结合现场实测结构效应，进行参数的识别和修正。

2. 参数影响性分析和施工监控参数的确定

由于各种原因限制,实际结构的刚度、重量等参数可能会和最初拟定的参数有一定差别。利用计算模型计算分析采用不同的参数对施工监控目标的影响,掌握各种参数差别的影响。参数分析包括:混凝土弹性模量、拱肋和主梁重量、系杆和吊杆张拉力参数、温度场等。根据各参数影响量确定一个或几个施工监控参数,作为施工监控过程中参数识别和分析的重点。

3. 拱肋安装坐标的确定

余信贵大桥是钢箱拱桥,其拱肋根据设计线形制造。施工过程中,拱肋节段安装坐标对成桥的线形也有较大影响。监控过程中,根据施工过程模拟计算结果,确定拱肋节段安装坐标。具体的拱肋节段放样坐标将根据钢梁制造的匹配标记,以及测量作业的方便,与施工方共同确定。

4. 初拉索力和成桥索力的确定

系杆和吊杆索力是改变结构线形和受力的一个重要手段,在施工过程中确定一个合理的索力张拉方案既可以减少重复张拉的工作,又可以保证施工过程结构的安全;合理的成桥阶段吊杆索力能使主梁、拱肋均达到理想的内力状态,保证运营期间结构始终处于安全状态。系杆和吊杆索力的张拉次数和张拉索力将根据设计要求和施工过程计算结果进行确定。

5. 二期恒载施工完毕后调索计算

二期恒载施工完毕后,根据实测的索力、线形、温度场与设计成桥状态的差别,通过优化和迭代,确定调索方案。调索的目标是索力与线形双控,偏差控制在规范允许范围之内。

三、监控计算基本阶段

结合工程进度,监控计算可分为三个阶段。

1. 前期施工仿真计算

根据设计图纸和现场前期收集的资料和荷载等参数,进行施工过程和成桥状态计算,确定施工方案的可行性,得到初步的施工过程理论轨迹和架设前的主要施工监控参数。

2. 施工过程跟踪计算

施工过程跟踪计算包括施工前的预测计算和施工后的校核和修正计算。

在施工之前,应对施工过程中结构的内力和变形进行预测,并作为施工过程控制的目标,在施工完毕之后,需要根据实际的测试和测量结果,得出一组消除各种误差因素后结构的实际状态数据,并与预测值进行对比分析,找出差值,对计算模型进行修正,并重新计算作为后续施工的依据。如果实测值与计算值有较大差异,需要采用最小偏差理论分析原因并在后续施工过程中考虑采取适当的调整措施。跟踪计算提供如下结果:

(1)阶段系梁的内力和变形。

(2)各阶段拱肋的内力和变形。

(3)系杆和吊杆初拉力及各阶段吊杆拉力。

(4)架设及施工过程中系梁、拱肋的预拱度设计和架设高程。

(5)成桥阶段桥面的高程。

3. 成桥运营状态计算

根据各施工阶段以及成桥状态的实测结果,计算桥梁的成桥状态恒载内力和运营阶段荷载组合内力,并与设计成桥内力和线形比较,作出施工监控评价。

四、施工监测内容与原理

施工控制的目的就是通过现场监测和监控计算等手段,对桥梁施工过程中的结构内力和位移状态进行有效监测、分析、计算和预测,为施工提供施工监控信息(如拱肋线形,主梁线形,系杆和吊杆的张拉顺序和张拉吨位等),以保证整个结构在施工过程中桥梁结构的受力状态和变形始终处于安全的范围内,最终使成桥后结构的线形与内力达到设计要求,结构本身又处于最优的受力状态。

本桥的施工监控内容包括施工监测和监控计算(包括发布监控指令等)。

五、施工监测内容

1. 施工监控基本参数的测定

(1)实际材料的物理力学性能

①混凝土的弹性模量、重度、泊松比和线膨胀系数等(工地试验室测试)。

②钢结构材料的弹性模量、重度、泊松比和线膨胀系数等(由钢结构制造厂家提供)。

③各类拉索体系的弹性模量、重度和线膨胀系数等(由拉索制造厂家提供)。

(2)实际施工中的荷载参数

①恒载。

②钢箱拱、钢梁节段自重。

③二期恒载(铺装、人行道、栏杆、缘石、灯柱、过桥管线等)。

④施工荷载(主要施工机具、压重等)。

⑤临时荷载(临时堆放的机具、材料等)。

2. 实时跟踪监控

除了以上材料和荷载等基本参数以外,一些与施工过程有关的重要参数需要现场实时跟踪采集,这些实时监测数据大致可分为:

①物理测量,包括时间、温度场等。

②力学监测,指拱肋应力、主梁应力、拉索索力。

③线形监测,指拱肋线形和主梁线形等。

(1)温度监测方案

桥梁施工过程中,环境温度的高低及日照温差等温度场分布会影响结构体系内的内力分布;并且,结构的温度变形还影响施工中构件的架设精度及测量精度。对日照温差影响较大的情况,要求测量在清晨日出前进行,即使如此也不能完全消除温度分布不均匀的影响;另外,本桥的施工为跨季节施工,体系温度变化也较大,因此建立温度监测体系对于修正温度给施工带来的误差也是有必要的。

温度测量包括:施工阶段环境温度及拱肋、主梁、拉索等构件的温度场分布。

环境温度的测量安排在各施工控制阶段，根据施工进度由施工单位完成温度数据采集，并随控制测量报表将数据提交施工监控组。在测量线形、应力和索力时，应同时采集桥梁结构温度和大气温度。

构件温度场的测量采用表贴式测温传感器进行测试，并辅以非接触式红外测温仪来进行补充测试。

上述测量工作的工作频率：每个拱肋节段施工进行 2 次，选择在拱肋节段拼装、拱肋调整的阶段进行；每个主梁节段施工进行 1 次，选择在主梁节段拼装阶段进行。测量范围均为已施工的全部结构通测。

在施工中针对不同季节的特征天气状况（晴天、阴天），选择最低温、最高温等典型的时段进行构件温度场及环境温度的连续观测，以掌握该条件下的钢拱肋、钢梁、拉索的温度分布规律，模拟各构件的特征数值温度场，为施工监控计算中温度修正计算提供科学的特征数据，并为合龙时机选择提供参考。

上述连续温度场观测原则上全桥进行每个季节两种天气情况的测量，同时应同步进行拱肋线形、主梁线形、应力及索力的测量。

（2）应力监测方案

在施工监测中，拱肋、主梁的控制断面处布置相应的应力测试元件，以测定各施工阶段钢箱拱、钢梁的应力。把应力监测的结果与施工监测中其他项目（索力、线形等）的监测结果相结合，能更准确地判断全桥的内力状态，形成一个较好的预警机制，从而能更安全可靠地保障桥梁施工。

拱肋的应力测试断面及测点选择的依据是：能监控悬臂施工阶段最大计算应力断面的应力水平、能充分反映钢箱拱中纵向应力的分布规律、区分重点控制断面及普通参照控制断面、避开钢箱拱节段拼装时焊接收缩影响、兼顾桥梁动静载试验对断面及测点布置的要求、能充分且必要地形成拱肋应力监测预警系统。

主梁的应力测试断面及测点选择的依据是：主梁最大计算应力断面或特征断面。

应力测试元件应采用性能稳定、可靠、寿命长的应变计，一般情况下应布置为双向应变花。

上述应力测试的工作频率每个拱肋节段施工进行 2 次，选择在拱肋节段拼装、系杆和吊杆索力调整的阶段进行；每个主梁节段进行 1 次，选择在主梁节段拼装阶段进行。测量范围均为已施工的全部结构通测。

（3）索力监测方案

拉索体系的索力监测是余信贵大桥施工监测的主要环节，包括临时系杆索、永久吊杆和系杆等。施工阶段拉索的索力状况及索力误差分布状况是评价、判断施工阶段结构内力状况、安全状况及施工质量的重要依据。

余信贵大桥拉索体系的索力监测主要采用弦振式索力仪和压力传感器测量，两种测试方法相互校核。

索力的测试频率为每根系杆张拉测量 2 次，分别为系杆张拉前后；每个主梁节段施工进行 1 次，选择在主梁节段拼装阶段进行。测量范围均为已施工的全部结构通测。

（4）几何测量方案

桥梁的现场几何测量是施工监测的重要工作之一。几何测量在钢箱拱拼装阶段主要包括对钢箱拱节段位置、节段轴线、节段端面的测量等内容，而在主梁架设阶段主要包含对主梁高程、主梁轴线偏位、相邻节段间偏位等内容。

高程测量采用精密水准仪对拱肋及主梁各块件控制点的高程进行测量。其他几何位置的测量则主要采用全站仪进行，并辅以倾角仪测量拱肋倾角。

拱肋及主梁的几何测点标志在制造时设置。

几何测量采用全桥通测。钢箱拱节段的几何测量应在拱肋节段拼装阶段进行。主梁节段应在节段拼装阶段、环焊缝焊接等阶段进行。此外，应安排一定次数的高程、轴线南北联测和水准点闭合测量。对于节段安装匹配阶段（特别是钢箱拱合龙前、钢梁焊接前）应进行多次密集测量以确定数据准确。

控制施工阶段的线形测量一般应安排在相应施工阶段结束且在日落后3～4h（夏季、秋季为日落后4～5h）以后至次日清晨日出以前进行。

六、施工监控内容

1.施工监控主要内容

(1)进行施工控制预测计算，提供控制目标理论值。

(2)对反馈施工信息分析，确定施工误差状态。

(3)利用参数识别系统对计算参数进行识别、修正。

(4)确定适用的施工误差容许度指标和应力预警机制。

(5)利用施工控制实时计算调整控制目标值。

2.施工监控主要对象

(1)拱肋几何位置。

(2)主梁几何位置。

(3)临时拉索体系索力。

(4)永久拉索体系索力。

3.提交施工监控指令及监控报告

(1)施工监控发布指令说明

根据施工的实际情况，结合施工监控工作的具体特点，将余信贵大桥施工监控指令数据表设计为四类。

第一类指令表：为混凝土拱座段浇筑指令，将提供定位支架高程等几何位置、容许误差及控制手段等要求。

第二类指令表：为钢箱拱或钢梁拼装指令，将提供拼装阶段的几何位置、容许误差及控制手段等要求。

第三类指令表：为临时拉索、永久拉索的索力指令，将提供拉索张拉、调整阶段的控制力数据及容许误差要求。

第四类指令表：为其他控制要求指令，将视情况通知相关单位进行调整，如进行节段重量的重新测定、进行高程或索力的重新测量、进行临时荷载分布调查或进行临时荷载限制等工作。

(2)施工监控分析报告说明

施工监控分析报告为施工监控组根据各类施工反馈报表数据对施工实际状况进行分析评价的专项报告。

施工监控分析报告一般情况下将在完成一次索力和线形通测后提交(阶段控制报告)。如施工进行中出现误差异常情况时,施工监控组将提交相应的分析报告供相关单位进行参考。

施工监控分析报告分为四部分内容,包括:

①几何误差分析报告,包括几何误差计算、误差形态分析、误差预测等。

②拉索索力误差分析报告,包括各类索力误差计算。

③应力测试结果分析报告,包括应力和温度场的测试结果、结构施工安全度评价或安全预警报告。

④施工监控建议,包括对总体施工误差和安全状态的评价、对容许施工误差度的调整等内容。

全桥竣工后将对施工监控工作进行总结,提交施工监控的总结报告。

4. 配合工作

为了达到更好的施工控制效果,各参建单位需密切配合。正常工序时的安排如表5-3、表5-4所示,施工控制开始及合龙等工序需由业主召开协调会或专题讨论会协商。

钢箱拱施工阶段各相关单位配合安排表 表5-3

工况	监测单位	控制单位	设计单位	监理单位	施工单位	制造单位
拱脚节段安装	提供监测数据	提供安装指令	复核安装指令	发布安装指令		
	监测测量、几何测量			监督几何测量及节段调整	几何测量、调整、安装节段	配合节段调整安装
		提出确认指令				连接钢混凝土接头
普通节段安装	提供监测数据	提供安装指令	复核安装指令	发布安装指令		
	监测测量、几何测量			监督几何测量及节段安装	安装节段、几何测量	配合节段安装
		提出确认指令				连接节段
合龙段安装	提供监测数据	提供安装指令	复核安装指令	发布安装指令		
	监测测量、几何测量			监督几何测量及节段安装	安装节段、几何测量	配合节段安装
		提出确认指令	复核确认指令			连接节段

钢梁施工阶段各相关单位配合安排表 表5-4

工况	监测单位	控制单位	设计单位	监理单位	施工单位	制造单位
节段吊装	提供监测数据	提供安装指令	复核安装指令	发布安装指令		
	监测测量、几何测量			监督几何测量及节段调整	几何测量、调整、安装节段	
节段连接	监测测量、几何测量			监督几何测量及节段调整	几何测量、调整节段	
		提出确认指令	复核确认指令			连接节段

七、施工监控技术要求

1. 仪器精度要求

(1)几何监测

包括拱肋、主梁的高程、线形以及基础沉降的监测。

高程及基础沉降要求每公里往返测量误差不大于1mm。线形要求测距精度高于1mm + 1ppm$D$,测角精度高于0.5″。

(2)结构应力监测

监测内容为钢箱拱肋、钢梁应力的监测。

采用应变计进行应变测量,要求综合精度高于±0.5%,年漂移量小于±0.5%,经温度补偿后温度漂移小于±1%/10℃。

(3)温度场监测

监测内容为:环境温度,拱肋、主梁、拉索的温度场。

结构温度场监测采用温度传感器,要求测温精度高于±0.5℃。

(4)索力监测

监测内容为各类拉索的各阶段索力,要求精度高于±2%。

2. 测量误差要求

(1)几何监测

拱座钢混凝土结合段定位支架施工段高程测量、平面测量误差应小于±2mm。

钢箱拱肋悬臂施工部分要求高程测量及线形测量误差小于$\pm(2\text{mm}+15\times10^{-6}L)$,$L$为悬臂长度。

钢梁高程测量、轴线测量误差要求小于$\pm(2\text{mm}+15\times10^{-6}L)$,$L$为测点至肋间平台前端的距离。

基础沉降测量误差不大于±2mm。

(2)结构应力监测

钢箱拱、钢梁一侧平均应力误差应小于±10%,当理论应力水平小于60MPa时可按照±6MPa来进行控制。

(3)温度场监测

温度场监测误差小于±0.5℃,通过测量仪器精度保证测量精度。

(4)索力监测

索力测量误差小于±2%。依靠测量仪器精度保证测试精度,并结合多次测量及与千斤顶读数进行对照。

施工阶段各工况监测内容见表5-5。

施工阶段各工况监测内容　　表5-5

监测工况		拱肋拼装	拱肋合龙	主梁拼装	主梁焊接	浇筑桥面板混凝土
几何监测	内容	高程、线形	高程、线形	高程、线形	高程、线形	高程、线形
	范围	全部测点	全部测点	全部测点	全部测点	全部测点

续上表

监测工况		拱肋拼装	拱肋合龙	主梁拼装	主梁焊接	浇筑桥面板混凝土
应力监测	内容	拱肋	拱肋	拱肋、主梁	—	拱肋、主梁
	范围	全部测点	全部测点	全部测点	—	全部测点
温度场监测	内容	拱肋	拱肋、拉索	拱肋、拉索、主梁	—	拱肋、拉索、主梁
	范围	全部测点	全部测点	全部测点	—	全部测点
索力监测	内容	—	—	索力	—	索力
	范围	—	—	全部测点	—	全部测点
监测时间		日落3~5h后	日落3~5h后	日落3~5h后	日落3~5h后	日落3~5h后

八、施工监测测量时间、周期及范围要求

拱肋拼装阶段的监测工况为拱肋拼装、拱肋合龙；主梁拼装阶段的监测工况为主梁拼装和主梁焊接。

对于节段安装匹配阶段，如钢箱拱合龙前、钢梁焊接前，应进行多次密集测量以确定数据准确。

钢箱拱肋合龙前应进行48h合龙口高程、轴线、宽度的连续测量及钢梁、拉索温度场连续监测，并在夜间安排两次几何线形通测。连续观测间隔夜间以1~2h为宜，白天以0.5~1h为宜。

根据季节温度变化情况，按有关要求进行特征天气状况（晴天、阴天）24h几何监测及温度场监测的连续观测。

监控单位进场时，钢箱拱肋施工至7号节段时、钢梁吊装一半时、铺装完成时等阶段均应进行上述全部监测内容通测及南北两岸联测和水准点闭合测量。

九、监控精度要求

1. 几何控制技术要求

匹配后钢箱拱、钢梁节段放样高程及轴线误差按设计单位要求及监控指令要求进行。

几何控制误差均指实测值与理论预测值之间的差异。

控制工况钢箱拱肋高程偏差应小于 $\pm L/3000$，L 为悬臂长度，当 $L/3000<20$mm 时按照 $\pm$20mm 进行控制；相邻节段间相对高程偏差（前节段平均偏差 − 后节段平均偏差）不得大于节段长度的1/2000；上下游拱肋高程相对偏差不大于30mm。

控制工况钢箱拱肋轴线偏位应小于 $\pm L/3000$，L 为悬臂长度，当 $L/3000<20$mm 时按照 $\pm$20mm进行控制；相邻节段间相对轴线偏差不得大于1/2000节段长度。

控制工况钢梁上下游高程测点平均值偏差应小于 $\pm L/5000$，L 为测点至肋间平台前端的距离，当 $L/5000<20$mm 时按照 $\pm$20mm 进行控制；相邻梁段间平均相对高程偏差（前梁段平均偏差 − 后梁段平均偏差）不得大于梁段长度的1/2000；上下游高程相对偏差不大于20mm。

控制工况钢梁轴线偏位不得大于 $\pm L/10000$，L 为测点至肋间平台前端的距离，当 $L/10000$ 小于10mm 时按照 $\pm$10mm 进行控制；相邻梁段间相对轴线偏差不得大于1/2000梁段长度。

每个钢箱拱、钢梁节段施工完毕后监控单位对监控结果进行评价并提供报表。

2. 索力控制技术要求

索力控制误差指实测值与理论预测值间的差异。

永久吊索、临时吊索、临时横向联结索、临时系杆的控制误差应小于 ±5%。永久系杆的控制误差应小于 ±3%。

3. 应力监测其他技术要求

应采取有效措施保证测试元件损坏率不得大于 20%,如元件损坏率超过 20% 应进行修复。钢结构应力监测结果应在每个节段完成后提供。当应力水平达到 60% 钢材允许强度或超过误差范围时应提供预警。

4. 温度场监测其他技术要求

温度场监测无其他具体技术要求,监测内容仅用于施工监控分析,不单独提供温度场监测报表。

十、施工监控测点布置及测量原理

施工监测就是通过在施工现场设立的实时监测体系,对施工过程中结构的内力、位移(线形)和温度进行现场实时跟踪测量,为施工监控工作提供实测数据,以保证主梁施工过程结构的安全及为监控计算提供实测结构参数和核校。也就是说,通过对这些测量数据进行计算、分析和比较,以判断结构是否符合设计的要求,结构的状态是否和监控的目标相一致,结构是否处于安全状态,并根据需要对结构的状态及监控目标做出必要的调整。

本桥的施工监测内容主要包括拱肋应力,系杆索和吊杆的索力测试,拱肋空间线形和桥面线形测量,以及结构温度场测试等四个方面。

1. 应力测量

由于设计计算时采用的各项物理力学或时间参数和实际工程中的相应参数值不可能完全一致,导致结构的实际应力未必与设计计算预期的结果相一致。因此有必要在施工阶段对梁体控制截面进行施工应力监控测试,为设计、施工监控提供参考数据,以确保大桥安全、优质建成。

(1)测量方法及原理

影响钢箱拱和钢梁应力测试的因素较复杂,除荷载作用引起的弹性应力应变外,还与温度等因素有关。

目前国内外钢构件应力测试一般通过应变测量换算应力值,为了补偿钢构件内部温度应变,在布置应力测点时同时设置工作应变计和温度补偿应力计。

通过应变测量换算应力值,即:

$$\sigma_{弹} = E\varepsilon_{弹} \tag{5-1}$$

式中:$\sigma_{弹}$——荷载作用下构件的应力。

E——构件弹性模量。

$\varepsilon_{弹}$——荷载作用下构件的弹性应变。

(2)测试断面及测点布置

①拱肋

拱肋的应力测试断面及测点选择的依据是:能监控悬臂施工阶段最大计算应力断面的应力水平、能充分反映钢箱拱中纵向应力分布规律、区分重点控制断面及普通参考控制断面、避开钢箱拱节段拼装时焊接收缩影响、兼顾桥梁动静载试验对断面及测点布置的要求、能充分且必要地形成拱肋应力监测预警系统。

根据上述原则,选择在三角区斜腿顶和底、主副拱拱顶、主拱2号段、副拱3号段、主拱钢混结合段等布置28个测试断面(主副拱合计),具体测试断面布置如图5-4所示。每单侧拱肋断面布置4个测点(图5-5),全桥拱肋共112个测点。

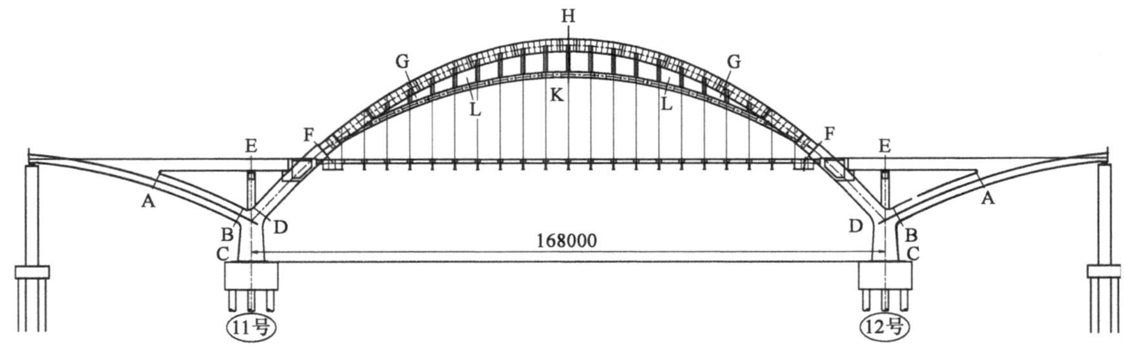

图5-4　拱肋应力测试断面布置示意图(尺寸单位:mm)

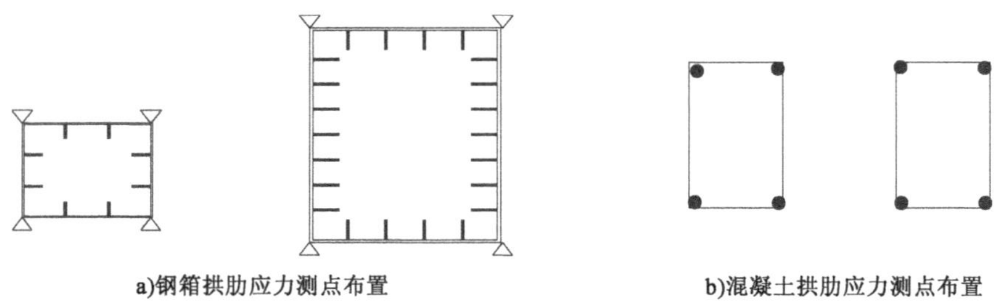

图5-5　拱肋横断面应力测点布置示意图

②钢梁

钢梁的应力测试断面及测点选择的依据是:主梁最大计算应力断面或特征断面。

根据上述原则,桥面应力监测断面和测点布置形式如图5-6～图5-8所示,布置10个测试断面,每个测试断面在纵梁上布置8个测点;横梁布置2个测试断面,共8个测点。全桥桥面系共72个应力测点。

(3)测量仪器及元件

应力测试与桥梁施工同时进行,因而要求测试元件必须具备长期稳定性好、抗损伤性能好、设置定位容易及对施工干扰小等性能。

手持式应变仪的优点是测试数据可靠和稳定,测试过程机动灵活,钢结构的测点布置可直接在杆件上钻孔,监控测点容易保护,可用于测点密集、安装固定元件困难的部位,能保证测试数据的连续性和正确性，特别适用于长期性监测和多点监测，且测试精度完全能满足钢梁架设的监控要求。手持式应变仪仪器标距为250mm，分辨率为1/1000mm，相应的应变分辨率为4.0×10^{-6}（即$4\mu\varepsilon$）。

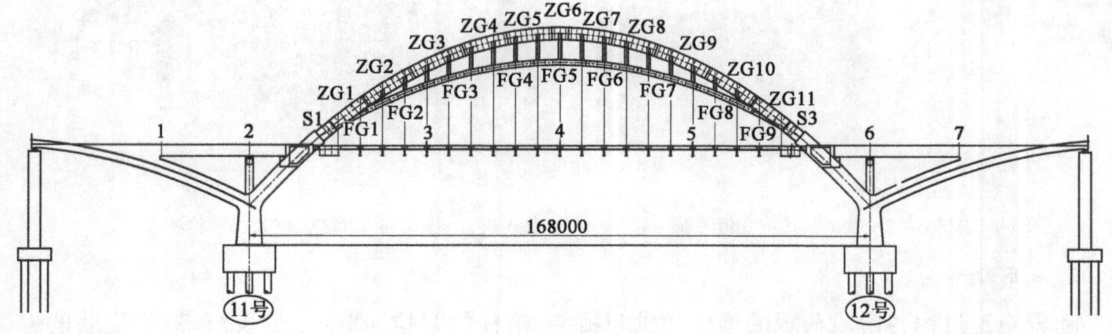

图5-6 桥面钢梁应力测试断面布置示意图（尺寸单位：mm）

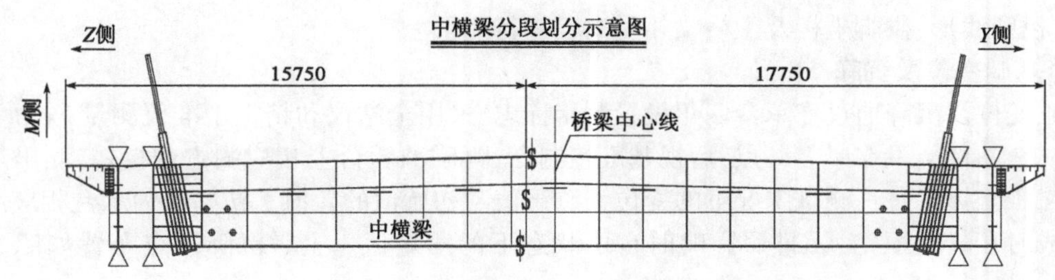

图5-7 中跨处钢梁应力测点布置示意图（尺寸单位：mm）

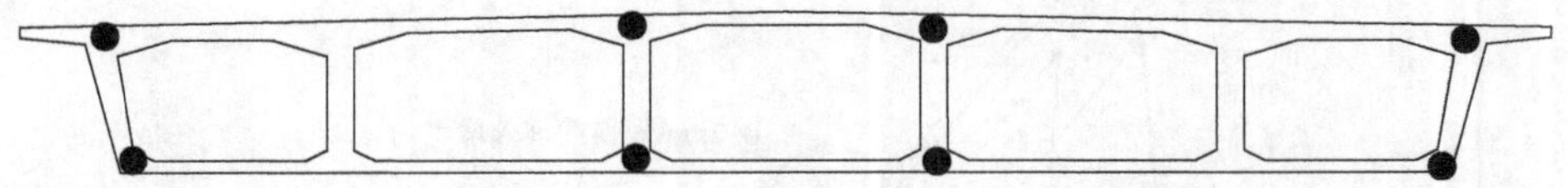

图5-8 边跨及三角处混凝土箱梁应力测点布置示意图

钢弦应变计具有温度影响系数小、稳定性好、抗干扰能力强的特点，适合应力的长期测量。表面式应变计的安装是将应变计固定在配套的底座上，底座直接固定在杆件测试部位，应变计轴线方向应与杆件轴线位置一致，安装完毕后对应变计初始频率值进行标定即可使用。为保护元件不受损坏，应尽量将钢弦应变计安装在对施工干扰较小的部位，在施工过程中采取一定措施对测试元件加强保护。钢弦应变计 JMZX-212A 和 JMZX215AT（图 5-9）的量程为：$\pm1500\mu\varepsilon$，灵敏度：$1\mu\varepsilon$ 或 0.1Hz，测量标距：128mm，使用环境温度：$-10\sim+70$℃；它的测读仪器为 JMZX-300X（图5-10）振弦检测仪，其主要指标如下：量程：$\pm1500\mu\varepsilon$；分辨率：$<1\mu\varepsilon$；稳定性：$2\sim3\mu\varepsilon$。

(4)测试工况及频率

应力测试的工作频率为每根系杆张拉施工进行2次；每个主梁节段施工进行1次，选择在主梁节段拼装阶段进行。测量范围均为已施工的全部结构通测。

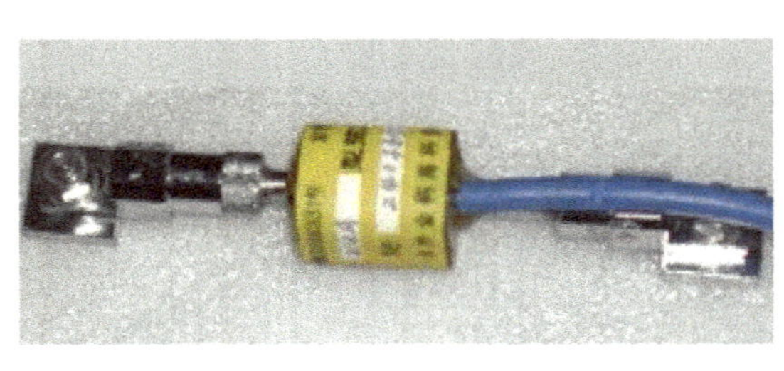

图 5-9 JMZX-212A 型钢弦式应变传感器

图 5-10 JMZX-300X 振弦检测仪

2. 线形测量

随着施工过程各阶段荷载的增加和拱肋吊装、吊杆的张拉，基础变位及沉降、主拱肋的空间线形、拱脚坐标及主横梁相对高程都会发生变化，为了使这种变化保持在可控制范围内，同时为与设计值比较，需要在主拱肋合龙前后和每次张拉吊杆后以及桥面铺装后对基础变位以及沉降、拱肋线形、拱脚坐标及主横梁相对高程进行测量。

(1)基础变位及沉降

基础变位及沉降通过在承台四角设置测量标志，采用全站仪和精密水准仪测量，全桥共 8 个测点。全站仪架设在岸上一点，后视基准控制点，再瞄准承台上相应测点的棱镜，测出承台测点的三维坐标。每一测试工况下的变位为测试值与初始值的差值。初始值为承台相应测点架设完成时在气温恒定、无日照影响时自由状态下的测量值。主墩沉降测点布置如图 5-11 所示。

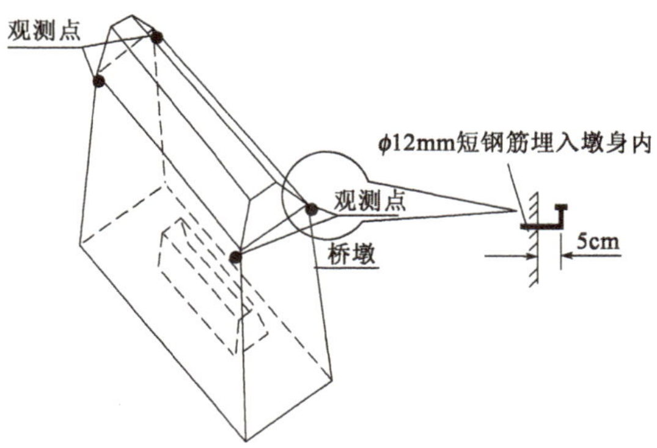

图 5-11 沉降观测点布置图

(2)拱肋

拱肋线形的测量方法为坐标法。全站仪架设在岸上一点，后视基准控制点，再瞄准拱肋上相应测点的棱镜，测出拱上测点的三维坐标。每一测试工况下的变位为测试值与初始值的差值。初始值为拱肋相应测点架设完成时在气温恒定、无日照影响时自由状态下的测量值。

在拱脚、三角区端部、主副拱 $L/4$ 截面、跨中截面、钢和混凝土拱肋结合段布置测试断面，每个测量断面布置 2 个测量标志，采用全站仪和精密水准仪测量，全桥共 24 个测点。钢箱拱肋在每个节段前端各设置一个测量标志，采用全站仪和精密水准仪测量，全桥共44个测点。图5-12所示为拱肋几何测点布置示意图。拱肋安装施工阶段，测量已安装拱肋段的三维坐标、线形，再根据监控计算，精确控制安装拱肋节段的预拱度；系杆和吊杆每次张拉或索力调整前后，测量主横梁相对高程，二期恒载铺装完毕，测量拱轴线形及主横梁相对高程。

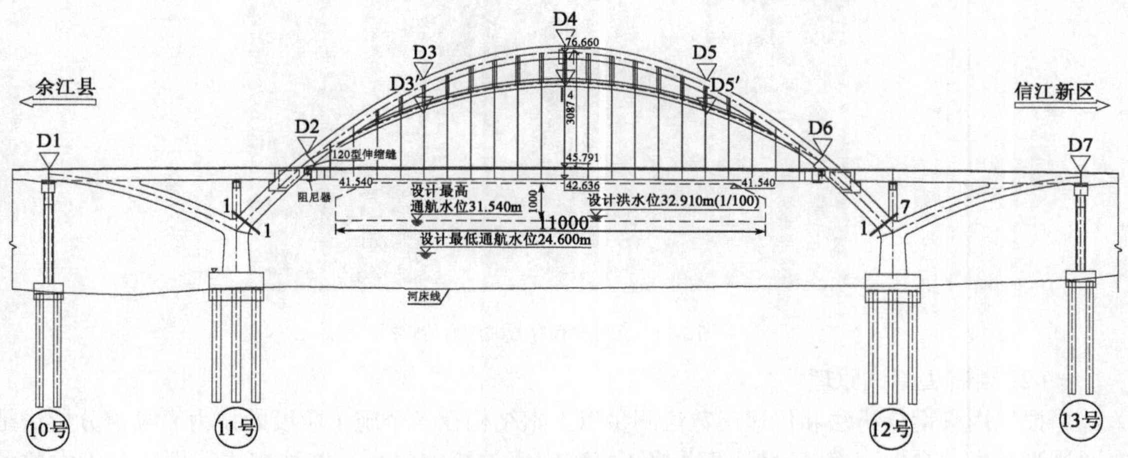

图5-12 拱肋几何测点布置示意图(高程单位：m；尺寸单位：mm)

(3)钢梁

每个安装节段前后端顶面各设置2个测量标志(中跨与吊索锚点对应)，采用全站仪和精密水准仪测量，节段安装前后对已安装钢桥面进行测量。

由于线形对温度、日照较敏感，所以测量时间将选在日出之前温度较恒定的时段内进行。

3. 索力测试

吊杆采用单吊杆形式(每个吊点采用一根吊杆)，吊点纵向间距6m，采用可调可换的钢绞线体系——GJ15-27环氧全喷涂钢绞线整束挤压式吊杆体系，全桥共21对。吊杆上端设于钢箱拱吊耳上，吊杆下端设于主纵梁底部，下端为张拉端。

吊杆是本桥支撑桥面的主要受力构件，其索力对桥梁整体的线形和内力影响很大，因此在施工过程中，必须精确预报、测量其张拉力，使其最终达到设计要求的理想受力状态。

系杆采用穿心式压力传感器监测，每束永久系杆均设置穿心压力传感器测量，全桥共20个。吊杆采用穿心式压力传感器监测，全桥需要21对。吊杆和系杆的压力传感器安装需要考虑锚头的结构构造和索体预留长度等因素，压力传感器的安装需要在项目实施过程中根据实际情况具体确定。

(1)压力传感器测试法

压力传感器采用光纤光栅压力环传感器，如图5-13所示。该类型改善了传统压力环方向性差的缺陷，提高了测试精度。目前，已经有两种类型的光纤光栅压力环在多座桥梁等工程项目上实际应用。该光纤光栅压力环具备良好的测试精度和工作性能，可以满足实际监控的要求，将来还可用于长期健康监测。

因为传感器安装误差会引起测试数据偏差，所以需要在传感器安装完毕、索张拉前对传感器进行重新标定。另外，在安装完成后，采用频谱分析法，对标定结果进行复核检验。在索张拉为设计值的50%过程中，以张拉千斤顶为准，同时对传感器进行标定。其后测试以穿心压力传感器为准，以频谱分析法来复核。

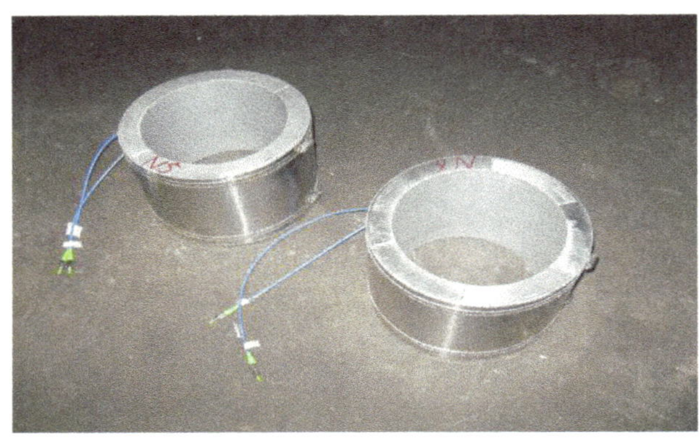

图5-13　光纤光栅穿心式压力传感器

(2)频谱法测试原理

拟采用频谱分析法和传递函数法测量以上索结构在各个施工阶段的拉力。频谱分析法是通过测量索的自振频率，经过计算并修正来确定索的拉力大小。这种方法特别适合于索数量多、规格(长度)种类多，要求快速量测的结构体系。传递函数法是通过小型力锤对索进行激励，并用加速度传感器测量其响应，通过互谱分析获得索频率(此法对索无损伤)。频率法的原理如下：

$$T = 4\frac{W}{g}l^2\left(\frac{f_n}{n}\right)^2 = 4\frac{W}{g}L^2F^2 \tag{5-2}$$

式中：T——索力，N；

W——单位索长的重量，kg/m；

f_n——索的第n阶自振频率，Hz；

L——索的计算长度，m；

n——索自振频率阶数；

g——重力加速度，9.81m/s²；

F——索自振基频。

根据不同规格(长度)吊杆，可采用以下两种激励方法：采用人工对吊杆作用——激励力(如力锤)使其产生自由振动；利用环境脉动(如大地脉动、风动)，测定吊杆的基本频率。以上两种激励方法可根据现场测试效果及吊杆的规格(不同的长度)灵活采用。用高灵敏的压电加速度计测量吊杆的振动信号，振动信号经电荷放大器放大和滤波处理后，由DASP动态信号采集和数据处理系统做分析处理，图5-14是测试系统框图。

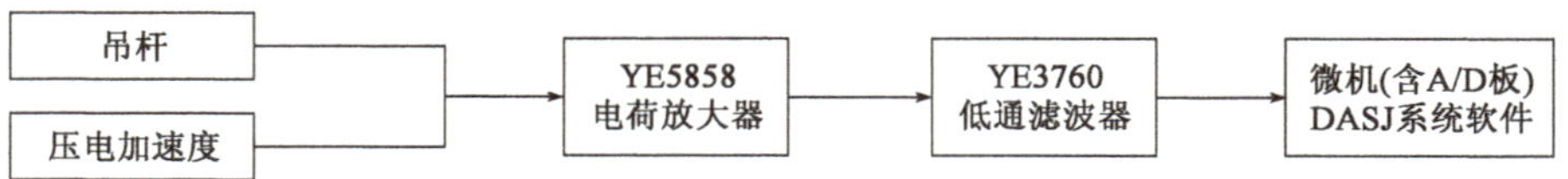

图5-14　环境激振测试系统框图

测量频率为在每次张拉完毕后，对吊杆的索力进行测量，测量结果既可作为对张拉施工的校核，又可为结构计算提供依据。若需调节桥面拱肋高程，则在每次调节完毕后测量相关吊杆索力。

4. 温度场测量

温度场对本桥的影响主要体现在拱肋、主梁及吊杆上，为精确计算结构内力，需要对这些部位的结构温度进行测量。此外还需测量大气温度。

选择气温变化较大的一天进行全天测试。每隔两小时测量一次，分析温度场随时间变化的规律。

环境温度测点：两岸拱座上方遮阴通风处各 1 个温度传感器，全桥共 2 个。

钢箱拱：选择在三角区斜腿顶和底，主副拱 $L/4$ 截面，跨中拱顶等布置测试断面，每个拱肋温度测试断面布置 2 个温度传感器，全桥共 28 个。

钢桥面：在边跨跨中、三角区纵梁跨中、中跨跨中、中跨 1/4 点布置测试断面，每个温度测试断面布置 4 个温度传感器，全桥共 20 个，分别如图 5-15 ~ 图 5-18 所示。

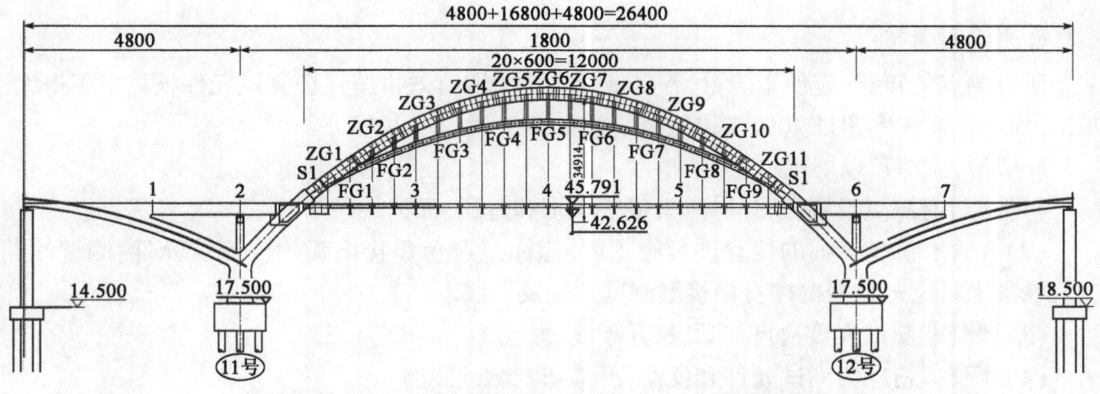

图 5-15　拱肋温度测试断面布置示意图(尺寸单位：mm；高程单位：m)

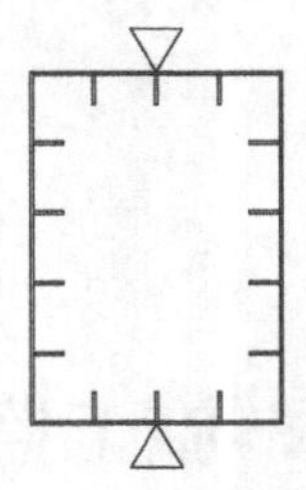

图 5-16　拱肋温度测点布置示意图

注：△表示温度测点。

永久系杆：共设 4 个温度传感器。

永久吊杆：共设 4 个温度传感器。

上述传感器均采用埋置式温度传感器。另外，配置 2 套红外测温仪辅助测量。

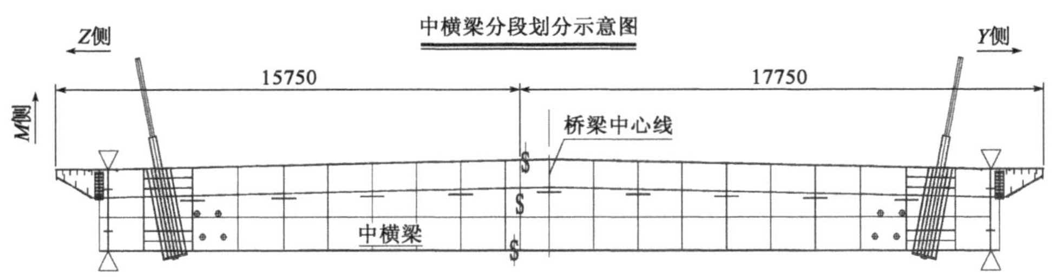

图 5-17　中跨处钢梁温度测点布置示意图(尺寸单位:mm)

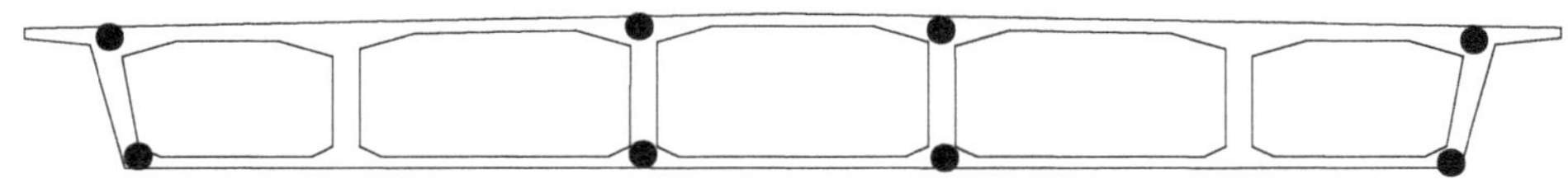

图 5-18　边跨及三角区混凝土梁温度测点布置示意图

5. 测点的保护

所有测点的布置,应便于测量,不易破坏。应采取有效措施保证测试元件损坏率不得大于 20%,如元件损坏率超过 20% 应进行修复或更换。

一般地,应执行以下规定:

(1)对所有测点设置醒目的标识,便于识别和避让、保护。

(2)在含有测试断面的位置进行施工时,应注意避免焊接电弧灼伤测试元件、测试线路,浇筑混凝土时应避免振捣棒直接接触测试元件及导线。

(3)严禁非测试人员擅自移动、打开集线器。

(4)严禁盗窃应力测试元件和仪器,严禁切割测试线路。

(5)在测试元件附近应避免使用高温或强电磁设备。

(6)严禁将液体物质倾置于测试元件附近。

(7)严禁涂污线路及测点编号。

(8)严禁在测点附近堆放施工荷载。

(9)严禁故意敲打、挤压测试元件。

第四节　施工监控成果

一、三角区施工监测成果

施工三角区时采用钢管立柱梁柱式支架,实施前对支架结构和浇筑过程进行了有限元模拟,验算该结构体系的安全可靠性,计算模型如图 5-19 ~ 图 5-21 所示,并在拱脚截面设置了应变观测传感器,传感器布置如图 5-22 所示。

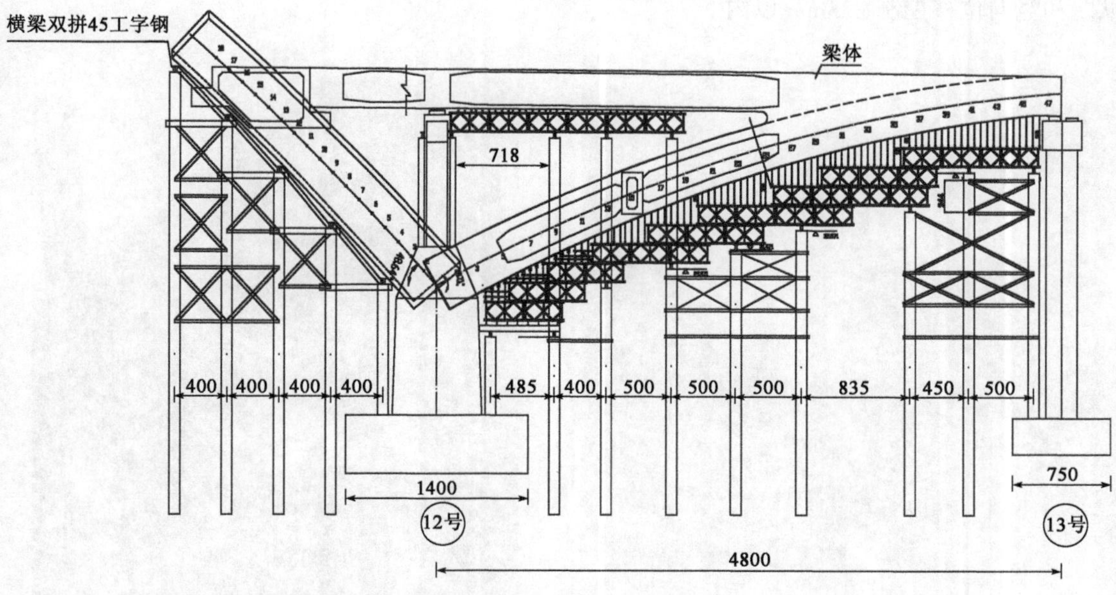

图 5-19 主桥主跨混凝土拱肋施工支架立面图(尺寸单位:cm)

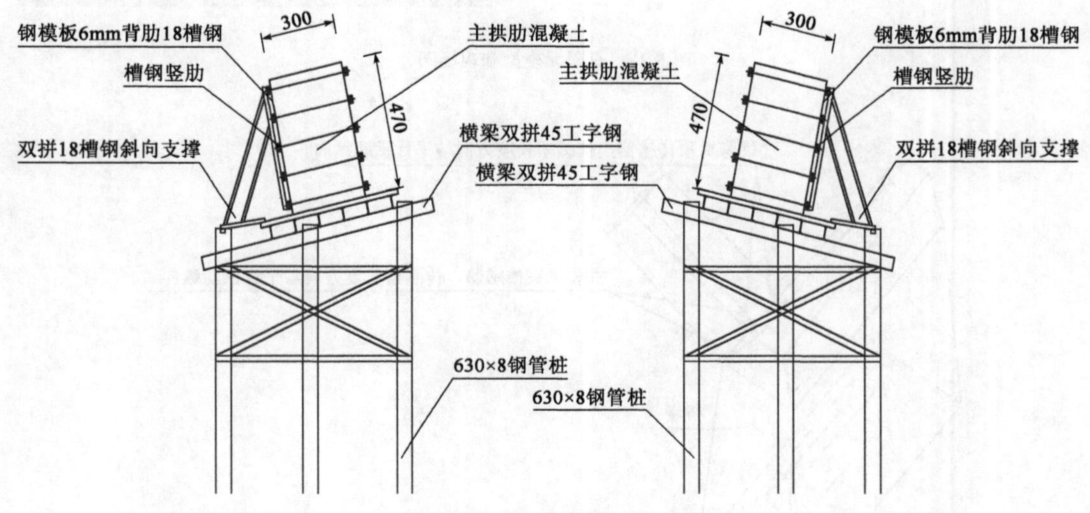

图 5-20 拱肋施工支架布置横截面图(尺寸单位:cm)

由图 5-21 模拟得到在最不利荷载作用下,第 1 节段混凝土最大拉应力为 6.3MPa,混凝土中配置了钢筋,混凝土在浇筑过程中支架变形逐渐产生,因此实际混凝土拱肋最大拉应力会小于 6.3MPa。I45a 工字钢纵梁和双拼 I45a 工字钢横梁最大应力 123.399MPa,钢管立柱最大应力 102.01MPa,因此施工第 4 节段时支架满足强度和刚度要求,但拱肋会开裂。

在浇筑过程中和完成后要保证拱肋模板不会横向移位,必须采取侧向支撑方法将拱肋模板横向固定，防止其发生相对于模板的移动。支架要进行加强以保证拱肋全部打完混凝土后纵向和竖向位移控制在 3mm 以内。

图 5-21　有限元模型和现场图

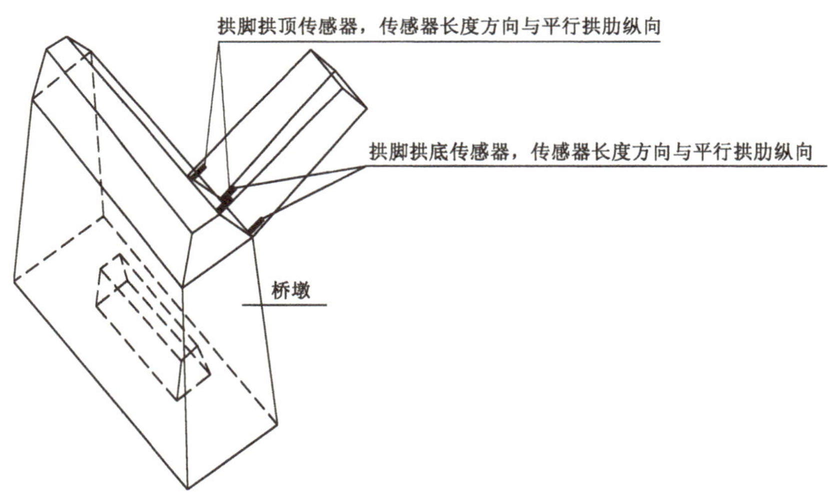

图 5-22　拱肋拱脚应变测点布置图

模拟表明，外倾拱肋在浇筑中存在支架变形导致拱肋开裂的风险，因此对拱肋侧面和支架进行了加固处理，实测数据如表 5-6 和表 5-7 所示。实测表明采取的措施得当。

12 号拱脚测点应变　　表 5-6

位置	12 号边拱脚上游(应变)				位置	12 号边拱脚下游(应变)			
	测点					测点			
日期	1	2	3	4	日期	1	2	3	4
12-4	—	-2	-42	62	12-4	-19	-1	-7	-1
12-5	—	-2	20	-65	12-5	3	-1	-4	-5
12-6	—	0	-17	8	12-6	3	1	-12	3
12-7	—	1	27	-6	12-7	12	1	18	-3
12-12	—	-4	-11	4	12-12	0	0	-29	—
12-13	—	-2	-17	0	12-13	-8	-1	-21	—
12-14	—	4	9	3	12-14	1	1	11	-2
12-18	—	-5	-4	5	12-18	6	4	7	-2
12-19	—	2	-18	3	12-19	-5	1	-27	-1
12-2	—	-8	-18	-3	12-2	-11	2	-20	-89
12-26	—	6	16	1	12-26	2	-3	15	
12-27	—	7	21	7	12-27	18	7	24	
12-28	—	-2	-30	11	12-28	8	6	11	9

位置	12 号主拱脚上游(应变)				位置	12 号主拱脚下游(应变)			
	测点					测点			
日期	1	2	3	4	日期	1	2	3	4
12-4	-13	-2	-7	-37	12-4	10	4	2	-32
12-5	-6	—	-63	-3	12-5	-6	—	-5	-2
12-6	8	-3	-2	52	12-6	-7	—	-6	3
12-7	5	6	-2	5	12-7	10	—	8	7
12-12	10	48	-2	-22	12-12	-2	—	-4	7
12-13	-3	-8	-13	-8	12-13	-16	—	-4	-3
12-14	6	-4	-17	-3	12-14	-2	—	-7	-1
12-18	-2	2	-2	-6	12-18	-3	—	-13	5
12-19	-12	5	-7	-8	12-19	2	—	7	0
12-2	-4	-8	-11	3	12-2	4	—	-9	-8
12-26	17	2	21	27	12-26	-3	—	2	3
12-27	19	4	2	15	12-27	-2	—	-4	5
12-28	-17	31	-17	-4	12-28	1	—	2	3

11 号拱脚测点应变 表 5-7

位置	12 号边拱脚上游(应变)				位置	12 号边拱脚下游(应变)			
日期	测点				日期	测点			
	1	2	3	4		1	2	3	4
2-17	-5	4	-7	-15	2-17	7	9	-10	-7
2-18	6	-16	8	-5	2-18	6	0	-9	8
2-24	-8	-2	-6	-6	2-24	1	-12	-7	—
2-26	11	3	8	4	2-26	3	-2	3	—
2-28	0	15	-5	4	2-28	4	2	0	3
4-02	2	3	-4	-1	4-02	-3	6	32	50
4-11	-3	5	4	4	4-11	-2	3	4	1
4-12	-14	-43	-67	-55	4-12	20	-26	-59	-60
4-13	2	-1	3	7	4-13	12	5	10	8
4-24	-7	9	-16	0	4-24	-5	6	2	—
4-27	3	-12	22	-5	4-27	2	-4	-10	—
4-28	2	0	7	-2	4-28	1	-21	-2	—
4-29	-2	0	2	-1	4-29	-1	12	1	—
5-03	-19	9	-33	-3	5-03	5	17	9	—
5-05	12	-18	22	-6	5-05	8	-8	—	—
5-06	-5	4	-9	1	5-06	-3	3	—	—
5-07	-1	0	-4	-1	5-07	1	0	—	—
5-08	27	5	8	-11	5-08	-6	-8	5	-9
5-1	7	-5	10	-3	5-1	-2	-10	-6	-4
5-11	-1	6	9	3	5-11	-1	6	-9	2
5-12	-8	3	-32	-4	5-12	-12	4	-4	4
5-14	4	0	7	3	5-14	-2	-4	-7	-11

该施工阶段拱肋坐标实测结果如表 5-8 所示。

拱肋施工阶段坐标 表 5-8

标　号	点号	X 坐　标	Y 坐　标	Z 坐　标
25166709	Q1	500579.281403	3129332.447160	31.981663
25166710	Q2	500580.814954	3129332.402619	28.382125
25166711	Q3	500583.596300	3129332.570509	34.062143
25166712	Q4	500588.227317	3129332.690884	36.076669
25166713	Q5	500588.448109	3129332.659837	32.042390

续上表

标　　号	点号	X 坐　标	Y 坐　标	Z 坐　标
25166714	Q6	500592.216324	3129332.795811	37.761727
25166715	Q7	500597.528000	3129332.936945	39.495726
25166716	Q8	500596.299428	3129332.880467	35.382691
25166717	Q9	500599.872848	3129332.952305	36.634056
25166718	Q10	500602.625927	3129333.024542	37.566834
25166727	Q11	500583.483431	3129332.480749	29.628444
25166736	K1	500572.077786	3129315.674791	31.979051
25166737	K3	500566.438538	3129314.451107	37.978254
25166738	K4	500569.997142	3129313.863900	40.390453
25166739	L1	500572.382518	3129333.537074	31.742160
25166740	L3	500565.726231	3129335.017234	38.661475
25166741	L4	500570.177194	3129335.387917	40.042068
25166742	M2	500583.903502	3129316.672091	29.883238
25166743	M3	500587.761541	3129316.591141	31.787306
25166744	M7	500583.400795	3129316.668276	33.973212
25166745	M8	500587.980222	3129316.558103	35.997235
25166762	M9	500559.209018	3129314.775580	43.606714

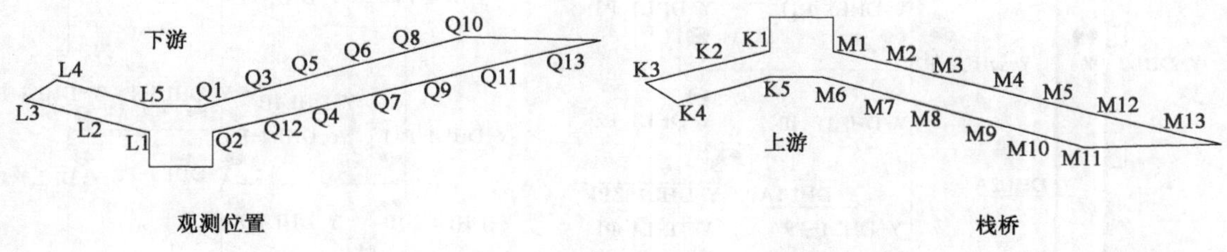

二、桥面结构和拱肋施工阶段监测成果

主梁钢梁阶段安装完成后，通过对已经安装的钢梁节段标记点实时测量（余信贵大桥主梁工地安装线形图如图 5-23 ~ 图 5-27 所示）。测量结果表明，实测值与理论值之间的差值均满足《公路桥涵施工技术规范》（JTG/T F50—2011）中有关钢拱桥施工要求的条文。端横梁实测结果及对比值如表 5-9 ~ 表 5-12 所示。注：控制工况钢梁上下游高程测点平均值偏差应小于 ± $L/5000$；控制工况钢梁轴线偏位不得大于 ± $L/10000$，L 为测点至肋间平台前端的距离。

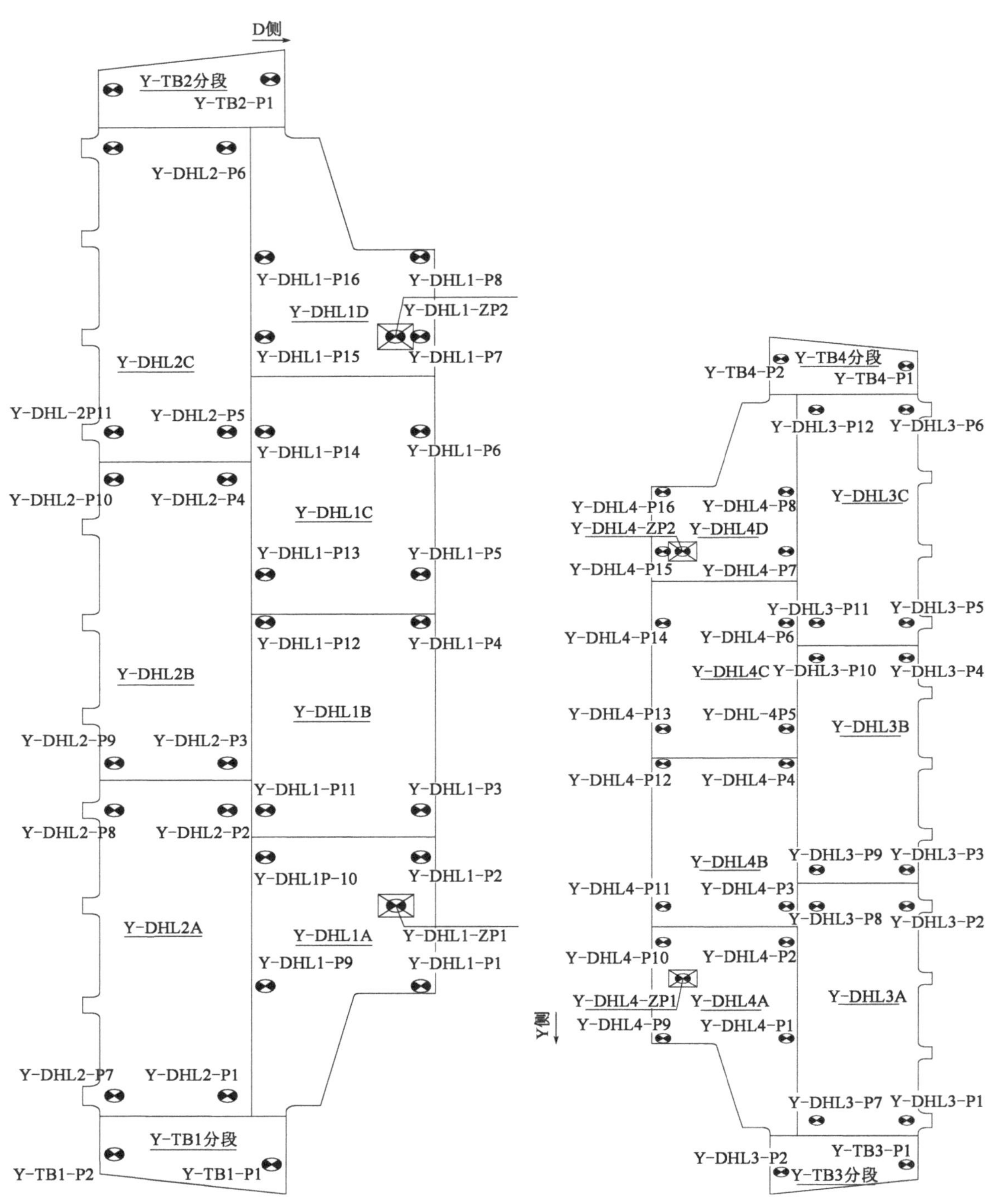

图 5-23　余信贵大桥主梁工地安装线形图(YDL1、YDL2)

图 5-24　余信贵大桥主梁工地安装线形图(YDL3、YDL4)

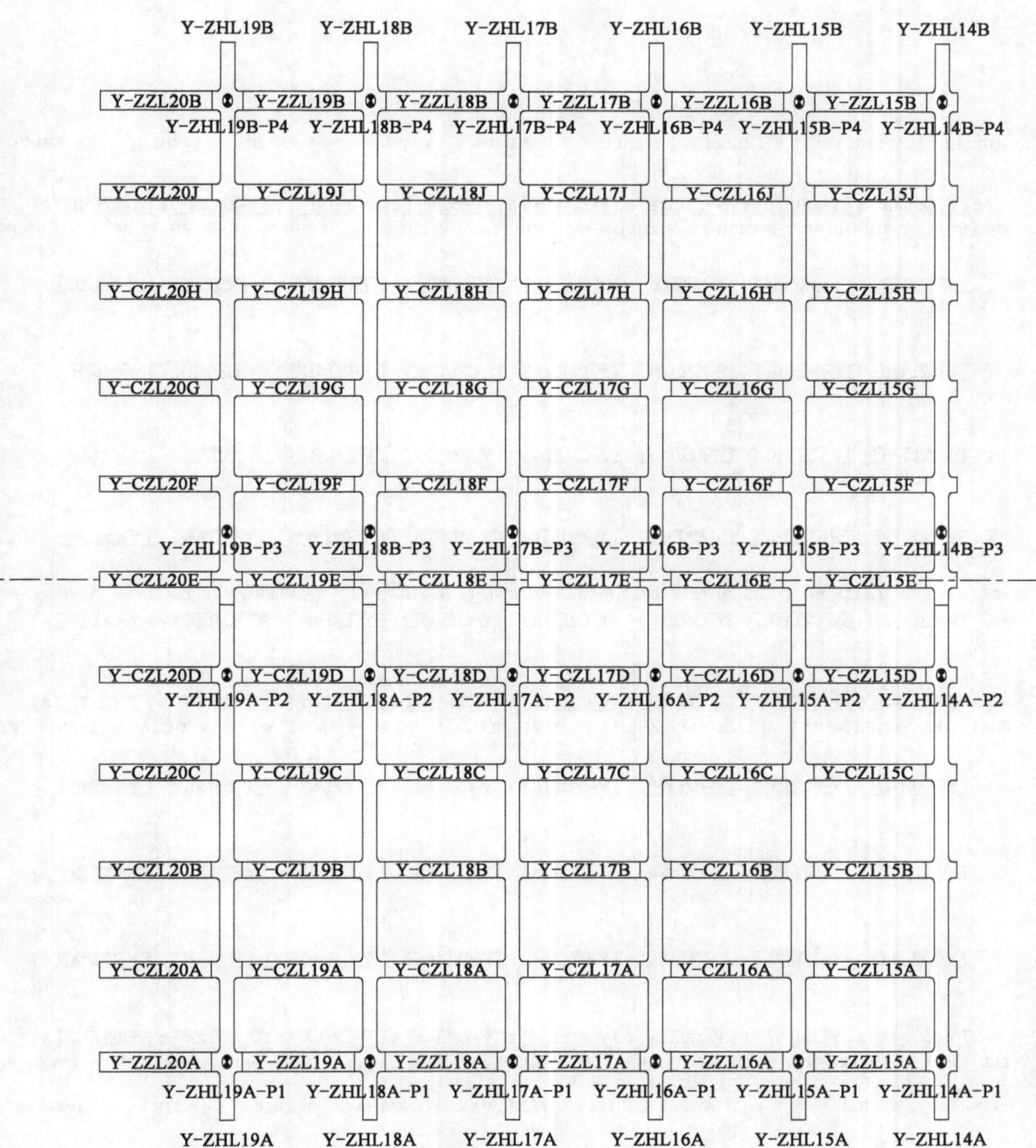

图 5-25 余信贵大桥主梁工地安装线形图(中横梁一)

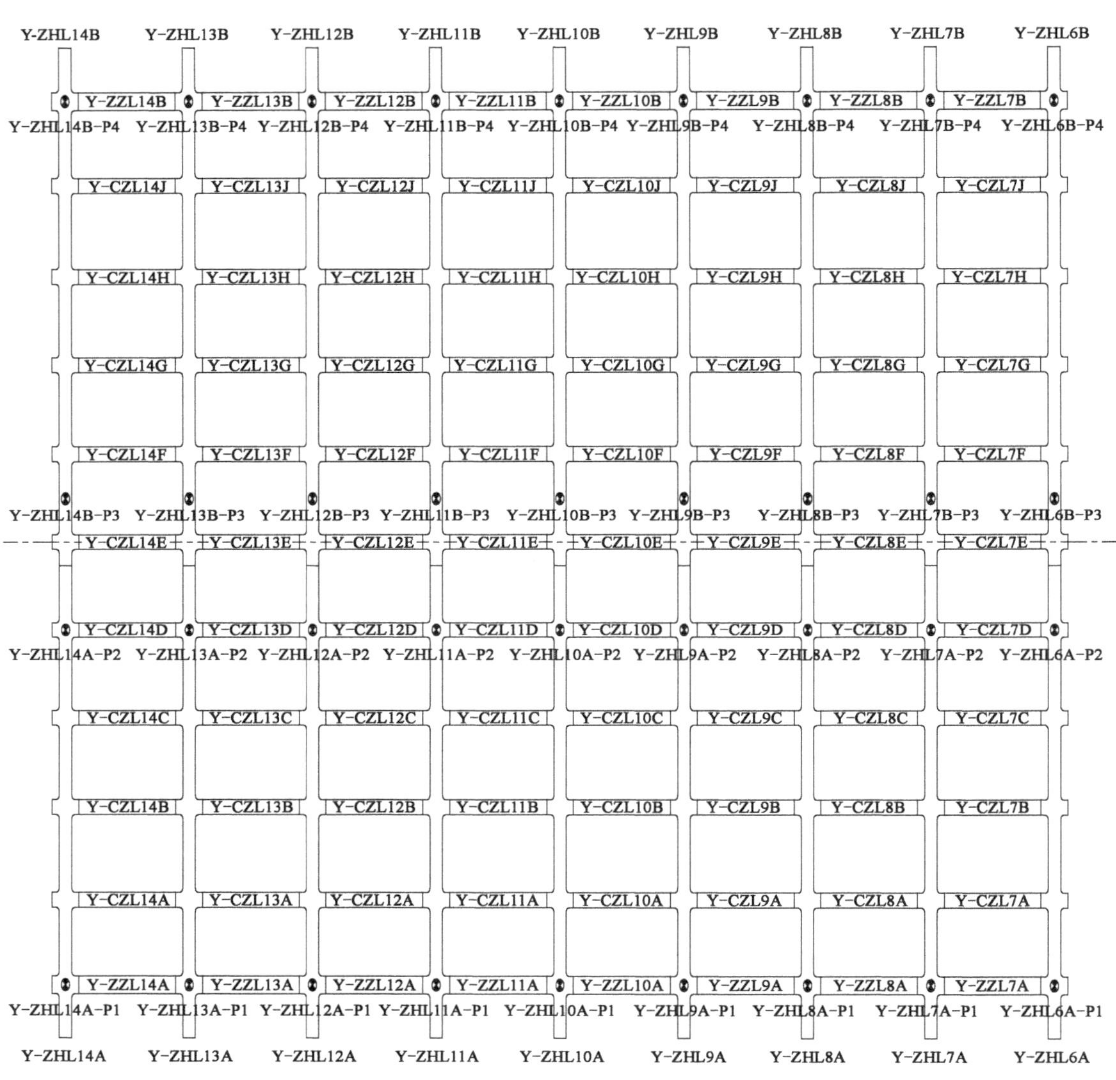

图 5-26　余信贵大桥主梁工地安装线形图(中横梁二)

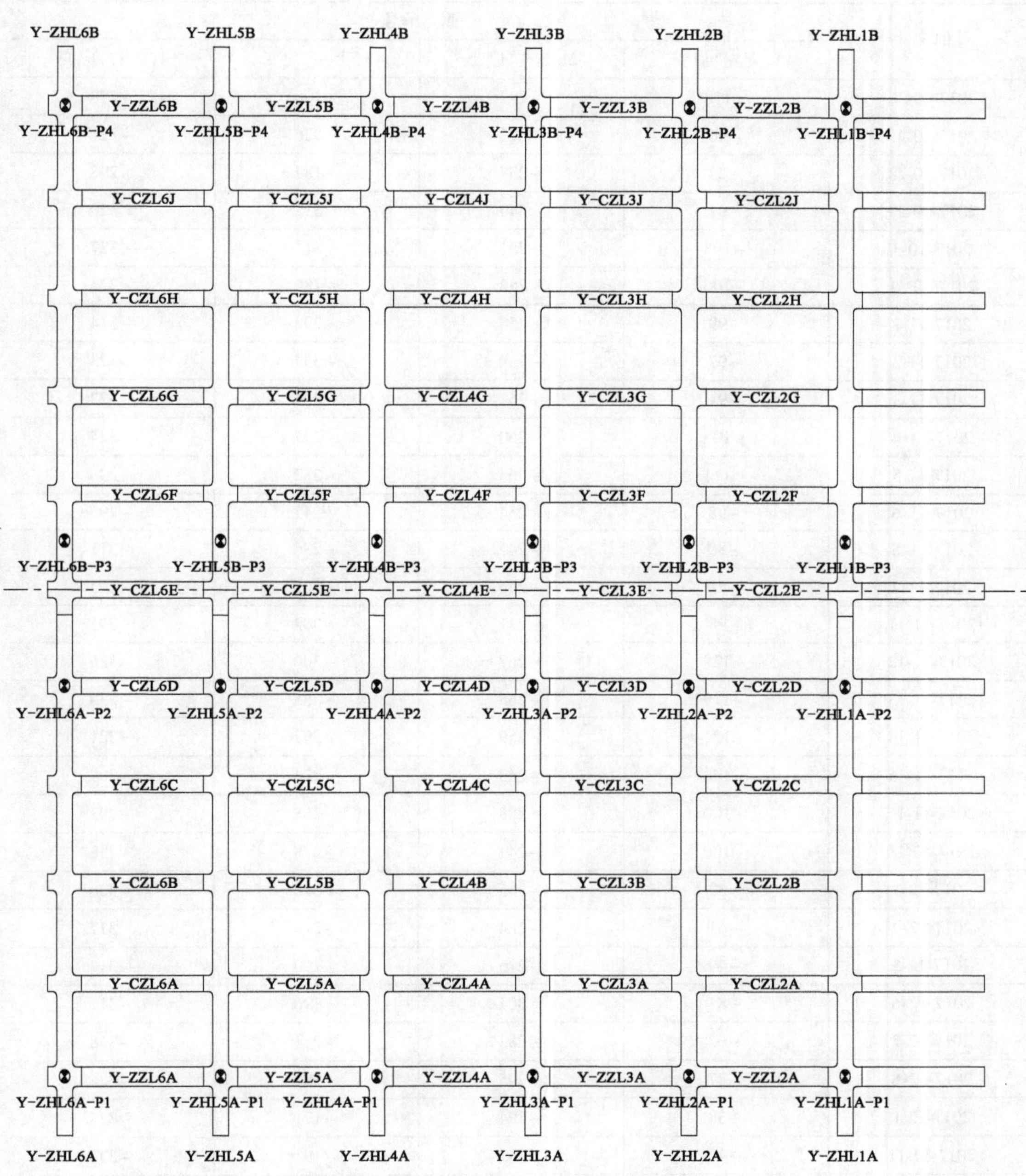

图 5-27　余信贵大桥主梁工地安装线形图(中横梁三)

拱肋钢-混结合段分别设置了 S1、S2、S3 和 S4 四个过渡段,每个过渡段均设置测点,由于结构对称,安装过程中一半测点监测结果如表 5-9 所示。

拱肋测点实测结果 表 5-9

S3 节段应变(με)				
时间	测点编号			
	1(下左)应变	2(下右)应变	3(上左)应变	4(上右)应变
2017-10-26	-118	-242	-306	-298
2017-10-27	-96	-223	-326	-321
2017-10-28	-23	-237	-187	-298
2017-10-29	-91	-249	-312	-320
2017-10-3	-108	-251	-311	-327
2017-10-31	-100	-258	-289	-323
2017-11-1	-99	-258	-298	-314
2017-11-2	-97	-249	-334	-323
2017-11-3	-94	-251	-301	-322
2017-11-4	-103	-260	-297	-324
2017-11-5	-111	-265	-282	-330
2017-11-6	-98	-254	-247	-295
2017-11-8	-80	-241	-236	-311
2017-11-9	-58	-246	-202	-293
2017-11-11	-98	-231	-302	-325
2017-11-12	-129	-267	-300	-326
2017-11-13	-119	-268	-285	-335
2017-11-14	-121	-259	-297	-321
2017-11-15	-108	-253	-274	-299
2017-11-16	-100	-258	-268	-293
2017-11-18	-100	-247	-278	-298
2017-12-1	-89	-265	-310	-328
2017-12-4	-61	-284	-211	-317
2017-12-5	-49	-275	-190	-314
2017-12-6	-81	-304	-190	-311
2017-12-7	-62	-283	-214	-318
2017-12-8	-37	-295	-181	-324
2017-12-1	-38	-294	-171	-324
2017-12-11	-47	-285	-191	-334
2017-12-12	-41	-293	-184	-314
2017-12-13	-44	-282	-164	-305
2017-12-18	-52	-300	-191	-327
2017-12-19	-63	-306	-185	-338

续上表

时间	S3 节段应变(με)			
	测点编号			
	1(下左)应变	2(下右)应变	3(上左)应变	4(上右)应变
2017-12-2	-66	-312	-175	-335
2017-12-21	-69	-319	-171	-332
2017-12-22	-66	-389	-161	-324
2017-12-27	-111	-264	-302	-325
2018-1-9	-41	-313	-199	-349
2018-1-10	-15	-337	-202	-299
2018-1-11	-15	-337	-202	-299
2018-1-12	-49	-334	-262	-242
2018-1-14	-99	-326	-296	-216
2018-1-15	-53	-298	-167	-203
2018-1-16	—	-276	-298	-106

时间	S4 节段应变(με)			
	测点编号			
	1(下左)应变	2(下右)应变	3(上左)应变	4(上右)应变
2017-10-26	-40	-220	-221	190
2017-10-27	-62	-210	-264	194
2017-10-28	-9	-170	-144	280
2017-10-29	-36	-219	-236	186
2017-10-3	-54	-208	-239	214
2017-10-31	-57	-231	-204	224
2017-11-1	-40	-236	-214	224
2017-11-2	-44	-208	-261	193
2017-11-3	-51	-209	-222	217
2017-11-4	-43	-189	-224	236
2017-11-5	-61	-216	-200	238
2017-11-6	-9	-184	-185	262
2017-11-8	4	-173	-170	272
2017-11-9	10	-167	-141	275
2017-11-11	-42	-207	-223	243
2017-11-12	-24	-200	-224	238
2017-11-13	-70	-240	-201	239
2017-11-14	-25	-201	-214	238
2017-11-15	-9	-181	-200	264

续上表

S4 节段(应变 με)				
时间	测点编号			
	1(下左)应变	2(下右)应变	3(上左)应变	4(上右)应变
2017-11-16	-15	-194	-195	271
2017-11-18	-16	-200	-198	274
2017-12-1	-23	-228	-244	219
2017-12-4	25	-194	-141	274
2017-12-5	28	-188	-129	289
2017-12-6	4	-217	-128	266
2017-12-7	18	-187	-151	275
2017-12-8	33	-220	-120	261
2017-12-1	32	-221	-122	270
2017-12-11	44	-210	-110	252
2017-12-12	34	-210	-121	265
2017-12-13	31	-211	-111	243
2017-12-18	25	-200	-134	280
2017-12-19	13	-211	-146	266
2017-12-2	-1	-231	-132	260
2017-12-21	0	-261	-116	253
2017-12-22	3	-273	-125	193
2017-12-27	69	-98	-149	150
2018-1-9	73	-98	-144	195
2018-1-10	1	-135	-323	32
2018-1-11	-20	-107	-299	125
2018-1-12	-16	-286	-66	248
2018-1-14	-37	138	96	215
2018-1-15	-53	-298	-167	-203
2018-1-16	—	-276	-298	-106

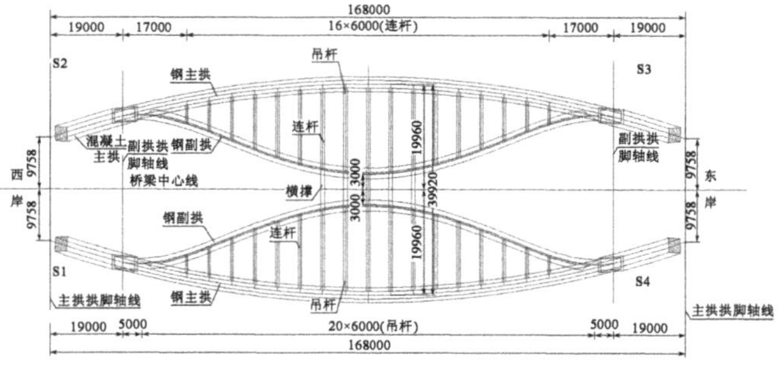

为了保证成桥后的拱肋符合设计线形，监控时通过计算设置了安装预拱度，预拱度值见表5-10。

主、副拱预拱度值(单位:mm)　　表5-10

位置		K0+426	K0+432	K0+438	K0+444	K0+450	K0+456	K0+462	K0+468	K0+474	K0+480	K0+486	K0+492	K0+498	K0+504	K0+510
主拱	竖向	3	7	13	20	29	39	49	58	67	76	84	92	100	107	97
	横向	1	1	2	2	3	6	9	10	11	12	14	14	14	14	14
副拱	竖向					29	39	48	58	69	81	89	96	103	110	101
	横向					2	5	7	8	9	10	12	12	12	12	12
桥面	竖向	3	8	14	21	31	40	51	59	69	76	86	92	96	101	105
位置		K0+516	K0+522	K0+528	K0+534	K0+540	K0+546	K0+552	K0+558	K0+564	K0+570	K0+576	K0+582	K0+588	K0+594	
主拱	竖向	107	100	92	84	76	67	58	49	39	29	20	13	7	3	
	横向	14	14	14	14	12	11	10	9	6	3	2	2	1	1	
副拱	竖向	110	103	96	89	81	69	58	48	39	29					
	横向	12	12	12	12	10	9	8	7	5	2					
桥面	竖向	101	96	92	86	77	69	59	51	40	31	21	14	8	3	

通过对已安装的拱肋节段标记点实时测量，其结果表明：大部分实测值与理论值之间的差值满足《公路桥涵施工技术规范》(JTG/T F50—2011)中有关钢拱桥施工条文要求，但个别差值超过规范容许误差值，理论和实测拱肋结果见表5-11和表5-12。

余信贵主拱理论标记点坐标、高程　　表5-11

名称	编号	标记点	X(mm)	Y(mm)	Z(mm)
主拱	Y-ZG1	Y-ZG1-P1	3129340297	500432238	53337
		Y-ZG1-P2	3129339006	500432238	53611
		Y-ZG1-P3	3129341470	500439422	58865
		Y-ZG1-P4	3129340178	500439422	59139
	Y-ZG2	Y-ZG2-P1	3129341631	500440484	59624
		Y-ZG2-P2	3129340340	500440484	59898
		Y-ZG2-P3	3129343167	500451993	66870
		Y-ZG2-P4	3129341876	500451993	67144

续上表

名称	编号	标 记 点	X(mm)	Y(mm)	Z(mm)
主拱	Y-ZG3	Y-ZG3-P1	3129343343	500453518	67697
		Y-ZG3-P2	3129342052	500453518	67971
		Y-ZG3-P3	3129344536	500466084	73323
		Y-ZG3-P4	3129343245	500466084	73597
	Y-ZG4	Y-ZG4-P1	3129344635	500467414	73794
		Y-ZG4-P2	3129343344	500467414	74068
		Y-ZG4-P3	3129345252	500477981	76705
		Y-ZG4-P4	3129343961	500477981	76979
	Y-ZG5	Y-ZG5-P1	3129345315	500479515	77004
		Y-ZG5-P2	3129344024	500479515	77278
		Y-ZG5-P3	3129345572	500490258	78205
		Y-ZG5-P4	3129344280	500490258	78479
	Y-ZG6	Y-ZG6-P1	3129345578	500491222	78233
		Y-ZG6-P2	3129344287	500491222	78507
		Y-ZG6-P3	3129345578	500495433	78233
		Y-ZG6-P4	3129344287	500495433	78507
	Y-ZG7	Y-ZG7-P1	3129345572	500496397	78205
		Y-ZG7-P2	3129344280	500496397	78479
		Y-ZG7-P3	3129345315	500507140	77004
		Y-ZG7-P4	3129344024	500507140	77278
	Y-ZG8	Y-ZG8-P1	3129345252	500508675	76705
		Y-ZG8-P2	3129343961	500508675	76979
		Y-ZG8-P3	3129344635	500519241	73794
		Y-ZG8-P4	3129343344	500519241	74068
	Y-ZG9	Y-ZG9-P1	3129344536	500520571	73323
		Y-ZG9-P2	3129343245	500520571	73597
		Y-ZG9-P3	3129343343	500533138	67697
		Y-ZG9-P4	3129342052	500533138	67971
	Y-ZG10	Y-ZG10-P1	3129343167	500534662	66870
		Y-ZG10-P2	3129341876	500534662	67144
		Y-ZG10-P3	3129341631	500546171	59624
		Y-ZG10-P4	3129340340	500546171	59898
	Y-ZG11	Y-ZG11-P1	3129341470	500547233	58865
		Y-ZG11-P2	3129340178	500547233	59139
		Y-ZG11-P3	3129340297	500554417	53337
		Y-ZG11-P4	3129339006	500554417	53611
	Y-ZG12	Y-ZG12-P1	3129310244	500432238	53611
		Y-ZG12-P2	3129308952	500432238	53337
		Y-ZG12-P3	3129309071	500439422	59139
		Y-ZG12-P4	3129307780	500439422	58865

续上表

名称	编号	标记点	X(mm)	Y(mm)	Z(mm)
主拱	Y-ZG13	Y-ZG13-P1	3129308910	500440484	59898
		Y-ZG13-P2	3129307619	500440484	59624
		Y-ZG13-P3	3129307373	500451993	67144
		Y-ZG13-P4	3129306082	500451993	66870
	Y-ZG14	Y-ZG14-P1	3129307198	500453518	67971
		Y-ZG14-P2	3129305907	500453518	67697
		Y-ZG14-P3	3129306005	500466084	73597
		Y-ZG14-P4	3129304714	500466084	73323
	Y-ZG15	Y-ZG15-P1	3129305905	500467414	74068
		Y-ZG15-P2	3129304614	500467414	73794
		Y-ZG15-P3	3129305289	500477981	76979
		Y-ZG15-P4	3129303997	500477981	76705
	Y-ZG16	Y-ZG16-P1	3129305225	500479515	77278
		Y-ZG16-P2	3129303934	500479515	77004
		Y-ZG16-P3	3129304969	500490258	78479
		Y-ZG16-P4	3129303678	500490258	78205
	Y-ZG17	Y-ZG17-P1	3129304962	500491222	78507
		Y-ZG17-P2	3129303671	500491222	78233
		Y-ZG17-P3	3129304962	500495433	78507
		Y-ZG17-P4	3129303671	500495433	78233
	Y-ZG18	Y-ZG18-P1	3129304969	500496397	78479
		Y-ZG18-P2	3129303678	500496397	78205
		Y-ZG18-P3	3129305225	500507140	77278
		Y-ZG18-P4	3129303934	500507140	77004
	Y-ZG19	Y-ZG19-P1	3129305289	500508675	76979
		Y-ZG19-P2	3129303997	500508675	76705
		Y-ZG19-P3	3129305905	500519241	74068
		Y-ZG19-P4	3129304614	500519241	73794
	Y-ZG20	Y-ZG20-P1	3129306005	500520571	73597
		Y-ZG20-P2	3129304714	500520571	73323
		Y-ZG20-P3	3129307198	500533138	67971
		Y-ZG20-P4	3129305907	500533138	67697
	Y-ZG21	Y-ZG21-P1	3129307373	500534662	67144
		Y-ZG21-P2	3129306082	500534662	66870
		Y-ZG21-P3	3129308910	500546171	59898
		Y-ZG21-P4	3129307619	500546171	59624
	Y-ZG22	Y-ZG22-P1	3129309071	500547233	59139
		Y-ZG22-P2	3129307780	500547233	58865
		Y-ZG22-P3	3129310244	500554417	53611
		Y-ZG22-P4	3129308952	500554417	53337

主拱、副拱安装实测值

表 5-12

名称	编号	标记点	余信贵主拱设计标记点坐标、高程			余信贵主拱实测标记点坐标、高程			偏差		
			X (mm)	Y (mm)	Z (mm)	X (mm)	Y (mm)	Z (mm)	与设计 x 偏差 (m)	与设计 y 偏差 (m)	与设计 z 偏差 (m)
主拱	Y-ZG1	Y-ZG1-P1	3129340.3	500432.238	53.3368839	3129340.2929	500432.2605	53.3309	0.0040	-0.0228	0.0060
		Y-ZG1-P2	3129339.01	500432.238	53.6113273	3129339.0030	500432.2589	53.6087	0.0028	-0.0212	0.0026
		Y-ZG1-P3	3129341.47	500439.422	58.8646892	3129341.4719	500439.4368	58.8660	-0.0023	-0.0150	-0.0013
		Y-ZG1-P4	3129340.18	500439.422	59.1391326	3129340.1800	500439.4368	59.1380	-0.0015	-0.0150	0.0011
	Y-ZG2	Y-ZG2-P1	3129341.63	500440.484	59.6240432	3129341.6271	500440.4837	59.6229	0.0036	0.0007	0.0011
		Y-ZG2-P2	3129340.34	500440.484	59.8984866	3129340.3275	500440.4838	59.9035	0.0121	0.0006	-0.0050
		Y-ZG2-P3	3129343.17	500451.993	66.8695499	3129343.1416	500451.9887	66.8792	0.0258	0.0046	-0.0097
		Y-ZG2-P4	3129341.88	500451.993	67.1439933	3129341.8577	500451.9870	67.1524	0.0186	0.0063	-0.0084
	Y-ZG3	Y-ZG3-P1	3129343.34	500453.518	67.696801	3129343.3209	500453.5191	67.6880	0.0219	-0.0015	0.0088
		Y-ZG3-P2	3129342.05	500453.518	67.9712444	3129342.0388	500453.5198	67.9684	0.0129	-0.0022	0.0028
		Y-ZG3-P3	3129344.54	500466.084	73.3229821	3129344.5062	500466.0796	73.3118	0.0295	0.0049	0.0112
		Y-ZG3-P4	3129343.24	500466.084	73.5974256	3129343.2148	500466.0750	73.5868	0.0297	0.0095	0.0106
	Y-ZG8	Y-ZG8-P1	3129345.25	500508.675	76.7046863	3129345.0861	500508.6371	76.7321	0.1659	0.0374	-0.0274
		Y-ZG8-P2	3129343.96	500508.675	76.9791297	3129343.8010	500508.6480	76.9880	0.1598	0.0265	-0.0089
		Y-ZG8-P3	3129344.64	500519.241	73.7936708	3129344.3732	500519.1711	73.7855	0.2623	0.0702	0.0082
		Y-ZG8-P4	3129343.34	500519.241	74.0681143	3129343.1935	500519.1976	74.0579	0.1508	0.0437	0.0102
	Y-ZG9	Y-ZG9-P1	3129344.54	500520.571	73.3229821	3129344.5337	500520.5848	73.3294	0.0020	-0.0141	-0.0064
		Y-ZG9-P2	3129343.24	500520.571	73.5974256	3129343.2440	500520.5782	73.5941	0.0005	-0.0075	0.0033
		Y-ZG9-P3	3129343.34	500533.138	67.696801	3129343.3424	500533.1528	67.7094	0.0004	-0.0153	-0.0126
		Y-ZG9-P4	3129342.05	500533.138	67.9712444	3129342.0520	500533.1394	67.9818	-0.0003	-0.0019	-0.0106
	Y-ZG10	Y-ZG10-P1	3129343.17	500534.662	66.8695499	3129343.1611	500534.6821	66.8877	0.0063	-0.0202	-0.0182
		Y-ZG10-P2	3129341.88	500534.662	67.1439933	3129341.8727	500534.7026	67.1543	0.0036	-0.0407	-0.0103
		Y-ZG10-P3	3129341.63	500546.171	59.6240432	3129341.6416	500546.1938	59.6369	-0.0109	-0.0231	-0.0129
		Y-ZG10-P4	3129340.34	500546.171	59.8984866	3129340.3374	500546.1971	59.9116	0.0022	-0.0264	-0.0131

续上表

名称	编号	标记点	余信贵主拱设计标记点坐标、高程			余信贵主拱实测标记点坐标、高程			偏差		
			X (mm)	Y (mm)	Z (mm)	X (mm)	Y (mm)	Z (mm)	与设计 x 偏差 (m)	与设计 y 偏差 (m)	与设计 z 偏差 (m)
主拱	Y-ZG11	Y-ZG11-P1	3129341.47	500547.233	58.8646892	3129341.4695	500547.2408	58.8733	0.0001	-0.0074	-0.0086
		Y-ZG11-P2	3129340.18	500547.233	59.1391326	3129340.1764	500547.2392	59.1478	0.0021	-0.0058	-0.0087
		Y-ZG11-P3	3129340.3	500554.417	53.3368839	3129340.2904	500554.4276	53.3603	0.0065	-0.0102	-0.0234
		Y-ZG11-P4	3129339.01	500554.417	53.6113273	3129339.0019	500554.4242	53.6376	0.0039	-0.0068	-0.0263
	Y-ZG12	Y-ZG12-P1	3129310.24	500432.238	53.6113273	3129310.2399	500432.2579	53.6195	0.0037	-0.0202	-0.0082
		Y-ZG12-P2	3129308.95	500432.238	53.3368839	3129308.9221	500432.2626	53.3562	0.0303	-0.0249	-0.0193
		Y-ZG12-P3	3129309.07	500439.422	59.1391326	3129309.0670	500439.4384	59.1466	0.0039	-0.0166	-0.0075
		Y-ZG12-P4	3129307.78	500439.422	58.8646892	3129307.7710	500439.4351	58.8832	0.0087	-0.0133	-0.0185
	Y-ZG13	Y-ZG13-P1	3129308.91	500440.484	59.8984866	3129308.9010	500440.4910	59.8850	0.0088	-0.0066	0.0135
		Y-ZG13-P2	3129307.62	500440.484	59.6240432	3129307.6080	500440.4870	59.6220	0.0106	-0.0026	0.0020
		Y-ZG13-P3	3129307.37	500451.993	67.1439933	3129307.3880	500451.9900	67.1410	-0.0149	0.0033	0.0030
		Y-ZG13-P4	3129306.08	500451.993	66.8695499	3129306.0970	500451.9860	66.8760	-0.0151	0.0073	-0.0065
	Y-ZG19	Y-ZG19-P1	3129305.29	500508.675	76.9791297	3129305.2978	500508.6865	77.0056	-0.0093	-0.0120	-0.0265
		Y-ZG19-P2	3129304	500508.675	76.7046863	3129304.0052	500508.6794	76.7169	-0.0078	-0.0049	-0.0122
		Y-ZG19-P3	3129305.91	500519.241	74.0681143	3129305.9105	500519.2422	74.0818	-0.0055	-0.0009	-0.0137
		Y-ZG19-P4	3129304.61	500519.241	73.7936708	3129304.6192	500519.2372	73.8149	-0.0053	0.0041	-0.0212
	Y-ZG20	Y-ZG20-P1	3129306	500520.571	73.5974256	3129306.0051	500520.5845	73.6078	-0.0002	-0.0138	-0.0104
		Y-ZG20-P2	3129304.71	500520.571	73.3229821	3129304.7171	500520.5722	73.3390	-0.0034	-0.0015	-0.0160
		Y-ZG20-P3	3129307.2	500533.138	67.9712444	3129307.2096	500533.1466	67.9858	-0.0119	-0.0091	-0.0146
		Y-ZG20-P4	3129305.91	500533.138	67.696801	3129305.9126	500533.1387	67.7087	-0.0061	-0.0012	-0.0119
	Y-ZG21	Y-ZG21-P1	3129307.37	500534.662	67.1439933	3129307.3838	500534.6721	67.1527	-0.0107	-0.0102	-0.0087
		Y-ZG21-P2	3129306.08	500534.662	66.8695499	3129306.0913	500534.6621	66.8708	-0.0094	-0.0002	-0.0013
		Y-ZG21-P3	3129308.91	500546.171	59.8984866	3129308.9203	500546.1723	59.8940	-0.0105	-0.0016	0.0045
		Y-ZG21-P4	3129307.62	500546.171	59.6240432	3129307.6296	500546.1666	59.6169	-0.0110	0.0041	0.0071
	Y-ZG22	Y-ZG22-P1	3129309.07	500547.233	59.1391326	3129309.0734	500547.2412	59.1420	-0.0025	-0.0078	-0.0029
		Y-ZG22-P2	3129307.78	500547.233	58.8646892	3129307.7855	500547.2331	58.8604	-0.0058	0.0003	0.0043
		Y-ZG22-P3	3129310.24	500554.417	53.6113273	3129310.2588	500554.4222	53.6226	-0.0152	-0.0048	-0.0113
		Y-ZG22-P4	3129308.95	500554.417	53.3368839	3129308.9693	500554.4234	53.3335	-0.0169	-0.0060	0.0034

三、吊杆力施工控制成果

全桥安装后对吊杆进行张拉,实测和理论吊杆力如表5-13所示。

成桥后吊杆力实测表　　表5-13

方位	主索编号	传感器型号	温度值(℃)	实测值(kN)①	理论值(kN)②	|①-②|/②
上游	HE10	CCT155	37	1761.8	1830	3.75%
	HE9	CCT155	37	1721.9	1802	4.43%
	HE8	CCT155	36	1559.7	1667	6.41%
	HE7	CCT135	35	1354.5	1424	4.85%
	HE6	CCT135	37	1387.8	1438	3.48%
	HE5	CCT135	39	1355.8	1411	3.88%
	HE4	CCT135	42	1388.2	1425	2.57%
	HE3	CCT135	43	1448.1	1508	3.97%
	HE2	CCT135	43	1480.0	1554	4.73%
	HE1	CCT135	42	1515.7	1573	3.64%
	HE0	CCT135	41	1565.7	1568	0.13%
	HW1	CCT135	42	1554.8	1573	1.16%
	HW2	CCT135	41	1490.1	1554	4.08%
	HW3	CCT135	40	1466.8	1508	2.73%
	HW4	CCT135	41	1424.2	1425	0.04%
	HW5	CCT135	40	1375.1	1411	2.51%
	HW6	CCT135	40	1351.1	1438	6.03%
	HW7	CCT135	41	1372.3	1424	3.60%
	HW8	CCT155	41	1532.2	1667	8.06%
	HW9	CCT155	40	1707.1	1802	5.26%
	HW10	CCT155	39	1755.3	1830	4.10%
下游	HE10	CCT155	42	1730.8	1830	5.44%
	HE9	CCT155	41	1679.1	1802	6.81%
	HE8	CCT155	42	1515.4	1667	9.07%
	HE7	CCT135	41	1363.9	1424	4.19%
	HE6	CCT135	40	1354.9	1438	5.77%
	HE5	CCT135	41	1378.1	1411	2.30%
	HE4	CCT135	40	1387.0	1425	2.65%
	HE3	CCT135	40	1429.3	1508	5.22%
	HE2	CCT135	41	1472.6	1554	5.21%
	HE1	CCT135	41	1457.9	1573	7.32%
	HE0	CCT135	40	1536.4	1568	2.00%

续上表

方位	主索编号	传感器型号	温度值(℃)	实测值(kN)①	理论值(kN)②	|①-②|/②
下游	HW1	CCT135	39	1459.2	1573	7.23%
	HW2	CCT135	38	1414.7	1554	8.93%
	HW3	CCT135	40	1459.7	1508	3.20%
	HW4	CCT135	40	1437.4	1425	-0.88%
	HW5	CCT135	39	1366.6	1411	3.11%
	HW6	CCT135	39	1395.1	1438	2.97%
	HW7	CCT135	39	1364.8	1424	4.12%
	HW8	CCT155	39	1578.1	1667	5.31%
	HW9	CCT155	39	1718.5	1802	4.62%
	HW10	CCT155	39	1757.3	1830	3.99%

由实测结果可知,上游除 HW8、下游除 HE8、HE1、HW1、HW2 外,其余实测吊杆力与理论值相差均在 5% 左右,建议运营半年后再实测一次吊杆力。

第五节　监控结论

在余信贵大桥主跨施工过程中,结构的变形、应变始终处于容许和安全的范围内,成桥后结构的线形与内力达到设计要求,结构本身处于合理受力状态,具体如下。

(1)混凝土拱肋在施工过程中,拱脚截面实测应力绝对值比张拉时混凝土强度(42.5MPa)的 0.5 倍要小,符合我国《公路桥梁设计规范》(JTG D62—2004)中相应的要求。

(2)桥面结构和拱肋安装过程中,S1 ~ S4 节段截面测点实测应力值小于理论计算值,也小于相应钢材容许值,符合我国公路桥梁设计规范《公路钢结构桥梁设计规范》(JTG D64—2015)中相应的要求。

(3)通过对钢拱肋安装后拱肋节段标记点实时测量,测量结果表明,大部分实测值与理论值之间的差值满足《公路桥涵施工技术规范》(JTG/T F50—2011)中有关钢拱桥施工条文要求(注:高程容许偏差为 $L/3000 = 56$mm;轴线偏位误差 $L/6000 = 28$mm),但个别差值超过规范容许误差值,建议后期长期观测。

(4)通过对已经安装的钢梁节段标记点实时测量,测量结果表明,实测值与理论值之间的差值均满足《公路桥涵施工技术规范》(JTG/T F50—2011)中有关钢拱桥施工条文要求(注:控制工况钢梁上下游高程测点平均值偏差应小于 $\pm L/5000$;控制工况钢梁轴线偏位不得大于 $\pm L/10000$,L 为测点至肋间平台前端的距离)。

(5)通过对成桥后的吊杆力实测,测量结果表明,实际吊杆张拉力与理论值很接近,差值在5%左右。

参考文献

[1] 中华人民共和国行业标准. 公路工程技术标准:JTG B01—2014[S]. 北京:人民交通出版社股份有限公司,2014.

[2] 中华人民共和国行业标准. 公路桥涵设计通用规范:JTG D60—2015[S]. 北京:人民交通出版社股份有限公司,2015.

[3] 中华人民共和国行业标准. 公路钢筋混凝土及预应力混凝土桥涵设计规范:JTG D62—2004[S]. 北京:人民交通出版社,2004.

[4] 中华人民共和国行业标准. 城市桥梁设计规范:CJJ 11—2011[S]. 北京:中国建筑工业出版社,2011.

[5] 中华人民共和国行业标准. 城市桥梁检测与评定技术规范:CJJ/T 233—2015[S]. 北京:中国建筑工业出版社,2015.

[6] 中华人民共和国行业标准. 公路桥梁荷载试验规程:JTG/T J21-01—2015[S]. 北京:人民交通出版社股份有限公司,2016.

[7] 中华人民共和国行业标准. 公路桥梁承载能力检测评定规程:JTG/T J21—2011[S]. 北京:人民交通出版社,2011.